공공성의
이론적 기초

임의영 지음

박영사

이 저서는 2016년 대한민국 교육부와 한국연구재단의 지원을
받아 수행된 연구임(NRF-2016S1A6A4A01017459)

들어가며

한국 사회에서는 1990년대부터 밀려들어오기 시작한 신자유주의의 대안을 모색하는 과정에서 공공성에 대한 관심이 커지고 있다. 신자유주의는 개인, 자유, 시장, 경쟁을 키워드로 하는 이데올로기로서 우리들의 삶 전반을 지배하고 있다. 신자유주의는 집단, 공동체, 사회 같은 것은 허상이고 개인만이 유일한 실재라는 것, 평등은 개인의 권리를 억압하는 이념이고 자유만이 개인의 권리를 보장하는 유일한 이념이라는 것, 정부는 고비용 저효율의 자원분배시스템이고 시장만이 저비용 고효율의 자원분배시스템으로써 성장과 발전을 보장한다는 것, 경쟁만이 삶의 유일한 원리가 되어야 한다는 것 등을 기본 정신으로 삼는다. 신자유주의는 영미계열의 국가들을 중심으로 금융세계화를 통해 전지구적으로 확산된다. 그 이후 전지구적 차원에서 경제위기의 주기가 더욱 짧아지고, 경제적 불평등이 더욱 심화된다. 신자유주의를 옹호하던 다보스 포럼마저도 2008년 미국발 세계경제위기 이후 신자유주의의 실패를 선언한 바 있다. 그럼에도 불구하고 신자유주의의 원리는 단순히 관성적이라고 보기 어려울 정도로 여전히 강력하게 작동하고 있다(Crouch, 2012).

1960년대 이후 고도성장을 구가하던 한국 사회는 1997년 경제위기로 나라가 망할지도 모른다는 공포를 경험하였다. 경제위기를 극복하는 과정에서 한국 사회는 갑작스럽게 신자유주의의 물결에 휩쓸리고 만다. 그 이후 우리 사회는 어떤 문제에 당면하게 되었는가? 첫째, 경제적 차원에서는 소득과 부의 불평등이 더욱 심화되고 있다. 대기업의 독점, 부의 세습, 실업, 고용의 질 저하, 빈곤, 저출산, 인구감소 등과 같은 문제들은 경제적 불평등과 밀접하게 관련된 것들이다. 이러한 문제에 대한 해결책을 찾는 과정에서 성장과 분배를 근간으로 하는 수많은 이슈들이 노정되고 있다. 둘째, 정치적 차원에서는 1998년에 정권교체가 이루어짐으로써 민주주의를 공고화할 수 있는 계기가 마련된다. 그러나 2008년에 다시 정권교체가 이루어져 이념적으로 신자유주의를 추종하는 정부들이 등장함으로써 민주주의는 후퇴의 길로 접어들게 된다. 권력의 사유화를 근간으로 하는 구조화된 적폐들은 촛불혁명의 도화선이 되었고, 2017년에 다시 정권교체가 이루어짐으로써 한국 사회는 민주주의를 회복할 수 있는 기회를 맞이하게 된다. 셋째, 사회적 차원에서는 다양한 방식으로 배제와 혐오가 일상화되고 있다. 경쟁은 사람들로 하여금 서로를 밟고 넘어가야 할 적으로 간주하게 만든다. 사람들은 자신의 일자리, 지위, 기득권, 이익에 위협적이라 생각되는 현재적·잠재적 경쟁자들을 적대적으로 대하게 된다. 게다가 저항력이 없는 사회적 약자들을 희생물로 삼는 경우도 적지 않게 나타난다. 그렇게 되면 사회는 정신적·육체적 폭력이 난무하는 전쟁상태에서 헤어나기 어렵다. 물론 경제적 불평등, 민주주의의 위기, 사회적 갈등이 신자유주의의 산물이라 단정할 수는 없다. 조선 후기부터 현재에 이르기까지 국가의 공적 시스템에 대한 불신에 뿌리를 두고 발달한 도구적 가족주의와 연고주의 그리고 반공주의, 권위주의, 성장제일주의, 불균등발전 등과 같은 개발독재의 유산들이 신자유주의와 접목되어 불평등의 심화, 민주주의의 위기, 사회적 갈등의 확산을 가져왔다고 보는 것이 타당할 것이다. 따라서 한국 사회가 당면하고 있는 과제는 단지 신자유주의의 허상에서 벗어나는 것에 머무는 것이 아니라 도구적 가족주의와 연고주의, 개발독재의 유산들을 비판적으로 극복하는 것까지 포함하는 것이어야 한다(임의영, 2016, 2018b).

　　한국 사회에서는 당면한 문제를 진단하고 해결책을 찾아나가는 데 있어서 지침이자 지향적 이념으로써 공공성 개념이 주목받고 있다. 공공성은 고립된 개인보다는 사회적 존재로서의 인간을 존재론적 토대로 삼아, 경쟁보다는 연대를 바탕으로 삶을 영위하는 실천적 방법을 개발하여, 사회적 대립보다는 사회적 평화를 지향하는 공존의 상상력을 담아낼 수 있는 개념으로 인식되고 있다. 그동안 공공성에 대한 연구가 사회과학 전 분야에서 다양하게 이루어졌다. 그럼에도 불구하고 여전히 공공성에 대한 종합적이고 체계적인 논의는 찾아보기 어렵다. 그 이유는 공공성이 높은 망루에서 마을을 내려다보듯이 한 눈에 잡힐 수 있는 개념이 아니기 때문일 것이다. 공공성은 깊고 넓으며 높은 개념이다. 그래서 나는 공공성의 깊은 계곡과 넓은 들판 그리고 높은 산을 직접 탐험하는 길을 택할 수밖에 없었다. 드넓은 미지의 땅은 여전히 우리의 발길을 기다리고 있다.

　이 책은 공공성담론의 윤곽을 그려보고, 담론자원들을 확보할 수 있는 광맥을 찾기 위해 기획된 것이다. 제1편에서는 공공성을 개념적으로 이해하는 데 초점을 맞춘다. 동서양에서 공(公) 개념의 기원을 추적함으로써 그 의미의 변천을 살피고, '공적인 것(the public)'이 가지고 있는 다양한 속성들을 살펴본다. 그리고 이념으로서 '공공성' 개념을 정의한다. 공공성은 공동체의 행위주체들이 민주적 절차를 통하여 정의의 가치를 추구하는 속성이다. 단, 절차와 내용은 변증법적인 관계에 있다. 공공성은 행위주체의 측면에서는 인간군상과 정부 및 시민사회 그리고 시장을, 과정적으로는 민주적 절차를, 그리고 내용적으로는 정의의 가치를 내포하는 개념이다. 다음으로 이념으로써 공공성 개념에 기초하여 공공성의 유형을 제시한다. 이는 공공성 자체가 특정 세력의 전유물이 아니라 담론투쟁의 대상임을 드러낸다. 신자유주의자들도 공공성을 주장할 수 있다. 그러나 유형론에 따르면, 신자유주의자들이 주장하는 공공성은 제한적일 뿐만 아니라 기만적일 수 있음을 보여준다.

　제2편에서는 공공성을 실현하기 위한 전략을 모색하는 데 고려해야 할 조건들에 대해 논의한다. 이 책은 서로 분리될 수 없는 것이지만 설명의 명료성을 위해 세 가지 측면에서 실천전략을 살펴본다. 공공성 개념을 구성하는 세 요소, 즉 행위주체, 과정, 내용을 축으로 하는 '공－통－인(共－通－仁) 전략'을 기본 틀로 제시한다. 공(共)－전략은 다양한 행위주체들의 상태와 그들이 함께 조화를 이룰 수 있는 조건을 구상한다. 공－전략과 관련해서는 행위주체로서 인간군상, 국가, 시민사회, 시장, 거버넌스와 관련된 이론들을 소개하고, 그것들이 공공성에 대해 갖는 의미를 검토한다. 통(通)－전략은 과정적으로 민주적 절차를 강화하는 문제에 초점을 맞춘다. 이를 위해 제도적 행위로서 정치와는 구별되는 '정치적인 것'의 의미를 살핀다. 이를 토대로 사람들의 사회적 삶이 정치적인 것이라는 점을 드러냄으로써 왜 공론영역 혹은 공론장이 사회적 삶에 중요한 의미를 갖는지 살펴본다. 공론영역에 관한 이론들은 사람들의 직접적인 참여와 숙의를 정당화하고 강화하는 데 도움을 준다. 정치적인 것의 의미와 공론영역에 대한 이론을 토대로 하여 더 많은 민주주의를 위한 방안을 제시한다. 대의제의 실패를 극복하기 위한 방법으로 대의제 자체를 다수제에서 합의제로 전환하는 길, 대의제에 참여

민주주의와 토의민주주의를 접목하는 길 등에 대하여 살펴본다. 인(仁)－전략은 정의의 가치들을 실현하는 방법에 초점을 맞춘다. 기본이 되는 것은 사회의 구성원으로서 책임을 공유하는 문제이다. 책임은 곧 정의로운 분배원칙을 선택하는 데 결정적인 의미를 갖는다. 또한 책임은 상호의존적인 관계에 있는 사람들이 서로에 대해 제공하는 돌봄을 정당화하는 데 있어서도 근본적이다. 인－전략에서는 책임, 정의, 돌봄에 관한 이론을 살펴본다. 더불어 정책적으로 정의의 가치에 초점을 맞추고 있는 공익과 공공가치의 문제를 다룬다.

이 책을 기획하고 출판하기까지 많은 분들의 도움이 있었다. 한국연구재단의 지원이 무엇보다 큰 도움이 되었다. 그리고 연구년 기간 동안 원고를 마무리할 수 있도록 모든 학과의 일로부터 나를 자유롭게 해준 학과동료 교수들의 도움도 컸다. 많은 분들이 초고를 읽고 아낌없는 조언을 해주었다. 특히 신희영 교수, 박치성 교수, 배수호 교수, 김희강 교수, 김동환 교수, 김대건 교수, 이광훈 교수 그리고 박광표 박사의 관심과 조언에 감사를 드린다. 학문 세계에 발을 들여놓을 때부터 내게 커다란 그늘이 되어 주셨던 고 정문길 선생님께 감사의 마음이 전해지기를 바란다. 나에게 가족은 언제나 힘이 된다. 김미애 씨, 한시와 종원 그리고 강민에게 고마움을 전한다. 마지막으로 출판사의 수익에 도움이 되지 않을 책을 정성스럽게 만들어준 박영사에 감사드린다.

2019년
임의영

차 례

제1편 공공성이란 무엇인가?

제1장 공(公) 개념의 기원

제2장 '공적인 것(the public)'의 속성

제3장 이념으로서 공공성(publicness)

제2편 공공성을 어떻게 실현할 것인가?

제4장 공(共)-전략

제5장 통(通)-전략

제6장 인(仁)-전략

공공성이란 무엇인가?

공공성은 다의적이며 논쟁적인 개념이다. 동서양의 전통에 따라, 사상적 입장에 따라, 정치적 입장에 따라, 학문의 성격에 따라 그 의미와 강조점이 다르다. 따라서 제1편에서는 크게 세 가지 측면에서 공공성 개념의 문제를 살펴본다. 첫째, 동서양의 전통에서 '공'의 어원을 추적하고, 근원적인 의미를 살펴본다. 둘째, '공적인 것'의 속성에 대해 논의한다. 서구와 한국의 학자들이 제시하고 있는 공적인 것의 속성들을 살펴본다. 셋째, 공공성 개념에 대한 학문적 합의가 이루어졌다고 보기는 어려우나, 일반적으로 동의할 수 있는 수준에서 개념적 정의를 내린다. 그리고 그 개념에 근거해서 공공성의 유형을 분류하고 이념형을 구성한다.

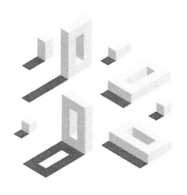

제1장

공(公) 개념의 기원

제1절 동양적 전통

1. 어원

공과 사의 기원에 대한 설명은 ≪한비자(韓非子)≫에 다음과 같이 나와 있다. "옛날에 창힐(蒼頡)이 글자를 만들 적에 스스로 둘러싼 것을 사(私)라 하고, 사에 등지는 것을 일러 공(公)이라 하였다."[1] 私는 厶(사)와 같은 글자이다. 公은 厶 (사) 위에 八(팔)을 덧붙인 글자로서 사를 바탕으로 해서 만들어진 회의문자이다. 八은 칼자국의 형상으로서 사물이 나뉘어져 서로 등지고 있는 모양을 나타낸다. 이처럼 공은 사의 반대어로 만들어진 것이다. 공과 사가 사용된 사례는 ≪시경 (詩經)≫에서 찾아볼 수 있다. "우리 공전(公田)에 비가 내리고, 마침내 나의 사전 (私田)에도 미치리라."[2] 이러한 용례로 보아, 공과 사의 관계를 정전법(井田法)과

---

1) 古者蒼頡之作書也, 自環者謂之私, 背私謂之公. ≪韓非子≫, 第49篇 五蠹.
2) 雨我公田, 遂及我私. ≪詩經≫, 大田.

관련하여 이해하는 것이 용이해 보인다. 정전법은 1리 사방의 토지를 井자 모양으로 9등분하여, 주위의 8구획은 8가구가 사전으로 경작하고, 중심 1구획은 공전으로 8가구가 공동으로 경작하여 정부에 바치는 조세로 할당하는 것이다. 이처럼 '내 것'으로서의 사와 '공동의 것'으로서의 공은 엄밀하게 구별되는 것이다.

2. 공의 의미

공(公)은 지배권력 및 지배기구, 공정성이나 공평성과 같은 윤리원칙 그리고 다수의 이익과 의견 등 세 가지 의미로 사용되었다(이승환, 2002).

1) '지배권력 및 지배기구'로서 공(公)

≪주역(周易)≫에 "公이 천자에게 공물을 바친다. 소인은 할 수 없다"[3]라는 말이 있다. 여기에서 公은 막강한 위세와 권한을 지닌 제후와 왕공을 가리킨다. ≪시경≫의 "총총걸음으로 밤길 가네. 밤낮으로 公에서 근무하네"[4]라는 노래구절의 公은 지배기구로서 '관청'을 의미한다.

조선시대의 공(公) 역시 지배권력 및 지배기구를 의미한다. 세분해서 보면, 하나는 '국가'를 의미하는 公이다. 국고로 수입되는 조세를 표현하는 공납(公納)이나 국가로부터 받은 명령이나 의무를 표현하는 공역(公役)의 公은 이러한 사례에 해당된다. 다른 하나는 왕(정치권력자)의 종실 혹은 궁실을 의미하는 公이다. 관리가 궁중행사에 참여하는 것을 표현하는 공고(公故)나 왕이나 왕이 죽은 뒤 상례가 끝나고 나서 상복을 벗는 일을 의미하는 공제(公除)의 公은 이러한 사례에 해당된다. 또 하나는 국가기관이나 관청을 의미하는 公이다. 국가나 관청 소유의 전답을 표현하는 공답(公畓)이나 공사를 집행하는 장소를 표현하는 공장(公場)의 公은 이러한 사례에 해당된다.

2) '공정성이나 공평성과 같은 윤리적 원칙'으로서 공(公)

≪설문해자(說文解字)≫에는 "公은 평분(平分)을 뜻한다"고 되어 있다. ≪순자

---

3) 公用亨于天子, 小人不克. ≪周易≫, 大有卦 爻辭.
4) 肅肅宵征, 夙夜在公. ≪詩經≫, 召南·小星.

(荀子)≫에는 "군주가 공정(公)하지 않으면 신하가 충성을 다하지 않게 된다",5) "판결에 있어 공정(公)해야 한다"6)는 말이 있다. ≪여씨춘추(呂氏春秋)≫에는 "옛날에 성왕이 천하를 다스림에 반드시 공평함[公]을 우선으로 했다. 공평하게 되면 천하는 다스려지게[平] 되니, 다스림은 공평함[公]으로부터 얻어진다. … 천하는 한 사람의 천하가 아니라 천하 사람들의 천하이다"7)라는 말이 있다. 특히 성리학에서는 公의 윤리적 의미가 명확하다. 주희(朱熹)에 따르면, "무릇 한 가지 일에는 두 가지 실마리가 있으니, 옳은 것[是]은 천리의 공정함[天理之公]이요, 그른 것[非]은 인욕의 사사로움[人欲之私]이다."8) 천리(天理)는 본래적으로 올바른 상태를 의미하며, 公은 윤리적으로 올바름을 의미하는 것으로 천리의 공정함과 같아야 한다는 것이다. 또한 주희는 "私로써 가로막는 바가 없으면 곧 공평함[公]이고, 공하면 곧 인이다[公則仁]"9)라고 말한다. 이러한 의미에서 공을 공평무사한 인, 즉 보편적인 윤리원칙으로 인식하는 것이 지배적이었던 것으로 보인다.

조선시대의 이황(李滉)은 어린 선조(宣祖)에게 바치는 ≪성학십도(聖學十圖)≫의 '인설(仁說)'에서 이렇게 말하고 있다. "공은 인을 체득하는 방법이니 '이기심을 극복하고 예로 돌아가는 것이 인이다'고 말하는 것과 같다. 대체로 공하면 인하게 되고, 인하면 사랑[愛]하게 된다. … '이기심을 극복하고 예로 돌아가는 것이 인이다'라는 공자의 말씀은, 자기의 사욕을 극복하고 천리로 돌아가면 이 마음의 본체가 보존되지 않음이 없고 이 마음의 작용이 다 행해지지 않음이 없다는 것을 말한 것이다."10) 이황의 설명에 따르면, 공은 공평무사한 윤리원칙으로서 인을 실현하는 방법이다. 그리고 공정한 마음가짐으로서 공은 천리와 같은 것으로 본다. 조선말 위정척사론의 사상적 기초를 세웠던 이항로(李恒老)는 이렇게 말한다. "천리는 공적인 것이다. 공을 추구하면 하나로 된다. 인욕은 사적인 것이

---

5) 人主不公，人臣不忠也. ≪荀子≫, 王霸.

6) 聽斷公. ≪荀子≫, 榮辱.

7) 昔先王之治天下也, 必先公. 公則天下平矣, 平得於公 … 天下非一人之天下也, 天下之天下也. ≪呂氏春秋≫, 貴公.

8) 凡一事便有兩端, 是低卽天理之公, 非低乃人欲之私. ≪朱子語錄≫ 13卷 30項.

9) 無私以閒之則公, 公則仁. ≪朱子語錄≫ 6卷 105項.

10) 公者所以體仁, 猶言克己復禮爲仁也. 蓋公則仁, 仁則愛. … 克己復禮爲仁, 言能克去己私, 復乎天理, 則此心之體 無不在, 而此心之用 無不行也. 李滉, ≪聖學十圖≫, 仁設.

다. 사를 추구하면 만 가지로 갈라진다. 공을 추구하면 많은 사람들이 서로를 돕게 되겠지만, 사를 추구하면 많은 사람들이 다투게 된다."11)

3) '다수의 이익과 의견'으로서 공(公)

공(公)은 '함께, 공동의, 다수'를 의미하는 공(共)의 의미로 사용되기도 한다. ≪예기(禮記)≫에 "큰 도가 행하여지자, 천하를 공으로 생각하여[天下爲公], 어질고 유능한 인물을 선택하여 서로 전하였다"는 말이 있다.12) 이는 군주의 자리가 한 가계의 사유물이 아니라 지도자로서의 덕성을 갖춘 사람이라면 누구나 그 지위를 담당할 수 있는 자격이 있다는 말이다. 공을 공동(共)의 뜻으로 사용하는 경우는 ≪장자(莊子)≫에서도 볼 수 있다. "노담이 말하기를, 명리(名利)는 공기(公器)이니, 혼자서 많이 차지하려 해서는 안 된다."13) 여기에서의 공은 더불어 함께한다는 공(共)의 의미와 명리를 얻을 수 있는 기회가 모두에게 공평하게 열려 있어야 한다는 평(平)의 의미를 가지고 있다. 특히 ≪예기≫의 '천하위공'의 공은 근대 중국의 강유위나 손문에 의해 평등(平等)으로 해석됨으로써 대동주의에 기초한 사회주의 사상의 단초가 된 것으로 해석되기도 한다.

조선시대에 지배 권력으로 하여금 보편적 윤리원칙을 추구하도록 인도하는 기제로서 '공론(公論)'에 대한 인식은 특히 주목할 만하다. 이이(李珥)는 상소문에서 공론이 얼마나 중요한 것인지를 다음과 같이 주장하고 있다. "공론은 나라의 원기입니다. 공론이 조성되어 조정에 반영되면 그 나라가 다스려지고, 공론이 조성되지 않고 길거리에 (소문으로) 떠돌게 되면 그 나라는 어지럽게 되고 맙니다. 만약 위와 아래에 공론이 없게 되면 그 나라는 망하게 될 것입니다. 왜냐하면 윗사람이 공론을 주도하지 못하면서 공론이 백성에게 있는 것을 두려워하여 입을 막고 죄로 다스리면 나라가 망하지 않은 경우란 없었기 때문입니다."14) 이이에

---

11) 天理公也, 公則一也, 人欲私也, 私則萬也, 公則多助, 私則多爭. 李恒老, ≪華西雅言≫ 9卷 10−11.

12) 大道之行也, 天下爲公, 選賢與能. ≪禮記≫, 禮運.

13) 老聃曰 … 名, 公器也, 不可多取. ≪莊子≫, 天運.

14) 公論者 有國之元氣也 公論在於朝廷 則其國治 公論在於閭巷 則其國亂 若上下俱無公論 則其國亡 何則 在上者 不能主公論 而惡公論之在下也 防之口而治其罪 則其國未有不亡者也. 李珥, ≪栗谷全書≫ 卷7 代白參贊疏.

따르면, 공론이란 '인심이 옳다고 하는 것' 혹은 '나라 안의 모든 사람이 더불어 다 함께 옳다고 여기는 의견'을 의미한다. 조선시대에는 공론이 지배 권력을 도덕적으로 변모시키는 핵심적인 기제로 이해되고 있다.

조선말 실학자이자 계몽가인 이기(李沂)는 이전시대의 전제정치를 비판하고 공화제를 주장한 바 있다. "지금 천하에 나라라고 부르는 것은 많다. 그러나 그 대요(大要)는 세 가지가 있다. 공화(共和), 입헌(立憲), 전제(專制)이다. … 세 가지 중에서 공화보다 더 좋은 것은 없으며, 전제보다 더 좋지 않은 것은 없다. … 천하를 가만히 생각건대, 곧 천하인의 천하이지 일인의 천하는 아닌 것이다."[15] 그는 전제정치는 공이어야 할 천하를 사적으로 소유하는 정치체제로서 옳지 않다고 본다. 그리고 통의(通議)와 중론(衆論)을 중시하는 공화제가 공의 이상을 실현할 수 있는 정치체제라고 생각한다.

3. 공과 사의 관계

동양의 유가적 전통에서는 공과 사의 관계를 다음과 같이 본다(김기현, 2002; 김석근, 2011; 김우진, 2015; 나종석, 2013; 미조구치 유조, 2004; 배병삼, 2013; 백완기, 2007; 이승환, 2002; 황금중, 2014).

첫째, 공은 사와 대립하면서도 불가분의 관계에 있다. 문자의 기원에서 볼 수 있는 것처럼, 공은 사를 토대로 만들어진 것이다. 사를 전제하지 않고는 공을 생각할 수 없다. 그러한 의미에서 공은 사로부터 전개되는 것이라 하겠다. 예컨대 ≪대학(大學)≫에 나오는 '수신제가치국평천하(修身齊家治國平天下)'는 나(身=私)로부터 가정 및 국가를 거쳐 천하로 전개되는 공의 양상을 잘 보여주는 예라 하겠다.

둘째, 영역의 차원에서 공과 사는 동심원적 상대성과 연속성을 전제로 한다. 공은 상대적으로 작은 범위를 둘러싸고 있는 큰 범위를 의미하며, 사는 상대적으로 큰 범위에 둘러싸인 작은 범위를 의미한다. 예컨대 가정은 개인의 입장에서

---

15) 今夫天下之號爲國者亦多矣, 而其政體大要有三, 曰共和·曰立憲·曰專制, … 三者莫善於共和, 而莫不善於專制, … 竊念天下, 乃天下人之天下, 非一人之天下. 李沂, ≪海鶴遺書≫ 卷2, 急務八制議, 20−21.

보면 공이지만, 국가의 입장에서 보면 사에 해당된다.

　셋째, 윤리적으로 공을 사보다 우선시하는 선공후사(先公後私)의 원칙을 따른다. 우선 공과 사를 독립된 실체 혹은 영역으로 보는 경우, 나보다는 가정을, 가정보다는 국가를, 국가보다는 천하를 중요하게 여기는 것이 도덕적인 삶의 기초이다. 이는 집단주의적 전통을 이해하는 데 중요한 토대가 된다. 다음으로 공과 사가 하나의 단위(나, 가정, 국가) 안에 공존하는 것으로 보는 경우에, 인욕(人欲)보다 천리(天理)를 중요하게 여기는 것이 도덕적 삶의 기초이다. ≪논어(論語)≫에 "군자는 의리에 밝고, 소인은 이익이 밝다"[16]는 말이 있다. 이는 군자와 소인이 따로 있다는 말이 될 수도 있지만, 사람에게는 의(義)를 추구하는 마음과 이(利)를 추구하는 마음이 공존하고 있다는 말이 될 수도 있다. 사람의 마음에는 두 원리가 공존하는데, 군자가 되고자 하면 이보다는 의를 추구해야 한다는 것이다.

제2절   서양적 전통

1. 고대 그리스의 공(公) 개념[17]

　그리스어로 공과 사에 대응하는 용어는 코이논(koinon)과 이디온(idion)이다. 코이논은 공유, 공동성을 의미한다. 그러한 의미에서 보면, 가정(oikos) 역시 조상, 공간, 종교, 식사 등을 함께한다는 의미에서 코이논에 해당된다. 폴리스 역시 영토를 공유한다는 점에서 코이논이다. 이와 달리 이디온은 구별, 분리를 의미한다. 이러한 의미에 따르면, 가정은 구조적으로 공동성을 가지고 있지만, 도시의 맥락 안에서는 이디온이라 할 수 있다. 도시를 구성하는 많은 가정들은 서로 다른 조상, 공간, 종교, 식사 등을 공유한다. 따라서 가정들은 서로 구분 또는 분리되기 때문에 사적인 영역이라는 것이다. 정치적인 맥락에서 이디온이라는 말은 경멸적인 어조로 사용된다. 왜냐하면 그것이 공동체 혹은 인류의 통일을 깨뜨리

---

16) 君子喩於義 小人喩於利. ≪論語≫, 理仁.
17) Saxonhouse(1983) 참조.

는 것으로 인식되기 때문이다.

코이논으로서 폴리스(polis)는 규모는 작지만 주권을 가지고 있다는 의미에서 도시국가(city-state)로 번역되고 있다. 그러나 도시와 국가 개념은 폴리스의 본질인 유기적 통일성을 드러내는 데 도움이 되지 않는다. 폴리스는 공적인 세계와 대립되는 개체로서 자기의식을 가지고 있는 개인이나 시민들의 집합이 아니다. 요즘 식으로 생각하는 개인을 '위한' 국가라는 관념, 즉 아테네인을 위한 도시국가로서 아테네라는 관념은 존재하지 않는다. 오직 '아테네인들'만이 존재할 뿐이다. 완전한 의미에서 폴리스는 개인과 그 개인이 속한 정체의 완벽한 통일을 전제로 하는 유기적 공동체이다. 공동체의 복리를 돌보아야 하는 의무나 이타주의는 그리스인들의 도덕률이 아니다. 그들은 자신들의 복리가 공동체의 복리에 의존한다는 것을 깨닫고 있었다. 그렇기 때문에 그리스인들에게 있어서 영웅으로서의 명성은 전쟁에서 공동체를 지킬 수 있는 능력과 그러한 능력을 발휘할 수 있는 용기에서 오는 것이다. 공동체는 최고의 전사에게 명예(kleos)를 보상으로 부여한다. 사적인 생활에서는 어떠한 명예도 얻을 수 없다.

문제는 폴리스와 가정이 요구하는 것이 다르다는 것이다. 폴리스는 시민들에게 전사가 되어 도시를 위해 기꺼이 죽을 각오를 하라고 요구한다. 폴리스는 이러한 의지를 보이고 실행하는 사람들에게 명예를 준다. 가정은 남편이자 아버지이며 가장이 계속 살아서 가족의 신을 숭배하고 더 많은 상속자들을 낳기를 바란다. 공과 사에 관한 고대 그리스 사상의 주목할 만한 특징은 도시영역과 가정의 '비극적 상호의존성'이다. 그리스 문학, 정치, 사상에서 공과 사, 즉 도시와 가정의 비극적 관계는 가장 중요한 모티브이다.

호머(Homer)의 ≪일리아드 Iliad≫에 나오는 위대한 전사 아킬레스(Achilles)는 공동체를 지킬 수 있는 능력과 성공으로 영웅적인 명예를 얻게 된다. 그는 오직 공동체가 그에게 부여하는 명예를 위해 존재한다. 그가 전투에서 패한다면, 그는 자신이 바라는 명예를 잃게 될 것이다. 헥토르(Hector)는 가정 안에서의 생존과 도시를 위한 죽음 사이에서 비극적인 갈등을 겪는 영웅으로 묘사된다. 아가멤논(Agamemnon)에서 안티고네(Antigone)에 이르기까지 아테네 비극 작품들의 등장인물들은 도시나 가정 가운데 어느 한쪽만을 추구함으로써 비극적 상황에 처하게 된다. 그들은 고통을 겪은 후에야 두 영역의 상호의존성을 깨닫게 된다.

소피스트(Sophist)들은 개인주의와 공공영역에서 개인의 우위성을 강조한다. 정치공동체는 사적인 이익을 보호하는 데 기여하는 만큼만 정당화될 수 있다는 것이다. 페리클레스(Pericles)는 전몰자를 위한 장례 연설에서 개인에 대한 도시의 절대적 우위성을 주장함으로써 소피스트들의 개인주의에 대응한다. 특히 기원전 431년에 그가 행한 추도연설은 당대 아테네인들이 생각하는 민주주의의 의미를 이해하는 데 중요한 단서를 제공한다.

> 우리는 이웃 나라의 어떤 법제도 부러울 것이 없는 정치체제를 갖고 있습니다. … 소수가 아닌 다수에 의해 다스려지기 때문에 이름 또한 민주정이라 불리고 있습니다. 개인 간의 분규와 관련해서는 법률상 모두에게 평등이 주어지지만 … 우리들은 공적인 직무와 관련하여 시민적 자유를 누리고 있으며, 마찬가지로 일상생활 속에서도 자유롭게 지냅니다. … 한 사람 안에 자기 일뿐만 아니라 나랏일을 배려하는 마음이 함께 있어, 설사 제 일에만 매달리는 사람일지라도 나랏일을 이해하는 데 부족함이 없습니다. 사실 나랏일에 참여하지 않는 사람을 세상 문제에 무관심한 사람이 아니라 쓸모없는 사람으로 여기는 것은 우리밖에 없습니다. 그리하여 우리들은 그런 세상사 현안들을 직접 판단하거나 또는 제대로 논의에 붙입니다. 우리들은 토론이 행동을 방해하는 장애물이라고 여기지 않으며, 오히려 해야 할 일을 행동으로 옮기기 전에 미리 토론을 통해 가르침을 이끌어낼 수 없는 것이야말로 장애물이라고 여기기 때문입니다(Thucydides, 1919: 329/§40).

그리스에서 폴리테이아(politeia)는 동일한 폴리스의 구성원들에 의해 공유되고 있는 '삶의 방식'이다. 폴리테이아는 모든 시민들이 평등한 참여를 통해 공유하는 것을 의미하며, 이를 통해서 폴리스 구성원들은 하나로 통합된다. 페리클레스의 연설에서 전제하고 있는 폴리테이아는 민주정이다. 디모크라시(democracy)는 '보통 사람들(common people)'을 의미하는 데모스(demos)와 '지배 혹은 힘(rule, strength)'을 의미하는 크라토스(kratos)가 결합된 말이다. 디모크라시에 내재된 公은 '공동 관심사에 누구나 참여하여 자유롭고 평등하게 말할 수 있는 것'을 의미하는 것으로 볼 수 있다.

소크라테스(Socrates)는 자신의 몸은 도시에 얽매어 있지만, 도시에서 벗어나 사적인 개인으로 남아 있었다. 또한 그는 특정한 개인들이나 도시들에 얽매이지 않은 모든 사람을 위한 공적인 혹은 공동의 영역(진리의 영역)을 추구한다. 아리스토텔레스(Aristoteles)는 전쟁이 아닌 도덕적 선택의 영역으로서 도시에 초점을 맞춤으로써 도시와 가정의 비극적 대립을 해결하고자 하였다. 그는 도시가 존재하기 위해서는 사적인 영역이 중요하다는 것을 주장하면서 동시에 도시의 계층적 우위성을 내세운다. "모든 폴리스는 일종의 코이논이고, 모든 코이논은 일련의 선을 실현하기 위해 설립되었기 때문에, 모든 공동체들은 어떤 선, 즉 모든 선들 중에서 최고의 선을 추구하고, 최고의 선은 다른 나머지 모든 것을 포괄하는 것이 확실하다(Saxonhouse, 1983: 377에서 재인용)."

고대 그리스의 전통에서 공은 폴리스, 공동체, 평등과 참여를 바탕으로 하는 공적 삶의 방식으로서 폴리테이아, 공유, 공동성, 명예, 용기, 민주주의, 자유, 토론, 보통 사람들, 진리, 최고의 선 혹은 공동선 등과 같이 다양한 의미를 갖는다.

2. 고대 로마의 공(公) 개념

퍼블릭(public)의 라틴어 어원은 푸블리쿠스(publicus)이다. 푸블리쿠스는 인민(people)을 의미하는 포풀루스(populus)에서 유래한다. 포풀루스에서 '인민의'를 의미하는 포플리쿠스(poplicus)가 파생되었다. 그리고 포플리쿠스는 라틴어 푸베스(pubes)의 영향을 받아 푸블리쿠스로 변형된다(임의영, 2015: 45). 푸베스는 형용사로서 '육체적으로 성숙한, 다 자란' 또는 '(식물, 과일 등이)수액 혹은 과즙이 풍부한' 등을 의미한다. 그리고 명사로서는 '성인 집단 혹은 강건한 인간들의 집합체, 동원 가능한 인력, 뜻을 같이 하는 집단,' '사춘기 연령과 상태' 등을 의미한다. 푸베스는 성인을 의미하는 것으로 보이지만, 전사 계층을 중시하는 당시 로마의 정치적 특성에 비추어볼 때, 군대에 갈 수 있는 남자들의 의미도 포함되어 있을 것이라 추측할 수 있다. 따라서 포풀루스와 푸블리쿠스에는 '인민, 성인, 전사' 등과 같은 의미가 내포되어 있다고 볼 수 있다(Geuss, 2010: 65). 그리고 로마인들의 의식에는 오늘날의 국가 개념이 존재하지 않기 때문에 인민이 곧 오늘날의 국가를 의미하는 것으로 볼 수 있다. 예컨대 포풀루스 로마누스(populus Romanus)는 로마인을 의미함과 동시에 정치공동체로서 오늘날의 로마'국가'를 의미하는 것으로 볼 수 있다(조한상, 2009: 18).

공을 의미하는 퍼블릭이 인격적 성숙을 의미하는 반면, 사를 의미하는 프라이빗(private)은 인격적 결핍을 의미한다. 프라이빗은 박탈(to deprive)을 의미하는 프리바투스(privatus)에서 유래한다. 박탈은 부족함이나 모자람을 의미하는 것으로 인간으로서의 자격이 부족함을 의미한다. 공이 공적 활동에 참여할 자격이 있는 사람들과 관련된 것이라면, 사는 공적인 일에 참여할 자격이 없는 사람들과 관련된 것이다.

레스 푸블리카(res publica)는 다음과 같은 다의적 개념으로 발전하였다. (a) 군대의 재산, 특히 정복을 통해 획득하여 공동소유로 여기던 토지를 의미했다가, 구체적으로 '무장한 남자들의 집단'을 의미하던 포풀루스가 '전체 인민'이라는 의미로 변하면서, 나중에는 사원, 수로, 도시의 성벽, 거리 등과 같은 로마 시민 공동의 재산을 의미하게 되었다. 그리고 (b) 로마인 사이에 존재하는 권력 관계의 현상유지와 (c) 모든 로마인들의 '공동관심사'를 의미하다가 마지막으로 (d) 모든 로마인의 '공동선'을 의미하게 되었다. 여기에서 레스(res)는 재산, 토지, 대상물처럼 구체적인 것에서부터 공동관심사나 공동선처럼 추상적인 것까지 모두 의미하게 되었다. 그리고 점차로 '공동(common)'이라는 개념이 그 의미에서 점차 중요한 요소가 되었다(Geuss, 2010: 67).

레스 푸블리카는 로마의 정치공동체를 표현하는 말로서 오늘날 공화국을 의미하는 영어 리퍼블릭(republic)의 어원이기도 하다. 로마시대의 정치가이자 웅변가인 키케로(M.T. Cicero)는 레스 푸블리카의 의미를 다음과 같이 정의하고 있다. "공화정(res publica)은 인민의 것(res populi)이다. 그러나 인민은 모든 형식, 모든 종류의 인간 집단이 아니라, 정의에 대한 합의와 공유된 이익에 의해 형성된 결사이다(Cicero, 1999: 18/39a)." 공화정은 공동의 관심사에 대한 토론과 합의를 통해 공동선, 즉 정의를 추구하는 정치체제라 하겠다. 이러한 의미에서 공화정은 그리스어를 어원으로 하는 민주정과 유사한 의미를 갖는 것으로 볼 수 있다.

로마의 정치가이자 역사가인 살루스티우스(Gaius Sallustius Crispus)는 자유와 공화정의 관계를 다음과 같이 말한다. "믿을 수 없겠지만, 전체국가(로마)가 급속한 발전을 이룬 것은 자유를 확보했을 때였다. 사람들의 마음을 사로잡은 것은 영예에 대한 욕구였다(Held, 2010: 77에서 재인용)." 공적인 명예를 위한 자율적인 참여가 공화국의 발전을 보장할 수 있다는 것이다. 또한 로마의 역사가 리비우스 (Titus Livius Patavinus)는 시민적 덕성을 강조한다. 공화정의 발전과 관련된 시민적 덕성이란 '정신의 겸손함, 공명정대함, 고결함'과 같은 것이다. 이러한 시민적 덕성이 공동선을 위해 시민들에 의해 수행되는 공적인 일이 사적인 혹은 분파적인 이익에 의해 타락되는 것을 막아줄 수 있다는 것이다.

고대 로마의 전통에서 공(公)은 인민, 성인, 전사, 국가, 공유 재산, 공동 관심사, 공동선, 공동성, 공중, 토론, 합의, 공유된 이익, 자유, 시민적 덕성 등과 같은 다양한 의미를 갖는다.

3. 공과 사의 관계

고대 그리스-로마적 전통에서 공과 사의 관계에 대한 관념은 다음과 같은 특성을 갖는다(고세훈, 2014; 박성수, 2000; 이승훈, 2008; 조승래, 2011a, 2014; 차동욱, 2011; 홍윤기, 2008).

첫째, 공과 사는 공간적으로 분리된다. 공은 정치공동체의 의사결정이 이루어지는 정치의 영역이고, 사는 생산이 이루어지는 가계의 영역이다. 정치영역에 참여할 수 있는 사람은 가계의 가부장, 즉 성인 남성이고, 가계에서는 여성, 노예, 어린아이가 노동을 전담하고, 언어가 다른 외국인은 소통이 불가능하기 때문에 정치영역에서 배제된다. 같은 선상에서 근대의 자유주의 전통에서는 공공부문과 민간부문을 철저하게 분리하고, 민간부문에 대한 공공부문의 간섭을 제한함으로써 개인의 권리를 보호하려 한다.

둘째, 공과 사의 관계는 인격적으로 우열관계를 의미한다. 공적인 일에 참여하는 사람은 참된 인간이고, 그렇지 않은 사람은 인간으로서 대우를 받을 수 없다. 공은 인격적으로 성숙한 존재로서 문제를 전체적인 맥락에서 보고 말할 수 있는 인간을 전제로 한다. 그에 비해 사는 인격적으로 미숙한 존재로서 당장의 생물적인 생존에 집착하는 하등의 인간을 전제로 한다.

셋째, 윤리적으로 사보다 공을 우선시하는 선공후사의 원칙이 지배한다. 공동체의 구성원으로서 가장 중요한 가치는 명예이다. 명예는 공적인 일을 훌륭하게 수행한 사람들에게 주어진다. 다시 말해서 명예는 공적으로 가치가 부여된 일을 탁월하게 해낸 사람에 대해 주어지는 것이다. 이와는 달리 근대의 자유주의 전통에서는 '선사후공(先私後公)'의 원칙을 주장한다. 공적 영역의 존재이유가 사적 영역의 보호에 있음을 강조한다.

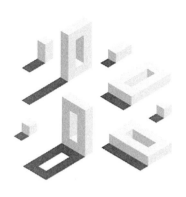

제2장

'공적인 것(the public)'의 속성

"어떠한 현상을 공적인 것이라 말하거나 말할 수 있는가?" 공적인 것을 하나의 의미로 규정할 수는 없다. 이 장에서는 공적인 것의 다양한 속성들을 살펴보고, 그것들의 의미를 몇 개의 범주로 분류한다.

제1절 속성의 다양성

1. 벤(S.I. Ben)의 개념

벤(1983)은 공적인 것과 사적인 것을 구분하기 위한 기준으로서 접근성, 행위주체, 이익을 제시한다. 첫째, 접근성은 공간, 활동이나 교류, 정보, 자원 등에 대한 접근 가능성을 말한다. 공공재가 대표적인 예라 하겠다. 공공재는 누구나 사용 가능하다는 점에서 비배제성과 사람들이 사용하는 데 경합할 필요가 없다는 점에서 비경합성을 특징으로 한다. 둘째, 행위주체는 공공기관의 공직자로 활동하는 경우를 말한다. 공직자는 공인이면서 동시에 사인이기 때문에 경계를 설정하는 데 항상 어려움이 따른다. 셋째, 이익은 추구하는 목적이 공익인 경우를 말한다. 벤의 경우, 공적인 것은 공공재처럼 누구에게나 접근이 가능한 것, 공무원의 활동과 관련된 것, 그리고 공익과 관련된 것을 의미한다.

2. 웨인트롭(J. Weintraub)의 개념

웨인트롭(1997)은 공적인 것의 속성이 입장에 따라 다르게 규정되고 있음에 주목하여, 자유경제주의 모델(liberal-economistic model), 공화주의 덕 모델(republican-virtue model), 연출 모델(dramaturgic model), 그리고 페미니스트 모델(feminist model) 등 네 가지 모델을 제시한다.

첫째, 자유경제주의 모델은 공공정책분석과 일상적인 법적, 정치적 논쟁에서 주로 따르는 모델로서 공과 사의 차이를 국가행정과 시장경제의 차이로 이해한다. 일반적으로 공공부문과 민간부문을 구별하는 방식을 취한다. 공적인 것은 국가, 정부, 공공기관, 공무원, 공공부문 등과 같이 행위주체의 측면에서 규정된다.

둘째, 공화주의 덕 모델은 공공영역을 정치공동체와 시민권 개념으로 이해한다. 그것은 시장이나 행정적 국가와 다른 영역이다. 공적 생활의 핵심은 집단적인 의사결정과정에 대한 적극적인 참여에 있다. 참여는 연대와 평등을 토대로 이루어진다. '공적인 것'의 의미는 '정치적인 것'과 같은 의미를 갖는다. 정치적인 것으로서 공적인 것은 토론, 논쟁, 숙의, 집단적 의사결정 등을 의미한다.

셋째, 연출 모델은 생활사나 인류학 분야에서 그 예를 찾아볼 수 있다. 공공영역을 유동적이고 다양한 형태를 띤 사교(sociability)의 공간으로 본다. 그리고 그것을 가능하게 하는 문화적 관습이나 연출상의 관행에 초점을 맞춘다. 사교영역으로서 공공영역은 물리적인 근접성에도 불구하고 다양성과 사회적 거리가 유지되는 것을 허용하는 관습에 의해 매개된다. 세계의 이미지는 무질서해 보이지만 어떤 측면에서는 더 안정적이고, 사람들 간의 관계는 그렇게 친밀하지는 않지만 그렇다고 그렇게 비인간적이지도 않다. 19세기의 수도 파리는 이러한 특성을 갖는다. 파리는 정치적 결정이 이루어지는 폴리스가 아니라 다양성과 개방성 그리고 관용의 정신이 실현되는 코스모폴리스였다. 사교적인 것으로서 공적인 것은 다양성, 개방성, 관용을 의미한다.

넷째, 페미니스트 모델은 공과 사의 차이를 가정과 경제적·정치적 질서의 차이로 인식한다. 특이한 것은 시장경제를 전형적인 공공영역으로 인식한다는 것이다. 이 모델에서 공적인 것은 여성의 억압을 구조화하는 제도적 장치를 의미한다.

3. 헤이크(M.S. Haque)의 개념

헤이크(2001)는 정부의 공공성이 신자유주의적 정부혁신의 논리에 의해 약화되고 있음에 주목하여, 공공성을 향상시키기 위한 방안을 제시하는 과정에서 공적인 것의 다양한 속성들을 예시한다.

첫째, 공사구분과 관련된 문제이다. 시장주의적 정부개혁으로 공사의 구분이 점차로 희석되고는 있으나, 정부의 공적인 성격을 명확하게 하는 것이 중요하다. 정부의 공공서비스는 대체로 독점적이고 복합적인 성격을 가지고 있으며, 불편부당성이나 공개성과 같은 규범들과 평등성이나 대표성과 같은 원리들을 따르고, 장기적으로 광범위하게 사회에 영향을 미치는 고유한 특성을 갖는다. 이러한 특성들이 기업관리의 원리에 의해 대체되면, 공공서비스의 공공성이 약화된다.

둘째, 공공서비스 수혜자의 구성 문제이다. 공공서비스의 공공성은 서비스 수혜자들의 구성에 의존한다. 서비스 수혜자들의 수가 많아지거나 범위가 넓어지면 그만큼 공공성의 정도가 높아지는 것이다. 서비스 수혜자들의 구성은 공적 소유 및 시민권과 밀접하게 연관된다. 공적 소유와 시민적 권리의 범위가 넓을수록 공공서비스의 수혜범위가 더욱 넓어진다. 공적 소유와 시민권의 범위가 중요한 이유는 공중 가운데 사회적 약자들을 공공서비스 수혜자에 포함시킬 수 있는 가능성을 높여주기 때문이다.

셋째, 공공서비스의 사회경제적 역할의 문제이다. 공공서비스의 공공성은 서비스의 사회적 영향과 관련이 있다. 공공서비스가 사회에 미치는 영향이 광범위하고 강할수록 공공성이 높다고 할 수 있다. 예컨대 공공재의 중요한 특징 가운데 하나는 그것의 사회적 영향 혹은 외부효과가 광범위하다는 것이다. 그런 의미에서 공공서비스의 역할을 축소하는 것은 곧 공공성의 축소를 의미한다.

넷째, 공적 책임성의 문제이다. 공공서비스의 공공성은 공적 책임의 이행정도에 의존한다. 예컨대 공청회, 고충처리, 옴부즈만, 정보공개 등과 같은 과정들이 대표적으로 책임성을 확보하는 수단들이다. 이러한 제도를 실질적으로 운영하는 것이 중요하며, 여기에 덧붙여 사회경제적 요소들(계층구조, 소득분포, 자산소유 등)에 대한 정보 역시 공적 책임의 수행에 중요하다. 이러한 정보들은 공공서비스가 시민들 가운데 어떤 계층에 제공되어야 할지를 결정하는 데 필수적인 정보이기 때문이다.

다섯째, 공적 신뢰의 문제이다. 공공성의 중요한 지표는 공공서비스의 진정성, 리더십, 그리고 반응성에 대한 공적 신뢰이다. 가령 정부가 기업처럼 행동하거나 리더가 기업가처럼 행동하는 경우, 그리고 시민의 요구에 적절한 반응을 보이지 못하는 경우, 공공서비스의 진정성, 리더십, 반응성에 대한 시민의 신뢰는 떨어지고, 그만큼 공공성 수준이 저하된다.

4. 임의영의 개념

임의영(2003)은 웹스터 사전(Webster's New Collegiate Dictionary, 1981)에서 정의하고 있는 퍼블릭(public)의 사전적인 정의를 활용하여 공적인 것의 의미를 개념화한다.[18]

첫째, 행위의 주체와 관련해서 공적인 것의 의미를 규정할 수 있다. 공적인 것은 '국가, 정부, 공공기관'에 의해서 이루어지는 행위 일체를 의미한다. 공적인 것에 대한 이러한 규정은 법적, 제도적 성격을 갖는다. 국가, 정부, 공공기관은 법제도적으로 규정되는 것이기 때문이다. 법학 분야에서 공법과 사법을 구분하

---

18) 사전에서 규정하고 있는 정의는 다음과 같다. 1. (1) 모든 사람 혹은 국가의 모든 영역의, 모든 사람 혹은 국가의 모든 영역에 관련된, 혹은 모든 사람 혹은 국가의 모든 영역에 영향을 미치는, (2) 정부의 혹은 정부와 관련된, (3) 공동체 혹은 국가의, 공동체 혹은 국가와 관련된, 혹은 공동체 혹은 국가에 봉사하는; 2. (1) 인류 일반의, 혹은 인류 일반과 관련된, 보편적인, (2) 일반적인, 대중적인; 3. 사적인 일과 대조되는 것으로서 회사 혹은 공동체의 관심사와 관련된; 4. 일반적인 혹은 국가적인 복지에 헌신하는; 5. 공동체의 모든 구성원들에 의해 접근 가능한 혹은 공유된; 6. (1) 일반적인 시야에 노출된, 개방된, (2) 잘 알려진, 현저한, (3) 인지할 수 있는.

는 기준으로서 법이 규율하는 법률 관계의 주체를 강조하는 주체설이나, 법이 국가의 통치권의 발동에 관한 것인가의 여부를 강조하는 통치관계설은 공적인 것의 의미를 이러한 차원에서 해석하는 대표적인 예라 하겠다. 여기에 덧붙여서 조직화된 기관에서 실질적으로 활동하는 '공직자 또는 공무원'의 활동과 관련된 것 역시 공적인 것이라 하겠다.

둘째, 공적인 것은 '다수의 사람들에게 공통적으로 혹은 보편적으로 관련되는 경우'를 의미한다. 이와 관련된 중요한 개념이 '공중'이다. 공중은 '어떤 상황에 의해 동일하게 영향을 받는 아무개라고 특정할 수 없는 사회구성원'을 의미한다. 그러니까 어떤 사건이나 상황에 영향을 받는 불특정한 사람들의 무리를 말한다. 예컨대 극장에 모인 사람들은 동일한 영화를 관람하는 '소비자'로서의 공중을 의미하며, 특정한 정책을 요구하거나 공공서비스를 향유하는 사람들은 시민 또는 공통의 수혜자로서 공중을 의미한다.

셋째, 공적인 것은 친밀성을 가진 사람들이 정서적으로 혹은 감정적으로 상호작용하는 것과 대비되는 것으로서 공식적인 사회활동 전반과 관련된 것을 의미한다. '공식성'은 공유된 규칙이나 규범에 따라 이루어지는 것을 의미하는 것이다. 이때의 공적인 것은 사조직과 공조직의 차이를 말하는 것이 아니라 사생활과 대립되는 모든 공식적인 활동에 초점을 맞춘다.

넷째, 공적인 것은 활동의 목적과 관련된 것으로 '공익'을 추구하는 것을 의미한다. 공익은 논쟁적이며 구성적인 것이다. 다시 말해서 논쟁을 통해 공익의 내용이 구성된다. 사회의 구성원들, 집단들 그리고 세력들은 자신들의 이익을 정당화하기 위해 그것이 사회전체의 이익에 기여하는 바를 분명히 해야 한다. 그러한 과정에서 특정한 집단이나 사회세력의 이익이 전체의 이익으로 전환되는 경우도 있다. 이러한 가능성은 공익의 결정방식이나 내용이 어떠한 성격을 가져야 할 것인가에 대한 사회적 합의의 중요성을 인식시킨다. 공적인 것은 공익의 결정 방식이나 공익의 내용과 관련된 것이다.

다섯째, 공적인 것은 '접근가능성'이나 '공유'와 관련된 것을 말한다. 공적인 것은 공간, 활동, 자원, 정보 등에 대한 접근가능성이나 공유를 의미한다. 일반적으로 공공재나 공유재가 이에 해당된다. 공공재는 도로나 등대처럼 비배제성과 비경합성을 특징으로 한다. 따라서 공공재의 생산에 드는 비용을 지불하지 않고 소비하려는 무임승차의 문제가 발생할 수 있다. 공유재는 녹지나 하천처럼 비배제성과 경합성을 특성으로 한다. 따라서 공유재는 과소비로 말미암아 공유재 자체를 파괴하는 공유의 비극을 초래할 수 있다. 공적인 것은 공공재 및 공유재의 생산, 유통, 소비, 영향 등과 관련된 일체의 것을 의미한다.

여섯째, 공적인 것은 사람들에게 '알려지는 것'을 의미한다. 이는 '개방성'과 '공지성'을 포함한다. 개방성은 누구에게나 정보를 열람할 수 있는 가능성이 열려 있는 것을 의미하며, 공지성은 정보를 공개하는 것을 의미한다. 국민의 대리인인 정부는 주인인 국민에게 정보를 제공할 의무가 있으며, 국민은 주인으로서 정보를 알 권리가 있다. 정보의 흐름이 원활하게 이루어지면, 정부의 투명성은 그만큼 높아지게 된다. 또한 개방성과 공지성은 공중들이 참여할 수 있는 가능성을 높이게 된다.

5. 백완기의 개념

백완기(2007)는 공공성에 대한 일반적인 의미를 제시하는 데 초점을 맞춘다.

첫째, 공적인 것은 정부와 관련된 것 또는 정부적인 것을 의미한다. 정부적인 것은 중앙정부, 지방정부, 공기업 등 주체성을 띤 공공기관을 의미한다. 다시 말해서 이러한 공공기관들이 수행하는 역할과 기능이 공적이라는 것이다. 여기에는 국가라는 개념도 포함된다. 정부나 국가의 공공성은 사기업이나 민간단체들이 할 수 없는 기능이나 역할을 수행할 때 가장 뚜렷하게 나타난다.

둘째, 공적인 것은 정치적인 것을 의미한다. 정치는 과정적이고 공식적인 것과 비공식적인 것을 모두 포괄하며 협상적인 성격이 강하다. 정치의 행위주체는 정부기관은 물론 각종 정치단체 및 시민단체를 포함한다. 특히 정치적인 것은 공론영역을 주요 공간으로 한다.

셋째, 공적인 것은 공개성을 특징으로 한다. 공개성은 접근성과 밀접한 관련이 있다. 예컨대 물리적 시설, 공공활동, 정보, 자원에 대한 접근성은 공개성과 비례관계에 있다는 것이다.

넷째, 공적인 것은 공익적인 것이다. 공공성과 공익을 동일하게 보는 경우도 있으나, 일반적으로 후자가 경제적 이익 관념을 배경으로 하고 있다면, 전자는 가치적 측면을 강조한다는 점에서 서로 다르다.

다섯째, 공적인 것은 공유성을 의미한다. 공유성은 물리적인 측면뿐만 아니라 언어, 가치, 규범, 관습과 같이 행위나 관념적인 측면도 그 대상으로 한다.

여섯째, 공적인 것은 공정성을 의미한다. 공정성은 정의와 관련이 있는 것으로 과정적 측면에서는 규칙의 내용과 적용의 적정성을, 결과적 측면에서는 분배의 적정성을 따진다.

일곱째, 공적인 것은 인권과 관련된 것이다. 인권은 공공성의 기초이다. 내밀한 사생활이라도 인권의 문제와 관련되면 공적인 문제로 부각된다.

6. 신진욱의 개념

신진욱(2007)은 사회적인 문제를 인식하고 해결책을 모색하는 전략적 차원에서 공적인 것의 의미를 규범적으로 구성하는 데 초점을 맞춘다.

첫째, 공적인 것은 '다수 사회 구성원에 대해 영향을 미치는 경우'를 말한다. 어떤 행위가 다른 행위자들에게 미치는 영향이라는 의미에서 공적인 것의 의미를 생각해볼 수 있다. 따라서 공적 영향력을 미치는 집단이나 조직은 그에 영향을 받는 모든 사회구성원들에 대해 책임을 져야 하며, 이들의 행위 결과에 대한 민주적 검증과 통제 절차가 필요하다. 그러한 의미에서 공공성의 핵심적인 지표는 '책임성'과 '민주적 통제'이다.

둘째, 공적인 것은 '인민의 필수생활조건'과 관련된 것을 의미한다. 모든 사회의 구성원은 최소한의 신체적·정신적 건강을 유지하는 데 필요한 최소한의 복지수준을 영위할 수 있어야 한다. 이를 위해서는 연대와 정의의 원칙에 입각하여 모든 사회구성원의 최소한의 삶의 질과 시민적 권리를 보장할 수 있도록 해야 한다. 이러한 의미에서 공공성의 핵심적인 지표는 '연대'와 '정의'이다.

셋째, 공적인 것은 '공동의 관심사'를 의미한다. 어떤 사안에 대해 관심을 갖는 사람들의 규모가 클수록 공적 성격이 강하다. 공동의 관심사를 함께 숙의할 수 있는 공공영역이 존재해야 하며, 적극적으로 공동의 관심사를 형성하는 데 노력해야 한다. 이러한 의미에서 공공성의 핵심지표는 '공동체의식'과 '참여'이다.

넷째, 공적인 것은 '만인에게 드러남'을 의미한다. 공적인 것은 만인에게 드러나야 하며, 그것과 관련된 정보 역시 공개되어야 한다. 그것이 공개되지 않으면, 공공의제가 왜곡될 수 있다. 이러한 의미에서 공공성의 핵심지표는 '개방'과 '공개성'이다.

다섯째, 공적인 것은 '세대를 넘어서는 영속성'을 의미한다. 개인의 유한성을 넘어서는 것은 공동체를 통해서 가능하다. 공동체적인 관점에서 볼 때, 세대를 넘어서 공동체의 영속성을 확보하기 위해서는 공공성을 동시대 수준에서만이 아니라 다음 세대와의 관련 속에서 생각할 필요가 있다. 공공성의 핵심지표는 '세대 간의 연대와 책임'이다.

7. 신정완의 개념

신정완(2007)은 한국 사회에서 공공성과 관련된 논쟁이 어떠한 맥락에서 이루어지고 있는지에 초점을 맞추어 공적인 것의 의미를 재구성한다.

첫째, 공공성에 대한 논쟁은 공중에게 정부나 사회의 중요한 조직들의 의사결정과정이 투명하게 공개되고 공중에 의해 감시를 받아야 한다는 생각에 기반하고 있다. 이러한 의미에서 공적인 것은 '공개성이나 개방성'을 전제로 하는 것이다.

둘째, 공공성에 대한 논쟁은 사회구성원에게 영향을 미치는 의사결정과정에 사회구성원들이 참여해야 한다는 생각에 기반하고 있다는 것이다. 이러한 의미에서 공적인 것은 의사결정과정에서 '참여민주주의와 토의민주주의'를 전제로 한다.

셋째, 공공성에 대한 논쟁은 기본적 재화와 서비스에 대한 모든 사회구성원의 평등한 접근성이나 비시장적 원리에 따른 자원배분의 강화를 요구하는 과정에서 촉발되고 있다는 것이다. 이러한 의미에서 공적인 것은 '평등이나 사회경제적 민주주의'를 전제로 하는 것이다.

다섯째, 공공성에 대한 논쟁은 국민적 자산과 사회경제적 의제들에 대한 국민적 통제가 적절히 이루어져야 한다는 생각에 기반하고 있다. 이러한 의미에서 공적인 것은 '국민적 주권'을 전제로 하는 것이다.

8. 장영호의 개념

장영호(2007)는 공공성을 실현하는 데 있어서 사람들이 갖추어야 할 덕을 제시하는 과정에서 공적인 것의 의미를 논한다. 공공성과 관련된 덕으로 도덕성, 보편성, 공익성, 비판성, 실천성 등 다섯 가지를 제시한다.

첫째, 도덕성은 공익과 사익이 충돌할 때 사람들이 취해야 하는 태도에 초점을 맞춘다. 사회적 존재로서 사람들은 공익과 사익이 충돌하는 상황에 자주 봉착하게 되는데, 도덕성은 공익을 위해 자신의 이익을 절제할 줄 아는 능력을 말한다.

둘째, 보편성은 상대주의와 절대주의의 균형에 초점을 맞춘다. 사람들은 나름대로의 가치관을 가지고 있다는 다원주의의 원리가 상대주의로 빠지지 않고 조화를 이루기 위한 조건으로서 모두가 수용할 수 있는 보편적인 당위규범이 존재한다는 것을 말한다. 따라서 보편성은 다원주의를 전제로 하는 보편성이라 하겠다. 요컨대 보편성은 개개인의 가치관을 존중하면서도 인간의 존엄성이나 민주주의와 같은 기본적인 가치를 수용하는 것을 의미한다.

셋째, 공익성은 사익과 공익의 관계에 초점을 맞춘다. 공익이 사익을 초월하거나 억압하는 것이 되어서는 안 되며, 사익을 전제하는 것이 되어야 한다는 것이다. 공익성은 사람들이 각자의 사익을 추구하되, 그 추구의 내용이나 방법이 공익을 해치는 것이 되어서는 안 된다는 것을 의미한다.

넷째, 비판성은 과잉과 과소에 대한 이성적 판단에 초점을 맞춘다. 비판성은 공익이 사익을 억압하거나 사익이 공익을 훼손하는 것이나 절대성이 상대성을 억압하거나 상대성이 절대성을 훼손하는 것과 같이 어느 하나가 과잉되어 조화가 깨지는 것을 선악이나 옳고 그름으로 판별하는 능력을 말한다.

다섯째, 실천성은 아는 것과 실행하는 것의 관계에 초점을 맞춘다. 실천성은 공익을 위해 사익을 절제해야 한다거나 각자의 가치관을 인정하면서도 모두가 따라야 할 보편규범을 따라야 한다는 것에 대한 앎을 행동으로 옮겨야 한다는 것이다. 다만, 실천이 단순히 이성적인 일이 아니고 감정과 욕구가 함께 작용하는 것이라는 점에 유의할 필요가 있다.

9. 페쉬(U. Pesch)의 개념

페쉬(2008)는 조직이론의 영역에서 공과 사의 구별에 대한 접근방법을 다섯 가지 유형으로 나누어 설명한다. 이를 통해서 행정의 공공성과 관련된 속성을 제시한다.

첫째, 포괄적(generic) 접근방법은 공조직과 사조직이 근본적으로 다르지 않다고 가정한다. 정부조직과 비정부조직 간의 유사성은 일반적으로 생각하는 것보다 훨씬 크고, 약간의 차이만 있을 뿐이라 가정한다. 그리고 대부분의 경우 그 차이는 질적인 차이가 아니라 정도의 차이라는 것이다. 공과 사의 차이는 질적인 문제가 아니라 정도의 문제라는 것이다.

둘째, 경제적(economic core) 접근방법은 조직이론 분야에서 가장 지배적인 관점으로서, 국가와 경제적인 재화가 생산되는 영역으로서 시장의 구별을 기초로 공과 사를 구분한다. 이러한 접근방법의 가장 두드러진 특징은 공조직이 표준적인 것과는 다른 무엇인가로 이해된다. 사조직은 정상적인 조직으로 인식되는 반면, 공조직은 일탈적인 경우로 인식된다. 공조직이 정치적인 제약과 경쟁의 결핍 때문에 재화와 서비스를 제공하는 데 효율성이 떨어지는 것으로 묘사된다. 공과 사는 본질적으로 다르다고 본다. 사는 정상적이고 효율적인데 반해, 공은 비정상적이고 비효율적이라는 것이다.

셋째, 정치적(political core) 접근방법은 공조직과 사조직의 차이를 정치적 영향력에서 찾는다. 공조직은 정책이 형성되고 제정되는 방식에 영향을 미친다. 공조직을 정치적 행위자로 다루는 이 접근방법은 행정이론에서 정치─행정 이원론에 대해 비판적이다. 정치와 행정의 엄격한 차이를 고집하는 것은 공조직의 정치적 측면을 희석시킨다. 공은 정치적인 반면, 사는 비정치적이라는 것이다.

넷째, 규범적(normative) 접근방법은 공조직의 정치적 측면을 신중하게 고려하도록 고무한다. 공조직은 재화와 서비스를 생산해야 할 뿐만 아니라 규범적인 개념으로 인식되고 있는 공익을 위해 작동해야 한다. 공은 공익을 추구하는 반면, 사는 사익을 추구한다. 그렇다고 공익이 사익을 배제하는 것을 의미하는 것은 아니다.

다섯째, 차원적(dimensional) 접근방법은 정치적 접근방법과 경제적 접근방법을 동시에 활용한다. 조직은 단순히 시장이나 국가 가운데 어느 하나에 연계되는 것이 아니다. 그렇게 혼합적인 조직들을 어느 한쪽으로 분류하는 것은 불가능하다. 자원의 희소성과 관련된 경제와 엘리트의 결정과 관련된 정치는 상이한 과정이지만 모든 종류의 조직에서 동시에 작동한다. 따라서 조직들은 경제적 실체(기업)이자 동시에 정치적 실체(공공기관)로서 이해되어야만 한다. 이러한 전제 위에서 예를 들어 보면, 조직들은 정치적 관점에서 소유권에 따라 국가 소유의 공과 개인이나 기업 소유의 사로 분류될 수 있으며, 경제적 관점에서 자금조성의 원천을 세금으로 하는 공과 시장수입으로 하는 사로 분류될 수 있다. 이들을 조합하면, 조직들은 공-공, 공-사, 사-공, 사-사의 네 개의 차원으로 분류될 수 있다. 행정이론은 이 가운데 앞의 세 가지 유형의 조직들을 연구대상으로 삼을 수 있다.

폐쉬는 공공성에 관한 접근방법들은 두 개의 원리로 종합될 수 있다고 본다. 하나는 행정의 공공성을 '공공재'의 생산과 연계시키는 경제적 입장이고, 다른 하나는 '공익'과 연계시키는 정치적 입장이다. 그는 공공재와 공익을 공적인 것의 핵심적인 속성으로 삼는다.

10. 조대엽·홍성태의 개념

조대엽(2012)과 조대엽·홍성태(2013)는 공민성, 공익성, 공개성을 공공성의 기본 속성으로 제안한다.

첫째, 공민성은 공공성의 정치적 차원으로서 공적 시민 혹은 자격 있는 구성원으로서의 공민이 공공성의 주체로서 추구하는 민주적 성취의 수준을 의미한다. 공민성은 주체적인 참여의 수준에 따라 전제적 공민성, 대의적 공민성, 참여적 공민성, 숙의적 공민성으로 유형화될 수 있다.

둘째, 공익성은 물적 자원의 공유성을 말한다. 한 사회의 물적 자원이 어떤 수준에서 공유되고 있는가를 가리키는 공익성은 물적 자원을 배분하는 다양한 제도와 법규범이 실행되는 수준을 통해 확인할 수 있다. 공익성은 수준에 따라서 시혜적 공익성, 잔여적 공익성, 기여적 공익성, 보편적 공익성으로 유형화될 수 있다.

셋째, 공개성은 행위의 개방성과 관련되어 있다. 의사소통적 행위를 본질로 하는 이른바 공론장의 개방성이 공개성의 핵심이라고 할 수 있는 것이다. 공공성의 사회문화적 차원이라고도 할 수 있는 공개성의 범주는 형식적 개방에서 실질적 개방에 이르기까지 다양한 수준에서 구체화될 수 있다. 공개성은 수준에 따라서 교시적 공개성, 절차적 공개성, 소통적 공개성으로 유형화될 수 있다.

11. 최상옥의 개념

최상옥(2016)은 저성장과 고위험을 특징으로 하는 뉴노멀(New Normal)시대에 행정이 추구해야 할 공공성의 속성들을 제시한다. 그의 논의는 20세기의 산업화시대를 배경으로 개인의 권리보호에 초점을 맞춘 도구적 국가 모델이 21세기 뉴노멀시대에는 공공서비스의 제공을 확실하게 보장하는 '보장국가' 모델로 변화되어야 함을 대전제로 한다. 보장국가는 어떠한 방식으로 공공서비스 전달이 이뤄지든, 시민에게 제대로 된 서비스 제공을 보장하는 국가를 말한다.

첫째, 자율과 책임의 관점에서 개별적 자율 및 책임으로부터 '공유적 자율 및 책임'으로의 전환이 요청된다. 뉴노멀시대에는 정부, 시민사회, 시장의 다양한 이해관계자들이 정책과정에 참여하여 다수의 정책과 이슈들을 생성하고 다수의 책임자들이 관여하는 상황이 더욱 복잡하게 전개된다. 따라서 책임의 공유를 전제로 하는 자율적인 참여와 협력은 공공성 실현에 필수적이다.

둘째, 정부의 개입 및 규제의 관점에서 수동적 중립성으로부터 '적극적 중립성'으로의 전환이 요청된다. 뉴노멀시대에는 저성장과 고위험으로 인해 사회적 약자들이 양산될 가능성이 높다. 따라서 정부는 정책과정이나 공공서비스의 분배과정에서 기계적인 중립을 견지하는 것이 아니라 사회적 약자를 적극적으로 배려하는 입장을 취할 필요가 있다는 것이다.

셋째, 정부혁신과 관리의 관점에서 제한적 다양성으로부터 '종합적 다양성'으로의 전환이 요청된다. 뉴노멀시대에는 차이를 억압하고 동질화함으로써 다양성을 제한하는 방식으로는 조직이나 사회를 관리할 수 없다. 오히려 차이에 가치를 부여하고 개방적으로 소통함으로써 공통성을 추구하는 것이 유익하다.

넷째, 서비스제공 절차 및 내용의 측면에서 경쟁적 효과성으로부터 '포용적 공감성'으로의 전환이 요청된다. 뉴노멀시대에는 서비스제공의 성과에만 매달리는 것으로는 충분하지 않다. 서비스제공의 과정에서 수혜자와 공감대를 형성하는 것은 물론이고 서비스가 가져다주는 수혜자의 심리적 상태에 대한 고려가 필요하다.

제2절 분류

지금까지 기존의 연구에서 제시된 공적인 것의 속성들을 살펴보았다. 그 내용들을 간략하게 정리하면 [표 1]과 같다.

[표 1] 공적인 것의 속성

연구자	속 성
벤(1983)	접근가능성(공공재), 공적 행위자의 활동, 공익성
웨인트롭(1997)	국가, 정부, 공공기관, 공무원, 공공부문, 토론, 숙의, 다양성, 개방성, 관용(페미니즘: 억압의 공간으로서 공공영역)
헤이크(2001)	(공공서비스의 성격) 독점성, 불편부당성, 공개성, 평등성, 대표성, 수혜자의 다수성과 광범성, 영향의 광범성, 책임성, 신뢰성
임의영(2003)	국가, 정부, 공공기관, 공무원의 활동, 공중, 공식성, 공익, 공공재 및 공유재, 개방성, 공지성
백완기(2007)	정부적인 것, 정치적인 것, 공개성, 공익성, 공유성, 공정성, 인권
신진욱(2007)	책임성, 민주적 통제, 연대, 정의, 공동체의식, 참여, 세대 간 연대와 책임
신정완(2007)	공개성, 개방성, 참여민주주의, 토의민주주의, 평등, 사회경제적 민주주의, 국민주권
장영호(2007)	(공공성의 윤리) 도덕성, 보편성, 공익성, 비판성, 실천성
페쉬(2008)	공공재(경제적), 공익(정치적)
조대엽·홍성태(2013)	공민성, 공익성, 공개성
최상옥(2016)	(정부 역할) 공유적 자율과 책임, 적극적 중립성, 종합적 다양성, 포용적 공감성

　　연구자들이 제시하는 공적인 것의 속성들은 세 가지 범주로 분류될 수 있다. 첫째는 행위주체와 관련된 것이다. 국가, 정부, 공공기관, 공공부문, 공무원, 공민, 시민단체 등과 같은 행위주체들과 관련된 것을 공적인 것이라 할 수 있다는 것이다. 문제는 시장(기업과 노동조합)을 행위주체로 볼 수 있는가 하는 것이며 이는 논쟁적일 것이다. 둘째는 과정과 관련된 속성들이다. 참여, 토론, 숙의, 개방성, 공개성, 민주적 통제, 민주주의, 공론영역(공론장) 등은 공공성의 과정적인 속성들이라 하겠다. 셋째는 내용과 관련된 속성들이다. 책임성, 공익성, 정의, 평등성, 공정성 등은 공공성의 내용적 특성이라 할 수 있다. 여기에서 언급되지 않은 것으로서 돌봄(보살핌, 배려)은 정의를 보완하는 속성으로서 포함될 필요가 있을 것이다. 이러한 분류를 통해서 볼 때, 공공성은 행위주체, 과정, 그리고 내용을 축으로 하는 개념이어야 할 것이다.

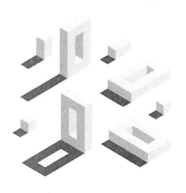

제3장
이념으로서 공공성(publicness)

제1절 공공성의 개념

공적인 것의 속성을 넘어 추구해야 할 이념으로서 공공성은 어떻게 정의할 수 있을까? 이념으로서 공공성에 대한 합의된 개념이 존재하는 것은 아니지만, 개념화의 노력이 없는 것은 아니다. 임의영(2003, 2010)은 '정치적 차원에서 민주주의와 윤리적 차원에서 정의의 변증법적 통합을 추구하는 속성'으로서 공공성을 정의한다. 의사결정의 절차는 민주적이어야 하고, 결정된 내용은 정의를 실현하는 것이어야 한다는 것이다. 결정된 내용이 정의를 실현하는 데 적합하다 하더라도, 결정과정이 비민주적이라면 공공성을 실현한 것으로 볼 수 없다. 또한 아무리 민주적 절차를 통해 결정된 것이라 하더라도 정의의 기준에 맞지 않으면 공공성을 실현한 것으로 볼 수 없다. 조한상(2009)은 '자유롭고 평등한 인민(populus)이 공개적인 의사소통의 절차(Publizität)를 통하여 공공복리(salus publica)를 추구하는 속성'으로서 공공성을 정의한다. 이 개념은 인민, 공개성, 공공복리를 핵심으로 한다. 소영진(2008)은 절차와 결과의 관계에 주목하여 '공동체가 민주적 절차에 따라 구현하고자 하는 평등주의적 가치'로서 공공성을 정의한다.

　　종합해보면 이들 개념들은 공공성의 행위주체, 과정, 내용을 개념화의 핵심요
소로 하고 있다(이승훈, 2008). 행위주체는 인민 혹은 공동체, 과정은 민주주의, 내
용은 정의, 평등, 공공복리 등이 제시되고 있다. 공공성의 주체로는 인민, 정부, 결
사체 등이 모두 해당된다. 다만, 행위주체를 일반적으로 국가적 수준에 국한하여
설정하기는 하지만 지방적 수준이나 지구적 수준에서 설정하는 경우도 있을 수 있
다는 점을 고려할 필요가 있다. 따라서 공공성의 주체를 공동체로 폭넓게 규정하는
것이 타당할 것이다. 과정은 정치적 정당성과 관련된 것으로 민주적 절차로 규정하
는 것이 타당할 것이다. 내용은 평등이나 공공복리를 아우르는 개념인 정의로 규정
하는 것이 타당할 것이다. 절차와 내용은 변증법적인 관계에 있다. 어떤 선택이 민
주적 절차를 통과한 것이라 하더라도, 정의의 관념에 반하는 것이라면 공공성의 이
념을 실현한 것이라 할 수 없으며, 거꾸로 선택의 내용이 정의의 관념에 비추어 타
당한 것이라 하더라도, 그것이 민주적 절차를 거친 것이 아니라면 공공성을 실현한
것이라 볼 수 없다는 것이다. 이를 정리하여 이념으로서 공공성은 다음과 같이 정
의될 수 있을 것이다. "공공성은 공동체의 행위주체들이 민주적 절차를 통하여 정
의의 가치를 추구하는 속성이다. 단, 절차와 내용은 변증법적인 관계에 있다."

제2절 공공성의 유형화

1. 유형화의 기준과 유형

　　공공성의 유형화19)는 '어떤 공공성인가'라는 문제에 대한 응답이라 할 수 있

---

19) 임의영(2010)을 수정하여 기술함. 이 글에서 제시하는 공공성의 유형화 이외에도 약간의 시도
　　들이 있었다. 고길섶(2000)은 장소, 제도, 집단, 담론, 표현, 시장, 생활, 생태 등 다양한 층위
　　에서 공공성을 유형화한다. 이주하(2010)는 레짐의 성격에 따라 추구하는 공공성의 성격이 다
　　르다는 데 주목한다. 생산레짐의 자유시장경제체제 공공성과 조정시장경제체제 공공성, 정치
　　레짐의 다수제민주주의체제 공공성과 합의제민주주의체제 공공성, 복지레짐의 자유주의적 복
　　지체제 공공성, 조합주의적 복지체제 공공성, 사민주의적 복지체제 공공성 등의 공공성 유형

다. '어떤 공공성인가'라는 물음은, 앞에서 제시한 공공성의 정의에 따르면, 다시 '어떤 민주주의인가'라는 물음과 '어떤 정의의 가치인가'라는 물음으로 좀 더 구체화될 수 있다. '민주주의'는 법이나 제도적인 차원에서 다수결에 의한 의사결정 방법으로 혹은 시민들의 실질적인 참여가 이루어지는 방식으로 이해될 수도 있다. 또는 자유를 강조하는 자유민주주의로 혹은 평등을 강조하는 사회민주주의로 이해될 수도 있다. 그리고 '정의의 가치'는 결과적 측면에서의 정의로 혹은 과정적 측면에서의 정의로 이해될 수도 있다. 따라서 민주주의와 정의의 어떠한 측면을 강조하는가에 따라서 공공성의 내용이 다르게 해석될 수 있다. 그렇다면 어떠한 기준으로 공공성을 유형화할 수 있는가?

첫째, 공공성은 정치공동체의 구성원들이 다양하다는 사실에 의존한다. 구성원들이 가지고 있는 가치관, 욕망, 이해관계, 관심 등은 매우 다양하다. 사람들이 가지고 있는 다양한 입장들은 조화를 이루기도 하고 갈등을 일으키기도 한다. 이것이 바로 정치의 조건이다. 정치에서는 다양성의 조화를 추구하는 의사결정이 이루어진다. 민주주의는 바로 정치적 의사결정을 위한 하나의 방법이다. 즉 정치공동체 구성원들이 의사결정에 참여하는 하나의 방식이다. 따라서 참여의 형태는 민주주의를 특징짓는 기준으로서 유용할 것이다. 가장 일반적인 분류방식은 참여가 직접적인 것인가 아니면 간접적인 것인가 하는 것이다. 따라서 민주주의는 '직접민주주의'와 '간접민주주의 또는 대의민주주의'로 분류될 수 있다. 직접민주주의는 순수한 민주주의 형태로서 정치공동체의 구성원 전체가 직접 정치에 참여하여 의사결정을 하는 민주주의 제도이다. 일반적으로 고대 그리스 아테네의 폴리스 공동체를 그 원형으로 한다. 직접민주주의체제에서 정치공동체 구성원은 모든 공적인 일에 참여한다. 따라서 행위주체로서 공적 시민, 즉 '공민(公民)'이 강조된다. 직접민주주의체제에서는 구성원들의 요구와 정책이 일치할 가능성이 높으며, 정책에 대한 구성원들의 책임성과 헌신성을 높은 수준에서 유지할 수 있다. 그리고 정책에 있어서의 투명성을 확보하고, 구성원들의 정치에 대

을 제시한다. 조대엽(2009, 2012)은 사회와 관련된 다양한 기준에 따라서 공공성을 세밀하게 유형화한다. 채창수(2012, 2013, 2014)는 공공성을 정치-이념적 차원에서 극좌파의 당파적 공공성, 중도좌파의 적극적 공공성, 중도우파의 잔여적 공공성, 극우파의 시장주의적 반공공성 등으로 유형화한다.

한 이해를 제고할 수 있다. 간접민주주의는 대의민주주의라고도 하며, 정치공동
체 구성원들이 선거 등의 절차로 대표를 선출해 간접적으로 정치에 참여하는 민
주주의 제도이다. 의회제도는 간접민주주의의 기본 형태라 하겠다. 간접민주주의
체제에서 정치공동체 구성원은 대표를 선발하는 공적인 일에 관여한다. 공적인
일은 대표들에게 위임되고, 그 이외의 구성원들은 사적인 일에 집중한다. 따라서
행위주체로서 '사적 시민'이 강조된다. 대의민주주의는 의사결정을 하는 데 소요
되는 비용을 최소화할 수 있으며 전문적인 능력을 활용할 수 있다. 특히 대규모
정치공동체에 적합하다.

둘째, 사회적 부담과 혜택을 분배하는 것은 정치공동체의 핵심적인 문제이
다. 정의의 가치들은 사회적 부담과 혜택의 적절한 분배 기준과 관련된 것이며
두 가지 가능성을 생각할 수 있다. 하나는 기회의 균등과 같이 분배조건의 공정
성만을 강조하고 결과에 대해서는 따지지 않는 경우이다. 다른 하나는 분배조건
보다는 최종적인 분배상태의 공정성을 강조하는 경우이다. 따라서 정의의 가치
는 '실질적 정의 또는 분배적 정의'와 '절차적 정의'로 분류될 수 있다. 실질적 정
의 또는 분배적 정의는 사회의 모든 구성원들에게 공정한 몫의 가치를 분배하는
것과 관련이 있다. 가치가 공정하게 분배되어야 한다는 점에 대해서는 모든 사람
들이 동의할 것이다. 하지만 분배방식에 대해서는 입장이 다를 수 있다. 사람마
다 평등, 필요, 응분, 자유교환 등과 같은 분배방식들 가운데 중요하게 생각하는
것이 다를 수 있다는 것이다. 공정한 분배 혹은 분배적 정의는 사회의 안정과 구
성원들의 안녕에 필수적이다. 절차적 정의는 어떤 가치에 대한 접근의 기회와 관
련된 것이다. 기회균등은 일반적으로 생각하는 절차적 정의의 핵심을 이룬다고
하겠다. 사회적으로 의미가 있는 중요한 가치들, 예컨대 재화, 직위, 명예와 같은
가치에 접근할 수 있는 기회, 또는 의사결정에 참여할 수 있는 기회를 공정하게
부여하는 것이 절차적 정의의 주요 관심사라 하겠다. 기회가 균등하게 부여된다
면 사람들은 결과에 승복할 것이다. 그러나 문제는 그렇게 간단하지 않다. 기회
구조가 사회적으로 왜곡되어 있을 수도 있기 때문이다. 사회구조의 편향성 때문
에 어떤 사람들은 어떤 가치나 의사결정과정에 접근하는 것이 상대적으로 용이
한 반면, 어떤 사람들은 그 가치나 의사결정과정에 접근하는 것이 상대적으로 어
려울 수 있다.

두 개의 민주주의관으로서 직접민주주의와 간접민주주의, 그리고 두 개의 정의관으로서 실질적 정의와 절차적 정의를 조합하여 네 가지의 공공성 유형을 도출할 수 있다.

첫째, 간접민주주의와 절차적 정의를 강조하는 유형이다. 이 경우는 사익을 추구하는 시민들의 간접적 참여방식과 개인의 사익추구를 공정하게 최대한 보장하는 정의원칙을 추구한다. 따라서 이러한 경우는 법과 제도의 중립적 적용을 통해 사익추구활동을 보장하는 국가의 도구적 능력이 공공성을 확보하는 핵심기제가 된다. 이를 '보호적 공공성(protective publicness)'이라 부르고자 한다. 이러한 공공성의 특징은 '자유주의 및 자유지상주의' 전통에서 잘 나타난다.

둘째, 간접민주주의와 실질적 정의를 강조하는 유형이다. 이 경우는 사익을 추구하는 시민들의 간접적 참여방식과 분배의 결과적 불평등을 줄이기 위한 정의원칙을 추구한다. 따라서 이러한 경우는 다양한 이해관계를 가지고 있는 시민들 누구나가 동의할 수 있는 분배원리가 공공성을 확보하는 핵심기제가 된다. 이를 '분배적 공공성(distributive publicness)'이라 부르고자 한다. 이러한 공공성의 특징은 롤스(J. Rawls)의 '정치적 자유주의(political liberalism)와 공정으로서 정의(justice as fairness)'에서 잘 나타난다.

셋째, 직접민주주의와 절차적 정의를 강조하는 유형이다. 이 경우는 공익을 추구하는 공민들의 직접적인 참여와 참여권의 공정한 분배를 보장하는 정의원칙을 추구한다. 따라서 이러한 경우는 다양한 정치공동체 구성원들의 참여와 토론이 공공성을 확보하는 핵심기제가 된다. 이를 '담화적 공공성(discursive publicness)'이라 부르고자 한다. 이러한 공공성의 특징은 '공화주의' 전통에서 잘 나타난다.

넷째, 직접민주주의와 실질적 정의를 강조하는 유형이다. 이 경우는 공민들의 직접적인 참여방식과 분배의 실질적 평등을 보장하는 정의원칙을 추구한다. 그리고 구조화된 불평등의 해소를 전제로 하는 사회공동체의 형성과 작동이 공공성을 확보하는 핵심기제가 된다. 이를 '해방적 공공성(emancipatory publicness)'이라 부르고자 한다. 이러한 공공성의 특징은 '사회주의와 공산주의'에서 잘 나타난다.

지금까지의 논의를 정리하면 [표 2]와 같다.

[표 2]   공공성의 유형

정의관＼민주주의관	간접민주주의	직접민주주의
절차적 정의	보호적 공공성	담화적 공공성
실질적 정의	분배적 공공성	해방적 공공성

2. 보호적 공공성: 자유주의를 중심으로

보호적 공공성은 간접민주주의와 절차적 정의를 강조하는 입장들에서 볼 수 있는 유형이다. 자유주의는 이러한 민주주의관과 정의관을 가지고 있다. 근대적 자유주의의 틀을 제시한 계약론의 전통에 의하면, 개인의 생명과 재산 및 자유는 그 무엇과도 비교할 수 없는 최우선의 가치를 갖는다. 그래서 가장 바람직한 상황은 '지상의 우월한 권력으로부터 자유로운 것'으로서 '자연권적 자유(natural liberty)'를 향유하는 것이다. 그것은 타인의 의지나 입법권에 구속되지 않고 자연법만을 준칙으로 삼는 것이다(Locke, 1967: 301). 그런데 홉스가 전제한 '만인에 대한 만인의 전쟁상태'는 말할 것도 없고, 로크가 전제한 평화로운 자연상태에서조차도 개인의 재산과 생명 및 자유가 훼손될 가능성은 존재한다. 따라서 이해관계에 밝은 합리적인 개인들은 자연권적 자유를 양도하고, 사회의 구속을 받아들임으로써 생명과 재산 및 자유를 안전하게 보호할 수 있는 공동체를 결성하는 데 합의하게 된다는 것이다(Locke, 1967: 348-349). 이러한 논변은 사적인 이해관계를 보호하려는 '도구적' 필요성에서 정치사회의 기원을 찾는 자유주의의 기본적인 입장을 잘 보여준다.

그렇다면 자연상태에서 계약을 통한 사회상태로의 이행 이후 자유는 어떻게 해석되는가? 당연히 자유는 '공동체의 동의에 의해 제정된 입법권' 하에서만 정의된다. 자유는 '법률이 불문에 부친 모든(Hobbes, 1968: 264)' 사안 혹은 '규칙이 규정하지 않은 모든(Locke, 1967: 302)' 사안에 대해 사람들이 자신의 이성과 의지에 따르는 것을 의미한다. 자신의 의지를 따른다는 것은 다른 사람의 간섭을 받지 않는 것을 의미한다. 그렇다고 다른 사람을 종속시키고 지배하고자 하는 의미의 자유는 아니다. 따라서 자유주의자들이 말하는 참다운 자유는 누구나 다른 사람에게 해가 되지 않는 범위 내에서 자신의 의지를 따르는 것을 의미한다(Mill, 1951: 99). 한마디로 자유는 '외부적 방해의 부재(Hobbes, 1968: 189)' 혹은 '간섭의 부재'를 의미한다. 이것은 벌린(Berlin, 2002)이 말하는 '소극적 자유'에 해당된다.

이러한 자유의 개념은 자유주의자들의 법 관념과 '미묘한 관계'에 있다. 권리는 어떤 일을 하거나 하지 않을 자유를 의미하는 반면, 법은 어떤 일을 하거나 하지 못하도록 지시하는 '간섭'을 의미하는 것으로 해석된다(Hobbes, 1968: 189). 간섭의 부재로서 자유와 간섭으로서의 법 관념은 서로 배치된다. 홉스의 유명한 경구는 이러한 관계를 명확하게 보여준다. "법이 침묵하는 곳에서 자유는 극대화된다(Hobbes, 1968: 292)." 자유주의는 '법의 지배(rule of law)'를 수용한 대가로 '법과 자유의 긴장'이라는 비용을 지불하고 있는 것이다.

자유주의에 의하면, 사(私)의 필요성에 봉사하기 위해 공(公)이 구상된 것이지만, 공은 사에 간섭한다. 따라서 자유주의 전통은 공과 사의 '경계'를 설정하는 문제에 민감하다. 공의 확장은 사의 축소를 의미하는 것으로 보기 때문이다. 그래서 자유주의 진영에서는 '공공부문'과 '민간부문'을 구획하는 데 논의를 집중하는 경향이 있다. 공공부문은 '정부적인 것'을 의미하며, 민간부문은 '비정부적인 것'을 의미한다. 특히 비정부적인 것은 '시민사회'를 의미하는데, 그것은 '시장'과 동일한 의미를 갖는다(Weintraub, 1997: 8-10). 따라서 공공성 논의의 초점은 민간부문, 특히 시장을 확장시키고, 공공부문의 도구적 기능을 최적화하는 데 맞춰지고 있다. 가장 바람직한 상황은 공공부문을 최소화하고 민간부문을 확대하는 것이다.

자연상태와 같은 무정부상태에서 개인의 보호를 위한 최소한의 역할만을 하는 국가형태가 정의로운 것으로 제시된다. 따라서 노직(Nozick, 1974)은 '최소국가'를 최적의 국가형태로 제시한다. "국가에 관한 우리의 주된 결론들은 다음과 같다. 최소국가는 강압, 절도, 사기, 강제계약 등으로부터의 보호와 같은 협소한 기능에만 한정되기 때문에 정당화된다. 이를 넘어서는 포괄국가는 무엇인가를 행하도록 강제되어서는 안 되는 개인의 권리를 침해할 것이다. 그리고 최소국가는 도덕적으로 옳을 뿐만 아니라 영감을 불러일으킨다. 두 가지 주목할 만한 함의는 일부 시민들로 하여금 다른 시민들을 돕게 할 목적으로, 또는 사람들 자신의 가치나 보호를 위해 이들에게 특정행위를 금지할 목적으로 국가가 강제적인 장치를 사용해서는 안 된다는 것이다(Nozick, 1974: ix)." 노직은 개인적 권리의 절대성을 보장할 수 있는 통치장치로서 최소국가를 제시하고 있으며, 개인 소유물에 관한 정의원칙으로서 소유권리론(entitlement theory)을 제시한다. 첫째, 취득에서의 정의원칙에 따라 소유물을 획득한 사람에게는 그 소유물에 대한 소유권리가 있다. 둘째, 이전(移轉)에서의 정의원칙에 따라 소유물에 대한 소유권리가 있는 다른 사람으로부터 소유물을 획득한 사람에게는 그 소유물에 대한 소유권리가 있다. 셋째, 어느 누구도 첫째와 둘째 원칙의 (반복된) 적용에 의하지 않고서는 소유물에 대한 소유권리가 없다(Nozick, 1974: 151). 정의로운 취득의 원칙은 노동을 통해서 소유물을 획득하되, 타인에게 해악이 미치지 않는 범위에서 이루어져야 한다는 것이다. 정의로운 이전의 원칙은 정당하게 취득된 소유물의 이전은 개인(수혜자건 피수혜자건)의 자유로운 선택에 의해 이루어져야 한다는 것이다. 그리고 과거의 소유물의 취득과 이전에서 발생한 불의는 교정되어야 한다는 불의 교정의 원칙을 덧붙인다. 분배과정에 위협이 되는 요인들에 대한 최소한의 '법적 간섭'만이 허용된다.

　　자유주의자들이 생각하는 사회는 일종의 '에고이스트 시민들의 연합'이다. 그리고 그 시민들은 평등한 자유를 갖는다. 자유주의자의 평등관은 '자유의 평등'에 초점을 맞춘다(Sen, 1992: 13). 정부는 자유의 평등이 훼손되지 않도록 중립적인 개입을 위한 법－제도적 장치를 마련해야 한다. 다시 말해서 정부는 시민들의 선택에 대해 중립적이어야 한다. 이러한 의미에서 보면, 자유주의에서 추구하는 공공성은 최소국가가 '중립적 도구'로서 시민들이 사적인 이익을 추구하는 데 필요한 최소한의 법－제도적 장치를 구비하고 작동시키는 것을 의미한다. 이처럼 자유주의적 공공성 논의의 핵심은 공공부문의 제도적 범위를 확정하는 것이다. 특히 그 범위는 작을수록 바람직하다. 그러다 보면 하나의 역설이 발생하게 된다. 공공성은 공공부문에 의해서 확보된다. 그런데 공공부문의 규모나 기능이 최소화되는 것이 바람직하다고 본다. 공공부문의 축소는 곧 공공성의 약화를 의미한다. 따라서 자유주의의 논리에 따르면, 공공성은 강화되어야 하는 이념이 아니라 약화되어야 하는 이념이 되어버린다. 이러한 의미에서 보호적 공공성은 '공공부문에서 생명권, 자유권, 재산권 등과 같은 최소한의 기본권을 보장하는 정도'라는 제한된 범위에서 논의될 수밖에 없다.

3. 분배적 공공성: 롤스의 정치적 자유주의를 중심으로

분배적 공공성은 간접민주주의와 실질적 정의를 강조한다. 개별 시민들의 개성을 초월하는 보편적인 정의의 원리를 발견하고 적용함으로써 공공성의 이념을 실현하고자 하는 것이다. 이러한 유형의 공공성은 롤스의 정치적 자유주의에서 잘 나타난다. 정치적 자유주의는 합당하면서도 다양한 삶의 원칙들을 가지고 있는 시민들이 합리적으로 동의할 수 있는 정의관에 도달하는 논리를 밝히는 데 초점을 맞춘다. 이 입장 역시 민주주의 전통에 속하기 때문에 모든 시민은 '자유롭고 평등한 인격체'라는 전제에서 출발한다(Rawls, 2005: 18-19). 시민은 정의감과 가치관이라는 도덕적 능력과 이러한 능력들을 가지고 판단하고, 생각하고, 추론하는 이성적 능력을 가지고 있다는 점에서 자유롭다는 것이다. 정의감은 합당한 정의관에 따라 행동하는 도덕적 능력을, 가치관은 합리적으로 자신의 인생관과 세계관을 형성하고 추구할 수 있는 도덕적 능력을 의미한다. 그리고 사람들이 사회협동체계의 구성원으로서 필요한 최소한의 능력을 가지고 있다는 점에서 평등하다는 것이다. 시민들은 도덕적 능력과 이성적 능력을 가지고 나름대로의 종교적, 철학적, 도덕적 교리들을 삶의 원칙으로 삼는다. 문제는 이러한 원칙들이 나름대로 합당성(reasonableness)을 가지고 있다는 데 있다. 합당한 다양한 원칙들을 가지고 있는 시민들이 정의로운 사회를 위한 원칙에 도달하는 방법, 그리고 그러한 사회에 도달했을 때 그 사회를 안정되게 유지하는 방법을 찾는 것이 정치적 자유주의가 해결해야 할 근본 과제이다(Rawls, 2005: xxv). 이처럼 정치적 자유주의는 다양성을 전제로 하고 있으며, 그 속에서 안정된 조화를 찾는 것을 과제로 한다.

그렇다면 다양한 종교적, 철학적, 도덕적 교리를 가지고 있는 시민들로 이루어진 정치공동체에서 어떤 경우에 권력행사는 정당하다고 할 수 있는가? "정치권력의 행사는 자유롭고 평등한 사람으로서의 모든 시민들이 그들을 공동의 인간이성에 수용될 수 있는 원칙들과 이상들에 비추어 지지하기를 합당하게 기대할 수 있는 그런 헌법을 따를 때에만 충분히 적절할 수 있다(Rawls, 2005: 137/217)." 롤스는 이를 자유주의적 정당성의 원칙이라 규정한다. 이러한 정당한 권력행위가 가능하기 위한 합의에 어떻게 도달할 수 있는가? 롤스는 이에 대해 '중첩적 합의(overlapping consensus)' 모델을 제시한다. 이 모델은 시민들이 다양한 교리를 가지고 있는 것을 당연한 것으로 전제한다. 또한 각각의 교리들은 나름대로의 타당성을 갖는 것으로 본다. 다만 이러한 교리들은 사적인 것으로 치부된다. 사람들이 공적인 합의과정에서 사적인 것을 배제하고, 합리적인 이성에 따라 사유할 때 공정한 합의에 도달하게 된다는 것이다. 그렇게 합의된 원칙은 사적인 종교적, 철학적, 도덕적 교리로부터 독립적이라는 것이다(2005: 145). 이처럼 롤스는 사적인 것과 공적인 것의 엄밀한 분리를 통해 공정성을 확보하고자 한다.

그렇다면 다양한 시민들이 중첩적 합의를 통해 도달하게 될 공정한 정의의 원칙은 무엇인가? 롤스의 정의원칙은 두 부분으로 이루어져 있다(1999: 53, 72). 첫째는 모든 사람들이 동등한 기본적인 자유를 평등하게 가져야 한다는 것이다. 둘째, 사회적 경제적 불평등은 다음의 두 가지 조건을 만족시키도록 편성되어야 한다는 것이다. (ⅰ) 불평등과 관련된 직책과 직위들은 공정한 기회균등의 원칙 조건 아래서 모든 이에게 개방되어야 하고, (ⅱ) 사회적으로 가장 열악한 처지에 있는 사람들에게 최대의 이익이 되어야 한다는 것이다.

이러한 정의의 원칙들은 공동체의 대표들이 참여하는 '원초적 입장'이라는 가상적인 상태에서 정당화된다. 원초적 입장은 사회적 혜택과 부담의 분배에 있어서 우연적인 요소를 배제하는 데 초점을 맞춘다. 자신의 의지와 상관없이 이루어지는 분배는 도덕적으로 자의적이라는 것이다. 따라서 원초적 입장에 있는 대표들은 '무지의 장막'에 싸여있다고 전제한다. 무지의 장막은 대표들이 자신들의 신체적, 심리적, 사회적 조건에 대해서 전혀 모른다는 가정이다. 물론 대표들은 사회에 대한 일반적인 사실, 정치현상이나 경제이론의 원칙을 이해하며 인간의 심리법칙을 알고 있는 것으로 본다(1999: 118-119). 원초적 입장의 대표들은 무지의 장막 안에서 자신들에게 가장 유리한 선택이 무엇인지를 계산할 수 있는 합리적인 사람이라 전제한다. 그들은 자신들의 가치체계는 모르지만, 가치를 추구하는 데 공통적으로 필요한 '사회적 기본가치들'을 가능하면 많이 확보하고자 할 것이다. 그것들은 자신이 어떤 선을 추구하던 자신의 가치증진에 도움이 될 것이기 때문이다(1999: 125).

원초적 입장에 참여하는 대표들은 어떠한 원칙을 선택하게 될 것인가? 가장 기본적인 사회적 가치인 자유는 모든 사람에게 동등하게 분배되어야 한다는 데 동의할 것이다. 사회적 가치 가운데 권력이 불평등하게 부여된 직위나 직책의 분배는 제한되어 있기 때문에 누구에게나 접근할 수 있는 기회를 허용하되, 그 경쟁은 공정해야 한다는 데 동의할 것이다. 그리고 원초적 입장에 참여하는 대표들은 실제의 상태가 어떠한지를 모르기 때문에 소위 불확실성의 상황에서 의사결정을 하게 된다. 그러한 상황에서 합리적 의사결정자라면 소득과 부의 분배에 있어서는 최소극대화(maximin)의 원칙을 따르게 된다. 요컨대 참여자들은 자신이 최악의 상황에 처해있을 때, 자신에게 가장 유리한 방법을 생각할 것이다. 누구나 가상의 마법에서 벗어나면, 자신이 최악의 상황에 처할 수 있는 개연성을 갖기 때문이다. 따라서 원초적 입장에 참여하는 대표들은 '사회에서 가장 열악한 상황에 처해있는 사람에게 최대의 사회적 혜택을 주는 원칙'에 합의하게 된다는 것이다. 이렇게 해서 '차등의 원칙'이 분배원리로서 정당화된다. 롤스가 제시하는 정치적 자유주의의 과제는 이렇게 해서 자신이 제시하는 정의 원칙에 의해 해결되리라 본다. 다양한 시민들이 원초적 입장이라는 가상적 상황에 들어가면 차등원칙을 찾게 될 것인데, 합리적이고 정의감이 있는 시민들은 당연히 그 원칙에 동의하게 될 것으로 본다.

문제는 상이한 종교적, 철학적, 도덕적 교리를 따르는 다양한 시민들이 사유실험에 참여하는 순간 다양성은 사라지고 사실상 '한 명의 대표인(Rawls, 1999: 56)'만이 남게 된다는 것이다. 그렇게 보면, 이는 정치적인 결정이라기보다는 이성적인 혹은 합리적인 결정의 양식이다. 따라서 롤스의 정치적 자유주의는 개별적인 시민들의 개성이 사라지고, 초월적인 '보편적 원리'를 추구하는 형이상학적 사유의 틀이 된다. 비록 다양한 종교적, 철학적, 도덕적 원리를 교리로 삼고 있기는 하지만, 시민들은 합리적으로 사익을 극대화하는 데 관심을 갖는 것으로 전제한다. 그리고 시민들은 개인적인 종교적, 도덕적, 철학적 교리를 배제한 원초적 입장에서 논리적으로 자신에게 가장 유익한 선택을 하게 된다. 그런데 그것은 실질적으로 논쟁이나 합의를 통한 선택이 아니라 '합리적인 계산'에 의한 선택이다. 그리고 그러한 선택은 분배의 보편적 원리로 제시되기 때문에 규범적인 성격을 띠게 된다. 따라서 이러한 조건에서의 공공성은 국가가 분배의 보편 원리를 발견하고, 규범으로 삼아 적용하는 데서 실현되는 것으로 볼 수 있다. 롤스의 정의론은 제한된 범위에서이기는 하지만 평등을 실현하기 위한 보다 큰 정부를 정당화하는 논리라 할 수 있다.

4. 담화적 공공성: 공화주의적 전통을 중심으로

담화적 공공성은 직접민주주의와 절차적 정의를 강조한다. 현대의 공화주의
는 담화적 공공성을 주장하는 대표적인 예이다. 자유주의와의 비교를 위해 먼저
공화주의가 주장하는 자유의 개념을 살펴보자. 공화주의는 자유를 '간섭의 부재'
가 아니라 '지배의 부재(Pettit, 1997)' 혹은 '독자성(Skinner, 2007)'으로 규정한다.
가령 노예제도 하에서 착한 주인이 노예에게 간섭을 하지 않는다고 해서 노예를
자유롭다고 말할 수는 없다. 주인은 노예에게 어느 때고 간섭할 수 있는 '자의적
권력'을 가지고 있기 때문이다. 자의적 권력에 의한 지배가 부재하는 것이 자유
이고, 이러한 자유는 '자유국가'에서 실현될 수 있다. 자유주의에서는 자유가 정
치공동체와는 무관하게 자연권으로 주어지는 것으로 보기 때문에 간섭을 자유에
대한 방해로 이해하는 반면, 공화주의는 정치공동체의 지배구조에 의해서 자유
가 규정되는 것으로 이해하기 때문에 간섭이 반드시 자유의 방해요인은 아니라
고 본다. 따라서 '법의 지배'가 자유주의자에게는 자유를 제한하는 간섭으로 보이
는 반면, 공화주의자에게는 자유를 보장하는 장치로 보이는 것이다. 이러한 의미
에서 정치공동체는 자유를 실현하는 본질적인 공간이다. 정치공동체의 구성원으
로서 공민은 공공선을 위해 직접 참여하는 '공민적 덕성'을 윤리적 지향으로 삼
는 것이 당연하다고 본다. 왜냐하면 공공선을 위한 참여야말로 공동체의 구성원
이 주권을 행사함으로써 진정한 자유를 실현하는 길이기 때문이다. 정치공동체
의 구성원은 참여를 통해 자유를 실현할 권리를 갖는다는 점에서 평등하다.

공화주의의 논리에 따르면, 공과 사의 분리는 여전히 유효하다. 법을 제정하
고 집행하는 국가와 사익을 추구하는 시장은 공과 사의 분리와 대응한다. 그러나
이러한 제도적 분리 이외에도 활동양태를 기준으로 새로운 영역이 존재하는 것
으로 본다. 제도적으로 직업정치인이나 공무원으로서 국가의 활동에 직접 참여
하지 않고 사적인 이익추구활동을 하면서도, 공공의 선을 위해 직접적인 참여행
위가 이루어지는 영역이 매우 중요하게 다루어진다. 넓은 의미에서 정치는 사회
적 갈등을 해결하는 기예이다. 정치는 "갈등이 존재하며 판단을 위한 사적인 혹

은 독자적인 판단근거가 없는 상황에서 합당한 공적인 선택을 해야 하는 상황에서 발생한다(Barber, 2003: 120)." 이렇게 보면 정치는 직업정치인의 독점물이 아니라 정치공동체 구성원 모두의 공공재이다. 따라서 공공선을 추구하는 공민적 참여 행위는 정치적인 것이다. 공민적 참여행위는 선거에서부터 과격한 시위에 이르기까지 형태는 다양하지만 특히 중요하게 여기는 것은 '말'이다. 정치공동체의 구성원들은 자신들의 의견을 말하고 설득하며 때로는 토론과 논쟁을 통해서 합의를 이루는 과정을 중요시한다. 이러한 '말 행위(speech act)'가 주요 수단이 되어 공공선을 위한 토론과 논쟁이 이루어지는 공간을 아렌트(H. Arendt)는 '공공 영역(public realm)'이라 부르고, 하버마스(J. Habermas)는 '공론영역(public sphere)'이라 부른다. 공공영역 혹은 공론영역은 직업정치인들이 활동하는 정치영역과 다르며, 사적인 이익을 추구하는 시장 혹은 사회영역과 다르다. 공공영역 혹은 공론영역에의 적극적 참여는 사적인 개인들을 공민으로, 사적인 이익을 공공의 선으로 변화시킬 수 있는 정치공동체를 창안하는 루소적 의미에서 자기 입법적 행위에 해당된다.

공공성은 이러한 공론영역에 대한 참여와 합의를 통해서 실현된다. 따라서 정의와 평등관 역시 분배보다는 사회적 의사결정과정에 대한 참여의 평등성에 우선적인 중요성을 부여한다(Young, 1990). 형식은 민주적이지만 구조적으로 지배와 억압이 작용하여 의사결정이 이루어진다면, 그것은 무의미하기 때문이다. 실질적인 참여가 구조적으로 배제되어 있는 사회적 약자에게 민주적 절차는 무의미하다는 것이다. 가령 교육의 기회가 평등하게 제공되지 않고 있는 집단에게 민주적 정치는 이해하기 어려운 문제로 보일 것이며, 참여에 대해 무관심하게 될 것이다. 이러한 구조적 배제를 제거하는 것이 공공성 실현의 중요한 조건이다. 따라서 정의관은 공동체의 구성원들이 집단적 의사결정과정에 실질적으로 평등하게 참여하는 것을 중요한 과제로 제시한다.

정치공동체 구성원들이 공공선을 위해 참여하고, 모든 구성원에게 실질적으로 평등한 참여의 기회가 주어진다면 공공성은 참여자들의 토론을 통해 이루어질 것이다. 그렇다면 토론은 합의를 가져올 수 있는가? 롤스는 토론이 아니라 형이상학적인 사변을 통해 선택지를 제시하였다. 그것은 합의가 아니라 '합리적 선택'이다. 일반적으로 숙의, 토론, 논쟁, 참여는 합의를 지향하는 것으로 본다. 합

의는 두 가지 차원에서 볼 수 있다. 하나는 가시적으로 합의가 이루어지는 경우
이다. 이렇게 이루어진 합의는 완전한 진리가 아니라 '잠정적'으로 합당한 것이다
(modus vivendi, Rawls, 2005: 145). 합당하다는 것은 상식적인 것이며, 형이상학적
인 것이 아니라 현실적인 것이다. 논제에 따라서 이러한 합의가 가능할 수 있으
나, 실제 공론영역은 세미나실이 아니다. 따라서 다음으로는 가시적인 합의가 이
루어지지 않는 경우이다. 가시적 합의가 없다면 공론영역은 무의미한 것인가? 반
드시 그런 것은 아니다. 가령 존엄사의 입법화 여부가 사회적 논제로 등장하면,
찬반을 놓고 많은 논쟁이 벌어질 것이다. 그리고 두 입장이 팽팽하여 아무런 선
택을 못할 수도 있다. 이렇게 가시적인 합의가 당장은 없다하더라도, 존엄사에
대한 지속적인 관심과 학습 및 토론을 통해 사회의 상식이 변화하면서, 사회에는
어떤 입장이 점차적으로 형성될 것이다.

　　담화적 공공성은 공공선을 동기로 하는 참여와 실질적인 참여기회의 평등성
을 조건으로 이루어지는 토론과 논쟁을 통한 합의를 추구하는 과정에서 이루어
진다. 따라서 담화적 공공성의 실현이 보다 가능하기 위해서는 공론영역을 구성
하는 시민사회의 발달이 매우 중요하다. 사회가 다루어야 할 공적 논제들은 다양
하며, 사회적 조건에 따라 특정한 논제가 중점적으로 다루어진다. 따라서 논제들
이 지속성을 갖거나 논제들 간의 균형을 유지하는 것이 현실적으로 불가능하다.
이러한 이유 때문에 시민사회가 보다 분화되고 다원화되어 다양한 집단들이 다
양한 사회적 의제들을 항시적으로 고민하고 공론화하는 분위기가 형성될 때, 공
론영역의 활성화를 기대할 수 있다. 공론영역의 활성화는 참여민주주의와 토의
민주주의의 토대로서 담화적 공공성 실현의 핵심전략이라 하겠다.

5. 해방적 공공성: 공산주의를 중심으로

　　해방적 공공성은 직접민주주의와 실질적 정의를 강조한다. 이 경우 실질적
평등을 보장하는 사회구조의 변혁, 즉 사적 소유의 폐지와 공유의 실현을 통해
공공성이 실현된다고 본다. 마르크스의 공산주의는 해방적 공공성을 대표하는
입장이다. 마르크스는 기본적으로 자본주의에 대한 정치경제학적 비판에 주력하
고, 그것을 토대로 새로운 사회의 실현을 위한 실천적 구상을 제시하는 데 초점

을 맞춘다. 비판의 핵심은 자본주의적 계급대립의 정치경제적 기원을 밝히고, 계급적 관계를 영원히 제거하기 위한 계급투쟁의 정당성을 제시하는 것이다. 따라서 그는 '이제까지의 모든 사회의 역사'를 '계급투쟁의 역사'로 규정한다(Marx, 1848/1983: 203). 자본주의는 생산수단을 소유한 자본가계급과 노동력만을 소유한 노동자계급 간의 착취적 관계를 토대로 한다. 특히 자본주의가 발달할수록, 사회에는 주변적인 계급들이 두 개의 계급 가운데 하나로 편입됨으로써 오직 두 계급 간의 대립이 더욱 첨예화된다는 것이다(1848/1983: 204). 이러한 계급대립이 극한에 이르게 되면, 무산자인 프롤레타리아 계급이 혁명을 통해 계급사회 자체를 폐지하고 계급이 없는 사회를 건설해야 한다는 것이다.

계급대립을 근간으로 하는 자본주의 사회에서 국가는 무엇인가? 마르크스에 의하면, "근대국가의 집행부는 전체 부르주아의 공동사안을 관리하는 위원회에 불과하다(1848/1983: 206)." 지배계급의 도구로서 국가는 전체국민의 보편이익을 실현한다는 명분으로 지배계급의 특수이익을 위해 봉사하는 이율배반적인 기능을 한다는 것이다(Marx, 1976: 52). '폭력의 독점체'인 국가는 이데올로기에 의한 관념의 조작을 통해 혹은 군대나 경찰력을 동원해서 피지배계급의 저항을 억압하는 기능을 수행한다는 것이다. 따라서 자본가를 겨냥한 노동자들의 경제투쟁은 결국 자본과 동맹한 국가에 대한 정치투쟁으로 승화할 때 혁명적인 의미를 획득하게 된다. 이러한 의미에서 마르크스에게 국가는 '지양(Aufhebung)'의 대상이 된다. 마르크스가 말하는 '국가의 지양'은 엥겔스(F. Engels)가 말하는 '시들어 사라지는 국가(1976: 363)'의 이미지와는 성격이 다르다. 국가는 생물학적으로 시들었다가 죽는 것이 아니라 '변증법적'으로 지양된다는 것이다. 국가는 계급 도구적 성격을 극단적으로 발현한 후, 전혀 새로운 질의 정체로 전화된다는 것이다. 따라서 자본주의 사회에서 공산주의사회로의 이행과정에서 국가는 핵심적인 기능을 한다. 첫 번째 단계에서는 노동자 혁명을 통하여 프롤레타리아가 지배계급으로 고양된다. 이 단계에서는 정치적 지배를 통해서 부르주아계급에 귀속되어 있던 자본과 생산도구들을 국가의 수중에 귀속시킨다. 더불어 생산력의 수준을 급격히 상승시킨다. 이 단계에서 인간이 사적 소유로부터 해방되는 것은 재산의 국유화를 통해서 이루어지는 것이며, 모든 사람들은 똑같은 임금을 받는 사회의 고용인이 되는 것이다. 국가는 계급의 지배도구로서의 본질을 극단적으로 발현한다. 이러한 사회에서 공산주의는 단지 노동과 임금의 공동체를 의미할 뿐, 질적으로 다른 '공동체적 상호성'을 의미하지는 않는다. 그러나 두 번째 단계에 들어서면 '진정한 민주주의'가 실현되는데, 계급지배의 장치로서 정치적 국가는 사라지게 된다(Marx, 1844/1970: 31). 그리고 '각자의 자유로운 발전이 모두의 자유로운 발전의 조건이 되는 결사체(Marx, 1848/1983: 228)'가 국가를 대신하게 된다. 분업의 예속에서 벗어나고, 정신노동과 육체노동의 대립이 사라지며, 노동이 단순히 생계수단이 아니라 생활의 일차적인 욕구가 된다는 것이다. 이러한 조건에서 개인의 전인적인 발전과 생산력의 증대가 이루어짐으로써 사회의 부가 현저히 증가한다는 것이다. 이렇게 부르주아적 삶의 방식이 완전히 무너지게 되면, '능력에 따라' 일하고 '필요에 따라' 재화를 소비하는 정의원칙이 적용되는 공동체적 삶이 정착된다는 것이다(Marx, 1875/1983: 541).

　　진정한 민주주의로서 공산주의에서는 개인이 더 이상 사회와 대립하지 않는다. 이것은 마르크스가 ≪헤겔법철학비판 Critique of Hegel's Philosophy of Right (1844)≫에서 '게마인베센(Gemeinwesen)'이라는 독일어를 사용한 의도를 통해 명확히 이해할 수 있다. 시민사회는 정치적 행위를 통해서 원자화되는데, 그것은 '인간의 본래적 속성'으로부터 벗어난 것임을 시사하는 과정에서, '인간의 본래적 속성'을 표현하기 위해 게마인베센 또는 '공산주의적 본질(kommunistische Wesen)'이라는 말을 사용하였다(Marx, 1844/1970: 79). 마르크스가 초고에서 썼던 프랑스어 꼬뮌(commune)을 독일어 게마인베센으로 수정했다는 사실에 주목할 필요가 있다. 프랑스어 꼬뮌을 굳이 게마인베센으로 수정한 것은 전자가 단지 공동체만을 의미하는데 반해, 후자는 '정체(commonwealth)'와 '인간의 보편적 본성'이라는 의미를 동시에 표현하고 있기 때문이라는 것이다. 따라서 이 단어는 그 자체로서 공적 자아와 사적 자아의 양분법을 극복한 통합된 인간에 대한 마르크스의 이념을 강력하게 전달하고 있다는 것이다(Avineri, 1983: 57). 이러한 의미에서 보면, 진정한 민주주의는 착취적 사회구조에 기초한 계급의 지배관계가 폐지되어 '실질적 평등'이 보장되고 공동체와 인간의 완전한 통합 혹은 공과 사의 통합이 이루어진 상태를 의미한다. 그리고 공동체적 삶을 향유하는 것 자체가 정의로운 것이 된다. 그러나 공과 사의 변증법적 통합은 긴장된 상태로서, 공동체에 우선성을 둠으로써 개인의 자율성이 훼손될 가능성을 내포하고 있다.

제3절 이념형(ideal type)으로서 공공성의 유형

공공성의 개념과 유형 그리고 각 유형의 특성을 대표하는 이론적 입장들을 살펴보았다. 이제 이러한 유형화가 실제적인 문제를 분석하기 위한 도구로서 유용성을 갖추기 위한 논의를 전개하고자 한다. 이를 위해 우선 각각의 유형들을 '이념형'으로 재구성하고자 한다. 이념형은 이상적인 어떤 상태를 의미하는 것이 아니라 '순수한 상태' 혹은 '극단적인 상태'를 표현하는 것으로서 현실세계에서는 실재하지 않는다. 또한 이념형으로 제시된 유형들은 마치 다른 유형과 무관한 것처럼 분류된다. 물론 실제 세계에서는 이념형으로 제시된 공공성의 유형들이 복잡하게 혼합되어 있다. 이렇게 이념형으로 공공성의 각 유형을 이해한다면, 각각의 공공성을 대변하는 이론적 입장들 간의 대립이 현실분석을 위해 모든 유형들을 동시적으로 이용하는 데 장애가 되지는 않을 것이다. 이제 각 유형들을 이념형으로 정리해보자.

첫째, 보호적 공공성은 과정적으로는 간접민주주의를, 내용적으로는 절차적 정의를 특징으로 한다. 보호적 공공성은 국가 혹은 정부의 실패에서 그 정당성을 찾는다. 정부의 지나친 간섭은 궁극적으로 개인의 권리를 침해하는 것으로 본다. 따라서 보호적 공공성은 개인의 생명권, 재산권, 자유권과 같은 기본권을 보호하는 국가의 도구적 기능에 초점을 맞춘다. 보호적 공공성을 실현하는 방법은 작은 정부를 구현하고 시장을 더욱 확대하는 것이다. 보호적 공공성의 실현정도는 기본권의 보호를 위한 법과 제도의 형성과정과 완비정도 그리고 이의 실제적인 집행수준을 기준으로 판단될 수 있다. 보호적 공공성을 대표하는 사상은 자유주의, 자유지상주의, 신자유주의이다.

둘째, 분배적 공공성은 과정적으로는 간접민주주의를, 내용적으로는 실질적 정의를 특징으로 한다. 분배적 공공성은 시장의 실패에서 그 정당성을 찾는다. 시장에서는 완전경쟁이 이루어질 수 없으며, 궁극적으로 부의 불평등을 가져온다는 것이다. 따라서 분배적 공공성은 사회적·경제적 권리를 보장하는 국가의 윤리적 기능에 초점을 맞춘다. 분배적 공공성의 실현정도는 분배 및 재분배를 위한 규범적 원리의 적정성, 사회경제적 권리의 신장을 위한 법과 제도의 형성과정과 완비정도 그리고 이의 실제적인 집행수준을 기준으로 판단될 수 있다. 분배적 공공성을 대표하는 사상은 롤스의 정치적 자유주의이다.

셋째, 담화적 공공성은 과정적으로 직접민주주의를, 내용적으로 절차적 정의를 특징으로 한다. 담화적 공공성은 대표의 실패에서 그 정당성을 찾는다. 정당과 의회는 정치적 이해관계로 인해 실질적으로 시민들의 의견을 적절히 반영하기 어렵다. 따라서 담화적 공공성은 시민의 직접적인 참여를 활성화하는 조건으로서 사상과 표현의 자유, 언론·출판·집회·결사의 자유와 같은 참여적 권리가 실현될 수 있는 시민사회의 공적 기능에 초점을 맞춘다. 담화적 공공성의 실현정도는 공론영역의 활성화 정도, 공론영역의 활성화를 위한 법과 제도의 형성과정과 완비정도, 법제도의 실질적인 집행 수준으로 판단될 수 있다. 담화적 공공성을 대표하는 사상은 공화주의이다.

넷째, 해방적 공공성은 과정적으로 직접민주주의를, 내용적으로 실질적 정의를 특징으로 한다. 해방적 공공성은 구조의 실패에서 그 정당성을 찾는다. 계급지배가 이루어지는 사회에서 국가나 시장은 공정하게 작동할 수 없다. 따라서 해방적 공공성은 구조실패의 원인이라 할 수 있는 사적 소유체제(사유제)를 공적 소유체제(공유제)로 전환할 수 있는 사회의 혁신적 기능에 초점을 맞춘다. 해방적 공공성의 실현정도는 착취적 사회구조의 완화정도, 그러한 착취구조를 완화시키기 위한 법제도의 형성과 완비정도, 법제도의 실질적인 집행수준으로 판단될 수 있다. 해방적 공공성을 대표하는 사상은 사회주의와 공산주의이다.

이상의 내용을 정리하면 [표 3]과 같다.

현실에서는 이념형으로서 공공성의 유형들이 복합적으로 혼재한다. 특정 유형의 공공성을 중심축으로 하여 다른 유형의 공공성들이 부분적으로 결합된 형태를 띤다. 어떤 조합이 '더 많은' 공공성을 실현하는 데 적합한 것인지는 확정적으로 말하기 어렵다. 사회적 조건에 따라 조합이 다를 수 있기 때문이다. 예컨대 전근대적 사회에서 근대사회로의 이행기에는 개인의 생명과 재산 그리고 자유가 그 무엇보다 중요한 문제이기 때문에 보호적 공공성이 중심축을 이루는 것이 적절하다 할 수 있다. 그러나 근대적 국가가 형성되고 자본주의가 발달하게 되면서

[표 3] 이념형으로서 공공성의 유형

	보호적 공공성	분배적 공공성	담화적 공공성	해방적 공공성
특성	간접민주주의 절차적 정의	간접민주주의 실질적 정의	직접민주주의 절차적 정의	직접민주주의 실질적 정의
정당성	국가의 실패	시장의 실패	대표의 실패	구조의 실패
초점	국가의 도구적 기능	국가의 재분배 기능	시민사회의 공적 기능	사회(시장+시민 사회)의 혁신적 기능
내용	기본권 보호	사회권 보장	참여권 신장	공유권 확대
실현기제	(소극)국가	(적극)국가	공론장(공론영역)	사회/공동체
사상	자유주의 자유지상주의 신자유주의	정치적 자유주의	공화주의	사회주의 공산주의

빈부격차, 시장이나 정부 혹은 시민사회와 같은 제도의 실패, 민주주의의 결핍 등 수많은 문제들이 야기된다. 이러한 문제들은 단지 보호적 공공성의 강화만으로 해결될 수 없다. 따라서 분배와 참여 그리고 소유의 문제를 재고하지 않을 수 없다. 분배적 공공성이나 담화적 공공성 또는 해방적 공공성이 실현되지 않고는 보호적 공공성의 실현이 어렵다. 이처럼 당면한 사회의 다양한 문제들 가운데 어떤 문제에 초점을 맞추느냐에 따라 중심축이 되는 공공성의 유형이 달리 선택될 것이다.

공공성을 어떻게 실현할 것인가?

공공성 실현전략은 어떻게 구상될 수 있을까? 공공성 담론은 신자유주의 담론에 대항적인 성격을 갖는다. 따라서 공공성 담론의 토대를 신자유주의 담론과의 대결이라는 맥락에서 살펴보고, 그것에 근거해서 공공성의 실현전략을 구축하는 것이 합당할 것이다. 공공성 담론의 토대를 존재론, 인식론, 윤리론의 차원에서 살펴보자(임의영, 2017a: 3-7).

첫째, 존재론은 인간의 본질에 대한 관념에 초점을 맞춘다. 신자유주의 담론에 의하면, 인간은 자신의 이익을 추구하는 개인이다. 개인은 이성적으로 사유하는 능력을 바탕으로 자신의 이해관계를 계산하는 능력이 있는 존재이다. 신자유주의 담론에서 개인 개념은 사회라는 맥락과 무관하게 존재하는 인간이다. 사회적 맥락에서 형성되는 존재로서 인간 개념은 고려되지 않는다. 그러다 보니 인간의 이기심은 자연적 본성으로서 시공간을 초월한 인간의 본질로 이해된다. 신자유주의자들은 종종 "사회 같은 것은 존재하지 않는다"고 말한다. 이 말은 실재하는 것은 개인일 뿐이고 사회는 단지 허상에 불과하다는 것이다. 개인들의 관계는 이해관계에 따라 언제든지 연결되거나 끊어질 수 있는 불안정한 것이다(Foucault, 2012: 412-417). 본래 개인과 개인의 관계로서 사회는 개인과 대립하면서 동시에 개인의 존립근거가 된다. 그런데 신자유주의는 개인과 사회의 대립적인 면만을 강조하고, 개인의 존립근거로서 사회를 보지 않는다. 이처럼 신자유주의 담론은 기본적으로 사람과 사람의 분리를 전제로하기 때문에, 신자유주의의 존재론을 '분리의 존재론(ontology of separation)'이라 부를 수 있을 것이다. 그렇다면 이러한 분리의 존재론에 대항하는 공공성 담론의 존재론은 어떻게 구성되어야 할 것인가? 무엇보다도 '관계의 필연성'을 전제로 하는 존재론을 구성할 필요가 있을 것이다. 공공성 담론은 존재론적으로 세상과 별개로 존재하는 자족적인 개인 개념이 아니라 다른 사람들과의 관계를 필연적인 조건으로 하는 인간 개념을 토대로 삼을 필요가 있다. 우리는 이를 '관계의 존재론(ontology of relation)'이라 부를 수 있을 것이다. 분리의 존재론은 경쟁과 사익의 추구를 당연한 것으로 받아들이게 한다. 관계의 존재론은 공존과 공익의 추구를 당연한 것으로 받아들이게 한다. 그렇다고 공익을 위해 사익을 억압하는 것이 아니라 공익과 사익의 조화를 추구한다는 것이다. 관계의 존재론에 따르면, 공공성을 실현하는 전략은 다양한 행위주체들이 함께 조화를 이루며 평화롭게 공존하는 것을 지향하는 것이어야 한다. 이를 화이부동(和而不同)[1]을 전제로 하는 '공(共)-전략'이라 부를 수 있을 것이다.

둘째, 인식론은 앎의 이유와 원리 그리고 이용에 초점을 맞춘다. 신자유주의 담론에서 앎을 추구하는 이유는 이익에 있다. 앎의 원리는 이익을 도출할 수 있는 원인을 찾는 데 초점을 맞춘다. 그리고 앎의 이용은 원인변수를 조작함으로써 이익을 확보하는 방식으로 이루어진다. 신자유주의적 인식론의 주된 관심은 이익을 창출하는 인과관계에 대한 앎을 확보하는 데 있다. 호르크하이머(Horkheimer, 2006)에 의하면, 이러한 앎은 도구적 이성에 의해 이루어진다. 도구적 이성은 주어진 목적(결과)을 이루는 데 유용한 수단(원인)을 탐구하는 지적 활동을 말한다. 신자유주의는 이러한 도구적 이성의 과대성장을 촉진한다. 신자유주의적 인식론에 따르게 되면, 인식대상으로서 사람에 대한 앎은 그 사람의 전인적(全人的) 가치와 관련된 것이 아니라 그 사람이 가지고 있는 도구적 가치와 관련된다. 요컨대 인식대상인 사람이 이익을 창출하는 실제 능력에 대한 앎이 사람에 대한 앎의 알파요 오메가이다. 앎의 이용가치는 사람들 간의 공감과 전인적 교류에 있는 것이 아니라 관리와 통제에 있다. 그러한 의미에서 신자유주의적 인식론은 '도구적 이성을 기제로 이해관계를 추구하는 인식론' 즉 '도구적 인식론(instrumental epistemology)'이라 부를 수 있을 것이다. 그렇다면 이러한 도구적 인식론에 대항하는 공공성 담론의 인식론은 어떻게 구성되어야 할 것인가? 공공성 담론의 인식론은 사람들 간의 공감과 전인적 교류를 가능하게 하고, 이를 방해하는 굴레로부터의 해방을 추구하는 앎에 초점을 맞추어야 할 것이다. 사람들 간의 공감과 전인적 교류는 이성만이 아니라 감정, 상상력, 의지 등과 같은 비이성적인 요소들이 총체적으로 작동할 때 가능하다. 이성과 비이성적인 요소들이 총체적으로 작용하는 공간을 마음이라 한다. 마음은 인식의 기제로서 자격을 가지고 있다. 마음을 통해서 다른 사람들의 내적 상태(사고, 감정, 기분, 정서, 의욕, 태도 등)와 전면적으로 조우함으로써 공감에 도달하고, 그것을 토대로 전인적 교류를

---

1) 화이부동(和而不同)은 ≪논어(論語)≫의 자로(子路)편에 나오는 말로 의를 바탕으로 사람들과의 조화를 추구한다는 의미이며, 이와 반대되는 행태로 이해관계가 맞는 사람끼리 행동하여 사람들과 서로 화합하지 못하는 것을 동이불화(同而不和)라 한다.

방해하는 굴레들을 걷어낼 수 있는 소통능력을 인식론적 토대로 삼을 필요가 있다. 우리는 이를 마음의 공감과 소통에 의해 인도되는 인식론, 즉 '소통적 인식론(communicative epistemology)'이라 부를 수 있을 것이다. 소통적 인식론에 따르면, 공공성을 실현하는 전략은 행위주체들이 전인격적으로 소통할 수 있는 절차를 구성하는 데 초점을 맞추어야 한다. 이를 역지사지(易地思之)2)를 전제로 하는 '통(通)-전략'이라 부를 수 있을 것이다

   셋째, 윤리론은 실천적 차원에서 책임의 문제에 초점을 맞춘다. 그것은 행동의 결과에 대해서 누가 어떻게 책임지는 것이 공정한 것인가 하는 문제이다. 신자유주의 담론은 기본적으로 개인에게 책임을 묻는 논리에 의존한다. 개인이 처한 상황이 자신의 인생전망을 실현하는 데 유리한 것이건 불리한 것이건, 그 상황에서 이루어진 선택의 모든 결과에 대해서는 바로 그 개인이 책임을 져야 한다는 것이다. 따라서 불평등이나 사회적 약자의 문제는 사회적인 문제가 아니라 개인적인 문제로 치부된다. 이처럼 신자유주의 담론의 윤리론은 '개인적 책임론(individual responsibility)'이라 하겠다. 그렇다면 이러한 개인적 책임론에 대항하는 공공성 담론의 윤리론은 어떻게 구성되어야 할 것인가? 전적으로 개인에게 책임을 묻는 것은 구조화되고 매우 복잡한 사회적 삶의 특성을 반영한 것이라 보기 어렵다. 개인의 선택은 개인이 의식하건 의식하지 않건 사회구조에 의해 조건화된다. 또한 복잡한 사회적 관계를 통해서 행위의 결과들이 발생한다. 게다가 시간적으로 보면, 단기적 결과와 장기적 결과가 다르게 나타날 수도 있다. 특히 사회가 복잡해지고 변동이 심해지면, 결과에 대한 예측가능성이 현저하게 떨어지기 때문에, 미래의 불확실성에 대한 책임을 개인에게만 묻거나 사후적으로 묻는 것은 합당하지 않다(Jonas, 1984). 이 때문에 공공성 담론은 책임의 문제를 단순히 개인적 차원에서 논의하는 수준을 넘어서 사회구성원들이 함께 책임을 공유하는 방식에 대해 논의할 필요가 있다. 우리는 이를 '공유적 책임론(sharing responsibility)'이라 부를 수 있을 것이다(May, 1992; Young, 2013). 공유적 책임론에 따르면, 공공성을 실현하는 전략은 책임의 범위와 대상을 확장하고 책임을 공유하는 데 초점을 맞추어야 할 것이다. 특히 사회적 약자들에 대한 공동의 책임을 보다 강화하는 데 중점을 두어야 할 것이다. 넓은 의미에서 책임은 사랑의 실천방법이다. 이를 불인지심(不忍之心)3)을 전제로 하는 '인(仁)-전

---

2) 역지사지(易地思之)는 ≪맹자(孟子)≫의 이루(離婁)편에 나오는 역지즉개연(易地則皆然)에서 유래한 말이다. 처지나 경우를 바꾼다 해도 하는 것이 서로 같다는 의미의 역지즉개연에서 상대방의 처지에서 생각한다는 의미의 역지사지가 유래한 것이다.

3) 불인지심(不忍之心)은 ≪맹자(孟子)≫의 공손추(公孫丑)편에 나오는 말로 불행에 빠져 고통을 당하는 사람을 보고 그냥 지나치지 못하는 마음, 즉 측은지심(惻隱之心)으로서 인(仁)의 토대

략'이라 부를 수 있을 것이다. 인-전략은 정의에 기초한 사랑 또는 사랑에 기초한 정의의 실천전략이라 하겠다.[4] 지금까지의 논의를 정리하면 [표 4]와 같다.

[표 4] 공공성 담론의 토대 및 공공성의 실현전략

기준	신자유주의담론	공공성담론	실현전략
존재론	분리의 존재론	관계의 존재론	共 - 전략
인식론	도구적 인식론	소통적 인식론	通 - 전략
윤리론	개인적 책임론	공유적 책임론	仁 - 전략

공-전략은 인간군상, 국가, 시민사회, 시장과 같은 행위주체들의 사회적 조화와 공존을 지향한다. 통-전략은 행위주체들 간 소통의 질을 보다 향상시키는 데 초점을 맞춘다. 인-전략은 행위주체들이 서로 책임을 공유하는 데 초점을 맞춘다. 각 전략의 초점이 다르기는 하지만 기본적으로 별개의 전략으로 볼 수는 없다. 각각의 전략은 다른 두 개의 전략과 매우 밀접한 관계에 있다. 각각의 전략은 다른 두 개의 전략을 지지하고 또한 조건으로 한다. '공-통-인 전략'은 [그림 1]과 같이 도식화될 수 있다.

【그림 1】 共-通-仁 전략도

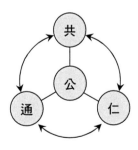

가 되는 마음이다.

4) 임의영(2017a)에서는 공공성의 실천전략을 공-통-애(共-通-愛) 전략이라 명명하였으나, 여기에서는 공-통-인(共-通-仁) 전략으로 수정한다. 愛는 자칫 분별없는 사랑까지도 포함할 가능성이 있어 정의와 지혜 그리고 신의에 기반을 둔 사랑을 의미하는 유가의 仁을 차용한다. 이 문제와 관련해서는 배수호 교수의 논평에 도움을 받았다.

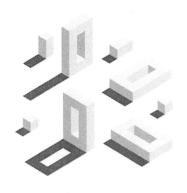

제4장

공(共)−전략

공−전략의 핵심은 공공성의 행위주체들이 함께 조화를 이루며 평화롭게 공존하는 조건을 설계하는 것이다. 공공성의 행위주체 문제는 국가, 시민사회, 시장 영역을 범주로 하여 논의될 수 있다. 그리고 모든 영역을 가로지르는 행위주체는 인간이다. 따라서 이 장에서는 먼저 인간의 존재방식에 대해 살펴본다. 그리고 국가의 영역에서는 국가 자체를 다루고, 시민사회 영역에서는 대표적인 행위주체로서 비정부조직 혹은 비영리조직을 중심으로 논의한다. 다음으로 현대사회에서 가장 강력한 지배력을 행사하고 있는 시장의 문제를 다룬다. 마지막으로 다양한 사회세력들이 네트워크를 형성하여 사회문제를 함께 해결하는 논리로서 거버넌스에 대해 살펴본다.

제1절 인간[1]

인간의 존재방식에 대한 논의는 공공성과 친화적인 인간의 존재방식을 찾는

[1) 임의영(2015a)를 수정하여 기술함.

데 초점을 맞춘다. 인간은 한 가지 방식으로 존재하는 것이 아니라 다양한 방식
들이 복합된 방식으로 존재한다. 따라서 인간은 다양한 존재방식들이 갈등하는
상황 속에서 선택하고 행동하지 않을 수 없다. 이 절에서는 인간의 다양한 존재
방식들이 공공성에 대해 갖는 의미를 살펴본다.

1. 사회영역에 대한 예비적 논의

사람들은 진공상태에 존재하는 것이 아니라 특정한 조건 속에 존재한다. 그
리고 그러한 존재조건에 의해 조건화되는 존재이다. 그렇다면 현대의 인간은 어
떠한 존재조건에 처해있는가? 현대인의 존재조건을 서술하기 위해 이 글은 헤겔,
아렌트(H. Arendt), 하버마스(J. Habermas)의 영역론에 의존한다.

헤겔의 중요성은 그 이전의 사상가들과는 달리 시민사회라는 새로운 영역을
이론적으로 개념화한 데서 찾을 수 있다. 헤겔 이전까지는 공적 영역과 사적 영
역이라는 이분법이 일반적으로 수용되고 있었으나, 그는 국가, 시민사회, 가족이
라는 삼분법을 제시함으로써 현대의 인간조건이 복잡한 양상으로 전개되고 있음
을 시사한다(Hegel, 1953: §157). 헤겔은 시민사회를 경제적 활동이 이루어지는 영
역으로 규정한다. 시민사회는 사람들이 자신들의 욕망을 충족시키기 위해 생산
과 교환에 참여함으로써 시장을 매개로 보편적인 사회적 관계를 형성하는 공간
이다. 헤겔은 정치적 영역으로서 국가와 시민들의 사적인 활동이 이루어지는 사
회, 즉 시민사회를 구분한 것이다. 이전의 정치철학에서는 '시민적'이라는 용어가
본래 '정치적'이고 '공적'인 것을 의미했으나, 헤겔에 의해서 본래적 용도와는 다
른 '사회적'이라는 의미로 사용되기 시작한다(Riedel, 1983: 56).

아렌트 역시 헤겔과 마찬가지로 현대의 특성을 '사회영역'의 등장에서 찾는
다. 고대적 의미에서 정치적 토론이 이루어지는 공적 영역과 가계를 중심으로 하
는 사적 영역과는 성격이 다른 사회영역의 등장을 현대의 '새로운' 현상으로 규
정한다(Arendt, 1958: 28). "단지 살기 위해서 상호의존한다는 사실이 공적인 의미
를 획득하고 단순한 생존에 관련된 활동이 공적으로 등장하는 곳이 사회이다
(1958: 46)." 사회는 인간의 욕구를 충족시키기 위해 생산과 교환이 이루어지는
공간이라는 것이다. 본래 가계에서 이루어지던 욕구충족을 위한 경제적 영역이

분리되어 사회라는 공적 공간이 되고, 가계는 사생활의 영역으로 축소된다. 아렌트는 사회영역에서는 생물학적 생존을 위한 노동이 주를 이루기 때문에, 거기에서 인간은 진정한 의미의 자유를 실현할 수 없다고 본다. 따라서 그녀는 고대적 의미의 '정치적인 것'—사람들이 자유롭게 말하고 행위하는 것— 을 가능하게 하는 공공영역을 복원하는 데 관심을 갖는다. 공공영역은 정치적 권위에 기반해서 통치가 이루어지는 정치영역과 다르고, 경제활동이 이루어지는 사회영역과 다르다. 그녀는 사람들이 공적인 토론을 할 수 있는 공공영역의 창출이 정치이론의 과제라 본다(임의영 외, 2014). 이처럼 아렌트는 인간의 존재조건을 정치영역, 공공영역, 사회영역, 사생활의 영역으로 분류한다.

하버마스는 특히 새로이 등장하는 '시민사회의 공론영역'에 주목한다(Habermas, 1989). 존재론적으로 공론영역은 정치적 권위에 기반을 두지 않는다는 점에서 시민사회이지만, 기능론적으로 교환과 생산노동이 아니라 공동의 관심사에 대한 토론과 숙의에 초점을 맞추고 있다는 점에서 경제적인 것이 아니라 정치적인 것이다. 하버마스에 의하면, 인간의 존재조건은 사적 영역으로서 친밀성의 영역, 시민사회의 경제영역과 공론영역 그리고 공적 영역으로서 정치영역인 국가로 분류된다(1989: 30).

이상의 영역론에 의하면, 현대사회의 중요한 특징은 시민사회가 등장하였다는 것이다. 시민사회는 한편으로는 욕구충족을 위한 경제활동이 이루어지는 영역으로, 다른 한편으로는 공동의 관심사를 토론하는 공론영역으로 이해된다. 따라서 일국적 차원에서 현대사회는 정치영역(국가, 정부, 의회, 정당), 시민사회의 경제영역(시장)과 공론영역 그리고 친밀성의 영역(개인, 가족, 친구)으로 분류될 수 있을 것이다. 여기에 또 하나 주목할 만한 것은 세계화가 촉진되면서 새로운 삶의 공간이 형성되고 있다는 점이다. 세계화는 "초대륙적·지역간 활동, 상호작용 및 권력행사의 흐름과 네트워크를 만들어내는 사회적 관계 및 사회적 거래 —범위·강도·속도·영향력으로 평가한— 의 공간적 조직방식에서 큰 변화가 발생했음을 구체적으로 보여주는 일련의 과정들(Held, McGrew, Goldblatt, and Perraton, 2003: 36−37)"이다. 세계화의 공간적 특성은 전지구적 차원의 시장, 시민사회 그리고 그것을 가능하게 하는 네트워크에서 찾을 수 있다. 사람들은 각 영역들을 존재조건으로 해서 영역의 특성에 따라 조건화된다. 이를테면, 사람들은 정치영역에서는 공적 시민으로, 경제영역에서는 사적 시민으로 존재한다. 공론영역으로서 시민사회에서는 여론을 형성하는 공중으로, 경제활동이 이루어지는 시장으로서 시민사회에서는 소비사회의 대중으로 존재한다. 그리고 세계화된 시장에서는 경쟁하는 자기 기업가로, 세계 시민사회에서는 연대하는 다중으로 존재한다. 이 절에서는 "인간은 무엇으로 존재하는가?"라는 문제를 논의하는 데 있어 공공성에 주목해야 하기 때문에 사생활의 영역을 제외하고, 공적인 사회적 관계에 초점을 맞춘다. 즉, 정치영역과 시민사회의 경제영역 및 공론영역 그리고 세계화된 영역에서 사람들이 어떻게 조건화되고 있는지를 살피는 데 초점을 맞춘다.

2. 시민

시민은 정치영역과 경제영역을 존재기반으로 한다. 정치영역을 기반으로 하는 인간군상을 공적 시민이라 할 수 있으며, 경제영역을 기반으로 하는 인간군상을 사적 시민이라 할 수 있을 것이다.

1) 공적 시민

정치공동체의 구성원으로서 시민은 '공적인 일'에 참여할 수 있는 사람이다. 아리스토텔레스(Aristoteles)에 의하면, 인간은 본성적으로 정치공동체를 구성하는 '정치적 동물'이다. 그는 인간만이 가지고 있는 '로고스(logos)'에서 그 근거를 제시한다(1998: 4/1253a2). 로고스는 이성과 말을 의미한다. 그러니까 인간은 '이성적으로 말할 수 있는 능력'이 있다는 것이다. 이러한 사람들만이 소통을 통해 선악이나 옳고 그름을 판단할 수 있다는 것이다. 그리고 말을 통해 공유된 인식을 바탕으로 가족, 마을, 도시국가가 형성된다는 것이다. 그는 이러한 능력이 있는 사람들을 시민이라 부른다. 시민은 민회와 같은 공직에 참여할 수 있는 자격이 있는 사람들을 의미한다(66/1275a22). 시민은 공적 시민이다. 따라서 좋은 시민은 공직에 참여하여 통치할 수 있는 능력과 지식을 가진 사람이며, 공직을 떠나서는 통치를 받는 데 필요한 능력과 지식을 가진 사람이다(73/1277b7). 이러한 의미에서 도시국가는 가계의 생업에서 벗어나 있는 '자유로운 사람들의 공동체'이다(77/1279a21). 이를 도식화하면, '인간=로고스가 있는 존재(이성적으로 말할 수 있는 능력이 있는 존재)=공적 시민=공직 참여자격이 있는 사람=자유로운 사람'이다. 공적 시민만이 인간으로서의 대우를 받을 수 있다. 이는 아테네에서는 공적인 일에 참여하지 못하는 사람을 사람으로 취급하지 않는다는 페리클레스의 연설에서 확인할 수 있다(Thucydides, 1919: 329/§40). 시민의 자격조건을 운운하는 것은 시민의 범주에 포함되지 않는 사람들이 있다는 것을 의미한다. 이를테면 여자, 노예, 어린아이와 같이 사적인 가계의 영역에 귀속된 사람들과 말이 통하지 않는 외국인은 시민으로서의 자격이 없다는 것이다. 이들은 이성적으로 말할 수 있는 능력이 없다고 보기 때문이다. 여자, 어린아이, 노예는 사적 영역인 가계의 구성원으로서 가부장적 지배를 받으며 경제활동을 전담한다.

근대에 들어서면서 루소(J.J. Rousseau) 역시 '주권에 참여하는 사람(2002: 164)'을 시민이라 부른다. 주권은 개인의 의지가 아니라 '일반의지(general will)'를 행사하는 것이다. 주권은 양도할 수 없으며, 집합적인 것이기 때문에 오직 그 자체에 의해서만 대표될 수 있는 것이다(170). 일반의지는 공동의 이익(common interest)으로서 개인들의 특수한 이익들을 합산한 전체의지(total will)와는 다르다. 시민들은 대화를 통해서 스스로 결정하고, 그 결정에 복종하기 때문에 진정한 의미에서 자율 혹은 자치를 실현하게 된다. 주권에 참여하는 시민은 진정으로 자유로운 존재라는 것이다. 루소는 시민들이 주권에 참여하는데 가장 중요한 미덕을 '자기 자신의 의견을 표현하는 것'이라 본다(173). 이를 위해 몇 가지 조건이 충족되어야 한다. 시민들은 충분한 정보를 가지고 있어야 한다. 국가의 전체이익을 희생시킬 수 있는 분파를 만들어서는 안 된다. 특히 어떤 시민도 타인을 살 만큼 부유해서도 안 되고, 자신을 팔아야 할 정도로 가난해서도 안 된다(189). 만일 부로 인해 두 개의 신분이 존재하게 되면, 공익에 해롭다. 한편에서는 폭정의 방조자가 나오고, 다른 한편에서는 폭군이 나올 것이기 때문이다. 공적 자유의 매매가 항상 이 양자 간에 이루어질 것이다. 그런데 루소 역시 시민의 범주에 모든 사람들을 포함시키지는 않은 것으로 보인다. 그는 ≪에밀(Emil, 1979)≫에서 어린아이는 미성숙하고 여자는 극단적 욕망으로 건전한 판단능력이 없어 남성의 보호와 지도가 필요하다고 보기 때문이다.

루소를 철학적으로 계승한 칸트 역시 시민의 조건을 주권의 행사에서 찾는다. 투표라는 구체적인 행위가 가능한 사람들을 시민으로 규정한다(1991: §46). 공적인 선택은 스스로가 판단할 수 있는 능력이 있어야 가능하다. 따라서 '자립성'은 시민의 자격을 판단하는 기준이 된다. 칸트는 자립성이 있는 시민을 능동적 시민으로, 그것이 없는 시민을 수동적 시민으로 분류한다. 칸트에게서 특이한 점은 시민을 국가의 모든 국민을 지칭하는 용어로 사용하고 있으며, 그 시민을 자립능력에 따라 분류하고 있다는 것이다. 따라서 칸트에게서 시민개념은 공적 시민 전체를 의미하는 것이 아니다. 능동적 시민만이 공적 시민이다. 능동적 시민은 계몽된 사람을 의미한다. 계몽된 사람은 다른 사람의 도움 없이 자신의 이성을 사용할 수 있는 결단과 용기가 있는 사람이다(Kant, 2002: 1). 다시 말해서 이성을 공적으로 사용할 수 있는 인간을 말한다. '이성의 공적 사용'이란 '독서하는 공중에게 연설할 수 있는 교양 있는 사람으로서 이성을 사용하는 것'(Kant, 2002: 2)을 의미한다. 이성이 중요한 이유는 그것이 보편적인 사고, 즉 다른 사람들이 일반적으로 동의할 수 있는 사고를 가능하게 하기 때문이다. 칸트는 상인이나 장인에게 봉사하는 도제, 공복과는 다른 하인, 미성년자, 모든 여자들 그리고 일반적으로 생계를 스스로 감당하지 못하고 다른 사람들에게 의존적인 사람들을 시민이지만 공적인 일에 참여할 수 없는 수동적 시민으로 규정한다.

2) 사적 시민

시민사회에서 인간은 무엇으로 존재하는가? 헤겔에 의하면, 시민사회에서 사람들은 부르주아로 존재한다(Hegel, 1953: §190). 부르주아(bourgeois)는 본래 도시에 거주하는 사람들을 의미한다. 부르주아는 도시 거주자를 의미하는 고대 프랑스어 부르지, 보르조아(burgeis, borjois)에서 유래했으며, 이는 시장도시를 의미하는 부르(bourg)에서 파생된 것이다. 부르주아는 도시에 거주하면서 주로 상업과 수공업에 종사하는 사람들로서 정치적 신분을 지칭하는 것이 아니다. 단지 도시에서 경제활동을 한다는 의미에서 시민이라 말할 수 있다. 시민사회에서 개인은 '자신의 이익을 목적으로 하는 사인(私人, §187)'이다. 헤겔이 이해하는 '인간'의 관념은 '자신에게 이익이 되는 것을 추구하는(§123)' 존재이다. 이러한 의미에서 보면, 시민은 욕구를 추구하는 인간의 관념을 내포하게 되고, 그의 욕구추구활동은 사적인 것으로 이해된다. 따라서 시민은 전통적 의미에서 국가와 관련된 혹은 정치와 관련된 공적 시민이 아니라 개인적인 욕구를 추구하는 '사적 시민'으로 재규정된다. 시민이라는 명칭은 공적 존재가 아니라 사적 존재를 지칭한다.

헤겔에 의하면, 사적 시민들로 구성된 국가, 다시 말해서 시민들의 권리를 보호하기 위해 만들어진 국가는 진정한 의미에서 '정치적 국가(political state, §267)'가 아니다. 그것은 단지 '외면국가(external state), 욕구에 기초한 국가, 오성국가(오성에 의해 인식된 국가)'에 불과하다는 것이다(§183). 오성국가가 시민들이 모래알처럼 모여 있는 상태를 의미한다면, 정치적 국가는 구성원들이 유기적으로 결합된 상태를 의미한다. 정치적 국가는 철학적으로는 오성국가의 한계를 넘어서야 도달할 수 있는 단계이며 추구해야 할 일종의 이상향이다. 따라서 시민사회와 국가의 구분은 시민사회에서 사적인 이익을 추구하는 부르주아(citizen, 사적 시민)가 국가에서 공동의 일을 당연히 자신의 일로 생각하는 시토엥(citoyen, 공적 시민)으로 진화되어야 한다는 규범적 요청이 담겨 있는 것으로 볼 수 있다(Riedel, 1983: 61).

시민사회에서 사람들은 추상적으로는 이익을 추구하는 시민으로 존재하지만, 좀 더 구체적으로는 다양한 계층의 일원으로 존재한다(Hegel, 1953: §201). 시민사회는 농민계층, 상공인계층 그리고 보편계층(universal class)인 관료계층으로 구성된다(§202). 전통사회에서는 개인이 타고난 속성에 따라 특정한 신분에 속하게 되지만, 시민사회에서는 다른 계기에 의해서 특정한 계층에 속하게 된다. 개인이 특정한 계층에 속하는 데에는 자연적 능력, 태생, 그 밖에 재산, 능력, 교양 등과 같은 요소들도 영향을 미치지만, 특히 '주관적 의견'과 '개인의 자의적 의지'가 결정적으로 작용을 한다(§206). 시민은 국가가 아닌 시민사회의 일원으로서, 동시에 특정한 계층의 일원으로서 존재한다는 통찰은 근대적 시민개념의 형성에 결정적인 영향을 미친다.

헤겔의 계층론은 권력의 차이를 기초로 하는 상하간의 관계를 전제하는 것이 아니다. 철학적으로 발전하는 단계를 의미한다. 그러다 보니 그가 의식하고는 있었으나 체계적으로 발전시키지 않은 부분이 있다. 그는 시민사회에 대한 정치경제학적 논의를 바탕으로 사회적 불평등의 불가피성이나 빈부격차의 극단화를 지적하기도 한다(§200). 그리고는 시민사회의 계층적 이질성에 주목하기도 한다. 그러나 마르크스는 바로 이 지점에서 시민사회의 계급적 이질성, 즉 계급 간 권력관계에 주목한다. 시민사회에서 사람들은 단순히 개인적 이익을 추구하는 시민 일반으로 존재하는 것이 아니라, 빈부의 격차에 따라 두 개의 계급 가운데 한 계급의 일원으로 존재한다는 것이다. 시민사회에서 사적 시민은 부르주아와 프롤레타리아로 분화된다. 시민사회는 부르주아가 지배하는 사회, 즉 부르주아사회이다. 시민사회는 사람과 사람의 관계가 냉혹한 '현금계산'에 의해 유지되고, 개인의 존엄성이 '교환가치'로 전환되며, '직접적이고 파렴치하며 무미건조한 착취'가 일상화된 사회이다. 시민사회에서 '모든' 시민들의 이익을 보호하는 기능을 하는 국가의 집행부는 마르크스에 의해 '특정한 계급'의 이익을 위해 봉사하는, 즉 '부르주아계급 전체의 공동업무를 관장하는 위원회'로 치부된다(Marx, 1976: 486). 부르주아사회는 현대의 노동자계급인 프롤레타리아를 생산한다. "부르주아 계급의 존재와 지배를 위한 본질적 조건은 사인(私人) 수중으로의 부의 누적, 자본의 형성과 증식이며, 자본의 조건은 임금노동이다(496)." 프롤레타리아 계급은 일자리를 찾는 한에서만 살 수 있고, 자신들의 노동이 자본을 증식시킬 수 있는 한에서만 일자리를 찾을 수 있다. 노동자들은 다른 모든 상품들과 마찬가지로 판매될 수 있는 상품에 불과하다. 따라서 그들의 운명은 시장의 모든 변동에 따라 결정된다(490).

마르크스가 인식한 시민사회에서는 사적 시민으로서의 권리가 모든 시민에게 동등하게 부여되지 않는다. 경제적 불평등은 사회적, 정치적 불평등을 야기한다. 시민사회는 부르주아계급에 의해 지배되는 사회이다. 그러한 의미에서 부르주아계급은 사적 시민으로 존재하며, 프롤레타리아 계급은 사적 시민으로서의 권리를 박탈당한다. 프롤레타리아는 재산뿐만 아니라 자신들을 보호해줄 국가조차도 빼앗긴 '무소유자들'이 된다(Marx, 1998: 19). 다시 말해서 프롤레타리아는 실질적인 의미에서 공적 시민으로서의 자격마저 박탈당한다. 그들은 노동력을 필요로 하는 시민사회 안에서 상품으로서 거래되기를 기다려야 한다. 따라서 프롤레타리아는 시민사회 안에 있으면서 동시에 밖에 있다.

3) 시민과 공공성

공공성 실현의 주체로서 시민의 존재방식을 두 가지 측면에서 살펴보았다. 하나는 규범적으로 정치공동체의 구성원으로서 갖추어야 할 시민의 자격에 관한 것이고, 다른 하나는 생존을 위한 경제적 실존방식에 관한 것이다. 첫째, 공적 시민으로서 갖추어야 할 가장 기본적인 자격은 '이성적으로 말할 수 있는 능력'이다. '이성적으로 말할 수 있는 능력'은 다른 사람들이 일반적으로 이치에 합당하다고 생각하는 수준에서 말할 수 있는 것을 의미한다. 따라서 이성적인 것은 일반적으로 인정할 수 있는 것 혹은 보편적인 것을 의미한다. 둘째, 사적 시민의 경제적 실존방식은 부의 생산과 소비를 통한 욕구의 충족이다. 그런데 부의 축적은 불평등하고, 그러한 조건 위에서 계층이나 계급이 형성된다. 계층과 계급관계는 단순히 경제적인 격차를 의미하는 것을 넘어 권력관계를 의미하게 된다. 지배와 피지배의 권력관계에서는 '이성적 표현' 역시 불평등하게 배분되는 가치로 변질된다. 따라서 공공성 실현의 주체로서 공적 시민을 세우기 위해서는 시민들에게 최소한의 인간적 삶을 향유할 수 있는 부를 보장해주어야 한다. 그리고 이성적으로 말할 수 있는 능력을 함양할 수 있는 교육이 모든 시민에게 동등하게 이루어져야 한다.

3. 공중과 대중

시민사회는 공론영역이면서 동시에 경제영역이다. 미디어의 발달이 고도화되면서 물리적 거리를 극복하고 정신적으로 인식을 공유하는 인간군상이 등장할 수 있는 계기가 마련된다. 우리는 이를 공중이라 부른다. 공중은 시민사회를 기반으로 하는 공적 시민에 해당된다. 다른 한편 자본주의체제가 고도화되면서 사람들은 구조화된 소외의 상태에 놓이게 되고 철저하게 분리된다. 우리는 그러한 인간군상을 대중이라 부른다. 대중은 사적 시민의 소외적 양태라 할 수 있다.

1) 공중

공적인 것과 사적인 것은 사람들이 영향을 주고받는 방식에 의해서 구분될 수 있다. 이를테면 직접적으로 영향을 주고받는 관계가 있을 수 있으며, 간접적으로 폭넓게 영향을 주고받는 관계가 있을 수 있다. 전자를 사적이라 할 수 있으며, 후자를 공적이라 할 수 있다. 그러한 의미에서 공중은 간접적으로 폭넓게 영향을 주고받는 관계에 있는 사람들의 집합이라 할 수 있을 것이다(Dewey, 2010). 간접적인 영향력의 범위는 소통의 기술에 의해 결정된다. 신문, 방송, 인터넷,

SNS와 같이 소통의 기술이 발달할수록 영향을 미치는 속도가 빨라지고, 영향력의 범위가 현저하게 넓어진다.

소통기술의 발달에 주목하여 '공중의 시대'를 선언한 타르드의 공중개념은 주목할 만하다(Tarde, 2012: 25). 그가 공중의 시대를 선언한 것은 이전에 르 봉(Le Bon)이 선언한 '군중의 시대'에 대한 반박이라 할 수 있다. 르 봉은 개인과는 다른 성격을 갖는 군중의 심리가 존재한다는 혁신적인 주장을 한다. 군중이 개인과는 다른 성격을 갖게 되는 이유를 다수성, 전염성, 피암시성에서 찾는다. 군중은 다수가 함께 하기 때문에 혼자였다면 억제했을 행동을 할 수 있다는 것이다. 또한 군중 안에서는 생각, 의견, 이미지가 다양한 접촉을 통해 빠르게 전염되고, 그 전염의 위력이 크기 때문에 전체의 이익을 위해 개인적 희생을 감수하기도 한다는 것이다. 그리고 마치 최면술사가 최면에 걸린 사람이 그의 암시에 따라 행동하게 만드는 것처럼, 군중 역시 어떤 조종자의 암시에 따라 자신의 성격과는 다른 행동을 할 수도 있다는 것이다(Le Bon, 2002: 2-7). 타르드는 이러한 르 봉의 군중심리에 대한 설명에 동의하지만, 군중의 개념이 명확하지 않은 데 대해 불만이다. 따라서 그는 군중을 육체적으로 집단을 이루고 있는 무리로 개념화하고, 공중을 '순수하게 정신적인 집합체' 혹은 '육체적으로 분리되어 있으며 그 결합이 완전히 정신적인 개인들의 집합'으로 개념화한다(Tarde, 2012: 15). 정신적인 집합체로서 공중은 미디어를 전제하지 않고는 상상할 수 없는 인간군상이다.

타르드는 미디어에 의존하는 공중개념을 발전시키는 과정에서 당연히 '여론'에 주목하게 된다. "근대에서 여론과 공중의 관계는 혼과 몸의 관계와 같다(Tarde, 2012: 77)." 그에 따르면, 여론은 당대에 제기된 문제들에 대해 '같은 나라, 같은 시대, 같은 사회의 사람들에게서 수많은 사본들로 복제되어 있는 판단들을 일시적으로 또 다소 논리적으로 모은 것'(Tarde, 2012: 81)을 의미한다. 저널리스트는 이러한 여론의 형성에 결정적인 역할을 한다. 다시 말해서 공중에 대한 지배력이 저널리스트들에게 있다. 따라서 타르드는 저널리스트들이나 오피니언 리더들이 '매혹적인 선동의 강박관념에서 벗어나기가 점점 어려워진다'(Tarde, 2012: 72)는 우려를 표한다. 군중의 시대에는 군중을 최면에 빠지게 하여 암시를 통해 조작하는 능력을 가진 정치적 선동가가 지배력을 가지고 있다면, 공중의 시대에는 여론을 통해서 공중을 최면에 빠지게 하여 암시를 통해 조작할 수 있는 능력이 있는 저널리스트나 오피니언리더가 지배력을 갖기 쉽다.

리프먼(W. Lippmann)은 미디어를 통한 공중의 조작에 주목한다. 그가 생각하는 근본문제는 사회는 매우 복잡한 데 반해 사람들이 세계를 이해하는 능력은 그것에 훨씬 미치지 못한다는 사실이다. 공중은 실제세계를 인식하는 데 있어서 주로 자신의 고정관념과 다양한 매체가 제공하는 정보에 의존한다. "대부분의 경우 우리는 먼저 보고 그 다음에 정의하는 것이 아니라 먼저 정의하고 그 다음에 본다(Lippmann, 1992: 81)." 그에 덧붙여 개인적인 혹은 상황적인 제약조건이나 조작 등으로 공중이 인식하고 있는 세계는 실제세계와 같지 않으며, 왜곡될 수도 있다. 게다가 사람들은 미디어를 통해 전달되는 정보를 모두 읽고 이해하는 것도 아니다. 주로 전문가들이나 의사결정을 해야 하는 엘리트들이 미디어의 정보에 강한 관심과 높은 이해도를 가지고 있다. 그러다 보니 공중은 실제로 영향력을 미칠 만한 여론형성의 주체가 될 수 없다(Lippmann, 1993: 33). 다만 투표와 같이 간헐적이고 피상적인 방식으로 정치에 참여할 뿐이다. 따라서 복잡한 현대사회에서 공중은 '귀머거리 구경꾼'이나 '방관자'로 존재할 가능성이 크다. 공중은 '허깨비 공중'에 불과하다는 것이다(1993: 3). 이러한 의미에서 전통적인 민주주의이론이 의존하고 있던 '전능한 시민'의 관념은 허구에 불과하다는 것이다(29). 이처럼 공적 시민으로서 시민사회의 공중은 지적인 한계로 인해 실질적인 의미에서 공적 시민으로서의 역할을 하는 데 한계를 가질 수밖에 없다.

2) 대중

현대산업사회는 사적 시민들을 대중화한다. 대중은 개성도 아무런 특성도 없는 불특정 다수를 지칭한다. 그래서 대중은 자신의 내적인 생각보다는 타인의 시선을 기준으로 판단하고 행동하는 타인지향적 인간들(Riesman, 1989), 자신뿐만 아니라 다른 사람들을 고유한 인간적 관점보다는 시장에서의 교환가치의 관점에서 판단하는 시장지향적 인간들(Fromm, 1981), 혹은 비판적인 사유의 능력이 없는 일차원적 인간들(Marcuse, 1991)로 이미지화된다. 이러한 대중화의 원인을 소외에서 찾을 수 있다. 마르크스에 따르면, 소외는 자신이 생산한 것이 자립성을 가지고 오히려 자신을 지배하는 현상을 말한다. 소외의 극단적인 형태는 '상품 물신주의'로 나타난다. 이것은 사람과 사람의 관계가 사물들 간의 관계로 보이는 괴이한 현상을 말한다(Marx, 1996: 83).

벤야민(W. Benjamin)은 '물신의 사원들,' 즉 쇼핑아케이드, 백화점 그리고 박람회장과 같은 공적 공간들에 진열된 상품들이 판타스마고리아(phantasmagoria, 불빛 쇼)의 마법 속에서 환상적인 이미지를 연출하는 데서 상품 물신주의의 극치를 본다(Cohen, 2006). 판타스마고리아는 상품을 이미지화하는 환상의 불빛 쇼에 머무는 것이 아니라 사람들을 특정한 방식으로 상호작용하게 만든다는 점에서 주목할 만하다. 사람들은 공적 공간에 함께 모여 있다고 생각한다. 그러나 거기에서 그들은 고립된다. 소위 '공적 공간의 역설'이 발생한다(Kohn, 2008).

공적 공간의 역설은 단순히 상품이 진열된 공적 공간에 국한되지 않고 사회 전체에서 발생한다. 그래서 드보르(G. Debord)는 현대사회를 '스펙터클 사회'로 규정한다. 그에 따르면, 현대사회에서 삶 전체가 '스펙터클의 거대한 축적물'(2004: §1)이다. 스펙터클은 '사회 자체이면서 동시에 사회의 부분으로서' 또한 부분들을 결합하는 '통합의 도구'로서 존재한다(§2). 따라서 스펙터클은 단순히 이미지들의 집합으로만 이해되어서는 안 되고, 이미지들에 의해 매개된 '사회적 관계'로 이해되어야 한다는 것이다(§4). 현대사회는 원자화 과정, 특히 노동 분업으로 인해 사람들이 서로 분리되어 있다. 스펙터클은 그렇게 분리된 개인들을 서로 연결시켜주는 방식, 사회적 관계의 방식이라는 것이다. 그렇다면 스펙터클은 사회적 관계를 어떻게 구성하는가? "구경꾼들은 자신들을 서로 고립시키는 바로 그 중심과의 일방적인 관계에 의해서만 연결된다. 스펙터클은 분리된 사람들을 그렇게 재결합하지만 단지 분리된 상태 그대로 재결합한다(§29)." 이처럼 스펙터클의 사회에서는 '사회의 역설'이 발생한다. 사람들은 함께 사회를 구성하고 있다고 생각한다. 그러나 그들은 거기에서 분리되어 있다.

그렇다면 대중은 우매한 구경꾼에 불과한가? 그렇지 않다. 교육과 미디어의 발달은 대중을 더욱 똑똑하게 만든다. 대중은 계몽의 대상이 아니다. 이미 대중은 계몽되어 있다. 그러나 지식은 행동을 변화시키고 진보를 가져올 것이라는 계몽주의의 신념은 실현되지 않는다. 대중은 알면서도 행동하지 않는다. 대중사회에는 냉소주의가 보편적으로 만연되어 있다(Sloterdijk, 1987: 3). 대중과 냉소주의는 적절한 조합이 아니다. 본래 냉소주의는 디오게네스적인 날카로움으로 사람들의 사고와 행동에 내재되어 있는 위선과 허위를 폭로하는 소위 견유주의적 태

도를 의미한다. '평균주의나 평범성을 본질로 하는 대중사회(Ortega y Gasset, 2005)'
에서 냉소주의자는 아웃사이더일 수밖에 없다. 그러나 대중사회에서는 냉소주의
가 변질된다. 평균주의의 압력으로 냉소주의자들은 예리한 통찰력을 상실하고,
자신들이 이상한 사람으로 보이게 함으로써 놀림이나 조롱의 대상이 되지 않도
록 조심한다. 따라서 디오게네스처럼 날카로운 눈빛을 가진 냉소주의자들은 대
중 속으로 사라진다. 그리고 익명성이 냉소적 일탈을 위한 장소가 된다. 그러다
보니, 냉소주의는 대중의 중요한 속성이 된다. 대중화된 냉소주의는 허위와 위선
을 폭로하는 장치가 아니라 아는 것을 행동으로 옮기지 못하는 태도를 의미한다.
"그들은 자신들이 무슨 행동을 하고 있는지 알고 있다. 그럼에도 불구하고 여전
히 그 행동을 한다(Sloterdijk, 1987: 5)." 다시 말해서 대중은 사회에 만연하는 위
선과 허구에 대해 알고 있다. 또한 이데올로기적 보편성 이면에는 특수한 이해관
계가 숨어 있다는 것도 알고 있다. 그럼에도 불구하고 여전히 그것을 버리지 않
는다(Žižek, 1989: 25-26). 이러한 의미에서 냉소주의는 '계몽된 허위의식'이라 할
수 있을 것이다.

　　세계에 대한 대중의 반응은 구경꾼처럼 감탄하거나 비난하는 방식 혹은 냉
소적인 방식으로 나타난다. 그렇다면 대중은 정치적으로 무엇인가를 표현할 수
있는 능력이 있는 것일까? 현대사회에서는 미디어와 다양한 전문가들이 대중의
의견을 알아보기 위해 사회조사와 통계적 분석방법을 동원한다. 이러한 방식으
로 이루어지는 여론조사 결과를 과연 대중의 정치적 입장을 표현하거나 대변하
는 것으로 볼 수 있을까? 보드리야르(J. Baudrillard)에 따르면, 그것은 '표현할 수
도 없고 표현되지도 않은 시뮬레이션(simulation: 模擬)'일뿐이라는 것이다. 각종
사회 조사과정은 사람들이 자발적으로 소리 내어 무엇인가를 요구하는 과정이
아니라 단지 주어진 질문에 수동적으로 응답하는 과정일 뿐이다. 따라서 응답의
통계적 분석결과는 실제의 정치적인 요구가 아니라 다만 시뮬라크르(simulacre)에
불과할 뿐이다. 시뮬라크르는 실제로 존재하지 않는 대상을 존재하는 것처럼 만
들어 놓은 인공물을 말한다. 그럼에도 불구하고 일반적으로 그 인공물이 실제로
대중의 정치적 요구의 표현인 것처럼 언급된다. 그러나 그것은 실제로 대중의 요
구를 표현하는 것 혹은 대표하는 것이 아니다. 이러한 의미에서 보드리야르는 대
중을 '침묵하는 다수'로 규정한다. 그리고 침묵의 역설적인 의미를 다음과 같이

설명한다. "그것은 말하지 않는 침묵이 아니라, 누군가 대중의 이름으로 말하는 것을 거부하는 침묵이다(1983: 22)." 어느 누구도 침묵하는 다수를 대변한다고 말할 수 없다는 것이 바로 침묵에 내재하는 역설이다. 이러한 의미에서 침묵은 소외의 양태가 아니라 대중을 소외시키고 무력화하려는 세계에 대적하는 강력한 무기로 볼 수도 있다는 것이다. 침묵하는 다수로서의 대중은 마치 '스펀지'와 같다. 대중은 사회의 모든 에너지를 흡수한다. 그러면서도 그것을 굴절시키지 않는다. 대중은 모든 기호와 의미를 흡수한다. 그러면서도 그것들을 반사하지 않는다. 대중은 모든 메시지들을 흡수하고 소화해버린다(1983: 28). 대중은 주체로서 능동적으로 요구하지 않는다. 다만 대중은 주어지는 모든 질문에 같은 말만 되풀이하며 응답할 뿐이다. 이러한 의미에서 대중은 부정과 폭발(explosion)의 장소가 아니라 흡수와 모든 구분의 내파(implosion: 內破)가 이루어지는 장소이다(1983: 22). 침묵하는 다수로서 대중은 이렇게 자신들을 소외시키는 세계에 복수한다는 것이다.

3) 공중 및 대중과 공공성

시민사회의 공간은 두 가지 방식으로 형성된다. 하나는 여론이 형성되는 공론영역으로서 공중이 그 주인공이다. 다른 하나는 욕망을 추구하는 소비 공간으로서 대중이 그 주인공이다. 공중은 공적 시민의 배역을, 대중은 사적 시민의 배역을 수행한다. 공중은 여론 형성을 특징으로 하며, 대중은 소비적 삶을 특징으로 한다. 이러한 차이에도 불구하고 두 인간군상은 '조작의 대상'이 될 수 있다는 점에서 동일한 특성을 갖는다. "미디어는 메시지다" 혹은 "미디어는 마사지다"라는 맥루한(M. Mcluhan, 1994, 2001)의 말에 유의할 필요가 있다. 이는 미디어가 개인적 삶과 사회적 관계를 변화시킨다는 것을 의미한다. 따라서 철저하게 '상업적 이익을 추구하는 미디어 기업들'이 공중의 여론과 대중의 욕망을 자극하는 데 결정적인 역할을 하고 있다는 사실에 주목할 필요가 있다(Schiller, 1995). 미디어기업은 기업활동에 유리한 환경을 조성하기 위해 법제도를 결정하는 정치권력과 직접적인 수입원이라 할 수 있는 광고주들의 이해관계에 민감하다. 그러면서도 미디어는 여론을 주도한다는 점에서 강력한 영향력을 갖는다. 따라서 정치권력, 경제권력, 미디어권력은 서로의 이해관계를 추구하기 위해 견고한 삼각동맹체제를 형성할 가능성이 크다. 이 삼각동맹체제에 의해 공중의 여론과 대중의 욕망이 조작될 수 있다. 그렇게 되면 공공성은 삼각동맹체제의 이해관계를 실현하는 것으로 둔갑될 수 있다. 따라서 진정한 공공성의 실현은 불가능하게 된다. 공공성 실현을 위해서는 여론을 형성할 수 있는 능력이 있는 공중이 형성되어야 한다. 이는 단순히 정보를 소비하는 공중의 대중화를 극복하는 길이기도 할 것이다. 이를 위해서는 소위 삼각동맹체제를 해체하는 방법을 찾아야 한다. 그 핵심은 미디어의 공정성과 객관성 그리고 진실성을 확보할 수 있는 방법을 찾는 데 있을 것이다.

4. 자기 기업가와 다중

신자유주의적 세계화는 한편으로는 사람들을 경쟁력 있는 자기 기업가로 존재할 것을 요구하고 있으며, 다른 한편으로는 지구적 차원의 착취구조에 저항하는 대항세력으로서 지구적 차원의 연대를 기반으로 하는 다중의 출현을 예고한다.

1) 자기 기업가

신자유주의는 1980년대 초부터 전지구적으로 헤게모니를 갖는 이념이자 실천으로 자리를 잡기 시작한다(Harvey, 2005). 신자유주의자들이 생각하는 바람직한 사회는 시장의 원리에 따라 조절되는 사회이다. 그런데 시장의 조절은 전통적인 의미의 교환이 아니라 경쟁에 의해 이루어져야 한다고 본다. 사회에 경쟁의 원리가 깊고 넓게 자리를 잡게 되면, 사회 전체의 효율성이 극대화될 수 있다는 것이다. 신자유주의가 이루고자 하는 사회는 상품효과에 종속된 사회가 아니라 경쟁의 역학에 종속된 사회이다. 다시 말해서 슈퍼마켓사회가 아니라 기업사회이다. 호모 에코노미쿠스(경제인)는 교환하는 인간도 소비하는 인간도 아니고 기업가이자 (자기)생산자로서의 인간이다(Foucault, 2012: 222).

신자유주의의 산실이라 할 수 있는 미국의 시카고학파(Chicago School)에서 인적 자본 개념이 개발된다. 이 개념은 기업가로서 호모 에코노미쿠스 개념을 구성하는 데 결정적인 의미를 갖는다. 자본은 토지, 노동과 함께 생산의 3요소 가운데 하나이다. 자본은 기계, 설비, 원료와 이런 것들을 조달하는 데 드는 비용을 말한다. 자본은 수익을 창출하는 원천이 된다. 일반적으로 자본은 유동자본과 고정자본으로 나뉜다. 여기에 덧붙여 인적 자본 개념이 등장하게 된 것이다. 인적 자본의 관념은 기본적으로 사람들의 교육, 훈련, 의료보장 등에 대한 지출이 자본에 대한 투자에 포함된다는 생각에 의존한다. 그러나 사람에 대한 지출은 고정 자본이나 유동자본 어디에도 포함될 수 없다. 왜냐하면 사람들로부터 그들이 가지고 있는 지식, 기술, 건강, 가치관 등을 분리하는 것이 불가능하기 때문이다. 사람에게 투자하여 사람의 능력을 향상시키는 것을 인적 자본을 증대시키는 것으로 보자는 것이다(Becker, 1993: 16).

인적 자본론의 특징은 노동자를 수동적인 생산요소가 아니라 '능동적인 경제적 주체'(Foucault, 2012: 316)로 부각시키는 데 있다. 다시 말해서 개인을 '자기 자신의 자본, 자기 자신을 위한 자기 자신의 생산자, 자기 자신을 위한 소득의 원천'(Foucault, 2012: 320)으로 보자는 것이다. 이러한 의미에서 보면, 개인은 자신을 자본으로 관리하는 기업가가 되어야 한다. 이렇게 해서 호모 에코노미쿠스의 관념이 교환하는 인간에서 '기업가, 그것도 자기 자신의 기업가'로 전환된다. 개인은 기업가로서 다른 사람들과의 경쟁에서 승리하기 위해 합리적 선택을 추구하는 존재가 되어야 한다는 것이다.

인간에 대한 개념적 전환은 대중 관념에 중요한 변화를 가져온다. 첫째, 평등의 문제와 관련된 변화이다. 대중은 평등의 평범성과 평범의 평등성을 핵심으로 한다. 그러나 자기 기업가로서의 개인관은 경쟁력에 있어서의 비교우위를 확보하는 데 집중한다. 따라서 자기 기업가 대중은 불평등의 평범성과 평범의 불평등을 핵심으로 한다. 둘째, 자기 기업가 대중은 경제적 수익의 창출이라는 하나의 욕망으로 수렴된다. 개인과 개인은 동일한 욕망을 추구하기 위해 옆 사람에게 무관심해서는 안 된다. 개인들은 서로를 전략적인 선택을 통해서 밟고 넘어서야 하는 경쟁자들로 인식한다. 모든 사람들이 철저하게 개별화된다. 셋째, 자기 기업가 대중의 존재조건은 국가나 시민사회가 아니라 시장이다. 시장은 신자유주의적 자본주의의 세계화를 통해 국가적 경계를 초월한다. 따라서 자기 기업가로서 시장의 시민은 국가의 사적 시민이 아니라 세계화된 시장의 사적 개인으로 존재한다.

2) 다중

신자유주의적 세계화는 똑같은 얼굴을 하고 있는 자기 기업가 대중을 창출한다. 그러나 다른 한편으로 세계화는 또 다른 특성을 가진 인간군상의 출현을 예고한다. 하트와 네그리(M. Hardt and A. Negri)는 세계화에 의해 재편된 세계지배질서를 '제국(Empire)'이라 규정한다. 국가의 팽창의지와 그로 인한 갈등을 본질로 하는 제국주의적 세계질서와 달리, 제국은 국경을 초월하는 전지구적인 세계지배질서로서 통제와 항상적 갈등이라는 새로운 메커니즘을 통해서 질서를 유지하고, 위계와 구분의 네트워크를 존재기반으로 한다. 제국은 전쟁과 그로 인한 죽음을 통해 사람들을 위협할 뿐만 아니라 사회의 모든 측면을 생산하고 재생산하면서 삶을 지배하는 '삶권력(biopower)'으로 군림한다(2004: 334-335).

정치적인 의미에서 제국적 지배질서는 세계화에 의해 창출된 '삶정치적 노동(biopolitical labor)'의 네트워크화된 생산방식을 기반으로 한다. 삶정치적 노동은 '물질적 재화뿐만 아니라 관계들 그리고 궁극적으로는 사회적 삶 자체를 생산하는 노동'(2004: 109)을 의미한다. 그것은 생산적 노동이 경제영역에만 국한된 것이 아니라 정치, 사회, 문화 등 모든 영역을 가로지르는 것으로 본다. 삶정치적 노동은 자본에 의해 지배된다. 지구상에서 그 어떤 곳도 그리고 그 누구도 자본의 지배로부터 벗어날 수 없다. 이러한 이유 때문에 일반적으로 세계화가 사람들을 획일적이고 동질적인 한 가지 유형의 인간으로 만들어버린다는 인식을 가질수 있다. 그러나 다른 한편으로 "세계화는 국가와 대륙을 가로질러 뻗어나가면서무수히 많은 마주침을 가능하게 하는 협력과 협동의 새로운 회로를 창출하고 있다. 이러한 의미에서 세계화는 세계의 모든 사람들을 똑같아지게 하는 경향성보다는 오히려 우리가 다르게 남아 있으면서도 서로 소통하고 함께 행동할 수 있게 하는 공통성을 발견할 수 있는 가능성을 제공한다(2004: xiii-xvi)." 이러한 세계화의 또 다른 얼굴에서 하트와 네그리는 삶정치적 노동계급으로서 '다중(multitude)'의 등장을 기대한다. 다중은 삶권력을 휘두르는 제국의 지배질서에 저항하는 새로운 대항세력으로 다음과 같은 특성을 갖는다.

다중은 환원불가능한 다양성이다. 다중을 구성하는 특이한 차이들은 항상 표현되어야 하며, 결코 동일성, 통일성, 정체성, 또는 무차별로 평준화될 수 없다. 다중은 그저 파편화된 그리고 분산된 다양성이 아니다. … 공통적으로 행동하는 특이성들 … 공통성과 특이성 사이에는 그 어떤 개념적이거나 현실적인 모순도 존재하지 않는다. … 다중 개념은 계급투쟁에 대한 마르크스의 정치적 기획을 다시 제시 … 다중을 자본의 지배 아래에서 일하는 모든 사람들로, 그래서 잠재적으로 자본의 지배를 거부하는 사람들의 계급으로 간주하는 것이다(2004: 105 – 106).

다중은 개개인의 개별적 특이성(singularity)을 제거하고 획일적인 정체성으로 묶어놓은 집단이 아니다. 다중은 개개인의 복수성, 다양성, 특이성을 전제로 하며, 그러한 개인들을 연결하는 고리로 '공통성'에 주목한다. 삶정치적 노동은 다양한 영역에서 다양하게 이루어진다. 특이성을 갖는 무수히 많은 유형의 삶정치적 노동들의 공통성은 자본의 지배를 받는다는 것이며, 그러한 자본의 지배를 거부하고 싶어 한다는 것이다. 자본의 전지구적 지배를 가능하게 하는 소통의 기술들이 역설적으로 특이성들이 소통을 통해 공통성을 발견하고 함께 행동할 수 있는 네트워크를 제공한다. 따라서 다중은 일종의 네트워크라 할 수 있다. 네트워크는 특이성들이 소통하여 공통의 것을 만들어내는 창조적인 공간이다. 다중의 창조적 능력 혹은 천재적 능력을 하트와 네그리는 '떼지성(swarm intelligence)'이라 부른다(2004: 91 – 93). 떼지성은 중앙집중적인 통제 원리나 보편적인 문제해결의 원리 없이 집단적으로 문제를 해결하는 능력을 말한다. 소통이 다중을 똑똑하게 만든다는 것이다. 소통하는 다중이 역동적인 주체로서 등장할 가능성이 바로 여기에 있다.

그렇다면 하트와 네그리가 제시하는 다중 개념은 인민, 대중, 노동계급과 어떻게 다른가?(2004: xvi – xv) 첫째, 인민은 한 국가의 구성원을 지칭하는 것으로 다양성에 주목하기보다는 인구의 동일성에 초점을 맞춘다. 즉 인민은 단수 혹은 하나이다. 반면 다중은 복수 혹은 다수이다. 다중은 하나의 통일성으로 환원될 수 없는 내적 차이들로 구성된다. 다양한 문화들, 인종들, 민족들, 성별들, 성적 지향성들, 다양한 노동형식들, 다양한 삶의 방식들, 다양한 세계관들 그리고 다양한 욕구들의 다양한 차이들로 구성된 다양체(multiplicity)이다. 둘째, 대중의 본질은 무차별성이다. 다양한 사회적 주체들이 대중을 구성한다고 말할 수는 없다. 그에 비해 다중은 차별성이 그대로 남아 있다. 마지막으로 노동계급은 일반적으로 산업노동자나 임금노동자만을 구성요소로 한다. 그에 비해 다중은 일반적인 사회적 생산에 참여하는 모든 사람들을 의미한다. 다중을 통해서 프롤레타리아의 범주는 하나의 통일된 성격을 갖는 산업노동자가 아니라 삶정치적 노동자들로 확장된다.

다중은 순수하게 개별화된 사적인 사람도 아니고 하나의 정체성을 갖는 공적인 사람도 아닌, 다르지만 공통적인 사람들로 구성된다. 하트와 네그리는 사적인 것(the private)과 공적인 것(the public)을 지양하여 공통적인 것(the common)을 추구해야 할 때가 왔다고 생각한다. 그들은 공적인 것에 기반을 둔 공화국(共和國 Res-publica)에서 공통적인 것에 기반을 둔 공통국(共通國 Res-communis)으로서 '공통체(commonwealth)'를 제안한다(2004: 206; 2014). 그것은 제국을 대체할 세계질서로서 지배나 통제가 없는 자유롭고 평화로운 질서로서 진정한 민주주의가 실현될 수 있는 조건이라는 것이다. 하트와 네그리는 사람들이 공통체의 일원으로서, 즉 다중으로서 존재하기를 기대한다.

3) 자기 기업가 및 다중과 공공성

신자유주의적 세계화는 역설적이다. 그것은 자본이 지배하는 시장공간과 그 지배에 대항할 수 있는 저항공간을 동시에 창출한다. 요컨대 그것은 지구적 차원의 시장공간을 통해 무한경쟁에 참여하는 자기 기업가와 지구적 차원의 네트워크를 통해 자본의 지배를 받는 공통성을 기반으로 연계된 다중을 창출한다. 자본이 지배하는 시장공간은 개인들을 철저하게 파편화하고 무한경쟁의 세계로 인도한다. 지구적 차원에서 국가들은 지구적 공공성의 주체이지만 홉스적인 전쟁상태를 벗어나기 어렵다. 지구적 차원에서는 경쟁 규칙과 이해관계를 매개로 하는 연합 이외에 공적인 것은 존재할 수 없다. 이러한 공적 속성으로는 독점과 집중 그리고 불평등을 피할 수 없다는 점에서 이념으로서 공공성의 실현은 요원하다. 저항공간에서는 자본의 지배를 받는다는 공통성을 기반으로 네트워크를 통해 형성된 다중이 주인공이다. 연대를 기반으로 하는 다중은 새로운 공공성의 장을 열어준다. 그것은 공통성에 기반을 둔 것으로서, 지구적 차원에서 세계시민이 형성

되고 민주주의와 정의가 실현될 수 있는 가능성을 생각하도록 영감을 불러일으
킨다. 지구적 차원에서 공공성을 실현하는 길은 지역적 차원에서 이루어지는 민
주주의와 정의를 위한 시도에 대한 정보를 공유하고, 국제적 지지와 연대를 표명
하는 것에서부터 적극적인 참여에 이르기까지 다양한 방법을 찾고 실천하는 것
이다. 세계화는 지구적 차원의 공공성이 국가적 차원의 공공성과 떼려야 뗄 수
없는 관계에 있다는 사실을 각성시킨다.

제2절   국가

국가는 공공성의 실현에 매우 중요한 주체라 하겠다. 그러나 국가에 대한
합의된 견해가 존재하지는 않는다(신희영, 1992). 국가를 어떻게 보느냐에 따라,
국가가 공공성 실현에 기여하는 방식이나 한계에 대하여 다르게 논의될 수 있다.
따라서 이 절에서는 국가에 대한 관점을 사회 중심적 관점과 국가 중심적 관점
으로 나누어 살펴보고, 각각의 관점들이 공공성에 대해 어떠한 의미가 있는지를
검토한다. 그리고 현대국가의 중요한 특징이면서 공공성과 밀접한 관련이 있는
복지국가의 문제를 살펴본다.

1. 사회 중심적 관점

일반적으로 국가의 기원을 사회에서 찾는 접근방식을 사회 중심적 국가론이
라 부른다. 사회 중심적 국가론은 크게 두 개의 갈래로 나뉘는데, 그 하나는 자
유주의적 다원주의의 흐름이고, 다른 하나는 마르크스주의의 흐름이다. 전자는
사회의 다양한 이해관계의 조정자로서 국가의 역할을 강조하며, 후자는 계급지
배의 도구로서 국가의 역할에 주목한다. 여기에서는 두 흐름의 특성과 그것이 공
공성에 대해 갖는 의미를 살펴본다.

1) 자유-다원주의 국가론

자유-다원주의는 자유주의와 다원주의의 원리가 결합된 입장을 말한다. 자유주의는 전통적으로 개인의 자유를 최고의 가치로 삼는다. 그러다 보니 국가의 정당성을 개인의 자유를 보호하는 데서 찾는다. 그리고 국가의 기능은 개인의 자유를 보호하는 것 이상으로 확대되어서는 안 된다고 본다. 자유주의에 의하면, 개인에게는 생각과 표현의 자유뿐만 아니라 집회 및 결사의 자유 등이 보장되어야 한다. 다원주의는 이러한 자유주의의 연장선상에서 발달한다. 개인들은 국가의 간섭 없이 자신의 가치관이나 이익을 추구하기 위해 자치적인 결사체들을 구성한다. 수많은 결사체들은 사람들의 사회적 삶을 조직하는 기능을 한다. 그러한 의미에서 결사체들은 정당한 것으로 인정된다. 그러한 중요성 때문에 정치적 대표성은 이러한 결사체들의 기능을 존중하는 것이어야 한다고 본다. 그런데 결사체들은 때로는 조화를 이루기도 하고 때로는 갈등을 일으키기도 한다. 따라서 국가는 자신의 기능에 몰두하는 것이 아니라 사회에서 다양하게 기능하는 결사체들의 조정에 몰두하는 조정조직으로 이해된다(Cole, 1989: 73). 그러한 의미에서 국가는 개인의 자유를 최대한 보장하고, 사회의 다양한 결사체들을 조정하는 기능을 하는 결사체로 이해될 수 있다. 다원주의적 관점에서 국가는 사회의 다양한 결사체들 가운데 하나라는 것이다. 그렇다면 자유-다원주의 관점에서 국가는 어떠한 역할을 하는가? 다원주의는 그 갈래가 다양하다. 그래서 어느 하나의 입장으로 정리하는 것이 쉽지는 않다. 여기에서는 세 가지 유형의 다원주의를 살펴본다(Smith, 1990).

(1) 고전적 다원주의

일반적으로 다원주의자들은 이익집단들이 동일한 영향력을 가지고 있고, 국가에 대한 접근이 모든 집단에게 항상 열려 있으며, 국가는 이익집단들과의 관계에서 중립적이라는 인식을 공유하는 것으로 본다. 그러나 실제로 다원주의자들은 다른 집단들에 견주어 기업의 영향력이 강하다는 점, 이익집단들이 정치과정에 접근하는 데 차이가 있다는 점, 국가가 때로는 중립적이지 않다는 점, 그리고 게임의 규칙이라는 것이 어떤 집단에게는 유리하고 또 어떤 집단에게는 불리할 수도 있다는 점을 충분히 인식하고 있다. 다원주의는 앞에서 열거한 특성들을 본질로 하는 것이 아니다. 다원주의의 본질적 특성은 권력이 일부의 손아귀에 집중되지 않도록 견제하는 기제가 작동하고 있다는 인식에 있다. 예컨대 강력한 이익집단이 등장하면 그것에 대항하는 이익집단이 등장할 수도 있으며, 실제로 등장하지는 않더라도 잠재적인 대항세력이 존재할 수 있다는 것이다. 따라서 집단들 간에 견제가 이루어진다는 것이다. 또한 이익집단들의 구성원들이 중복되는 경우도 있기 때문에 한 쪽으로 권력이 쏠리기가 어렵다는 것이다. 게다가 정부는 획일적인 관료조직이 아니라 다양한 입장과 업무를 담당하는 부처들이 분화된 구조를 가지고 있다. 그러다 보니 정부조직 안에서 상호견제가 발생하여 사회에서 정부의 독주가 불가능하다는 것이다. 그러나 실제로는 대항적인 이익집단이 등장하는 일이 쉽지 않으며, 정부 안에서도 상호견제가 그렇게 쉽게 이루어지지 않는다. 그러한 의미에서 고전적 다원주의는 한계를 가질 수밖에 없다.

(2) 개선된 다원주의(reformed pluralism)

개선된 다원주의는 고전적 다원주의의 한계를 넘어 정치적 의제에 대한 접근이 모든 집단들에게 완벽하게 열려 있는 것은 아니라는 데 주목한다. 요컨대 정부와 집단들은 특정한 정책영역에서 일종의 정책공동체나 정책네트워크와 같이 거의 제도화된 수준으로 서로 관계를 형성하게 된다. 그러다 보면 정책공동체나 정책네트워크에 다른 집단들이 접근하는 것이 어렵게 된다. 이처럼 개선된 다원주의는 어떤 정책의 영역은 경쟁적이고 개방적이며, 어떤 정책의 영역은 제도화된 관계를 배경으로 하기 때문에 배제된 집단의 접근이 어렵다고 본다. 개선된 다원주의는 이러한 인식의 변화에도 불구하고 여전히 정책공동체에 대항세력들이 포함되어 있다고 보는 한계를 갖는다. 게다가 정책공동체를 묶어주는 이데올로기의 중요성이라든지 정부와 집단들이 맺는 관계의 구조적 속성을 간과하는 한계를 보인다.

(3) 신다원주의(neopluralism)

신다원주의는 사회의 그 어떤 집단보다도 기업에 주목한다. 기업은 다른 어떤 집단들보다 우월한 위치에 있으며, 시장의 소비자보다 유리한 위치에 있다.

왜 기업은 유리한 위치에 있는가? 정부는 여러 측면에서 경제가 성공하기를 바란다. 그러다 보니 경제적 성공에 결정적인 역할을 하는 기업에 유인을 제공하는 데 중점을 두게 된다. 그리고 시장체제에서 많은 결정들은 기업에 의해서 이루어진다. 그러나 기업들의 의사결정은 정치적인 통제를 받지 않는다. 결과적으로 민주적인 통제 없이 국민들의 삶에 커다란 영향을 미치는 결정들이 이루어지게 된다. 신다원주의에 따르면, 어떤 정책영역은 다원주의적이며, 또 어떤 정책영역은 다원주의적이지 않다. 예컨대 어떤 의제는 공중에 대해서는 폐쇄적이나 기업의 이해관계에 대해서는 개방적이다. 또 어떤 의제는 모든 집단에게 개방적이며 논쟁적이다. 신다원주의는 정책결정이 선험적으로 다원적이라 생각하는 다원주의의 일반적인 한계로부터 벗어나 있으며, 정책결정이 선험적으로 지배계급에 의해 통제되는 것으로 보는 마르크스주의의 한계로부터 벗어나 있다.

(4) 자유-다원주의적 국가와 공공성

자유-다원주의적 국가론에서 보여주고 있는 국가는 공공성을 실현하는 데 어떠한 의미를 가질 수 있는가? 고전적 다원주의, 개선된 다원주의, 신다원주의는 국가를 정부나 정치체제로 인식한다. 국가권력은 기능별로 의회의 입법권, 법원의 사법권, 행정의 집행권으로 분화된다. 그리고 정부 수준별로는 중앙정부와 지방정부로 분화되고 지방정부에는 제한된 범위이기는 하지만 자율성을 부여함으로써 중앙으로의 권력집중을 막는다. 또한 행정부 조직 역시 획일화된 체제가 아니라 일의 종류에 따라 분화된 조직구조의 형태를 띤다. 이처럼 세력들 간의 견제와 균형을 통해 권력의 집중을 막는 다원주의의 원리가 국가의 구조에 용해되어 있다고 본다. 또한 정부는 사회의 다양한 결사체들 가운데 하나이다. 그리고 결사체들의 이해관계를 조정하는 특화된 기능이 부여되어 있다. 다원화된 국가구조와 다원적인 사회가 조응함으로써 권력이 한 곳에 집중되는 것을 막게 된다. 이를 통해서 자유주의가 추구하는 개인의 자유의 보호라는 이상이 실현될 수 있다는 것이다. 자유-다원주의적 국가는 권력의 집중을 막고 개인의 권리를 보호할 수 있다는 점에서 공공성을 실현하는 데 유익하다. 그러나 사회의 강력한 결사체들, 특히 그 가운데 기업의 영향력이 강하여 정치적 의사결정이 왜곡될 가능성이 크다. 국가는 보편적인 이익을 위해 작동하기보다는 특수한 이익을 위해 작동할 가능성이 커진다. 이렇게 되면, 국가가 보편적인 이익을 추구하며 공공성을 실현하는 데 한계를 가질 수밖에 없다. 다원주의는 이러한 가능성을 인식하고는 있으나, 이러한 문제를 극복하기 위한 대안을 제시하는 데까지는 나아가지 못하고 있다.

2) 자본주의국가론

(1) 마르크스-엥겔스의 국가론

마르크스는 ≪자본론≫의 출판계획이 담긴 쿠겔만(L. Kugelmann)에게 보낸 편지에서, 자본주의 정치경제학의 기본원리가 자신의 책의 정수라고 말한다. 그리고 자신이 제시한 원리를 토대로 다른 사람들이 후속연구를 쉽게 할 수 있을 것이라 말한다. 다만 '국가의 다양한 형태들과 사회의 다양한 경제구조들 사이의 관계를 예외'로 하고 있다(Marx, 1985: 435). 당시까지만 해도 국가의 문제에 대해서는 체계적인 성찰이 이루어지지 않은 것으로 보인다. 그리고 결국은 국가에 관한 체계적인 이론을 남기지 못하게 된다. 따라서 마르크스주의자들은 국가에 관한 마르크스와 엥겔스의 단편적인 언급들을 모아 퍼즐을 맞추면서 추정적으로 마르크스-엥겔스의 국가이론을 구성하게 된다. 그러다 보니 국가의 자율성 문제를 놓고 상반되는 주장들이 나타나게 되는데, 그것은 마르크스와 엥겔스가 실제로 국가에 대한 모순적인 언급들을 남겨놓았기 때문이다.

먼저 국가를 계급국가 혹은 지배계급의 도구로 언급한 내용을 살펴보자. 마르크스와 엥겔스는 ≪공산당선언≫에서 근대국가의 집행부를 '부르주아계급 전체의 공동업무를 관장하는 위원회'로 규정한다(Marx & Engels, 1976: 486). 또한 엥겔스는 ≪가족, 사유재산, 국가의 기원≫에서 국가의 계급적 성격을 다음과 같이 언급한다. "국가는 계급의 적대적 갈등을 억누르기 위해 등장했지만, 동시에 계급들 간의 갈등 속에서 등장했기 때문에 국가는 일반적으로 가장 강력하고 경제적으로 지배적인 계급의 국가라 하겠다. 또한 지배계급은 국가를 매개로 해서 정치적으로 지배적인 계급이 되어 피억압계급을 열악한 상태에 묶어두고 착취할 수 있는 새로운 수단을 손에 넣는다(Engels, 1990: 270-271)."

마르크스와 엥겔스가 국가의 자립성에 대해 언급한 부분을 살펴보자. 마르크스는 ≪헤겔법철학비판≫에서 국가와 시민사회를 매개하는 보편기구로서 관료제와 보편계급으로서 관료를 규정한 헤겔을 정면으로 비판한다. 관료제나 관료는 보편성을 추구하는 기구나 존재가 아니라 자신들의 특수한 이익을 추구하는 존재에 불과하다는 것이다. "관료제는 … 국가를 사적 소유물로 전유한다. 관료제의 보편적 정신은 비밀 즉, 신비이다. 그것은 내부적으로는 계층에 의해 보호되고, 대외적으로는 폐쇄적인 결사체가 됨으로써 보호된다. … 개별 관료들의 경우, 국가의 목적은 자신의 사적인 목적, 즉 더 높은 자리를 추구하는 것이 되어버린다. … 관료제에서 국가이익과 특수한 사적 목적의 동일화는 국가이익이 다른 사적 목적들과 대치하는 하나의 특수한 목적이 되는 방식으로 이루어진다 (Marx, 1975: 47-48)." 관료제는 독자적으로 자체적인 이익을 추구하는 존재이다. 따라서 관료제는 시민사회의 압력으로부터 어느 정도의 자립성을 갖는 것으로 볼 수 있다.

엥겔스의 경우는 일반적으로 국가가 지배계급의 도구라고 할 수 있으나, 예외적인 경우가 있다고 본다. 국가는 경쟁하는 계급들이 힘의 균형을 이루는 상황에서 어느 정도의 자립성을 가질 수 있다는 것이다. "현대의 대의제 국가는 자본에 의한 임노동의 착취를 위한 도구이다. 그러나 예외적으로 투쟁하는 계급들이 우열을 가리기 힘들 정도로 서로 균형을 유지하게 되면, 외견상 조정자로서 국가권력이 두 계급으로부터 어느 정도의 자립성을 한동안 획득하게 되는 시기가 있다(Engels, 1990: 271)." 그는 귀족세력과 부르주아 세력이 균형을 유지했던 17세기와 18세기의 절대군주제의 시기와 부르주아 계급과 프롤레타리아 계급을 서로 충돌하게 했던 프랑스 제 2 제정의 보나파르트체제 시기를 그 예로 든다.

그러나 마르크스는 ≪보나파르트의 부뤼메르 18일≫에서 국가의 자립성은 피상적인 것이고 근본적으로는 계급성을 가질 수밖에 없다고 언급한다. "제2보나파르트 체제 하에서만 국가가 완벽하게 자립적이었던 것으로 보인다. … 그러나 국가권력은 허공에 떠 있는 것이 아니다. 보나파르트는 하나의 계급, 즉 그 당시 프랑스 사회에서 가장 많은 계급인 소작농들을 대표한다(Marx, 1979: 186-187)."

마르크스와 엥겔스는 국가의 계급 도구적 성격과 상대적 자율성을 언급하면서도, 궁극적으로는 국가의 계급 도구적 성격을 더 중요하게 여기는 것으로 보인다. 특히 이러한 생각은 ≪고타강령 비판≫에서 분명하게 볼 수 있다. "자본주의 사회와 공산주의 사회 사이에는 전자에서 후자로 나아가는 혁명적 전환의 시기가 있다. 이에 조응하여 국가가 오로지 프롤레타리아의 혁명적 계급독재로 존재할 수 있는 정치적 이행기가 존재한다(Marx, 1989: 95)." 마르크스에 따르면, 사회주의에서 공산주의로의 이행과정에서 국가는 프롤레타리아의 계급독재를 위한 도구에 불과하다는 것이다. 그리고 공산주의 단계에서 계급지배의 도구로서 국가는 소멸하게 된다는 것이다.

마르크스와 엥겔스는 체계적인 국가이론이나 사회와 국가의 관계에 대한 이론을 만들지 못했다. 다만 이러한 주제에 관한 애매한 단편들이 여기저기 있을 뿐이다. 이것이 마르크스주의자들에게는 논쟁의 불씨가 되었다.

(2) 도구주의 국가론: 밀리반트(R. Miliband)를 중심으로

밀리반트는 그의 책 제목 그대로 '자본주의 사회의 국가(state in capitalist society)'에서 어떤 일이 벌어지고 있는지를 확인하는 데 초점을 맞춘다. 그의 논의는 당대의 수많은 행태주의적 정치학자들과 후기산업사회 이론가들이 공유하고 있던 자유-다원주의적 입장에 대한 일종의 도전이라 할 수 있다. 그는 독일, 프랑스, 영국, 미국에 대한 비교연구를 통해서 선진자본주의에 대한 일반사회학을 구성하고자 하였다. 연구를 위해 선택된 국가들은 많은 차이가 있지만, 몇 가지 측면에서는 의미 있는 유사성을 보인다. 첫째, 그 국가들은 고도로 산업화되었으며, 제2차 세계대전 이후에는 모두가 민주화되었다. 둘째, 그 국가들의 경제활동의 대부분이 사적으로 소유되고 통제된다. 셋째, 그 국가들의 경제의 주요 부문들이 점차적으로 거대한 기업들에 의해 지배된다. 넷째, 모든 국가들에서 다수의 예속계급과 소수의 지배계급이 분화된다. 지배계급은 엄청난 부를 소유한 소수의 사람들로 구성된다.

밀리반트는 자신의 테제를 다음과 같이 간명하게 표현한다. "마르크스주의의 도식에서 자본주의 사회의 지배계급은 생산수단을 지배하고 통제하며, 그로 인해 갖게 된 경제력 덕분에 국가를 사회의 지배를 위한 도구로 사용할 수 있는 계급이다(1969: 23)." 선진자본주의 국가들에서 지배계급들은 놀라운 응집력을 가지고 연대를 형성하여 자신들의 이해관계와 목적을 실현하기 위해 국가를 통제한다는 것이다. 밀리반트가 말하는 '국가'는 정부나 정치체제가 아니라 다양한 기구들의 복합체를 의미한다. 첫째, 정부기구는 선거를 통해 승리한 정당을 중심으로 구성된 집행부를 의미하는 것으로 국가정책을 결정한다. 둘째, 행정기구는 국가관료제, 공기업, 중앙은행, 규제위원회 등으로 구성되며, 경제적, 사회적, 문화적 활동과 기타 제반 활동들을 규제한다. 셋째, 강제기구는 군대, 준군사기관, 경찰, 정보부 등으로 구성되며, 폭력의 배치와 관리에 집중한다. 넷째, 사법기구는 법원, 감옥, 그 밖의 형법체계의 구성요소들을 포함한다. 다섯째, 준중앙정부는 지방정부, 야당, 의회 등을 포함한다(1969: 49-53).

밀리반트는 국가와 국가체제를 개념적으로 구분하여 사용한다. "정부, 행정, 군과 경찰, 법원, 준중앙정부, 의회 등이 '국가'를 구성하는 제도들이다. 그리고 그러한 제도들 간의 관계가 '국가체제'를 형성한다(1969: 54)." 그에 따르면, 이러한 제도들에 '국가권력'이 존재한다. 그리고 국가권력은 이러한 제도들에서 지도적인 위치를 점하고 있는 사람들에 의해서 행사된다. 이러한 사람들을 '국가엘리트'라 하는데, 대통령, 수상과 내각구성원들, 고위공직자들, 군 장성, 대법원 판사들, 의회의 리더들이 포함된다. 국가엘리트들은 일반적으로 경제적으로 부유한 계급과 전문적인 중간계급에서 충원된다(1969: 66). 따라서 국가엘리트와 경제엘리트가 정치적, 경제적, 사회문화적, 이데올로기적으로 서로 공유하는 부분이 많으며, 인적 네트워크를 구성할 수 있는 가능성이 높다. 이렇게 경제엘리트와 국가엘리트를 중심으로 지배적인 계급이 형성되고, 자신들의 지배를 정당화하기 위한 관념적인 작업에도 중점을 둔다. 지배적인 계급들은 학교, 대학, 대중매체, 교회, 정당, 예속계급에게 허위의식을 심어주는 모든 종류의 자발적 조직들과 같은 '정신적 생산수단'을 통제하고 감독한다. 이로써 지배계급은 물질적, 정신적 차원에서 전체 사회에 대한 지배력을 더욱 강화시킨다.

(3) 구조와 국가의 상대적 자율성: 풀란차스(N. Poulantzas)를 중심으로

풀란차스는 '자본주의 사회의 국가'가 아닌 '자본주의국가'에 초점을 맞춘다. 그래서 그는 구조주의의 관점에서 국가를 이해하고자 한다. 그에 따르면, 사회구조는 정치, 경제, 이데올로기 등 세 개의 층위로 구성된다. 구조주의는 이러한 층위들의 기능과 층위들 간의 관계에 초점을 맞춘다. 풀란차스가 말하는 '정치적인 것'은 '국가의 법적-정치적 상부구조(Poulantzas, 1975: 37)'를 의미한다. 그러나 그것을 제도로서 국가와 동일시해서는 안 된다. 그것은 구조에 의해 국가에 부여된 기능이다. 국가의 기능은 '사회구성체 층위들의 응집인자'로서 혹은 '체계로서 국가의 전체적인 균형을 조절하는 인자'로서 역할을 하는 것이다(1975: 44-45). 이러한 기능은 그것이 실행되는 층위에 따라 다양한 양태를 띤다. 이를테면 경제 층위에서는 기술-경제적 기능, 정치적 계급투쟁의 층위에서는 엄밀하게 정치적 인 기능, 그리고 이데올로기 층위에서는 이데올로기적 기능의 양태를 띠게 된다. 이러한 양태들은 사회구성체의 통합을 유지하는 방향으로 이루어지고, 엄밀하게 정치적인 기능에 의해 중층결정된다(1975: 50-51).

풀란차스에 따르면, 국가는 특정한 계급의 요구가 아니라 '구조'가 요구하는 기능에 의해 정의된다. 구조를 유지하기 위해 국가는 계급정치의 장에 개입할 필 요가 있다. 국가의 작동은 다른 계급들이나 구조에 대한 지배계급의 권력을 표현 하는 것이 아니다. 그것은 모든 계급들에 대한 구조의 권력을 표현하는 것이다. 국가는 자신이 기능적으로 길들여진 구조의 통합을 지속시키는 것 말고는 할 수 있는 것이 없다. 따라서 지배계급이 국가기구에 대한 통제력을 갖는 것이 반드시 필연적인 것은 아니다(1975: 100, 115-6).

국가는 피지배계급을 탈조직화하고 지배계급을 조직화하는 책임을 맡음으로 써 정치적으로 행동한다. 한편으로 국가는 사회계급들에 속하는 생산의 주체들 (노동자)을 법적, 이데올로기적 주체들(시민)로 세워, 자신들의 관계가 계급적 관 계라는 사실을 인식하지 못하게 함으로써 경제적 계급투쟁에 영향을 미친다. 풀 란차스는 이를 '고립효과(effect of isolation, 1975: 130)'라 부른다. 생산의 주체로서 노동자가 아닌 법적, 이데올로기적 주체로서 개인의 눈에 국가는 수많은 개인들 의 이익을 대변하는 통합체로 보인다. 이렇게 해서 국가가 제공하는 참여의 양식 은 바로 계급을 탈조직화하는 양식이 된다. 다른 한편 지배계급들은 단결하고, 파워 블록 안에서 헤게모니를 쟁취한 지배계급의 특수한 이익이 공익으로 표현 된다(1975: 137-141). 이것은 파워 블록의 조직화를 책임지고 있는 국가에 의해 성취될 수 있다.

국가는 공익의 대변자로서 자신을 드러내기 위해 피지배계급들이 자신들의 이익을 쟁취하려는 정치적 계급투쟁을 결행할 정도로 힘을 가지지 않는 한도 안 에서 지배계급이 피지배계급의 경제적 이익을 인정하고 양보할 것을 요구할 수 있다. 자본주의적 생산양식 하에서는 순수하게 경제적인 양보가 가능하다. 왜냐하면 그러한 양식의 구조를 특징짓는 충위들이 분리되어 있기 때문이다. 국가는 그러한 양보를 얻어내기 위해서 지배계급의 경제적 이해관계로부터 거리를 두어야 한다. 물론 이는 지배계급의 정치적 이해관계를 보장하기 위한 것이다. 이러한 의미에서 국가는 지배계급들에 대해 '상대적 자율성'을 갖는다(1975: 282).

국가가 하나의 계급 혹은 몇몇 계급들이 지배하는 구조의 국가이고, 그래서 그러한 지배를 재생산하는 국가라는 수사적 의미에서 보면, 국가는 계급국가라 하겠다. 실제 계급투쟁과 관련해서, 국가는 지배계급의 지배를 표현하는 것이 아니라 투쟁하는 계급들 사이에 존재하는 권력관계를 표현한다. 헤게모니 블록 안에서 조직된 지배계급들의 정치적 지배는 단순히 구조의 지속을 의미하는 것이지 계급들 간의 혹은 계급과 국가 간의 제도화된 정치적 관계를 의미하는 것은 아니다.

국가는 전체 구조와의 관련 속에서 특별한 기능을 수행하는 특이한 제도이다. 국가는 경제적 층위 혹은 지배계급을 준거로 규정되지 않는다. 그러나 국가가 유지하는 사회구성체는 특정한 계급이 지배하는 사회구성체이기 때문에, 국가는 지속적으로 계급국가라 하겠다. 따라서 사회의 통합을 유지하는 과정에서 국가는 동시에 지배계급의 지배를 유지하고 있는 것이다. 국가에게는 사회구조의 유지라는 조건 하에서 자율성이 주어진다. 그런데 그 자율성은 궁극적으로 특정한 계급이 지배하는 구조의 유지를 위한 것이라 할 수 있다. 따라서 국가의 자율성은 상대적일 수밖에 없다.

(4) 자본축적과 국가의 자율성: 오페(C. Offe)를 중심으로

오페의 국가와 사회의 관계에 관한 연구는 자본주의 사회의 모순으로부터 국가형태가 도출된다는 전제 위에서 이루어진다(Holloway and Picciotto, 1978: 16). 국가는 자신의 이익을 위해 자본주의의 모순을 해결하는 데 중요한 역할을 한다는 것이다. 그러한 의미에서 보면, 국가를 단순히 지배계급의 이익에 봉사하는 도구로만 볼 수는 없다. 오히려 국가는 특정한 이해관계를 후원하지도 않고, 특정 계급과 동맹관계를 맺지도 않는다. 국가가 보호하고 허용하는 것은 자본가계급의 계급지배가 전제하고 있는 '규칙들과 사회적 관계들'의 집합이다.

오페는 이러한 전제 위에서 자본주의 국가의 개념을 네 가지 주요소를 포함하는 정치권력의 제도적 형태로 기술한다(Offe, 1975: 139-140). 첫째, 정치권력이 그 자체의 정치적 기준에 따라 생산을 조직하는 것은 허용되지 않는다. 노동력의 소유건 생산수단의 소유건 소유는 '사적'인 것이다. 따라서 생산수단의 사용에 대한 결정은 정치권력에 의해 이루어지는 것이 아니라 사적인 차원에서 자유롭게 이루어지는 것이다. 둘째, 정치권력은 간접적으로(예컨대, 조세) 사적인 (자본)축적의 규모에 의존한다. 자본주의 국가에서 권력이 있는 지위에 있는 사람은, 축적 규모가 그가 정치적 목적을 증진시키는 데 필요한 물적 자원의 추출을 허용하지 않는다면, 사실상 권력이 없는 것이나 마찬가지이다. 셋째, 국가는 자신의 능력을 뛰어넘어 이루어지는 자본축적의 과정에 의존하기 때문에, 국가권력을 쥐고 있는 모든 사람들은 기본적으로 축적에 가장 도움이 되는 그러한 조건을 증진시키는 데 관심을 갖는다. 이러한 관심은 특정한 정부와 축적에 관심이 있는 특정한 계급들 간의 동맹에서 비롯된 것이 아니다. 또한 계급적 이익을 추구하기 위해 국가권력을 쥐고 있는 사람들에게 압력을 행사하는 자본가계급의 정치적 권력에서 비롯된 것도 아니다. 오히려 그것은 국가가 국가권력의 행사에 필요한 자원의 흐름을 통제할 수 있는 권력을 유지해야 한다는 국가의 제도적인 자기이해관계에서 비롯된 것이다. 축적의 주체들은 국가권력을 사용하는 데 관심이 없지만, 국가는 그 자체의 권력을 위해 그것이 의존하는 건전한 축적을 보장하는 데 관심을 가져야 한다. 넷째, 민주주의 정치체제에서 모든 정치집단이나 정당은 보통선거에서 얻는 지지만큼 제도적 국가권력에 대한 통제력을 획득한다. 이러한 메커니즘은 국가권력의 물질적 자원과 이러한 자원이 이용되는 방식이 일반 유권자들의 선호에 의존하는 것이 아니라 축적과정에서 파생된 세입에 의존한다는 사실을 은폐한다. 자본주의 국가에서 정치권력은 이중으로 결정된다. 하나는 제도적 형식에 의한 것으로서, 정치권력에 대한 접근이 민주적, 대의적 통치의 규칙들을 통해서 결정된다. 다른 하나는 물질적 내용에 의한 것으로서, 정치권력의 사용이 축적과정의 흐름과 조건들에 의해 통제된다.

오페에 따르면, 한 가지 조건만 충족된다면 이상의 네 가지 특성들이 조화를 이루게 된다. 그것은 "모든 시민들이 상품관계의 참여자가 되는 조건을 창출하는 것이다(1975: 140)." 일정한 단위의 가치를 소유한 사람(예컨대 노동력의 소유자나 자본의 소유자)들 모두가 상품으로서 자신의 가치를 성공적으로 교환할 수 있다면, 국가가 경제적 의사결정에 개입할 필요가 없을 것이다. 국가가 필요로 하는 물질적 자원이 부족하지 않을 것이다. 지속적인 축적과정을 유지하는 데 문제가 없을 것이다. 이러한 상품의 세계를 창출하는 정당에 대한 정치적 지지를 유지하는 데 문제가 없을 것이다. 가치들이 상품형태로 작동하지 않는 만큼만 자본주의 국가의 구조는 문제가 된다. 상품형태는 자본주의 국가의 일반적인 균형점이다. 동시에 모든 가치가 상품의 형태로 나타날 때, 축적이 발생한다. 자본주의 사회의 정치구조와 경제구조를 연결하는 고리는 상품형태이다. 두 구조의 활력은 상품형태의 보편화에 의존한다.

선진 자본주의 사회에서 국가활동이나 국가개입에서 나타나는 공통된 특징은 개별적인 경제적 행위자들의 상품형태를 유지하는 데 중점을 두고 있다는 것이다. 이것은 특정한 계급의 이익을 위한 것이 아니라 자본주의적 교환관계의 토대 위에서 모든 계급의 이익을 위한 것이다. 가치의 상품형태를 유지하기 위해 국가가 취하는 전략은 다양하다. 첫째, 국가가 아무런 조치를 취하지 않는 고전적 방식이 있다. 그것은 자동적인 자기수정 메커니즘을 통해 상품형태가 회복될 것이라는 가정에서 비롯된다. 예컨대 실업자가 느끼는 실업의 고통이 클수록 노동시장에 되돌아올 가능성이 크다는 것이다. 이는 노동력의 소유자가 다른 대안이 없다는 가정에 의존한다. 그러나 그에게는 이민, 범죄, 정치적 저항 등 다양한 선택지가 있다. 둘째, 국가가 보조금을 지급하거나 부양하는 방법이 있다. 교환관계에 참여할 기회를 놓친 노동력의 소유자나 자본의 소유자들이 국가에 의해 인공적으로 창출된 조건 하에서 생존하게 하는 방법이다. 탈상품화된 가치를 다루는 이러한 복지국가방식은 비용이 많이 든다는 문제가 있다. 셋째, 국가가 가치들이 상품으로서 기능할 수 있는 조건들을 창출하는 방법이 있다. (i) 교육, 훈련, 지역이동, 노동력의 적응력 향상을 위한 프로그램을 통해 노동력의 판매가능성을 높인다. (ii) 자본시장과 생산물 시장의 초국적 결합, 연구개발정책, 지역발전정책 등을 통해 자본과 재화의 판매가능성을 높인다. (iii) 자체의 능력으로는 상품형태로 생존할 수 없는 경제부문들을 상품형태로 변형시키는 전략, 즉 '행정적 재상품화' 전략을 도입한다.

국가는 교환관계를 재조직하고 유지하며 일반화하기 위해 다양한 정책도구들을 사용한다. 첫째, 규제와 유인책이다. 파괴적인 경쟁을 통제하고 경쟁자들이 각각의 시장 파트너들의 경제적 생존을 허용하는 규칙에 따르도록 하는 것이다. 일반적으로 다양한 유인을 통해 약한 쪽을 보호하고 지지하는 방식을 취한다. 둘째, 공적인 사회간접자본에 투자하는 것이다. 넓은 범주의 상품소유자들이 교환관계에 참여하기 위한 것으로서, 학교, 교통편의시설, 발전소, 도시나 지역발전을 위한 조치 등이 있다. 셋째, 함께 의사결정을 하도록 강제하는 방법이 있다. 시장 참여자들이 교환과정 밖에서 조직된 방식으로 서로가 수용할 수 있는 교환조건에 동의하도록 하기 위해 설계된 것이다. 임금협상이나 환경보호 등을 예로 들 수 있다.

(5) 자본주의 국가론과 공공성

자본주의 국가론은 국가가 사회의 계급관계나 자본주의적 사회구조 혹은 자본논리(자본의 축적과정)로부터 자유롭지 못하다고 본다. 도구주의는 국가가 지배계급의 도구에 불과하다고 본다. 상대적 자율성이론은 국가를 정치적으로 사회구조 전체를 유지하는 기능을 하는 존재로 본다. 그러다 보니 국가는 사회구조 전체의 유지를 위해 지배계급과 거리를 둘 수도 있다는 것이다. 그러한 의미에서 국가는 구조적으로 자율적이지 않지만, 지배계급으로부터는 상대적으로 자율적이라는 것이다. 이보다 한 걸음 더 나아가서 국가는 자체의 제도적 이해관계, 즉 국가기구의 존립 같은 자체의 이해관계를 실현하는 데 필요한 자원을 확보하기 위해 자본축적 과정에 관여하게 된다는 것이다. 국가는 전체적인 자본축적 과정의 관점에서는 자율적이라 할 수 없으나, 지배계급을 구성하는 자본가들로부터는 자율적이라는 것이다. 국가의 자율성에 대해서는 일견 차이가 있어 보이나, 근본적으로 공통의 기반을 가지고 있다. 이를테면, 사회구조의 안정을 위해 국가가 정치적으로 계급투쟁을 억압함으로써 궁극적으로 지배계급의 이익에 봉사할 수밖에 없다. 또한 국가가 상품관계를 확대함으로써 자본축적의 안정성을 확보하는 데 깊게 관여하면 관여할수록, 자본축적의 주체인 자본가계급의 이익에 더 많은 봉사를 하게 되는 것이다.

결국 자본주의 국가론에 의하면, 국가는 타율적이건 자율적이건 자본주의 사회의 지배계급인 자본가계급에 봉사하게 되어 있다는 것이다. 이것이 의미하는 바는 자본주의 사회에서 국가는 공공성을 실현하는 데 계급적으로 구조적으

로 극복하기 어려운 한계를 가지고 있다는 것이다. 복지국가의 예를 보자. 자본
주의 사회에서 복지국가는 공공성을 실현하는 데 가장 바람직한 대안으로 인식
되고 있다. 복지국가는 한편으로는 시장사회에서 발생하는 위험으로 고통스러워
하는 시민들에게 원조를 제공함으로써, 다른 한편으로는 단체교섭과 정책형성에
서 노동조합의 역할을 승인함으로써 사회적 평화(사회구조의 안정)를 이루는 데 기
여한다. 복지국가의 이러한 두 가지 구조적 요소들은 계급갈등을 제약하고 완화
한다. 그리고 노동과 자본 간의 비대칭적인 권력관계의 균형을 찾아준다. 따라서
복지국가는 복지국가 이전의 혹은 자유주의적인 자본주의의 가장 중요한 특징이
었던 파국적인 투쟁의 상황으로 치닫는 것을 막아준다. 한마디로 복지국가는 전
후시기를 통해서 사회의 이러한 모순을 해결하는 정치적 해결책으로 각광받고
있다(Offe, 1984: 147). 그러나 복지국가는 자본축적과 모순적인 관계에 놓이게 된
다. 복지국가를 유지하기 위해서는 보다 많은 자원이 필요하기 때문에 자본축적
과정에 위협이 된다. 그렇다고 복지국가를 폐지하게 되면 사회적 평화가 깨지고
파국에 이를 수 있다. 자본주의는 복지국가와 함께 존재할 수 없으며, 그렇다고
복지국가 없이 존재할 수도 없다(Offe, 1984: 153). 복지국가가 이러한 딜레마에
빠지는 것은 국가가 계급적, 구조적, 혹은 자본 논리적 구속으로부터 자유로울
수 없기 때문이다. 자본주의 국가론은 공공성 문제를 계급적, 구조적, 자본 논리
적 관점에서 바라볼 수 있는 계기를 제공한다는 점에서 중요한 의미를 갖는다.

2. 국가 중심적 관점

18-19세기의 산업혁명과 정치적 민주화 등으로 인해 사회과학계는 시장기
능이나 분업구조, 또는 계급관계 등 시민사회 영역에 주목함으로써 상대적으로
국가에 대한 관심이 소홀했다. 그러던 것이 1970년대에 네오마르크스주의의 국
가론논쟁을 계기로 국가가 사회과학계의 주요 의제로 떠오르게 된다. 신베버주
의적 입장을 공유하는 이론가들은 자유-다원주의나 마르크스주의 국가론의 사
회 중심적 관점이 국가의 본질을 명확히 밝히는 데 성공적이지 못하다고 비판한
다. 그러면서 이들은 국가 중심적인 관점을 발전시킬 필요성이 있다고 주장한다.
소위 '국가의 복귀(Bringing the state back in)'를 선언한 것이다. 국가 중심적 관점

을 공유하고 있는 이론가들의 관심은 다음과 같이 요약될 수 있다. "최근까지 비교사회학에서 지배적인 이론적 패러다임은 조직화된 구조로서 혹은 잠재적으로 자율적인 행위자로서 국가를 조명하지 않았다. 참으로 '국가'라는 용어는 거의 사용되지 않았다. 그러나 최근의 연구들은 점차적으로 국가가 비록 자신을 둘러싸고 있는 사회에 의해 영향을 받는 것이 명백하지만, 또한 사회적·정치적 과정을 형성하는 행위자로서 국가를 바라보기 시작했다. 연구들은 국가의 구조와 역량에 관한 개념화를 진전시킬 필요성, 국가가 어떻게 형성되고 재조직화되는지를 보다 충분하게 설명해야 할 필요성, 많은 상황에서 국가가 개입을 통해(혹은 개입하지 않음으로써) 그리고 사회집단들과의 관계를 통해 사회에 어떻게 영향을 미치는지를 탐구해야 할 필요성에 대해 인식을 공유한다(Skocpol, 1985: vii)." 국가 중심적 국가관과 관련해서는 베버의 국가론과 그의 영향을 받은 틸리(C. Tilly)의 국가형성론, 그리고 노드(D. North)의 신고전적 국가론을 살펴본다.

1) 베버의 국가와 관료제

(1) 베버의 국가 개념

베버의 국가관은 두 가지 측면에서 살펴볼 수 있다. 하나는 독일의 지적 전통에 따라서 국가를 민족문화를 지키기 위한 장치로 보는 것이다. 다른 하나는 유럽에서 근대적 국가들이 경쟁적으로 등장하는 과정에서 물리적 폭력의 독점체로서 국가를 보는 것이다(류성희, 2011).

(i) 민족문화를 지키기 위한 장치로서 국가

독일의 지적 전통에는 독일민족만의 특수성을 강조하고, 그러한 특수성을 역사적으로 계승해야 한다는 일종의 역사적 책임의식이 강하게 자리하고 있다. 특히 독일의 특수성을 강조하는 경우는 주로 독일의 역사주의에서 볼 수 있는데, 그것은 기존의 역사주의와 달리 독일역사, 독일국가, 독일민족을 항상 함께 고려했다. 이러한 독일 역사주의의 가장 큰 특징은 역사와 국가를 하나의 통합체로 인식하고 있다는 것이다. 베버 역시 그러한 지적 전통에 물들어 있었다. "비록 우리가 후세대의 예민한 사회적 양심에 무거운 짐을 지우고 있는 대중들의 엄청난 비참에 직면하고는 있지만, 오늘날 우리에게 훨씬 더 무거운 짐을 지우고 있는 것은 바로 우리의 역사적 책임에 대한 자각이라는 점을 진심으로 고백하지

않을 수 없습니다. … 우리는 다른 대단한 존재, 즉 훨씬 더 위대한 시대의 선구
자가 되는 방법을 찾지 못한다면, 우리에게 걸려있는 저주, 요컨대 위대하지만
낡은 정치시대의 자손이라는 저주를 풀어내지 못할 것입니다. 그것이 우리의 역
사적 본분일까요? 잘 모르겠지만, 제가 말할 수 있는 것은 젊음은 그 자신과 자
신의 이상을 주장할 수 있는 권리를 가지고 있다는 것입니다. 인간을 늙게 만드
는 것은 세월이 아닙니다. 자연이 우리 안에 심어놓은 위대한 열정을 느끼는 한
인간은 젊습니다. 결론적으로 말해서 위대한 국가를 낡게 만드는 것은 수천 년에
걸친 위대한 역사의 짐이 아닙니다. 국가가 그 자신에 대한 믿음과 그것이 부여
받은 위대한 천성에 대한 믿음을 견지할 수 있는 능력과 용기를 갖고 있는 한,
그리고 국가의 주도적인 사회계층들이 독일 정치의 진지한 작업이 번성하는 견
고하고 투명한 공기 속으로, 하지만 민족적 감정의 열렬한 위엄으로 가득 차 있
는 분위기 속으로 고양된다면, 국가는 늘 젊을 것입니다(Weber, 1994: 27-28)."

　　베버는 국가의 젊음, 즉 국가의 번영을 '민족적 감정의 열렬한 위엄'에서 찾
고 있다. 그는 당대의 민족을 기반으로 하는 국가들의 등장과 경쟁을 국가의 계
급적 분열보다 우선적으로 대처해야 할 문제로, 요컨대 독일의 역사적 책무로 본
것이다. 단지 특정 계급의 이해관계를 위해 정치를 하거나 권력을 획득하는 것은
독일 전체의 민족적 기준에 위배되는 것이다. 이처럼 베버는 국가를 '독일민족공
동체의 번영'과 연계해서 바라보았다.

　　(ⅱ) 물리적 강제력의 정당한 독점체로서 국가

　　베버는 내외적으로 위협을 받고 있는 당대의 정치적 현실과의 투쟁이라는
맥락에서 국가를 바라본다. "생존을 위한 경제적 투쟁에서 평화가 존재했던 적은
결코 없습니다. 가짜 평화를 진짜 평화로 착각하는 사람만이 미래가 우리 후손들
에게 평화롭고 행복한 삶을 가져다주리라 믿을 수 있습니다(Weber, 1994: 14). …
우리의 사회정치적 활동의 목적은 모든 사람을 행복하게 만드는 것이 아닙니다.
그것은 현대의 경제발전에 의해 분열된 국가의 사회적 통합이며, 미래의 격렬한
투쟁을 위해 국가를 준비시키는 것입니다(26-27)."

　　베버에게는 유럽에서 이미 근대국가로서의 면모를 갖춘 다른 국가들과 투쟁
을 통해 자주권을 지켜야 한다는 문제의식이 저변에 깔려있다. 그러다 보니 위협
적인 세력들과 맞서 싸울 수 있는 도구로서 국가를 최우선적으로 바라본 것이다.

당시의 상황에서 평화는 문제의 본질을 회피하는 것이며, 투쟁은 지극히 현실적인 대응이라는 것이다. 민족적 투쟁의 도구로서의 국가 개념은 물리적 힘을 기반으로 구성된다. '직업으로서의 정치'를 주제로 한 강연에서 베버는 국가를 다음과 같이 정의한다. "근대국가는 사회학적으로는 결국 모든 정치단체와 근대국가에게 특유한 하나의 특별한 수단, 즉 물리적 강제력을 근거로 해서만 정의될 수 있습니다. 트로츠키(Trotsky)는 '모든 국가는 폭력에 기반을 두고 있다'고 말한 바 있습니다. 이 말은 참으로 맞는 말입니다. ⋯ 물론 강제력이 국가의 정상적인 혹은 유일한 수단은 아닙니다. 그러나 강제력이 국가에게는 특유한 수단인 것만은 분명합니다. 오늘날에는 국가와 강제력이 특히나 밀접한 관계에 있습니다. 과거에는 ―씨족을 필두로 해서― 거의 대부분의 단체들이 물리적 강제력의 사용을 지극히 정상적인 것으로 받아들였습니다. 그러나 오늘날에는 다음과 같이 말하지 않을 수 없습니다. 국가란 일정한 영토 ―이것이 국가의 특징들 가운데 하나라는 사실에 주목해야 합니다― 안에서 물리적 강제력의 정당한 사용에 대한 독점권을 (성공적으로) 주장하는 인간 공동체입니다. 왜냐하면 오늘날에는 물리적 강제력을 사용할 수 있는 권리는 국가가 허용하는 범위 안에서만 다른 단체들이나 개인들에게 부여될 수 있다고, 즉 국가가 강제력을 사용할 수 있는 권리의 유일한 원천이라고 간주되고 있기 때문입니다(Weber, 1946: 78)."

　　인용에 따르면, 국가는 영토에 기반을 둔 강제적 조직이다. 그리고 국가는 강제력의 사용을 정당화하는 유일한 근거이다. 베버가 ≪경제와 사회≫에서 객관적이고 추상적으로 정리한 근대국가의 특성은 다음과 같다(Weber, 1968: 56). 국가는 특정한 영토 안에서 물리적 강제력의 사용에 대한 독점권을 주장한다. 지배의 물질적, 관념적 수단이 국가에 집중된다. 다양한 기관들(이를테면 헌법기관들)의 명령권 분배가 계획적으로 이루어진다. 국가의 구성원들, 즉 시민들뿐만 아니라 그것의 관할권 안에서 발생하는 모든 행위에 대해 광범위하게 구속력이 있는 권한을 주장할 수 있는 행정적, 법적 질서를 갖추고 있다. 이러한 질서는 입법을 통해 변화된다. 이러한 질서의 집행과 실현을 지향하는 (행정가들에 의한) 조직화된 활동이 존재한다. 정치적 직위를 쟁취하기 위한 경쟁의 규칙이 존재하며, 제정된 규칙에 따라 지도력이 있는 사람을 선출한다. 물리적 강제력의 정당한 독점을 주장하는 국가가 효율적으로 작동하기 위해서는 체계적인 조직이 필요한데,

그것이 관료제이다.

(2) 관료제

베버는 '근대사회'가 등장하면서 특히 부각되는 사회적 관계의 형태는 어떠한 것인가에 관심을 갖는다. 왜냐하면 사회적 관계는 역사적인 성격을 띨 수밖에 없기 때문이다. 따라서 근대사회가 등장하면서 나타나는 특징적인 사회적 관계를 이해하는 것은 곧 근대성을 해명하는 길이 된다. 그렇다면 베버는 어떠한 사회적 관계에 시선을 고정시키게 되었는가? 베버(1968: 942)에 의하면, 구체적 내용이 없는 가장 일반적인 의미에서 '지배'가 사회적 행위의 가장 중요한 요소가 된다고 보았다. 지배는 자기의 의지로 타인의 행동을 강제할 수 있는 능력을 뜻하며 그것은 여러 가지 형태로 나타날 수 있다. 예를 들어, 피지배자가 자신의 경제적 이득을 위해 어떤 명령에 복종한다면, 그것은 이해관계를 바탕으로 하는 지배이다. 이러한 지배유형은 자본주의 사회의 등장과 함께 근대사회를 특징짓는 중요한 의미를 갖는다. 또한 피지배자가 복종을 해야 한다는 당위성 때문에 복종을 하는 '권위'에 의한 지배유형이 있다.

베버(1968: 948)가 지배에 관심을 두는 이유는 무엇보다도 그것이 '행정'과 밀접한 관련을 갖기 때문이다. 그에 의하면, 모든 지배는 행정으로 나타나고 또 행정으로서 기능한다는 것이다. 반면 모든 행정은 어떤 형태의 지배를 필요로 한다. 행정을 집행하기 위해서는 누군가의 장악 하에 있는 명령권이 있어야 하기 때문이다. 고대 아테네와 같은 소규모 도시공동체의 경우는 명령권의 가시성이 두드러지지 않으며, 피지배자들이 지배자들을 봉사자로 여긴다. 일반적으로 이러한 행정을 직접민주행정이라 부른다. 그러나 사회규모의 확대와 더불어 행정의 과제가 양적·질적으로 증가함에 따라 아마추어리즘에 의존하는 직접민주행정보다는 전문적인 행정업무를 수행하는 '장기적 사회조직'의 필요성이 증대된다. 이같은 행정조직은 모든 실무자들이 하나의 정점 아래 편성된 '단일지배'의 위계적 구조를 발전시킨다. 조직을 통한 지배는 명령권의 유지방식, 즉 명령권의 자기정당화의 논리에 의해 지탱된다. 베버에 의하면(1968: 954), 명령권 혹은 지배의 정당성을 주장하는 원리에는 세 가지가 있다. 첫째는 의식적으로 고안된 합리적 법규의 체계에 의존해서 지배의 정당성을 주장하는 경우이다. 모든 명령권은 합리적 법규의 체계로 합법화되며, 그의 권한은 이 법규에 따라 행사되는 한 정당화된다. 둘째는 개인적 권위에 의존해서 지배의 정당성을 주장하는 경우이다. 개인적 권위는 전통의 신성함 또는 특정인간에게 복종을 기정사실화하는 관습이나 통상성 등에 의존한다. 셋째는 비일상성에의 헌신, 즉 카리스마의 신앙에 의존해서 지배의 정당성을 주장하는 경우이다. 카리스마란 구세주, 예언자, 영웅 등과 같은 현실적 계시 혹은 은총의 인물을 말한다. 합리적으로 구성된 지배조직의 사회적 행위는 관료제에서, 그리고 전통적 권위에 의존하는 지배조직의 사회적 행위는 가부장제에서 전형적으로 나타난다. 카리스마적 권위에 의존하는 지배조직의 사회적 행위는 다양한 조직형태에서 비일상적으로 나타날 수 있는 개연성이 있다. 현실에서는 이와 같은 정당화 유형들이 혼합되어 나타난다.

베버(1968: 956-58)는 합법적 권위에 기초한 지배가 일상화되어 있는 관료제를 이념형으로 정리한다. 관료제의 특징으로는 첫째, 법규, 즉 법률이나 행정규정에 의해 일반적으로 계통화된 명확한 공적인 권한의 원칙이 존재한다. 둘째, 관직위계제와 심급제의 원칙, 즉 하급관청에 대한 상급관청의 감독이라는 관청 상호관계를 명확히 계통화한 상하위의 체계가 형성되어 있으며, 피지배자로 하여금 명확히 규정된 절차에 따라 하급관청에서 상급관청에 이의제기를 할 수 있는 가능성을 열어두고 있다. 셋째, 공무의 집행은 원본 또는 초안의 형태로 보존되는 서류문서를 바탕으로 수행된다. 관청에서 근무하는 모든 관리(官吏)와 여기에 따르는 재물 및 문서시설을 통틀어 '사무실'이라 한다. 근대적 관청조직에서는 원칙적으로 사무실과 사저(私邸)가 분리되어 공무활동과 사생활도 별개의 영역으로 구분되고 공무상의 금전과 재산은 관리의 개인재산과 분리된다. 넷째, 직무활동, 적어도 모든 전문적 직무활동은 통상적으로 특수 전문훈련을 필요로 한다. 다섯째, 완전히 발달된 공직에서는 관리가 공무활동에서 자신의 모든 역량을 투여할 것을 요구한다. 여섯째, 관리의 직무수행은 비교적 면밀하고 엄격한, 그리고 습득 가능한 일반법규에 의해 행해진다. 따라서 이 같은 규정에 관한 지식은 관리가 익히는 기술론이라 할 수 있다. 특히 관료제의 근대적 특성이 잘 나타나고 있는 부분은 법령에 의해 일정한 일을 처리하게끔 관청에 법적 권한을 부여한 것은 그때그때 개별적 명령에 의해 어떤 일을 규제할 수 있는 권한을 그 관서에 부여했다는 뜻이 아니라, 그 일을 추상적 규칙에 따라 규제하게끔 권리를 부여한 것에 지나지 않는다는 점이다.

　기술적인 차원에서 보면, 관료제는 과거의 그 어떤 조직보다도 효율적인 조직이다. "관료제조직이 발전하게 된 결정적 이유는 그것이 다른 어떤 조직형태보다도 순수하게 기술적 우월성을 갖고 있기 때문이다. 완전하게 발전된 관료조직과 다른 조직의 차이는 기계적 생산양식과 비기계적 생산양식의 차이와 같다. 정확성, 속도, 명확성, 지식의 양, 지속성, 분별력, 통일성, 엄격한 복종, 마찰의 감소, 물질적 인적 비용의 감소 등은 엄밀하게 관료제적인 행정, 특히 획일적인 형태에서 최고점에 도달한다(Weber, 1968: 973)."

　베버는 관료제의 기술적 우월성을 인정하면서도, 다른 한편으로는 그러한 관료조직이 가져올 의도하지 않은 결과에 대해 우려한다. 첫째, 관료제의 도구적 성격과 관련된 우려이다. "관료기구는 일단 성립되면 파괴되기가 어렵기 때문에 이 기구가 속성상 가지고 있는 비인격성과 결부되어 그런 기구를 지배할 능력이 있는 사람이면 어느 누구에게나 재빨리 봉사한다(1968: 988)." 이것은 관료조직이 정치적·경제적, 그 외의 다양한 지배이익에 봉사할 수 있는 '정밀한 기계'라는 사실에 대한 염려를 표현한 것이다. 둘째, 관료제의 권력적 속성과 관련된 우려이다. 관료제는 '전문성'과 '비밀주의'를 근거로 권력적 지위를 확보하고자 한다. "관료주의적 행정은 항상 비밀을 고수하고 자신의 지식과 행동이 가급적 비판되지 않도록 숨기려는 경향이 있다 (1968: 992)." 따라서 행정에 관련된 지식에 문외한인 정치인들은 관료들의 영향을 받지 않을 수 없다. 셋째, 관료제의 발달은 전문가 양성교육의 중요성을 더욱 부각시킨다(1968: 998 – 1002). 교육을 받을 수 있는 기회가 주로 중상층 이상의 계층에 집중되고, 결과적으로 관료들이 그러한 계층의 사람들로 충원된다. 따라서 관료제는 중상층 이상 계층의 이해관계에 민감할 수밖에 없다. 어떠한 통치자에게도 봉사하는 도구로서 관료제, 전문성과 비밀주의에 근거하여 권력적 지위를 추구하는 관료제, 특정 계층의 이해관계에 민감한 관료제는 궁극적으로 민주주의라는 근대적 기획에 위협적인 요소가 되고 있으며, 인간 이성의 비판적 능력을 심각하게 훼손시킬 가능성이 크다. 이처럼 베버는 관료제의 발달에서 비관적인 미래를 전망한다.

2) 틸리(Tilly)의 국가형성론

틸리의 국가에 관한 논의는 기본적으로 국가가 자원과 영토에 대한 통제력을 확보하기 위해 강제력을 보유한 자들 간의 경쟁을 통해 등장했다는 대전제를 바탕으로 한다. 그는 근대국가의 형성을 전쟁유발, 집중화 그리고 시민형성의 과정으로 설명한다.

첫째, 전쟁유발은 정치적 지도자들로 하여금 강제력과 재정의 수단에 대한 좀 더 강화된 집중적인 통제를 추구하게 한다. 지배자들은 자신들의 권력을 공고화하고 무장한 경쟁세력들을 절멸하거나 무력화하기 위해 사회 전체뿐만 아니라 경쟁세력들을 무장해제해야 한다(Tilly, 1990: 68). 그리고 폭력수단을 중앙에 집중시켜야 한다. 더욱이 경쟁과 기술이 전쟁의 규모와 비용을 증가시키면서 외부의 위협에 대비하기 위한 강제력의 집중은 더욱 촉진된다. 강제수단의 집중은 재정자원의 집중을 수반한다. 전쟁을 치르는 것은 물론이고 강제수단을 통제하고 생산하는 것은 고비용 사업으로서 재정관리를 필요로 하기 때문이다. 전쟁의 규모가 커지면 커질수록 이러한 현상은 더욱 강화된다.

둘째, 집중화는 권력자들로 하여금 집중화된 강제력과 재정수단을 관리하기 위한 국가기구를 발전시키게 한다(1990: 85). 세금을 거둬들여야 하고, 빚을 줄이고 갚아야 한다. 군사력과 경찰력은 관리되어야 한다. 이 모든 것은 행정의 형태를 띤다. 더욱이 전쟁 유발 자체는 행정국가기구의 팽창과 발전에 중요한 계기가 된다. 그것은 국가가 경제(자원의 추출)와 사회생활(안보의 제공)에 깊게 관여하는 것을 정당화한다. 전쟁 기간 동안 국가 행정의 팽창은 평화가 올 때까지 멈추지 않는다. 행정기구는 자신의 새로운 특권과 기능에 매달리거나 아니면 그것들을 다른 용도로 전환한다.

셋째, 행정발전과 집중화는 국가에 권리를 주장하는 시민세력을 창출한다. "전쟁과 군사력의 추구는 … 일종의 부산물로서 통치와 국내 정치의 시민화를 가져온다(1990: 206)." 재정적 자원을 추출하기 위해서는 이러한 자원에 대한 통제력을 가지고 있는 사람들과 협상을 해야 할 필요가 있다. 동시에 행정기구의 팽창은 공무원 집단을 창출한다. 국가에 대한 시민의 권력 장악의 정도는 국가형성 과정에서 강제력과 재정의 상대적 의존도에 따라 다양하다. 역사적으로 국가

형성의 경로가 다양함에도 불구하고, 일반적으로 국가에 대한 시민의 권력 장악 현상이 공통적으로 증가하고 있다.

3) 노드(D. North)의 신고전적 국가론

노드(1986)에 따르면, 신고전적 국가론의 특징은 국가를 재산권과의 관계에서 설명한다는 데 있다. 신고전적 국가론은 국가를 합리적 행위자로 본다. 국가는 구성원들에게 세금을 징수하는 능력에 의해 결정되는 지리적 범위 전역에 대한 강제력(폭력)에 있어서 상대적 우위를 갖는 조직이다. 재산권의 본질은 배타성에 있다. 그리고 강제력에 있어 상대적 우위에 있는 조직은 재산권을 규정하고 법적으로 시행할 수 있다. 정치학, 사회학, 인류학 등에서 개진된 국가론과는 달리 신고전적 국가론에서 국가를 이해하는 열쇠는 자원에 대한 통제력을 얻기 위한 잠재적 강제력의 이용에 있다.

노드는 국가론을 크게 두 가지 유형으로 분류한다. 하나는 계약론적 국가론이고, 다른 하나는 약탈적 국가론이다. 계약론적 국가론은 신고전적 경제학자들에 의해 다시 부각되었다. 계약론적 국가론은 교환의 공리를 논리적으로 확장시킨 것이다. 국가는 사회의 부를 극대화시키는 역할을 하면서 교환에 참여하는 행위자로 인식된다. 타자와 관련된 각 개인의 활동을 제약하는 계약은 경제성장에 핵심적인 것이기 때문에, 계약론적 접근은 경제성장을 증진시킬 효율적인 재산권의 발달에 대한 설명을 제공한다. 약탈적 국가론은 국가를 특정 집단이나 계급의 대리인으로 본다. 국가의 기능은 특정한 구성원들의 이익을 위해 다른 구성원들로부터 수입을 추출하는 것이다. 약탈국가는 사회전체의 부가 아니라 특정한 집단과 계급의 부를 극대화하는 데 유익한 재산권을 규정한다. 노드는 두 개의 이론적 경향성 가운데 계약론적 접근을 선택한다. 그는 계약론적 접근이 국가가 자원의 사용에 대한 경제적 틀을 제공할 수 있으며 부를 증진시킬 수 있는 계기를 제공할 수 있다고 보기 때문이다.

노드에 따르면, 국가가 비효율적인 재산권을 창출하면 지속적인 성장을 이루는 데 실패하게 된다. 그리고 국가의 불안전성은 궁극적으로 경제적 쇠퇴를 가져온다는 것이다. 부의 극대화를 추구하는 국가는 세 가지 특징을 가지고 있다는 것이다(1986: 250-251). 하나는 지배자와 구성원 간의 교환과정에 관한 것이고,

다른 두 개는 교환의 조건에 관한 것이다. 첫째, 국가는 공공재(보호나 정의 같은)와 세입을 교환한다. 이러한 공공재를 제공할 때 규모의 경제(생산량을 늘릴수록 평균적인 생산비용이 감소하는 경향성)가 존재하기 때문에, 각 개인이 자신의 재산을 보호할 때보다 특정 조직이 이러한 서비스를 전문적으로 제공하는 것이 사회에 더 큰 부를 가져다준다. 둘째, 국가는 독점자로서 차별적으로 행동한다. 구성원들을 집단으로 나누고, 각 집단에 맞는 재산권을 규정함으로써 국가의 세입을 극대화하려 한다. 셋째, 국가는 구성원들의 기회비용에 의해 제한된다. 동일한 공공재를 제공하고자 하는 잠재적 경쟁자들이 항상 존재하기 때문이다. 경쟁자들은 국가 내에 있는 잠재적 지배자들일 수도 있으며, 다른 국가들일 수도 있다.

노드의 국가모델에 따르면, 지배자는 경쟁과 기회비용이라는 두 가지 조건에 의해 제약된다. 두 가지 제약조건은 전형적으로 비효율적인 재산권을 창출한다. 경쟁적인 조건 하에서 지배자는 강력한 구성원들과의 대결을 회피한다. 만약 경쟁적인 잠재적 지배자들에게 쉽게 접근할 수 있는 집단들의 부나 소득이 재산권에 의해 부정적인 영향을 받는다면, 지배자는 위기감을 느끼게 될 것이다. 따라서 그는 효율성을 생각하기보다는 그러한 집단들에 유리한 재산권 체제를 고안하게 될 것이다. 효율적인 재산권은 국가에 더 많은 수입을 가져다주지만, 기회비용 때문에 지배자에게는 더 적은 이익을 가져다준다. 따라서 지배자는 좀 더 경쟁적인 상황으로 이끄는 재산권체제보다는 독점을 허용함으로써 자신의 이익을 챙기려한다. 효율적인 재산권체제는 효율적인 자원배분과 직결된다. 비효율적인 재산권체제는 불안정하다. 기술혁신이나 좀 더 효율적인 시장의 확산 등과 같은 성장과정은 기존의 비효율적인 재산권체제와 충돌을 일으킬 것이다. 이러한 현상이 발생하게 되면, 구성원들 간에 재산권체제의 조절을 위한 시도들이 이루어지면서 국가의 불안정성은 커지게 될 것이다. 그럼에도 불구하고 구성원들은 그러한 변화에 맞게 상황을 조절하는 데 적극적이지 않다. 따라서 국가는 안정성을 유지하게 된다. 노드는 그 이유를 '무임승차' 원리로 설명한다.

첫째, 무임승차 원리에 따르면, 개인은 국가의 강제력에 저항하는 데 지불해야 할 비용이 크기 때문에, 국가의 지배에 무관심하거나 그것을 수용하게 된다. 개인들은 국가에 저항하기 위해 집단의 일원으로서 혹은 계급의 일원으로서 행동하기를 꺼린다. 따라서 국가는 불안정한 상황에서도 안정을 유지하게 된다. 둘째, 제도개혁은 구성원들보다는 오히려 지배자에 의해 촉발된다. 구성원들에게는 항상 무임승차 문제가 발생하지만, 지배자에게는 무임승차 문제가 발생하지 않기 때문에 지배자는 항상 변화에 적극적으로 대응할 수밖에 없다. 셋째, 혁명은 지배자의 대리인에 의한 궁정혁명이거나, 경쟁하는 지배자 혹은 레닌주의적인 소집단에 의한 혁명이다. 이들에게는 무임승차의 문제가 발생하지 않기 때문이다. 넷째, 지배자가 어떤 집단이나 계급의 대리인일 경우, 지배자의 죽음에 이르는 파국적인 변화나 혁명의 기회를 최소화하도록 설계된 지배가 성공가능성이 높다.

4) 국가 중심적 국가론과 공공성

국가 중심적 국가론은 국가를 행위자로 보며, 정부, 행정기구, 법질서 등과 동일시한다. 행위자로서의 국가는 물리적 강제력의 독점체로서 지배와 통제의 주체이기도 하고, 사회구성원들과 거래를 주도하는 주체이기도 하다. 그러한 의미에서 국가는 전략적 행위자라 할 수 있다. 그렇다면 이러한 국가는 공공성의 실현과 어떠한 관계에 있는가? 국가는 전략적으로 행위하기 때문에 일반론적으로 자율성을 갖는 국가가 공공성의 실현에 도움이 된다거나 도움이 되지 않는다고 단정적으로 말할 수는 없다. 예컨대 국가가 물리적 강제력의 독점을 바탕으로 외부의 위협으로부터 국민의 생명과 재산을 보호하고, 내부적으로는 경찰력을 통해 사회질서를 유지한다면, 공공성의 실현에 기여하는 것으로 볼 수 있다. 그러나 국가가 대자본들과의 거래를 통해 다른 국민들에게 돌아갈 공적 혜택을 축소시킨다면, 그것은 공공성 실현에 매우 위협적이라 할 수 있다. 극단적으로는 국가주의가 발흥하여 개인의 권리가 국가에 완전히 복속되는 경우도 발견할 수 있다. 따라서 자율적 국가가 공공성을 실현하는 주체로서 타당한가를 따지기보다는 어떻게 국가를 공공성 실현에 도움이 되는 주체로 세울 것인가를 고민하는 것이 유익할 것이다. 바람직한 방향은 일차적으로 국가의 권력구조를 분산하여 견제와 균형의 원리가 작동하게 하는 것이다. 입법부, 사법부, 행정부 간, 중앙정부와 지방정부 간, 정부 관료제를 구성하는 각 부처 간의 견제와 균형은 국가권력이 획일적으로 작동하는 것을 막는 데 기본이 되는 원리라 하겠다.

3. 복지국가론

왜 복지국가는 생성하고 발전하였는가? 이에 대한 대답들은 입장에 따라 다양하게 제시되고 있으나, 대략적으로 범주화하면 사회 중심적 관점과 국가 중심적 관점으로 나뉜다(김태일·이주하·최영준, 2016). 사회 중심적 관점은 우파적 입장과 좌파적 입장으로 갈린다. 우파적 입장에서는 복지국가가 산업화가 진행되면서 발생하는 새로운 위험들을 해결하는 과정에서 등장하였다거나(산업화론), 이익집단의 활동을 통해 등장하였다는(이익집단론) 주장이 제기되었다. 좌파적 입장에서는 복지국가가 자본축적을 도와주고 자본주의체제의 위기를 관리하는 도구로 등장하였다거나(독점자본주의론), 노동조합운동을 기반으로 하는 정치투쟁의 결과 등장하였다는(권력자원론 또는 사회민주주의론) 주장이 제기되었다. 이러한 설명들은 일견 타당성을 가지면서도 보편적으로 적용될 수 없다는 한계를 갖는다. 사회 중심적 관점의 한계를 극복하기 위해 제시된 것이 국가 중심적 시각이다. 복지국가는 각 국가의 역사적, 제도적 맥락의 산물이라는 것이다. 따라서 각 국가의 역사적, 제도적 맥락이 그 국가의 복지정책을 인도하는 경로에 주목할 필요가 있다는 것이다. 더불어 각 국가의 자율성, 역량, 응집력과 같은 것이 복지국가의 등장에 미치는 영향에 주목할 필요가 있다는 것이다. 그런 의미에서 보면, 복지국가의 발전을 설명할 수 있는 보편적인 법칙을 찾는 것은 무망한 일이다. 국가 중심적 관점은 개별사례에 초점을 맞추기 때문에 보편적 원리를 찾는데 한계를 갖는다. 사회 중심적 관점이 보편적인 설명을 제시하고자 한다면, 국가 중심적 시각은 개별적인 설명을 제시하는 데 초점을 맞춘다. 이렇게 거시 수준과 미시 수준의 한계를 넘어서기 위해 중범위이론이 등장하게 된다. 요컨대 복지국가를 유형화하고 비교하는 연구들이 등장한다. 이러한 연구경향에 따르면, 복지국가는 역사적, 정치사회적, 경제적 조건에 따라 다양한 형태로 등장한다. 복지국가는 유형에 따라 공공성 실현에 미치는 영향이 다양할 것이다(이주하, 2010). 따라서 이 절에서는 복지국가의 유형을 중심으로 공공성의 문제를 살펴본다.

1) 퍼니스와 틸톤(N. Furniss & T. Tilton)의 복지국가 유형

퍼니스와 틸톤(1977)은 국가정책의 목표나 방향에 따라 복지국가를 적극국가(positive state), 사회보장국가(social security state), 사회복지국가(social welfare state)로 유형화한다.

첫째, 적극국가의 정책목표는 자유시장의 불안정성과 재분배의 요구로부터 자본가를 보호하는 것이다. 정책은 경제성장을 위한 정부와 기업의 협조, 완전고용정책의 최소화를 지향한다. 사회복지정책은 경제적 효율성에 기여하는 복지만 추구한다. 수평적 재분배와 수익자 부담의 원칙에 입각한 사회보험프로그램에 중점을 둔다. 복지정책은 사회통제의 수단이다. 적극국가는 가족, 시장과 같은 정상적인 공급구조가 제 기능을 발휘하지 못하는 경우에 한해서 복지를 제공하는 잔여적 복지모형을 따르는 경우라 하겠다. 적극국가의 대표적인 사례는 미국이다.

둘째, 사회보장국가의 정책목표는 국민전체의 생활을 안정시키는 것이다. 정책의 방향은 완전고용정책을 극대화하고 기회균등을 실현하는 것이다. 또한 모든 국민에게 직접적으로 혜택을 부여한다. 사회복지정책의 방향은 국민최저수준의 보장, 기본적 생존 수준 이하의 빈곤에 대한 대응, 사회보험 외에 정부에 의한 무상서비스의 필요성을 인정하는 것이다. 사회보장국가의 대표적인 사례는 영국이다.

셋째, 사회복지국가의 정책목표는 국민평등과 화합이다. 정책방향은 정부와 노조 간의 협력을 통한 완전고용정책을 지향하며, 최하계층의 필요를 우선적으로 고려한다. 사회복지정책의 방향은 국민최저수준 이상의 보장, 사회보험과 사회부조의 실시를 위한 정부지원의 극대화, 권력의 분산과 시민참여의 확대 등으로 특징지을 수 있다. 사회복지국가의 대표적인 사례는 스웨덴이다.

2) 미쉬라(R. Mishra)의 복지국가 유형

미쉬라(1990)는 사회정책과 경제정책의 통합성을 기준으로 복지국가를 유형화한다. 다시 말해서 사회정책과 경제정책의 유기적 연계와 사회정책들 간의 유기적 통합성을 준거로 복지국가를 분화된(다원적) 복지국가(differentiated welfare state)와 통합된(조합주의적) 복지국가(integrated welfare state)로 유형화한다.

첫째, 분화된(다원적) 복지국가의 특성을 살펴보자. 경제영역에서는 수요 측면에서 경제조절이 이루어진다. 정부는 재정정책(세입과 세출의 조절)과 금융정책

(통화, 신용, 이자율의 조절)을 통해 수요를 창출하거나 억제한다. 사회복지영역은 경제와 구별되는 상대적 자율성을 갖는다. 다시 말해서 정부는 경제와 뚜렷한 연계를 고려하지 않고 사회복지를 제공한다. 분화된 복지국가의 정치형태는 이익집단정치, 다원주의, 정치에 자유경쟁이나 시장모델의 적용, 사회적 책임이 결여된 경제력의 행사 등을 특징으로 한다. 미국과 영국을 대표적인 사례로 들 수 있다.

둘째, 통합된(조합주의적) 복지국가의 특성을 살펴보자. 경제영역에서는 수요 측면과 공급 측면에서 동시에(이윤, 투자, 임금, 인플레, 노동시장 조건 등) 경제조절이 이루어진다. 광범위한 경제문제에 대한 조절과 합의형성을 중시한다. 사회복지영역은 경제영역으로부터 자율적인 영역으로 간주되지 않는다. 따라서 사회복지와 경제 간의 상호의존 관계가 제도화된다. 통합된 복지국가의 정치형태는 중앙집권적 다원주의, 광범위한 경제 및 사회정책에 대한 주요 이해집단의 대표들 간의 협상, 계급협력과 사회적 합의절차의 제도화, 주요 경제집단의 사회적 책임성 등을 특징으로 한다. 스웨덴, 독일, 네덜란드를 대표적인 사례로 들 수 있다.

3) 에스핑-안데르센(G. Esping-Andersen)의 복지국가 유형

에스핑-안데르센(1990)은 탈상품화와 계층화를 기준으로 복지국가를 분류한다. 탈상품화는 개인이나 가족이 시장에 참여하는 것과 무관하게 표준적인 생활을 영위할 수 있는 정도 혹은 노동자가 자신의 노동력을 상품으로 시장에 내다팔지 않고 살 수 있는 정도를 의미한다. 계층화는 사회가 계층으로 분화되는 정도를 의미한다. 이러한 기준에 따라 복지국가를 자유주의적 복지국가(liberal welfare state), 조합주의적 복지국가(corporatist welfare state), 사회민주적 복지국가(social democratic welfare state) 등으로 분류한다.

첫째, 자유주의적 복지국가에 대해 살펴보자. 복지정책은 기본적으로 시장의 효율성을 강조하며, 사회복지의 확대는 자유주의적 노동윤리에 의해 제약된다. 소득조사에 의한 공적 부조를 중시하며, 복지는 선별적으로 제공된다. 한마디로 소극적인 국가의 역할과 민간 복지를 강조한다. 복지정책의 탈상품화의 효과는 미미하며, 사회적 권리의 영역이 제한된다. 그러다 보니 시장에 대한 복지 의존도가 높다. 극히 소수만 복지혜택을 받고, 대다수는 시장에 의존하는 방식이기 때문에 계층화의 정도가 심하다. 미국, 캐나다, 호주 등이 대표적인 사례에 해당된다.

둘째, 조합주의적 복지국가에 대해 살펴보자. 복지정책은 사회적 지위에 따라 사회복지 급여가 결정되기 때문에, 사회적 지위의 차이를 유지하는 데 기여한다. 복지정책에서 주를 이루는 프로그램은 사회보험이다. 따라서 국가의 적극적 역할을 인정하지만 재분배효과는 적은 편이다. 복지정책의 탈상품화 효과는 자유주의 복지국가보다는 크지만 제한적이다. 그러다 보니 기존의 사회계층을 유지하는 결과를 가져온다. 프랑스, 독일, 이탈리아 등이 대표적인 사례에 해당된다.

셋째, 사회민주적 복지국가에 대해 살펴보자. 복지정책은 최소한을 넘어선 최대한의 평등을 추구한다. 보편주의에 기초한 포괄적 재분배적 복지정책과 노동과 복지의 결합을 통해 적극적인 복지국가를 지향한다. 따라서 탈상품화 효과가 매우 높다. 또한 계층화 정도는 낮고 국민의 통합력이 높다. 스웨덴과 노르웨이가 대표적인 사례에 해당된다.

4) 복지국가와 공공성

일반적으로 복지국가는 공공성 실현에 적합한 국가형태로 생각된다. 그러나 복지국가는 그 유형이 매우 다양하다. 유형에 따라 공공성을 실현하는 정도가 다르다. 퍼니스와 틸톤의 경우, 적극국가, 사회보장국가, 사회복지국가의 순으로 공공성의 정도가 향상되는 것으로 보인다. 미쉬라의 경우, 분화된 복지국가보다는 통합적 복지국가가 공공성 실현에 크게 기여할 것으로 보인다. 그리고 에스핑 – 안데르센의 경우, 자유주의 복지국가, 조합주의 복지국가, 사회민주적 복지국가의 순으로 공공성의 정도가 향상되는 것으로 보인다. 복지국가는 한편으로는 불평등으로 인해 야기되는 파국적인 사회적 갈등을 완화하고, 사회적으로 필요로 하는 노동력을 재생산하는 데 결정적인 역할을 한다. 다른 한편으로는 복지를 제공하기 위해서는 많은 비용이 소요되기 때문에, 복지를 늘리는 만큼 국민의 부담도 커진다. 여기에 복지국가의 딜레마가 있다. 이러한 딜레마에 어떻게 대응하느냐에 따라 복지국가의 유형이나 복지정책의 성격이 달라진다. 선별적 복지는 복지의 사회적 비용을 최소화하는 데 초점을 맞추는 전략이다. 그로 인한 사회적 갈등은 정치적 통제를 통해 해결한다. 보편적 복지는 사회적 갈등의 완화와 노동력의 재생산에 초점을 맞추는 전략이다. 따라서 국민으로부터 보다 많은 세금부담에 대한 동의를 정치적으로 얻는 데 집중한다. 선별적 복지보다는 보편적 복지가 공공성 실현에 유리한 전략이기는 하지만, 비용의 문제가 발목을 잡는 경우가 많다. 따라서 보편적 복지를 추구하는 복지국가는 보편적 복지에 대한 정치적 합의와 그를 위한 시민적 연대를 형성하는 데 주안점을 둘 필요가 있다.

복지국가는 신자유주의의 논리에 따라 국가의 탈중심화 경향이나 공공부문의 해체 경향이 심화되어 국가의 공공성이 약화되는 상황에서 가장 손쉽게 떠올릴 수 있는 대안이다. 그러나 복지국가는 역사적으로 계급정치에 기초하고 있다는 사실에 주목할 필요가 있다. 그동안 이루어진 이질적이고 다양한 공중들을 기반으로 하는 사회운동의 과실들이 등한시되어서는 안 될 것이다(Newman, 2007).

제3절　시민사회: NGO

시민사회에는 다양한 결사체들이 존재한다. 이익의 측면에서 사익을 추구하는 이익집단과 같은 결사체들이 있는가 하면, 공익을 추구하는 NGO와 같은 결사체들이 있다. 이념적으로는 진보적인 결사체들이 있는가 하면, 보수적인 결사체들이 있다. 공간적으로는 지역 수준의 결사체들이 있는가 하면, 국가적 수준의 결사체들이 있다. 결사체들의 유형은 이루 말할 수 없이 다양하고 많다. 그 가운데에서도 NGO는 공공성의 행위주체로서 가장 많은 관심의 대상이 되고 있다. 따라서 이 절에서는 NGO의 개념과 기능, NGO의 성장논리, NGO와 정부의 관계, 그리고 결사체 민주주의를 살펴보고, NGO와 공공성의 관계를 논의한다.

1. NGO의 개념과 기능

1) NGO의 개념과 특성

시민사회를 상징하는 결사체들은 일반적으로 NGO, NPO, CSO 등 다양하게 불린다. NGO는 '비정부조직'을 의미하는 nongovernmental organization의 약자로 주로 정부기구가 아니라는 데 강조점을 둔다. 이 용어는 UN에서 국가 단위가 아닌 국제적 수준의 기구들을 행위주체로 인정하고, 비정부조직으로 지칭하면서 등장하였다. NPO는 '비영리조직'을 의미하는 nonprofit organization의 약자로 주로 상업적 이해관계를 추구하지 않는다는 데 초점을 맞춘다. CSO는 '시민사회조직'을 의미하는 civil society organization의 약자로 시민사회의 역할에 초점을 맞춘다. 다시 말해서 정부와 시장에 대한 견제세력으로서 시민사회의 역할을 강조하기 위해 사용하는 개념이다. 이외에도 많은 용어들이 사용되고 있으나 의미나 기능에 있어서는 크게 다르지 않다. 여기에서는 편의상 NGO라는 용어를 사용한다.

UN은 지방, 국가, 지역, 지구적 수준에서 조직된 자발적인 시민들의 비영리 단체를 NGO로 보고 있다. 세계은행(World Bank, 1997)은 NGO를 정부로부터 독립되어 있고, 상업적 목적보다는 인본적 혹은 협동적 목적을 추구하며, 고통받는 사람들을 구제하고, 가난한 사람들의 이익을 증진하며, 환경을 보호하고, 기본적인 사회적 서비스를 제공하거나 공동체의 발전을 위해 노력하는 조직들로 정의한다. 이러한 정의에 따르면, NGO는 다음과 같은 특성을 갖는 것으로 볼 수 있다(Salamon and Anheier, 1996). 첫째, NGO는 '비정부적'이다. NGO는 공공부문을 존재기반으로 하는 것이 아니다. 둘째, NGO는 '비영리적'이다. NGO는 이윤동기에 의해 작동하는 시장, 즉 민간부문을 존재기반으로 하는 것이 아니다. 첫째와 둘째의 특성에 의하면, NGO는 공공부문이나 민간부문과는 다른 제3섹터를 존재기반으로 하는 것으로 볼 수 있다. 셋째, NGO는 '공익'을 추구한다. NGO는 자신들의 특정한 이익을 추구하기 위해 조직된 이익집단과는 다르다. 넷째, NGO는 '공식적' 특성을 갖는다. NGO는 회칙과 정기적인 회의를 통해 조직이 운영되고 의사결정과 활동이 이루어진다. 다섯째, NGO는 '자치적'이다. 조직관리와 정책결정의 절차가 내부의 규칙에 따라 이루어지며, 외부의 간섭을 받지 않는다. 여섯째, NGO는 '자원적'이다. 조직의 주요활동으로서 자원봉사자가 중심적인 역할을 한다. 조직의 운영자금은 자선이나 개인적 기부 또는 기업 및 정부의 지원 등에 의존한다. 일곱째, NGO는 '비정치적'이다. NGO는 정권의 획득을 추구하는 정당과 다르다. 조직의 목적이 특정 정치인이나 정당을 지지하기 위한 것이라면, 그것을 NGO라 할 수 없다. 여덟째, NGO는 '비종교적'이다. NGO는 종교적인 교리의 전파를 목적으로 하는 종교기관과 다르다. 특정 종교의 전파와 교리교육을 위한 조직은 NGO라 할 수 없다. 일곱째와 여덟째의 경우, NGO의 활동이 간접적으로 특정 정당이나 특정 종교를 지지하는 결과를 가져올 수 있다. 예컨대 사형을 반대하는 NGO의 활동은 그러한 생각을 공유하는 정당을 지지하는 결과를 가져올 수 있다. 또한 특정 종교기관의 지원을 받아 공익적인 활동을 펴는 NGO는 간접적으로 그 종교를 전파하는 결과를 가져올 수도 있다. 그러나 목적 자체가 정치적이거나 종교적인 경우는 NGO로 보기 어렵다는 것이다. 마지막으로 NGO는 '전문적'이다. NGO의 활동은 포괄적으로 사회의 모든 문제를 대상으로 하지 않는다. 일반적으로는 미시적인 문제들을 다루는 데 초점을 맞춘다. 따라서 미시적인 문제에 대응하는 데 필요한 전문적인 지식, 기술, 기능, 정보와 전문가 네트워크를 구성하는 데 중점을 둔다.

2) NGO의 기능

NGO는 그 종류가 수도 없이 많으며, 앞으로도 창의적으로 새로운 형태의 NGO들이 등장할 것이다. 그것의 기능유형은 열려 있는 것으로 보는 것이 타당할 것이다(Salamon and Anheier, 1996; World Bank, 1997). 그런 의미에서 여기에서 다루는 NGO의 기능은 제한적이라 하겠다.

(1) 결사 및 표현의 자유 실현

민주주의를 표방하는 거의 모든 나라의 헌법은 개인의 기본권 가운데 결사의 자유를 포함하고 있다. 결사의 자유는 누구든지 단체를 결성할 수는 권리, 단체에 가입하거나 탈퇴할 수 있는 권리 그리고 단체를 해산할 수 있는 권리까지도 포함한다. NGO는 사람들이 자유롭게 구성할 수 있는 다양한 단체들 가운데 하나라 하겠다. 특히 NGO는 창의적이고 자발적인 참여를 본질로 하기 때문에, 그 어떤 단체들보다도 결사의 자유의 본질에 접근하는 것으로 볼 수 있다. 사람들은 NGO를 통해서 결사의 자유를 구체적으로 혹은 실질적으로 실현할 수 있다. 게다가 결사의 자유의 실현은 표현의 자유의 실현과 밀접하게 관련된다. 일반적으로 사회는 개개인의 목소리에 충분한 관심을 기울이지 않는다. 그러나 사람들이 함께 목소리를 내는 경우에는 귀를 기울인다. 이러한 의미에서 NGO는 표현의 자유를 실현하는 조직적 기반이라 할 수 있다. 한마디로 NGO는 헌법이 규정하는 결사의 자유와 표현의 자유를 구체적으로 실현하는 데 가장 중요한 조직적 토대라 하겠다. 이러한 의미에서 NGO는 사회에서 '공론영역'을 형성하는 데 주도적인 역할을 할 수 있다. 다시 말해서 NGO들은 다양한 사회문제를 발굴하여, 그것을 표출함으로써 다양한 입장들이 소통할 수 있는 계기를 마련할 수 있다. 이는 크게 보면 사회의 토의민주주의를 보다 숙성시키는 효과를 가져 올 것이다.

(2) 시민참여의 실현

시민적 미덕의 핵심은 참여이다. 참여는 자신의 문제는 자신이 해결한다는 가장 기본적인 정신을 담고 있다. 그러한 의미에서 참여는 '본래적 가치'를 갖는다. 또한 참여는 참여자들의 자기계발을 자극한다. 문제를 해결하기 위해 참여한다는 것은 문제의 본질에 대한 이해와 해결방법을 찾는 것이다. 문제와 관련된 정보와 지식은 중요한 도구가 된다. 따라서 참여자들은 보다 나은 문제해결을 위해 정보와 지식을 습득하는 데 관심을 갖게 된다. 이러한 의미에서 참여는 '교육적 가치'를 갖는다. 참여는 참여 그 자체보다는 문제의 해결에 주안점을 둔다. 참여는 특정한 목적을 이루는 조건이라는 점에서 '도구적 가치'를 갖는다. 공익적 관점에서 시민적 미덕을 실현하는 데 NGO는 적절한 통로를 제공한다고 할 수 있다. 다시 말해서 NGO를 통해서 시민들은 시민적 미덕은 물론이고 참여에 내재하는 본래적 가치, 교육적 가치 그리고 도구적 가치를 실현할 수 있는 기회를 향유할 수 있다.

(3) 대변의 통로 제공

대변을 주요기능으로 하는 제도는 정당과 의회이다. 이들은 국민들의 의사를 수렴하고 표출하는 것을 본래적 기능으로 한다. 그러나 이들의 대변기능이 항상 성공적인 것은 아니다. 정당은 본질적으로 정권의 획득을 목표로 하는 정치적 결사체이다. 예컨대 대통령제에서는 대통령을 배출하고, 의회에서는 다수 의석을 차지함으로써 집권하는 것이 최종 목표라 하겠다. 따라서 정당이나 의원들에게 가장 중요한 것은 표이다. 그러다 보니 정당과 정치인들은 표를 위해 기회주의적으로 행동하게 된다. 중위투표자원리(median voter principle)에 따르면, 민주주의적인 투표에서 정당이나 정치인들이 중위투표자들이 선호하는 정책을 선택하는 경향이 있다. 그렇게 되면, 사회적으로 소외된 약자들의 의견이 투표에 반영되기 어렵다. 결국 정당이나 정치인들이 표가 되는 다수만을 대변하고, 사회적 소수자 또는 약자들을 대변하지 못하는 현상이 발생한다. NGO는 바로 이러한 대변의 실패를 보완하는 기능을 한다. NGO는 중위투표자현상에 의해 배제된 사람들의 의견이나 관심을 대변함으로써 균형 있는 정책결정을 유도하는 기능을 할 수 있다.

(4) 국가와 시장에 대한 견제

NGO는 시민사회를 존재기반으로 한다. 여기에서 말하는 시민사회는 결사체들을 조직적 기반으로 하여 의견의 표출과 교류가 이루어지는 소통의 공간이다. 국가는 공적 권력을 기반으로 통치하는 입법기구, 사법기구, 집행기구로 구성되어 있다. 강력한 국가권력을 자원으로 하는 이러한 기구들과 그 구성원들은 구조적으로, 제도적으로, 개인적으로 그리고 환경적으로 권력의 남용, 부정부패, 계급적 혹은 계층적 편향 등의 유혹을 받는다. 따라서 실패할 가능성이 항상 존재한다고 하겠다. NGO는 이러한 국가기구들의 실패를 사전적으로 예방하거나 사후적으로 개선하기 위해 비판 기능과 대안제시 기능을 한다. 시장은 추상적으로 보면, 이익을 극대화하기 위해 합리적 선택이 이루어지는 공간이다. 누가 합리적 선택을 주도하는가를 생각해보면, 애덤 스미스가 생각한 시장은 낭만적이다. 실제 시장에서는 자본력이 강한 세력들이 선택의 주도권을 갖는다. 요컨대 기업이 시장의 주도세력이라는 것이다. 기업은 생산, 유통, 분배, 소비의 전 과정에 걸쳐서 사람들의 생활에 결정적인 영향을 미친다. 기업들은 이익을 위해 의도적이건 비의도적이건 사람들의 몸과 정신, 사회, 법제도, 국가, 국제평화질서, 자연에 치명적인 위해를 가할 수도 있다. NGO는 전문적인 능력을 바탕으로 시장에서 야기되는 문제들을 감시하고 비판하고 나아가서는 대안을 모색하는 데 주도적인 역할을 할 수 있다.

(5) 사회적 조정

사회는 매우 복잡해지고 있다. 기능적 분화가 고도화되면서 다양한 이해관계자들이 자신들에게 유리한 제도적 조건을 만들기 위해 경쟁한다. 또한 국제결혼이나 이민노동이 일상화되면서 사회의 인구학적 다양성이 고도화되고 있다. 그러다 보니 사회적 소수자들이 다양한 방식으로 구성된다. 따라서 이해갈등이나 소수자들의 권익문제를 놓고 사회적으로 갈등이 발생할 가능성이 높아지고 있다. 게다가 이해갈등의 문제가 사회적 소수자에 대한 폭력으로 비화되는 경우도 비일비재하게 나타나고 있다. 물론 사회적 갈등의 결정적인 중재자는 정부이지만, 대체로 갈등이 파국적인 형태로 비화하는 경우는 정부에 대한 신뢰가 떨어질 때이다. 또한 정부 자체가 갈등의 당사자가 되는 경우 역시 적지 않다. NGO는 사회적 갈등을 조정하는 데 중요한 기능을 할 수 있다. NGO는 일반적으로 공익의 추구를 대의명분으로 삼는다. 그리고 사회의 다른 집단들보다도 신뢰도가 높은 편이다. 또한 구조적으로 의사소통, 협력, 신뢰와 같은 사회적 자본이 풍부하여 갈등조정자로서의 역할을 수행할 수 있는 조건을 갖추고 있다고 하겠다.

(6) 공공재의 생산과 분배

일반적으로 공공재는 비경합성과 비배제성을 특징으로 한다. 비경합성은 어떤 사람이 재화를 한 단위 소비한다고 해서 다른 사람이 그 재화를 소비할 수 있는 기회가 줄어드는 것은 아니라는 것이다. 비배제성은 재화나 서비스에 대해 대가를 치르지 않더라도 소비에서 배제할 수 없다는 것이다. 이러한 성질 때문에 사람들은 공공재 생산에 비용부담은 하지 않으려 하면서도 공공재를 소비하고 싶어 하는 이른바 '무임승차의 문제'가 발생한다. 이러한 공공재의 생산을 시장에 맡기게 되면, 수요에 훨씬 못 미치는 수준에서 공공재의 생산이 이루어지게 되는데, 이를 시장실패라 한다. 따라서 정부가 공공재의 생산을 담당하게 된다. 그러나 정부 역시 공공재를 공급하는 데 두 가지 근본적인 한계를 가지고 있다. 첫째, 공공재의 공급은 국민의 선호를 바탕으로 결정된다. 문제는 국민의 선호를 명확히 판단할 수 있는 방법이 현실적으로 존재하지 않는다는 데 있다. 이익집단의 압력이나 정치적 판단에 의해 공공재의 공급이 왜곡될 수도 있다. 둘째, 정부가 국민의 집단적 의사를 정확하게 반영하고 있다고 하더라도 불가피하게 비효율성의 문제에 봉착할 가능성이 있다. 이러한 한계 때문에 정부에 의한 공공재 공급 역시 실패할 가능성이 있다. NGO는 공공재에 대한 실제 수요와 정부의 공급 사이에 발생하는 갭(gap)을 채우는 데 기여할 수 있다. NGO는 시민에 근접해 있기 때문에 정부에 비해서 공공재에 대한 수요를 예측하는 데 유리한 위치에 있다. 물론 NGO의 수요예측이 전체적인 균형을 고려하지 못하는 한계를 가질 수 있다. 따라서 정부와 NGO가 협력하여 공공재를 생산하고 공급하는 방식을 취할 수도 있다. 다음으로 NGO는 정부에 비해 상대적으로 효율적이다. 그 이유는 여러 측면에서 찾아볼 수 있다. 첫 번째 이유는 자발성에서 찾을 수 있다. 개인들이 공적인 문제의 해결을 위해 자발적으로 시간과 노력을 헌신한다면, 비용절감이 이루어진다. 이러한 특성은 고비용의 정부 관료제와 대조를 이룬다. 두 번째 이유는 경쟁에서 찾을 수 있다. 공공재와 공공서비스가 정부기관보다 오히려 NGO에 의해 제공되면, 경쟁을 통해 비용을 절감할 수 있다. NGO들이 시장의 원리에 따라 작동하는 것은 아니지만, 보조금, 계약, 기부 등을 놓고 경쟁이 이루어진다. 비용과 편익의 측면에서 양질의 재화와 서비스를 제공할 수 있는 능력을 증명한 NGO들이 사적인 기부자들이나 정부로부터 호감을 얻을 수 있다. 세 번째 이유는 지식에서 찾을 수 있다. 지역기반의 소규모 NGO들은 대규모의, 때로는 멀리 떨어져 있는 정부기관들보다는 서비스를 받아야 하는 사람들의 실제 요구들과 이들에 대응하는 방법에 대해 더 잘 안다. 다시 말해서 NGO들은 공적 요구에 대한 우월한 지식을 가지고 있으며, 그러한 요구에 더 잘 대응하기 때문에 종종 더 효율적이다.

(7) 거버넌스의 행위주체

거버넌스는 정부, 시장, 시민사회가 네트워크를 형성하여 함께 국정을 운영하는 수평적 통치구조를 말한다. 거버넌스는 시장실패와 정부실패의 대안으로 제시된 것인데, 주목할 것은 그동안 성장한 시민사회가 주요 행위주체로 부각되고 있다는 것이다. 여기에서 말하는 시민사회는 NGO를 말한다. 그러니까 거버넌스는 시민사회의 성장을 주도하는 NGO의 세력 확대를 정치사회적으로 수용한 결과라 할 수 있다. 거버넌스의 문제해결방식은 명령과 통제가 아니라 행위자간의 합의와 협력을 강조한다. 거버넌스의 성패는 네트워크, 호혜성 그리고 상호협력에 달려 있다. 이러한 점에서 보면, 거버넌스는 NGO가 추구하는 가치와 다르지 않다. 따라서 NGO는 거버넌스의 성패를 좌우하는 주요 행위자라 하겠다.

(8) 사회적 자본의 형성

사회적 자본은 조정된 행위를 촉진함으로써 사회의 효율성을 향상시키는 신뢰, 규범, 네트워크와 같은 사회적 조직의 특성들을 의미한다. 신뢰는 일종의 도덕적 자원으로서 사용할수록 공급이 감소하기보다는 오히려 증가하고 사용하지 않으면 사라지는 특성을 갖는다. 사회적 규범들 가운데 특히 거래비용을 감소시키고 협력적 행위를 촉진하여 사회적 신뢰를 강화시키는 것은 호혜의 규범이다. 호혜의 규범은 자신이 준 만큼 받을 것이라는 기대와 받은 만큼 주어야 한다는 의무감으로 구성된다. 등가교환이든 부등가교환이든 이러한 기대와 의무가 실현되면 그만큼 사회적 관계들은 지속되고, 신뢰는 더욱 돈독해진다. 시민참여의 네트워크는 강력한 수평적 상호작용을 의미한다. 공동체에 그러한 네트워크들의 밀도가 높을수록 그 시민들은 서로의 이익을 위해 협력할 가능성이 더 커진다(Putnam, 1993: 167−176). NGO는 기본적으로 호혜의 규범과 시민참여의 네트워크를 제공하기 때문에 사회적 신뢰를 제고하는 데 중요한 역할을 한다. 따라서 NGO는 사회적 자본을 축적하는 기능을 한다고 할 수 있다.

NGO는 기능적 측면에서 결사 및 표현의 자유 실현, 시민참여의 실현, 사회적 약자의 목소리 대변, 국가의 정치권력과 시장의 경제권력에 대한 견제, 사회적 갈등의 조정, 공공재의 생산과 분배, 거버넌스의 행위주체 그리고 사회적 자본의 형성 등을 통해 사회 전반의 공공성을 실현하는 데 결정적인 역할을 할 수 있다.

2. NGO의 성장에 관한 설명

1) 시장실패이론과 정부실패이론

시장실패이론과 정부실패이론은 공공재, 즉 대가를 지불하지 않고도 사용할 수 있는 재화를 충분히 공급할 수 있는 시장의 능력에 본래적인 한계가 있다는 고전경제학의 인식에서 시작한다. 고전경제학에서 이러한 시장의 불완전성은 정부의 현존을 정당화하는 주요한 근거가 된다. 민주주의 사회에서 어떤 공공재를 생산할 것인가에 대해 입장의 차이가 존재할 때, 공적 공급은 중위투표자의 선호를 주로 반영하게 될 것이고, 결과적으로 공공재에 대한 수요는 항상 충족되지 못할 것이다. 게다가 인구가 이질적이면 이질적일수록 그러한 정부실패가 발생할 가능성은 더욱 커진다. 그러한 상황에서 사람들은 시장이나 국가를 통해서 확보할 수 없는 공공재를 공급할 수 있는 NGO에 의지하게 된다(Salamon & Anheier, 1998: 220).

2) 공급 측면 이론

시장실패이론과 정부실패이론이 시장과 국가의 실패에 의해 충족되지 않은 공공재에 대한 수요에 주로 초점을 맞추고 있다면, 공급 측면의 이론은 NGO 발달의 차이를 설명하기 위한 충분조건이 아닌 필요조건으로서 수요를 다룬다. 이러한 공급 측면 이론에 따르면, NGO 발달의 두 번째 조건은 NGO의 등장이다. 요컨대 그러한 수요를 충족시켜줄 수 있는 NGO를 창출하려는 유인을 가지고 있는 사람들, 즉 사회사업가들이 존재해야 한다는 것이다. 그러한 개인들의 등장은 무작위적인 것이 아니다. 일정한 조건 하에서는 그러한 사람들이 등장할 가능성이 커진다. 이러한 조건들 가운데 가장 일반적인 예는 종교들 간의 경쟁이다. 그 경쟁에서 종교단체들은 보건이나 교육과 같은 서비스를 제공함으로써 더 많은 신도들을 확보하기 위해 노력한다(Salamon & Anheier, 1998: 221).

3) 신뢰이론

신뢰이론은 NGO의 근원을 시장실패의 또 다른 형태, 즉 소비자들이 구매하는 재화와 서비스의 질을 판단하는 데 필요한 정보가 부족할 때 부딪히는 정보 비대칭으로 인해 발생하는 '계약실패(contract failure)'에서 찾는다. 이는 구매자가 소비자와 동일한 사람이 아니거나(예를 들어, 자식(구매자)이 늙은 부모(소비자)를 위해 가정간호를 구매하는 경우), 문제의 서비스가 평가하기가 본래 복잡하고 까다롭기 때문에 발생한다. 그러한 경우에 구매자들은 서비스의 질을 판단하는 데 있어서 신뢰할 만한 대안적인 근거를 찾게 된다. 그 근거 가운데 하나가 NGO이다. NGO는 기업처럼 소유자들에게 더 많은 배당을 주기 위해 활동하지 않으며, NGO의 구성원들은 오로지 돈을 위해 활동하지 않기 때문에 사람들에게 신뢰를 받을 수 있다(Salamon & Anheier, 1998: 222).

4) 사회적 기원이론

NGO부문의 발전은 하나의 경로로만 이루어지는 것이 아니라 다양한 경로로 이루어진다. 예컨대 복지와 NGO부문의 관계 그리고 그 관계에서 작용하는 사회세력들의 역학에 따라 NGO의 발달 경로가 달라질 수 있다. 정부의 사회복지 지출의 정도와 NGO부문의 규모를 기준으로 하여 [표 5]와 같이 국가주의, 자유주의, 사회민주주의, 조합주의 등 네 가지 형태의 NGO 레짐을 유형화할 수 있다.

[표 5] NGO 레짐의 유형

NGO의 규모 정부복지지출	작다	크다
낮다	국가주의	자유주의
높다	사회민주주의	조합주의

첫째, 자유주의 모델은 정부의 사회복지지출이 낮고, 상대적으로 NGO부문의 규모가 큰 경우이다. 이 모델에서는 중간계급이 주도권을 잡을 가능성이 높고, 전통적인 지주계급이나 강력한 노동자계급의 저항은 존재하지 않거나 저지된다. 이 모델은 정부의 사회복지의 확장에 대해 이데올로기적으로, 정치적으로 적대적이며, 대신 NGO부문의 자발적 접근을 선호한다. 이 모델은 상대적으로 제한된 수준의 정부의 사회복지 지출과 대규모의 NGO부문을 특징으로 한다.

둘째, 자유주의 모델과 정반대의 지점에 사회민주주의 모델이 있다. 이 모델에서 국가가 후원하고 국가가 공급하는 사회복지가 매우 광범위하고, 서비스를 제공하는 NGO들을 위해 남겨진 공간은 제한적이다. 이 모델에서는 노동계급이 전형적으로 다른 사회계급들과 동맹을 맺기는 하지만, 효율적으로 정치적 권력을 행사할 가능성이 높다. 이 모델에서 서비스를 제공하는 NGO부문이 제한되기는 하지만, 반드시 NGO부문의 역할 전체가 제한되는 것은 아니다. 오히려 국가가 제공하는 복지의 확대와 관련된 정치적 갈등이 발생하게 되면, NGO조직들이 적극적인 역할을 하게 된다. 이는 서비스 제공자로서의 역할이 아니라 정치적·

사회적 이해관계의 표현을 위한 도구로서의 역할이다.

셋째, 조합주의 모델에서 국가는 NGO부문과 공동의 대의를 추구하도록 강제되거나 유도된다. NGO들은 사회복지에 대한 보다 진보적인 요구를 하고, 사회엘리트들의 지지를 유지하기 위해 국가가 필요로 하는 기능을 수행한다. 이는 정부와 NGO부문 간의 관계가 반비례적이기보다는 비례적일 것이라는 점을 시사한다. 요컨대 자유주의 레짐에서는 정부의 사회복지 지출의 증가에 따라 NGO부문의 규모가 작아지지만, 조합주의 레짐에서는 정부의 사회복지 지출의 증가에 따라 NGO부문의 규모가 커진다.

넷째, 국가주의 모델에서 국가는 광범위한 사회정책에서 주도권을 쥐고 있다. 그러나 그것은 사회민주주의 레짐에서처럼 조직화된 노동자계급의 도구가 아니다. 오히려 국가는 상당한 자율성을 가지고 국가 그 자체를 위해서 또는 기업이나 경제 엘리트들을 위해서 권력을 행사한다. 그러한 상황에서 사회복지는 자유주의 레짐에서처럼 NGO부문으로 전가되지 않는다. 오히려 정부의 사회복지와 NGO부문의 활동이 상당히 제한된다(Salamon & Anheier, 1998: 226-230).

3. NGO와 국가(정부)의 관계

NGO와 정부 간 관계의 건전성을 판단하는 것은 쉽지 않다. 국가마다 역사적 사회적 경험이 다르고, 정치적 문화적 환경이 다르기 때문에 일률적으로 어떠한 관계방식이 바람직하다고 말하기 어렵다. 자칫하면 시민사회가 고도로 발달한 국가들에서 관찰할 수 있는 관계방식을 표준으로 생각할 가능성이 적지 않다. 여기에서는 NGO와 정부 간 건전한 관계의 형성을 위한 조건을 제시하고, 정부와 NGO의 다양한 관계 유형들을 살펴본다.

1) NGO와 정부 간 건전한 관계의 형성조건

보스웰(R. Bothwell, 1998)이 NGO와 정부 간 관계의 성격을 측정하기 위해 제시한 지표를 기초로 해서 양자의 건전한 관계형성에서 중요하게 고려되어야 할 요소들을 살펴보자.

첫째, 정부와 NGO 간의 건전한 관계를 형성하는 데 필요한 가장 기본적인 조건은 정부의 법적 보호조치가 선행되어야 한다는 것이다. 정부가 법적으로 NGO를 법인격으로 인정함으로써 결사의 자유와 표현의 자유를 실질적으로 실현할 수 있는 조건이 형성되어야 한다.

둘째, 정부와 NGO는 서로에 대한 비판을 수용하는 태도를 가져야 한다. 요컨대 NGO는 정부의 정책에 대해 비판할 수 있으며, 정부 역시 NGO의 활동에 대해 비판할 수 있어야 한다. 그러나 그 비판은 공익에 기초한 것이어야 한다.

셋째, 정부와 NGO는 협력적인 관계를 발전시키기 위해 노력해야 한다. 협력적인 관계는 공적인 문제에 대응하기 위해 서로의 기능과 능력을 인정하면서 함께 참여하는 것을 말한다. 이는 NGO의 이상주의와 정부의 현실주의 간의 조절이 이루어지는 계기가 될 수 있다.

넷째, NGO는 기본적으로 정부로부터의 자립성을 유지하는 데 유의해야 한다. 요컨대 협력의 과정에서 NGO의 자율성이 훼손되지 않도록 해야 한다. 특히 재정적인 측면에서 독립성을 확보하기 위해 노력할 필요가 있다.

다섯째, NGO는 정부의 대안으로서 활동할 수 있는 능력을 갖추어야 한다. 자율적인 공동체 건설운동, 봉사활동, 사회적 약자에 대한 서비스 활동 등 수많은 활동 가운데 NGO가 정부에 비해 비교우위를 갖는 활동을 하는 것이 바람직하다.

여섯째, NGO에 대한 정부의 공식적인 후원이 필요하다. 정부가 NGO를 법적으로 보호하는 수준을 넘어서 면세혜택, 행정지원, 재정지원 등 다양한 공식적 지원방법을 발전시킬 필요가 있다.

일곱째, NGO는 정부의 책임성을 강화하는 데 필요한 압력을 행사한다. 이를 위해 일차적으로 필요한 것은 정부의 정책결정과정과 집행과정의 투명성을 요구하는 것이다.

2) 기드론 외(Gidron, et al.)의 관계유형

기드론 외(1992)는 재정과 서비스전달을 기준으로 정부와 NGO의 관계를 정부주도모델, NGO 주도모델, 이중모델(dual model), 협력모델(collaborative model) 등 네 가지 유형으로 분류한다.

첫째, 정부주도모델은 정부가 재정과 서비스 전달에서 주도적인 역할을 하는 방식이다. 정부주도형을 복지국가 모델과 등치시킬 수도 있을 것이다. 그러나 유의해야 할 것은 복지국가라 할지라도 국가에 따라서는 NGO가 복지서비스 전달에서 많은 역할을 하기도 한다는 점이다.

둘째, NGO 주도모델은 NGO가 재정과 서비스 전달에서 주도적인 역할을 하는 방식이다. 복지를 포함한 공공서비스의 공급에서 정부의 역할을 신뢰하지 않는 국가에서 주로 나타나는 모델이다. 작은 정부를 주장하는 신자유주의 이데올로기가 지배적인 국가에서 주로 찾아 볼 수 있다.

셋째, 이중모델은 정부와 NGO가 재정과 서비스 전달에서 각자가 자기 몫의 역할을 하는 모델이다. 이 모델의 특징은 정부와 NGO가 서로 분리해서 병렬적으로 일을 한다는 것이다. 여기에서 NGO의 주된 역할은 정부가 다루지 못하는 특정한 서비스 영역을 채우기 위해 자신의 기금으로 정부의 서비스를 보충하는 것이다.

넷째, 협력모델은 정부와 NGO가 독자적으로 일하는 것이 아니라 함께 일하는 방식이다. 정부가 NGO에 재정지원을 해주지만, NGO는 자율성을 유지하면서 서비스를 공급하는 방식을 취한다. 정부와 NGO의 관계에서 일반적으로 많이 관찰되는 모델이다.

3) 코스톤(J. Coston)의 관계유형

코스톤(J.M. Coston, 1998)은 정부와 NGO의 관계를 정부가 NGO를 전혀 인정하지 않는 극단에서 협조의 대상으로 인정하는 다른 극단에 이르는 연속선상에서 억압형, 적대형, 경쟁형, 위탁형, 제3자 정부형, 협력형, 보충형, 공조형 등 8가지 유형으로 분류한다. 그리고 제도적 다원주의에 대한 정부의 태도, 정부와 NGO의 연계정도, 정부와 NGO의 상대적인 권력관계, 공식성 정도, NGO에 대한 정부정책의 우호성, 그 밖의 각 유형들만의 특성 등을 중심으로 유형들을 비교한다.

첫째, 억압형(repression)은 NGO의 설립이나 활동을 억압하는 유형이다. 억압형에서 정부는 제도적 다원주의를 수용하지 않는다. 정부와 NGO는 아무런 연계가 없다. 권력관계는 비대칭적이며, 정부가 절대적 우위에 있다. 억압의 방식은 공식적일 수도 있으며, 비공식적일 수도 있다. NGO와 관련된 정부의 정책은 비우호적이다. NGO의 설립이나 활동을 불법화하는 경우가 그 예이다. NGO가 정부의 위임을 받아 서비스를 제공하는 방식을 가능하면 취하지 않는다. 정부와 NGO의 관계는 일방적이다.

둘째, 적대형(rivalry)은 NGO의 설립이나 활동을 방해하는 유형이다. 적대형에서 정부는 제도적 다원주의를 수용하지 않는다. 정부와 NGO는 아무런 연계가 없다. 권력관계는 비대칭적이며, 정부가 절대적 우위에 있다. 억압의 방식은 공식적일 수도 있으며, 비공식적일 수도 있다. NGO와 관련된 정부의 정책은 비우호적이다. 예컨대 정부는 NGO를 규제와 통제의 대상으로 인식한다. NGO가 정부의 위임을 받아 서비스를 제공하는 방식을 가능하면 지지부진하게 만든다. 정부와 NGO의 관계는 미약하게 쌍방적이다.

셋째, 경쟁형(competition)은 정부가 NGO를 경쟁자로 인식하는 유형이다. 경쟁형에서 정부는 제도적 다원주의를 수용하지 않는다. 정부와 NGO는 아무런 연계가 없다. 권력관계는 비대칭적이며, 정부가 우위에 있다. 경쟁은 비공식적인 방식으로 이루어지며, 정부가 권력의 우위를 점하고 있기 때문에 공정한 것은 아니다. NGO와 관련된 정부의 정책은 비우호적이거나 중립적이다. 정치적 차원에서 정부는 NGO를 바람직하지 않은 비판가 그리고 지역적 권력을 선점하려는 경쟁자로 인식한다. 경제적 차원에서 정부와 NGO는 외국의 원조기금과 공동체에 대한 공헌을 선점하려는 경쟁자로 활동한다. 경쟁형에서 기대할 수 있는 것은 고객의 요구에 대한 응답성과 책임성을 제고할 수 있다는 것이다.

넷째, 위탁형(contract)은 정부가 서비스의 제공업무를 NGO에 위탁하는 유형이다. 위탁형에서 정부는 제도적 다원주의를 수용한다. 정부와 NGO의 연계정도는 보통에서 높은 수준 사이에 있다. 정부가 권력관계에서 우위에 있지만, NGO의 영향력도 점차적으로 커진다. 정부와 NGO의 관계는 공식적이며, 계약이 정책도구이다. NGO와 관련된 정부정책은 NGO에 부담을 지우는 방식이다. 정부와 NGO는 비교우위에 따른 노동분업을 통해 서비스공급이 이루어진다. 위탁형은 잠재적으로 NGO에게 부정적인 결과를 가져올 수 있다. 예컨대 정부에 대한 NGO의 재정적 의존성을 높여, NGO의 자생력을 약화시킬 수 있다. 서비스의 공급이 정부와 NGO의 계약을 통해 이루어지기 때문에 정부부문과 NGO부문 간의 구별이 모호해진다.

다섯째, 제3자 정부형(third-party government)은 위탁형과 유사하나, 위탁형에 비해 다양하다. 제3자 정부형에서 정부는 제도적 다원주의를 수용한다. 정부와 NGO의 연계정도는 보통에서 높은 수준 사이에 있다. 정부가 권력관계에서 우위에 있지만, NGO의 영향력도 점차적으로 커진다. 다만 위탁형에 비해 NGO의 재량권이 크다. 정부와 NGO의 관계는 공식적이며, 정책도구로는 계약, 대출보증, 보험 등과 같은 것들이 있다. NGO와 관련된 정부정책은 NGO에 부담을 지우는 방식이다. 정부와 NGO는 비교우위에 따른 노동분업을 통해 서비스공급이 이루어진다. 제3자 정부형은 위탁형에 비해 서비스의 다양성을 특징으로 한다.

여섯째, 협력형(cooperation)은 정부가 NGO의 활동에 대해 공감하지만, 그렇다고 반드시 적극적으로 NGO를 지원하는 것은 아닌 유형이다. 협력형에서 정부는 제도적 다원주의를 수용한다. 정부와 NGO의 연계정도는 낮은 편이다. 권력관계에서 NGO의 영향력이 증대한다. 정부와 NGO의 관계는 비공식적이다. 협력은 정보공유, 자원공유, 공동행동의 방식으로 이루어진다. 정보공유는 자료제공, 회의, 브리핑, 세미나 동참, 위원회 구성 등으로 이루어진다. 자원공유는 대부, 보조금, 예산배정, 용역 및 협약, 인력 및 장비 지원 등으로 이루어진다. 공동행동은 정부부문의 자원과 NGO부문의 자원을 공동으로 활용해서 조직적인 활동을 하는 경우이다. NGO와 관련된 정부정책은 중립적이다.

일곱째, 보충형(complimentary)은 부문 간에 서로 부족한 부분을 보충해 주는 유형이다. 보충형에서 정부는 제도적 다원주의를 수용한다. 정부와 NGO의 연계정도는 보통에서 높은 수준 사이에 있다. 정부와 NGO의 권력관계는 대칭적이며, NGO는 자율성을 갖는다. 정부와 NGO의 관계는 협력형에 비해서는 공식적이지만, 공조형에 비해서는 비공식적이다. 즉 상대적으로 비공식적이다. NGO와 관련된 정부의 정책은 결정적인 형태를 지적할 수 없다. 보충형은 협력형과 마찬가지로 정보공유, 자원공유, 공동행동의 방식으로 이루어진다. 다만, NGO가 정책결정과정이나 집행과정에 참여하기도 한다. 정부와 NGO는 비교우위에 따른 노동분업에 기초해서 서비스를 공급한다. 두 부문은 서로에 대해 기여함으로써 호혜적 이익을 얻는다. 상호 간의 보충은 기술적, 재정적, 지리적 차원에서 이루어진다.

여덟째, 공조형(collaboration)은 정부가 제도적 다원주의를 수용한다. 정부와 NGO의 연계정도는 높다. 정부와 NGO의 권력관계는 대칭적이며, NGO는 자율성을 갖는다. 정부와 NGO의 관계는 공식적이다. NGO와 관련된 정부정책은 우호적이다. 공조는 정보공유, 자원공유, 공동행동의 방식으로 이루어진다. NGO가 정부의 기획, 정책, 집행과정에 참여한다. 정부와 NGO는 비교우위에 따른 노동분업에 기초해서 서비스를 공급한다. 보충형과 마찬가지로 부문 상호 간에 이익이 된다. 공조의 형태로는 파트너십이나 공동생산 등이 있다.

4. 결사체 민주주의

NGO는 그 개념과 기능의 측면에서 민주주의를 위한 중요한 자원이라 할 수 있다. 결사체주의의 원조라 할 수 있는 토크빌은 민주주의 국가에서 사람들이 연마해야 할 가장 중요한 학문과 기술로서 결사에 관한 학문과 결사의 기술을 제시한 바 있다. "민주주의 국가에서 결사에 관한 학문은 모든 학문의 어머니이다. 다시 말해서 모든 학문의 발전은 결사에 관한 학문의 발전에 의존한다. 인간 사회를 지배하는 법칙들 가운데 다른 법칙들보다 결정적이고 분명해 보이는 법칙이 있다. 인간이 문명화되거나 문명화된 상태에 머무르고자 한다면, 사회의 평등화가 이루어지는 것과 비례해서 결사의 기술을 계발하고 완전하게 숙달해야 한다는 것이다(Tocqueville, 2010: 902)."

NGO는 결사체 민주주의(associative democracy)의 핵심이라 하겠다. 결사체 민주주의에 대한 논의는 1980년대 후반부터 등장하기 시작한다. 결사체 민주주의는 자발적이고 자치적인 결사체들, 즉 내부적으로 민주주의가 구조화된 결사체들이 중심적인 역할을 하는 민주주의 모델이다. 결사체 민주주의는 그 나름대로 참여적인 성격을 가지고 있으나, 처음 논의될 때는 참여에 초점을 맞추기보다는 기존의 민주주의체제를 보완하는 데 초점을 맞추었다. 다시 말해서 결사체 민주주의는 기존의 대의민주주의가 사회의 다양한 이해관계를 적절하게 반영하지 못한다는 문제의식에서 출발했다.

결사체 민주주의에 대한 논의들이 다양하게 이루어지고는 있으나, 일반적으로 결사체들이 민주적 구조를 가져야 하며, 결사체들이 다수결원칙에 기초한 민주주의가 반영하지 못하는 이해관계를 대변할 수 있다는 점에 대해서는 동의한다. 대략적으로 결사체 민주주의에 관한 논의는 크게 두 개의 흐름으로 나누어볼 수 있다(Perczynski, 2001: 76-80). 하나의 흐름은 다원주의적 전통에 의존한다. 여기에서는 국가는 제한적인 역할을 하고, 결사체들이 주도적인 역할을 한다. 사회는 결사체들 간의 견제와 균형에 의해 질서가 유지된다. 다른 하나의 흐름은 조합주의적 전통에 의존한다. 여기에서는 국가가 좀 더 주도적인 역할을 하고, 어떤 의미에서는 결사체들을 통제한다. 사회는 국가의 지배와 통제에 의해 질서가 유지된다.

첫 번째 흐름의 대표적인 연구자는 허스트(P. Hirst, 1994)이다. 그는 1980년대 중후반부터 영국의 정치적 다원주의의 반집단주의적 이념을 확장하고 발전시키면서 결사체에 기초한 민주주의의 설계도를 그리기 시작한다. 영국의 정치적 다원주의는 사회주의와 자유주의의 영향을 강하게 받은 콜(G.D.H. Cole)과 라스키(H. Laski)에 의해 제시된 정치원리이다. 허스트는 영국의 정치적 다원주의를 그대로 따르지는 않는다. 영국의 정치적 다원주의자들은 대의민주주의에 적대적이며, 그것에 대한 대체재로 자신들의 원리를 제시한다. 그와 달리 허스트는 기존의 대의체제에 대한 보완재로서 결사체 민주주의를 제시한다. 그는 결사체를 자생적이고, 민주적으로 정당성이 있으며, 자치적이며, 자발적인 성격을 갖는 것으로 본다. 그리고 결사체는 구성원들의 참여를 주요 자산으로 하며, 국가는 결사체의 존립과 구조에 최소한의 권력만을 행사하는 것으로 본다.

허스트는 결사체가 정부에 정보를 제공하고, 구성원들의 이해관계를 대변하며, 때로는 실제 거버넌스 과정에서 적극적인 역할을 하는 것으로 본다. 이를테면 결사체들은 정부의 주요 기능들 가운데 복지서비스제공 같은 일부 기능들을 대신한다. 그렇다고 결사체가 국가의 기능을 전적으로 대신할 수는 없는 것이다. 허스트가 결사체 민주주의를 대의민주주의의 대체재가 아니라 보완재로 본다는 것은 '부분적으로' 대체재의 역할도 할 수 있다는 것을 의미한다. 결사체들이 국가를 대신해서 의사결정을 하는 경우도 있다는 것이다. 그렇게 되면, 결사체 특유의 민주적 의사결정 구조가 정치민주주의를 확장하는 데 기여할 수 있다는 것이다. 사실 허스트는 결사체 민주주의가 대의적 제도들을 강화할 수 있다고 본다. 이를테면 제도들의 일을 덜어줌으로써 제도들이 본연의 임무에 집중할 수 있도록 해준다는 것이다.

허스트(2002: 409)는 결사체 민주주의의 요체를 다음과 같이 정리한다. 첫째, 가능한 한 많은 사회적 활동들을 자치적인 자발적 결사체들에 위임한다. 둘째, 이러한 위임은 국가의 복잡성을 감소시키고, 민주적 대의정부의 고전적 기제들이 더 잘 작동하게 한다. 셋째, 가능하다면 자치적인 자발적 결사체가 위계적인 지배 권력의 형태를 대체한다. 그럼으로써 이해당사자들에게 목소리를 낼 수 있게 하고, 사회의 동의에 기초한 통치가 가능하게 한다. 넷째, 자발적 결사체들이 공적인 재정지원을 받아, 보건, 교육, 복지 등과 같이 본질적인 공적 서비스를 제공한다.

두 번째 흐름의 대표적인 연구자는 코헨과 로저스(J. Cohen and J. Rogers, 1992)이다. 코헨과 로저스 역시 대의민주주의의 보완재로서 혹은 부분적인 대체재로서 다른 형태의 결사체 민주주의를 구상한다. 그들은 조합주의의 이념 위에서 아이디어를 구상한다. 조합주의는 결사체를 조직하고, 결사체들의 관계를 구성하는 데 있어서 국가가 주도적인 역할을 하는 것으로 본다. 여기에서 말하는 결사체들은 넓은 의미에서 이익집단의 형태를 띤다. 결사체의 가장 중요한 특징은 구성원에 대한 결사체 지도자의 책임성이다. 지도자의 책임성을 확보하기 위해서는 결사체들이 민주적인 구조를 내면화해야 한다. 코헨과 로저스는 사회에서 결사체들이 행하는 기능들이 평등주의적 민주주의 질서에 기여한다고 본다. 허스트와 마찬가지로 그들은 결사체들이 사회적 거버넌스에서 적극적인 역할을 할 수 있다고 본다. 특히 문제해결자로서 결사체들의 역할을 강조한다. 결사체들은 공공정책의 형성과정과 집행과정에서 도움을 줄 수 있다. 이와 관련해서 결사체들은 정보를 제공하는 기능을 한다. 결사체들은 구성원들의 선호, 제안된 법이나 기존의 법이 미치는 영향에 대한 정확한 정보를 국가에 제공할 수 있다. 결국 결사체들이 법을 제정하는 데 일정한 영향력을 행사할 수 있기 때문에, 소위 국민에 의해 만들어진 결정이 시행될 가능성이 커진다. 여기에서 주목할 것은 결사체들이 암묵적으로 구성원들이 정치적으로 참여하는 민주적 메커니즘을 가지고 있다는 점이다. 국가의 역할이나 규제 그리고 복잡성이 극대화되는 상황에서 이러한 기능은 매우 중요한 의미를 갖는다. 결사체가 민주주의체제에 가장 직접적으로 영향을 미치는 기능은 대변능력을 평준화한다는 것이다. 결사체들을 기반으로 사회적 토론이 이루어지면, 다양한 의견들이 표출될 수 있기 때문이다. 또한 결사체들은 광범위한 제안들을 신중하게 토의함으로써 정치적 논쟁을 풍요롭게 할 수 있다.

조합주의 전통에서 결사체 민주주의를 독특하게 설계한 사람이 슈미터(P. Schmitter, 1995)이다. 그에 따르면, 결사체들은 한편으로는 자신들의 활동을 통해 공중에 영향을 미침으로써, 그리고 다른 한편으로는 정부의 보조를 받아 정책을 수행함으로써 공적인 기능을 수행한다. 슈미터의 독특성은 국민들이 보다 직접적으로 자신들의 관심을 표현하고 영향을 미칠 수 있는 결사체 민주주의를 구상하는 데 초점을 맞추고 있다는 것이다. 바우처 투표제도(voucher voting)는 슈미터의 매우 독특한 제안이라 할 수 있다. 입법부나 사법부의 감독과 통제, 관례적인 정책수단을 이용해서 공적 기능을 위임받은 결사체에 관여하는 것은 국가에 과부하를 줄 수 있고, 국가의 중립성을 담보하기도 어렵다. 이러한 부담을 해소하기 위한 방안으로 제시된 것이 바우처 투표제도이다. 이에 따르면, 국가는 결사체들이 갖추어야 할 요건들 —비영리성, 민주적 운영, 책임성 등— 을 명시한 일종의 헌장을 작성한다. 그리고 이러한 요건을 충족하는 결사체들에 대해 '준공공적(semi-public)' 결사체로서의 지위를 부여한다. 국가는 시민들에게 일정량의 바우처를 제공한다. 시민들은 마치 투표하듯이 한 장 혹은 그 이상의 바우처를 특정 결사체들에게 지급할 수 있다. 그러니까 국가는 준공공적 지위에 있는 결사체들을 인증하지만, 직접적으로 재정적인 지원을 하지 않고, 시민들로 하여금 자신들이 원하는 서비스를 제공하는 결사체들에게 바우처를 지급하게 한다. 결사체들은 그렇게 받은 바우처를 기초로 국가의 재정지원을 상환받게 된다. 바우처 투표제도에 의하면, 결사체 민주주의체제에서 시민들은 두 가지 방식으로 참여하게 된다. 하나는 결사체의 구성원이 되어 활동하는 방식이고, 다른 하나는 특정한 결사체들을 지지하는 방식이다.

5. NGO와 공공성

시민사회는 공공성의 실현을 위한 영감과 상상력을 자극하는 공간이다. 다양한 목적을 가지고 활발하게 활동하는 수많은 NGO들과 거기에 직간접적으로 참여하는 수많은 시민들은 공공성 실현을 위한 다양한 실험을 구상할 수 있는 토대라 하겠다.

그렇다면 NGO가 공공성의 실현에 기여하기 위한 조건은 무엇인가? 첫째, NGO는 그 근원 혹은 토대가 무엇인지를 명확히 할 필요가 있다. 비영리성, 자발성, 책임성, 전문성으로 무장한 NGO가 형성되고 건강하게 발전할 수 있는 토대는 시민이다. 정부의 지원도 중요하겠지만, 시민 없는 NGO는 마치 물 없는 물고기와 다를 바 없다. 따라서 NGO가 공공성 실현에 기여하기 위한 첫 번째 조건은 보다 많은 시민들의 참여가 이루어질 수 있는 결사체가 되어야 한다는 것이다. 둘째, 시민사회 안에는 매우 다양하고 많은 NGO들이 존재한다. NGO들은 다루는 문제들이 다르기는 하지만, 공익을 추구한다는 점에서는 다르지 않다. 이것이 의미하는 바는 NGO들에게 가장 중요한 행동의 원리이자 미덕은 바로 연대라는 것이다. NGO들은 그 규모나 역량 그리고 활용자원이나 영향력에 있어서 천차만별이다. 그러다 보니 어떤 NGO들은 활동이 활발하고, 어떤 NGO들은 중요한 문제를 다루고 있음에도 활동력이 떨어지는 경우가 발생한다. 이러한 경우에 연대는 사회적 의제를 해결하는 데 매우 유용한 실천원리가 될 수 있다. 셋째, NGO들은 연대를 통해 거대한 사회적 의제에 공동으로 대응할 수 있다. 여기에서 요구되는 미덕은 정부의 명령의 원리나 시장의 경쟁의 원리를 따르기보다는 협상의 원리를 따르는 것이다. 협상은 근본적으로 합의를 지향하는 토론과 논쟁을 조건으로 한다. 이것이 궁극적으로는 참여민주주의와 토의민주주의의 토대가 된다는 점에 유의할 필요가 있다. 따라서 NGO들은 토론과 논쟁을 통해 합의를 도출하는 능력을 함양해야 한다. 넷째, NGO의 실패가능성을 최소화해야 한다. NGO 실패는 자체적인 역량의 부족 때문에 발생할 수도 있으나, 정부와 시장의 압력이나 유혹에 못 이겨 발생하는 경우도 적지 않다. NGO의 순수성을 상실하게 되면, 시민의 지지도 얻을 수 없으며 활동의 신뢰성 역시 확보할 수 없다.

제4절   시장

공공성 담론은 자본주의에 근거하고 있는 시장체제가 공공성에 위협적이라는 관념을 공유한다. 따라서 공공성 담론은 시장의 본래적 기능을 회복하여 질적으로 향상시키기 위한 전략에 초점을 맞춘다. 이 절에서는 칼 폴라니(K. Polanyi)의 사회적 경제론을 중심으로 시장의 문제를 논의한다.[2)]

1. 경제주의적 오류 비판과 사회에 내포된 경제

1) 자유주의 경제학의 경제주의적 오류: 몰역사성

폴라니는 자유주의 경제학에서 '몰역사성(ahistoricity)' 혹은 시장경제의 역사적 일반화라는 경제주의적 오류(economistic fallacy)를 발견한다. 시장경제체제가 지배하는 사회에서 태어난 사람에게는 인류 역사에 존재했던 모든 사회가 시장경제였다고 가정하는 것이 자연스럽게 보일 수도 있다. 그렇다고 해서 그러한 가정이 타당한 것이라고 볼 수는 없다. 인류학적 연구들에 의하면, 역사상 수요, 공급, 가격이 상호작용하는 시장체계가 작동한 것은 현대의 지극히 짧은 시기에 불과하기 때문이다(Polanyi, 2001: 40). 따라서 인간의 물질적 삶을 가능하게 하는 경제를 현대의 짧은 기간 동안 경험하고 있는 시장경제와 동일시하는 것은 바다를 연못과 동일시하는 것과 다르지 않다. 경제라는 유개념(類槪念)을 시장경제에 한정하는 것은 인류역사의 대부분을 지워버리는 것이다(Polanyi, 1977: 6). 시장경제는 역사상 등장했던 경제의 다양한 형태들 가운데 하나에 불과한 것이다.

경제주의적 오류의 근본적이면서도 가장 대표적인 예는 애덤 스미스(A. Smith)에 의해 만들어진 '교역하는 야만인(bartering savage) 패러다임(Polanyi, 2001: 46)'에서 볼 수 있다. 이 패러다임에 따르면, 인간은 본성적으로 '물물교환, 교역, 교

---

2) 임의영(2014)을 수정하여 기술함.

환하고자 하는 성향'을 가지고 있다는 것이다(Smith, 2010: 17). 이러한 생각은 나중에 경제인(Economic Man)이라는 개념을 낳게 된다. 시장체계가 지배하는 사회에서 사람들이 교환행위를 일상적으로 관찰하다 보면, 인간이 본래 그러한 본성을 가진 것으로 보일 수 있다. 그렇다고 해서 교역하는 야만인 패러다임을 당연한 것으로 받아들이는 것이 정당화될 수 있는 것은 아니다. 이러한 인간관은 시장경제가 지배하는 시대에는 적용될 수 있으나, 그 이전의 시대에는 적용될 수 없다. "이는 과거에 대해서는 잘못된 해석이지만, 미래에 대해서는 정확한 해석이라 하겠다(Polanyi, 2001: 45)." 이에 대한 명확한 인식을 위해서는 조건화되는 존재로서 인간의 가변성을 전제하는 것이 타당하다. 따라서 폴라니는 인간 동기의 사회적 조건화의 가능성을 주장하며, 자유주의 경제학이 금과옥조로 여기는 '교역하는 야만인'의 이미지를 비판한다.

> 어떤 동기든 골라보라. 그리고 그 동기가 개인의 생산을 유인하는 방식으로 생산을 조직해보라. 그러면 그 특정한 동기에 완전히 흡수된 인간의 모습을 도출할 수 있을 것이다. 그 동기가 종교적, 정치적 혹은 미적인 것이 되게 하거나 교만, 편견, 사랑이나 시기가 되게 해보자. 그러면 사람들이 본래부터 종교적이거나 정치적이거나 미적이거나 또는 교만하거나 편협하거나 애정이 깊거나 질투심이 많은 것처럼 보일 것이다. … 선택된 동기가 본래적인 인간을 대표하게 된다(Polanyi, 1977: 11, 1968: 68).

폴라니에 의하면, 자유주의 경제학이 범하고 있는 경제주의적 오류는 인간의 경제를 시장형태와 동일시하는 경향(Polanyi, 1977: 20), 즉 몰역사성에서 비롯된다. 그러한 편향을 극복하기 위해서는 경제라는 말의 의미를 근본적으로 재검토할 필요가 있다.

2) 경제의 개념: 실체적 의미와 형식적 의미

폴라니는 경제 개념을 두 가지로 분류한다. 하나는 자유주의 경제학이 전제하는 형식적 경제 개념이다. 다른 하나는 폴라니 자신이 전제하는 실체적 경제 개념이다. 먼저 형식적 의미의 경제 개념을 살펴보자. "경제적이라는 말의 형식

적 의미는 경제적 또는 경제화라는 단어들에서 이미 극명하게 드러나듯이, 수단
-목적 관계라는 논리적 특성에서 비롯된다. 그것은 명백한 선택상황, 즉 수단의
부족에서 비롯되는 서로 다른 수단들 사이에서의 선택을 의미한다. 우리가 수단
의 선택을 지배하는 규칙을 합리적 행위 논리라 부른다면, 바로 이러한 … 논리
를 … 형식경제학이라 이름 지을 수 있을 것이다(Polanyi, 1957: 314-315)." 형식
적 의미에서 경제적 행위는 합리적 선택행위가 된다. 선택의 조건으로서 자원의
희소성이 전제된다. 자원이 희소한 조건에서 최소의 투입으로 최대의 산출을 획
득할 수 있는 방법을 찾는 것이 합리적 행위의 핵심이며, 그것이 바로 경제적 행
위라는 것이다. 자유주의 경제학은 이러한 목적-수단의 논리적 관계를 토대로
경제개념을 이해한다. 따라서 경제연구는 개별 행위단위들의 선택행위에 초점을
맞춘다.

다음으로는 보편적인 그리고 현실적인 적용가능성을 가지고 있는 실체적 경
제 개념에 대해 살펴보자. "경제적이라는 말의 실체적 의미는 인간이 살아가기
위해서는 자연과 동료들에 의존하게 된다는 사실에서 비롯된다. 경제적이라는
말은 인간의 자연적, 사회적 상호작용, 특히 그 상호작용이 인간에게 물질적 욕
구충족의 수단을 제공하는 결과를 초래하는 것에 국한된 것을 가리키는 것이다
(Polanyi, 1957: 314)." 실체적 의미의 경제적 행위는 욕구충족을 위해 물질적 수단
을 이용하는 행위를 의미한다. 이는 논리가 아니라 사람들이 살기 위해 자연 및
다른 사람들과 상호작용하지 않을 수 없다는 보편적 경험에 근거한다. 따라서 경
제연구는 상호작용과 그것의 '제도'에 초점을 맞춘다.

실체적 의미에서 경제는 인간의 물질적 욕구를 충족시키려는 상호작용의 제
도적 과정이다. 이러한 의미에서 경제는 인간과 환경 간의 상호작용 그리고 그러
한 상호작용의 제도화라는 두 개의 계기로 구성된다. 상호작용은 장소의 이동과
점유의 이동이라는 두 종류의 변화와 관련된다. 장소의 이동은 재화의 공간적 이
동을 의미하는 것으로 수송과 생산에서 나타난다. 점유의 이동은 재화의 처분을
위임받은 인물이나 처분권 범위의 변동을 의미하는 것으로 거래와 처분에서 나
타난다. 그리고 상호작용의 통일성과 안정성, 구조와 기능, 역사와 정책 등은 제
도형식을 통해 경제에 부여된다(Polanyi, 1977: 31-33). 폴라니는 이처럼 실체적
인 경제 개념에 의존해서 사회조직화의 제도적 기초로서 통합의 원리와 지지구

조를 검토한다.

3) 사회조직화의 제도적 기초: 통합의 원리와 지지구조

통합형태는 경제과정의 제요소, 즉 물적 자원과 노동에서부터 재화의 수송, 저장 및 분배에 이르기까지를 결합하는 제도화된 유형을 의미한다(Polanyi, 1977: 35). 이러한 제도화된 유형으로서 통합형태는 통합의 원리와 그것을 지지하는 구조로 구성된다. 통합의 원리는 '욕구의 물질적 충족'을 위해 이루어지는 생산, 분배, 소비를 인도하는 원리를 말한다. 폴라니는 통합의 원리로서 호혜성, 재분배, 교환을 제시한다. 지지구조는 통합의 원리가 작동하는 것을 가능하게 하는 사회적 관계형태를 의미한다. 각각의 원리를 지지하는 구조는 대칭성, 중심성, 무정부적 시장체제이다.

> 장소의 변화이건 점유의 이동이건 아니면 이들 양자가 혼합된 방식이건 간에 통합형태란 그 경제에서의 재화나 인간의 움직임이 만들어내는 패턴을 나타내는 도식이라 생각할 수 있다. 호혜성은 재화와 용역의 운동이 대칭적으로 배열된 서로 마주보는 점 사이에서 이루어진다. 재분배는 대상물이 물리적으로 이동하건 배치만 변화하건 중앙을 향한 움직임과 중앙에서 다시 밖으로 향하는 움직임을 나타낸다. 교환도 유사한 의미이기는 하지만, 이것은 체제 내에 분산된 또는 임의의 두 점 간의 이동을 나타낸다(Polanyi, 1977: 36).

호혜성의 원리는 대칭적으로 배열된 사회적 지위관계를 지지구조로 하여 물질적, 비물질적 재화나 가치를 '주고받는 것'을 말한다. 호혜성의 대표적인 형태는 사람이건 집단이건 A와 B가 서로 재화를 주고받는 경우이다(A⇄B). 이와 더불어 호혜성에는 A가 누구에겐가 받은 것을 B에게 주고, 다시 B가 그것을 C에게 주고, C 역시 다른 누군가에게 그것을 주는 관계도 포함된다(…→A→B→C→…). 여기에서 주목할 것은 주고받는 재화의 가치는 사회적 규범에 의해 결정되며, 주고받는 재화의 가치가 반드시 똑같아야 하는 것은 아니라는 점이다. 또한 주고받는 행위가 반드시 동시적인 것은 아니라는 점이다. 선물증여나 트로브리앙 제도에서 이루어진 쿨라(kula) 교역은 호혜성의 대표적인 인류학적 사례로 보

고되고 있다.3)

　재분배의 원리는 사회전체의 대리인이나 대리기구를 중심으로 배열된 사회구조를 지지구조로 하여 재화가 한 곳에 모아지고, 그것을 관습, 법, 또는 중앙의 결정에 따라 분배하는 것을 말한다(Polanyi, 1977: 40). 재분배는 그것을 전제로 한 저장을 위해 이루어지는 물리적 수집과 같이 장소와 점유권의 이동이 동시에 수반되는 경우가 일반적이며, 때로는 장소의 이동 없이 점유권의 이동만이 수반되는 경우, 즉 재화에 대한 관리처분권의 이동만이 수반되는 경우도 있다. 여기에서 주목할 것은 일반적으로 재화의 징발이 규범적으로 강제적인 성격을 띠고 있다는 점이다. 그러나 자선단체에 의한 모금과 같이 자발성에 기초하는 경우도 있다. 재분배의 원리는 원시적인 사회에서부터 현대의 복지국가에 이르기까지 어디에서나 관찰된다.

　교환은 이익을 추구하는 사람들 사이에 이루어지는 재화의 무차별적 양방향 이동이다. 교환은 가격을 결정하는 시장체제를 지지구조로 한다(Polanyi, 1977: 42; 1957: 329). 물론 교환이 반드시 가격결정 시장체제만을 기반으로 이루어지는 것은 아니다. 가령 다호메이(Dahomey)의 경우 공동체가 재화에 대한 교환비율을 고정시키거나 협상을 통해 교환비율을 정할 때 가격의 범위를 제한하는 조치를 취한 것을 보면, 시장은 가격을 결정하는 시장체제가 아니라 단지 교환이 이루어지는 고립된 공간으로 존재하는 경우도 있다. 가격을 결정하는 시장체제는 산업혁명 이후 등장하게 된다. 생산에 필요한 재화나 노동, 토지, 화폐를 거래하는 시장들이 형성될 뿐만 아니라 이들 시장이 '하나의 거대한 시장(One Big Market, Polanyi, 2001: 75)'으로 통합됨으로써 수요와 공급에 의한 가격결정체제로서 시장이 등장하게 된다. 교환이 통합원리로 작동하는 것은 바로 이러한 시장체제를 기반으로 하는 경우이다.

　세 가지 원리는 그것에 상응하는 지지구조를 전제로 작동한다. 이것은 인간의 경제적 삶을 이해하는 데 '사회 안에서 경제의 위치'를 파악하는 것이 무엇보

---

3) 쿨라는 멜라네시아 남동부 트로브리앙 제도의 주민들이 행하는 선물교환제도이다. 붉은 조개껍질 목걸이와 흰 조개껍질 팔찌를 수백 킬로미터에 이르는 순환로를 따라 시계방향과 시계반대방향으로 증여하는 방식이다. 주민들은 이것들을 의례목적으로 사용할 뿐이며 부의 과시가 아니라 명예와 지위를 나타내기 위해 소유한다.

다 중요하다는 것을 의미한다. 여기에서 폴라니는 '사회에 내포된 경제' 관념을
제시한다.

4) 사회에 내포된 경제

인류학적 관찰에 의하면, 시장체제를 전제로 하는 교환이 통합원리로 작동
한 것은 인류의 역사에서 극히 짧은 기간에 불과하다. 그 이전에는 호혜성과 재
분배의 원리가 지배적인 통합의 원리로 작동하였다. 폴라니는 호혜성과 재분배
가 중심이 된 통합의 형태에서 '사회에 내포된 경제'를 발견한다.[4] 통합원리와

---

4) embeddedness는 우리말로 번역하는 데 일치되는 단어를 찾기 어려운 용어이다. 게다가 폴라
니는 그 용어를 사용하면서도 이론화하지 않았다. 따라서 영어적 의미나 폴라니의 의도를 명
확하게 표현할 수 있는 우리말을 찾기는 더욱 어렵다. 일반적으로 이 용어는 '묻힘' '배태' '착
근' '연계' 등으로 해석되고 있다. 이들 역시 폴라니의 의도를 정확히 표현하는 것으로 보기
어렵다. 이 글에서는 embeddedness를 좀 더 폭넓게 '내포'로 해석하여 사용한다. embedd‒
edness는 본래 바위에 새겨진 화석과 관련된 지질학적 용어이다. 사전적으로 embeddedness
는 어떤 것(A)이 다른 것(B)에 끼어 있음, 심겨 있음, 박혀 있음, 새겨 있음, 묻혀 있음 등으
로 정의되고 있다. 내포는 이미지화가 가능하다. 이러한 의미에서 폴라니의 embeddedness는
사회를 구성하는 다양한 과정들이 관계하는 방식을 이미지화하기 위해 선택된 메타포라 하겠
다. 사회를 구성하는 다양한 과정들은 역동적으로 작용한다. embeddedness는 개념적으로 정
적인 특성을 보이고 있으나, 메타포화과정에서 이러한 사회의 역동성이 반영된다. 그렇다면 A
와 B의 관계방식의 메타포로서 내포는 어떠한 특성들을 가지고 있는가? 첫째, 내포에는 접합
(articulation)의 의미가 담겨있다. 영어의 articulation은 언어적으로 분절과 연결을 통해 명확
하게 발음하는 것을 의미한다. 음악에서 articulation은 여러 음들을 분절적으로 혹은 결합적
으로 연결하여 멜로디의 의미를 명확하게 전달하는 연주기법을 지칭한다. 이러한 의미에서 접
합은 분절과 연결이 동시에 이루어지는 관계방식이라 할 수 있다. 가령 embed는 em/bed와
같이 분절되어 연속적으로 발음될 때 명확하게 표현된다. 다시 말해서 분절과 연결이 동시에
이루어질 때 embed가 명확하게 발음될 수 있다. 여기에서 embed와 분절된 em/bed가 서로
를 전제하고 있는 것을 볼 수 있다. embed 없이 분절된 em/bed는 이루어질 수 없으며, 분
절된 em/bed 없이 embed는 명확하게 표현될 수 없다. A와 B가 접합되어있다는 말은 A와
B가 분절과 연결이 동시에 이루어지는 관계에 있다는 것을 의미한다. 둘째, 내포에는 포함
(inclusion)의 의미가 담겨 있다. 일반적으로 포함은 규모가 작은 것이 규모가 큰 것에 속하
는 양적인 포함관계를 의미할 수도 있지만, 폴라니의 어법에 따르면 그것은 질적인 포함관계,
즉 '결정력(determining force)'을 의미한다. A가 B에 내포되어 있다는 말은 B가 A의 존재방
식을 결정한다는 것을 말한다. 그렇다고 B와 A가 일방적인 혹은 기계적인 인과관계에 있다는
결정론을 의미하는 것은 아니다. 다시 말해서 B가 결정력을 갖는다는 말은 B가 A로 하여금
특정한 작용을 하도록 규정하는 것이 아니라 A의 작용 조건을 제한하는 방식으로 작용하고,
그 조건 안에서 A가 선택적으로 적응하는 것을 의미한다. 이러한 의미에서 내포는 질적인 성

지지구조를 축으로 하는 통합의 형태는 '사회에서 경제가 제도화된 유형(Polanyi, 1957: 314)'을 말한다. '욕구충족의 물질적 수단의 이용방식'으로서의 실체적 경제는 사회 안에서 제도화된다. 사회의 제도에는 구성원들을 순응하게 하는 기제가 발달한다. 제도적 요구에 순응하는 경우에 대해서는 사회적 보상이 주어지고, 그렇지 않은 경우에 대해서는 사회적 처벌이 주어진다. 따라서 개인들은 제도화된 통합의 형태에 상응하는 '사회적 동기'를 내면화하게 된다. 사회적 동기는 개인이 사회의 구성원으로서 인정을 받고 살아가기 위한 것으로서, 그 사회가 가치를 부여하고 있는 사회적 지위, 사회적 권리, 사회적 자산 등을 추구하는 것을 말한다. 욕구충족의 수단인 물질적인 재화는 사회적 동기에 기여하는 한에서만 가치를 부여받게 된다(Polanyi, 2001: 48). 다시 말해서 사회적 동기에 의해서 '경제적 동기'가 규정된다.

서유럽 봉건제가 끝나기 이전까지 알려진 모든 경제체제들은 호혜성, 재분배, 가정경제의 원리 혹은 이 세 가지 원리의 조합을 통해 조직되었다는 개괄적인 명제를 제시할 수 있다.[5] 이러한 원리들은 이미 존재하고 있던 대칭성, 중심성, 자급자족의 형태를 토대로 하는 사회조직의 도움으로 제도화되었다. 이러한 틀에서 보면, 재화의 생산과 분배의 질서는 일반적인 행동원리에 의해 규율된 매우 다양한 개인적 동기들에 의해 보장되었다. 이러한 동기들 가운데 이득은 대단한 것이 아니었다. 관습과 법, 마술과 종교 등이 함께 작용하여 개인으로 하여금 궁극적으로 경제체제에서 자신의 기능을 수행하게 하는 행동규칙에 순응하게 만들었다(Polanyi, 2001: 57).

이렇게 해서 시장체제가 통합형태의 주도적인 지지구조로 발달하기 이전까

격을 갖는 '조건적 결정력'이라 할 수 있다. 셋째, 내포에는 중복재생(recursion)의 의미가 담겨 있다. 중복재생은 '자기 닮은꼴(self-similar)로 작용을 반복하는 과정'을 의미한다. 가령 정확하게 마주하고 있는 두 개의 거울표면에 동일한 이미지가 무한하게 재생되는 경우가 이에 해당된다. A가 B에 내포되어 있다는 말은 B의 중심원리가 A에서 반복적으로 재생되는 것을 의미한다. 요약하면, 내포는 접합, 조건적 결정력 그리고 중복재생을 주요 특성으로 하고 있으며, 이 특성들이 동시에 충족될 때 내포의 상태에 있다고 말할 수 있다.

5) 폴라니(2001)에서는 통합원리로 호혜성, 재분배, 가정경제, 교환을 제시하고 있으나, 그 이후의 저작에서는 가정경제를 포함시키지 않고 있다.

지는 "인간의 경제가 일반적으로 인간의 사회적 관계에 매몰되어 있다(Polanyi, 2001: 48)"는 '사회에 내포된 경제' 테제가 정당화된다.

> 일반적으로 물적 재화의 생산과 분배는 비경제적인 사회관계에 내포되어 있었다는 결론을 내릴 수 있다. 제도적으로 분리된 경제체제 —경제제도의 독자적인 영역— 가 존재한다고는 말할 수 없다. 노동이나 재화의 처분 또는 분배가 경제적 동기에 의해서, 즉 이득을 얻기 위해서라든가 또는 굶주림의 공포에 의해서 이루어진 적은 없었던 것이다. 만약 경제체제를 굶주림과 이득이라는 개인적 동기에 의해 자극된 행동적 특성 전체를 의미하는 용어로 취한다면, 거기에는 어떠한 경제체제도 존재하지 않았다. 그러나 그 용어가 경제사에 적절한 단 하나의 의미, 즉 물적 재화의 생산과 분배에 관계된 행동의 특성을 의미한다면, 경제체제는 물론 존재했으나 그것이 제도적으로 분리되지는 않았다는 것을 알 수 있다. 실제로 그것은 다른 비경제적 제도의 작용에 의한 부산물에 불과하였다(Polanyi, 1977: 51-52).

2. 경제에 내포된 사회의 등장과 다시 사회에 내포된 경제의 구상

1) 자기조절적 시장의 등장

근대 이전의 경제는 사회에 내포되어 있었다. 시장은 물질적인 욕구를 충족시키기 위한 하나의 장치로서 존재했을 뿐이다. 자본주의적 산업생산이 본격화되면서 노동, 토지, 화폐는 필수적인 생산요소가 된다. 재화의 거래를 위한 시장과 마찬가지로 이러한 생산요소들이 상품으로서 거래될 수 있는 시장들이 형성된다. 그리고 재화, 노동, 토지, 화폐를 모두 아우르는 하나의 거대시장이 형성된다. 거대시장은 사회적 통제로부터 벗어나 자기조절적인 방식으로 작동한다. 이렇게 사회에 내포된 경제는 '자기조절적 시장'의 형성으로 사회로부터 분리된다. 자기조절적 시장은 수요와 공급에 의해 가격이 결정되고, 가격이 수요와 공급에 영향을 미치면서 스스로 작동하는 시장체제를 말한다. "자기조절은 모든 생산이 시장에서의 판매를 위해 이루어지며, 모든 소득이 그러한 판매를 통해 파생된다는 것을 의미한다. 따라서 재화뿐만이 아니라 노동, 토지, 화폐에 이르기까지 산업의 모든 요소들을 위한 시장이 존재한다. 그리고 각각의 가격은 상품가격, 임금, 지대, 이자로 불린다(Polanyi, 2001: 72)."

여기에서 주목해야 할 것은 노동, 토지, 화폐의 경우 역시, 일반적인 재화와 마찬가지로 상품으로 거래되는 시장이 형성된다는 점이다. 노동, 토지, 화폐는 사실 일반 재화와는 달리 본래부터 시장에 팔기 위해 생산된 것이 아니다. 그럼에도 불구하고 이들이 마치 판매를 위해 생산된 것처럼 보이게 하는 시장의 마법은 우리의 인식을 허구의 세계로 인도한다. 따라서 폴라니는 노동, 토지, 화폐를 '허구상품(fictitious commodity)'으로 규정한다.

> 노동, 토지, 화폐는 산업의 본질적인 요소이다. 그리고 그것들은 시장들 안에서 조직되어야 한다. 사실상 이러한 시장들은 경제체제에 활력을 불어넣는 절대적인 부분이다. 그러나 노동, 토지, 화폐는 분명히 상품이 아니다. 사고 팔리는 것은 무엇이든 판매를 위해 생산되었을 것이 분명하다는 가정은 이것들에게는 결코 해당되지 않는다. … 노동은 인간활동의 다른 이름일 뿐이다. 그것은 판매를 위해서가 아니라 다른 이유 때문에 생산된다. 그리고 그러한 활동은 삶에서 분리되어 저장되고 동원될 수 있는 것이 아니다. 토지는 자연의 다른 이름일 뿐이다. 그것은 인간에 의해 생산된 것이 아니다. 마지막으로 실제 화폐는 단지 구매력의 표지일 뿐이다. 그것은 결코 [판매를 위해―필자] 생산된 것이 아니라 은행이나 국가의 재무메커니즘을 통해 존재하게 된 것이다. 그것들 가운데 어느 것도 판매를 위해 생산된 것은 없다. 노동, 토지, 화폐를 상품으로 기술하는 것은 완전히 허구적이다(Polanyi, 2001: 75-76).

일반적인 재화시장과 함께 허구상품의 시장들이 하나의 거대시장으로 통합되어 자기조절적 시장체계가 형성된 것이 의미하는 바는 무엇인가? 시장을 통하지 않고는 물질적 욕구를 충족시킬 수 없기 때문에, 경제는 시장과 동일한 의미를 갖게 된다. 그리고 이제 사회에 내포된 경제는 사회로부터 벗어나 자율성을 갖는 '시장경제'가 된다. 시장경제는 단순히 사회로부터 벗어난 상태에 머무는 것이 아니라, 사회의 물질적 삶 전반을 지배하기 때문에 사회전체를 지배하는 전도현상이 발생한다. 사회는 '시장사회'가 된다. 이로써 경제는 사회에서 벗어나 자율성을 갖게 되고, 오히려 사회를 지배하게 된다. 즉 '경제에 내포된 사회'가 등장하게 된다.

2) 경제에 내포된 사회

호혜성과 재분배가 아닌 교환을 지배원리로 하는 시장경제가 사회로부터 이탈하였다는 것은 물질적 욕구의 충족을 위한 실체적인 경제활동이 추상적인 교환을 위한 형식적 경제활동으로 전환되었다는 것을 의미한다. 시장이 자율성을 갖게 됨으로써 경제활동은 비경제적 동기가 아닌 '경제적 강제'에 의해서 추동된다. 경제적 강제는 '굶주림에 대한 공포'와 '이득에 대한 기대'를 축으로 하여 작동한다.

> 상품이라는 허구는 자신의 테두리 안에서 작동하고 자신의 법칙에 의해 지배되는 자동장치의 운동에 인간과 자연의 운명을 넘겨버렸다. 이 물질적 복지의 도구는 굶주림과 이득의 유인에 의해서만, 또는 더 정확히 말하자면 생활필수품 없이 살아갈 것에 대한 공포나 이윤의 기대에 의해서만 통제되었다. 무산자가 자신의 노동을 시장에 내다 팔지 않고는 먹고 살 수 없는 한, 그리고 유산자가 가장 값싼 시장에서 구매하여 가장 비싼 시장에서 판매하는 데에 지장이 없는 한, 맹목적인 맷돌은 부단히 증대해가는 많은 양의 상품을 인류의 편의를 위해 만들어낼 것이다. 노동자가 갖는 굶주림의 공포와 고용주를 유혹하는 이윤이 거대한 메커니즘을 계속 작동시킬 것이다(Polanyi, 1977: 10-11).

맹목적인 맷돌인 시장경제체제가 상품인 노동과 토지가 아닌 인간과 자연의 운명을 주관하게 되었다는 주장이 어떻게 가능한 것일까? 답은 단순하다. 노동은 인간과 분리될 수 없으며, 토지는 자연과 분리될 수 없기 때문이다. 노동은 인간과 분리될 수 없기 때문에 노동의 상품화는 곧 인간의 상품화를 의미한다. 그리고 토지는 자연과 불가분의 관계에 있기 때문에 토지의 상품화는 자연의 상품화를 의미한다. 자연은 인간의 경제활동이 이루어지는 자원을 제공하는 환경이기 때문에, 자연의 상품화는 인간환경의 상품화를 의미하기도 한다. 사회를 구성하는 인간과 물질적 욕구충족의 기반이 되는 자연이 시장경제에 편입된 사회는 당연히 시장의 법칙에 따르는 시장사회가 될 수밖에 없다(Polanyi, 2001: 74-75). 이렇게 해서 경제가 단순히 사회로부터 이탈한 것에 머무는 것이 아니라, 더 나아가서 경제가 사회를 내포하는 결과를 가져온다. "시장이 사회적 관계에 내포되어 있는 것이 아니라, 사회적 관계가 경제체제에 내포되어 있다. … 일단 경제체제가 분리된 제도로 조직화되면, 사회는 그 체계가 자신의 법칙에 따라 작동하는 것을 가능하게 하는 방식으로 형성되어야 한다. 이것이 시장경제는 시장사회 안에서만이 작동할 수 있다는 익숙한 주장의 의미이다(Polanyi, 2001: 60)."

3) 이중운동: 시장경제의 확대와 사회적 보호운동

자유주의 경제학 진영에서는 자기조절적 시장이 사회의 합리적 조직화의 유일한 조건이라 주장하며, '시장경제에 내포된 사회'를 정당화한다. 모든 현상을 목적－수단의 합리적 선택논리에 따라 바라보는 '경제주의적 전환'은 이렇게 이루어진다. 그리고 시장이데올로기가 지배하는 근거를 제공한다. 폴라니는 자기조절적 시장관념을 유토피아라 주장한다(Polanyi, 2001: 3). 이러한 주장에는 경험적으로 자기조절적 시장을 만들고자 하는 노력들이 인간과 자연을 심각하게 파괴하였으며, 계속 그럴 것이라는 비판적 입장이 내포되어 있다. 경제주의적 전환에서 비롯된 경제주의적 오류에 대한 비판은 폴라니의 중심적인 과제이다. 폴라니는 시장경제체제가 지배하는 사회가 이미 경험하였고, 미래에 경험하게 될 위험성을 다음과 같이 경고한다.

> 시장메커니즘이 인간의 운명과 자연환경의, 심지어 구매력의 규모와 사용의 유일한 지배자가 되는 것을 허용한다면 결국 사회는 파멸하게 될 것이다. … 인간의 노동력을 처리하는 과정에서 [시장—필자]체제는 노동력이라는 꼬리표가 부착된 육체적, 심리적, 도덕적 총체로서의 인간을 처리한다. 인간은 문화적인 보호막이 벗겨진 채 사회에 그대로 노출되어 죽게 될 것이다. 다시 말해서 악덕, 인격파탄, 범죄와 굶주림 등을 거치면서 사회적 탈구의 희생자로서 죽게 될 것이다. 자연은 그 구성 원소들로 쪼개어 분리되고, 주거지와 경관은 더럽혀질 것이다. 그리고 강은 오염되고, 군사안보가 위태로워지며, 식량과 원자재를 생산하는 능력도 파괴될 것이다. 마지막으로 구매력을 시장이 관리하게 되면 기업들은 주기적으로 파산하게 될 것이다. 화폐의 부족이나 과잉은 원시사회의 가뭄이나 홍수처럼 기업에 재앙이 될 것이기 때문이다. 분명히

노동시장, 토지시장, 화폐시장은 시장경제에 필수적이다. 그러나 사회를 구성하는 총체적 인간과 자연, 그리고 기업조직이 시장경제라는 사탄의 맷돌(satanic mill)의 침략으로부터 보호되지 않는다면, 어떠한 사회도 허구상품의 경제체제가 가져올 결과를 단 한 순간도 견뎌내지 못할 것이다(Polanyi, 2001: 76-77).

'사탄의 맷돌'이 가져오는 위험 때문에 사회는 자기보호를 위한 방어기제를 발달시키게 된다. 사회를 구성하는 인간, 자연 그리고 기업의 파괴는 곧 사회의 파멸을 의미하기 때문이다. 따라서 한편으로는 시장체제를 극단으로 몰고 가려는 흐름과 다른 한편으로는 허구상품에 대한 제한을 통해 사회를 보호하려는 흐름이 사회를 조직하는 두 개의 거대한 흐름으로 존재한다. 폴라니는 이러한 경향성을 '이중운동(double movement)'으로 개념화한다.

> 하나는 경제적 자유주의의 원리이다. 그것은 자기조절적 시장의 형성을 목적으로 하며, 무역에 종사하는 계급들의 지지에 의존한다. 그것은 주로 자유방임과 자유무역을 정책수단으로 사용한다. 다른 하나는 사회보호의 원리이다. 그것은 생산조직뿐만 아니라 인간과 자연의 보호를 목적으로 하며, 시장의 해로운 작용에 가장 직접적으로 영향을 받는 사람들 ―기본적으로는 노동계급과 토지소유계급에 해당되지만 이들에만 국한된 것은 아니다― 의 다양한 지지에 의존한다. 그것은 보호입법, 대항적인 단체, 그 밖의 개입방법들을 정책수단으로 사용한다(Polanyi, 2001: 138-139).

두 개의 흐름이 모두 국가의 정책적 수단에 의존하고 있다는 점에 주목할 필요가 있다. 국가는 사회적 보호를 도입하고 보장하는 데 중요한 기구로서 기능을 할뿐만 아니라 시장사회의 조건을 창출하는 데 핵심적인 역할을 한다. 자기조절적인 시장으로 가는 길은 저절로 만들어진 것이 아니라 '지속적이고 중앙집권적으로 조직되고 통제된 대규모의 개입에 의해 열리고 유지되었다(Polanyi, 2001: 146).' "경제사를 통해 알 수 있듯이 전국적인 시장의 출현은 결코 경제영역이 정치적 지배로부터 점진적이고 자발적으로 벗어난 결과가 아니었다. 오히려 전국시장은 비경제적인 목적을 위해 시장조직을 사회에 덧씌우려는 정부의 의식적이고 때로는 폭력적인 개입의 결과였다(Polanyi, 2001: 258)." 시장이 국가의 인위적인 개입에 의해 형성되었다는 폴라니의 주장은 시장이 인간의 교환본성에 의해 자생적으로 등장하고 발전하였다는 경제적 자유주의의 입장과 상반된다.6)

사회적 보호를 위한 입법이나 정책에 대한 압력은 사회의 다양한 부문에서 분출되었다. 다시 말해서 사회적 보호에 대한 요구는 좌파와 우파를 가리지 않고 사회의 모든 부문에서 제기되었다. "자기조절적 시장에 대한 저항운동의 입법화 시도는 … 자생적인 것으로 판명되었고, … 순수하게 실용적인 정신에 의해 가동되었다(Polanyi, 2001: 147)." 사회적 보호운동이 국가의 개입이 아니라 사회의 모든 부문에서 자발적으로 일어났으며, 이데올로기가 아니라 실용적인 정신에서 비롯되었다는 주장은 국가의 개입과 좌파적 이데올로기에서 사회보호운동의 기원을 찾는 경제적 자유주의자들의 입장과 대비된다. "자유방임경제가 국가의 신중한 행동의 산물인 반면, 뒤이은 자유방임에 대한 제한은 자생적으로 시작되었다(Polanyi, 2001: 147)."

19세기 중반부터 20세기 초에 이르기까지 시장경제의 위협으로부터 사회를 구성하는 인간, 자연, 기업조직을 보호해야 한다는 압력은 사회의 모든 부문에서 자생적으로 발생하였다. 그런데 사회적 보호를 위한 조치들이 오히려 시장의 자기조절 기능을 망가뜨리고, 산업의 일상적 작동을 혼란에 빠뜨림으로써, 의도와는 다르게 사회가 다른 방식으로 위험에 빠지게 되었다. 사회보호를 위한 조치에 뒤이은 시장체제의 혼란 그리고 무너진 시장체제를 되살리기 위한 노력은 기존의 사회조직마저 무너뜨리는 결과를 가져왔다. 폴라니에 따르면, 20세기 초의 파시즘은 그 대표적인 현상이다.

4) 사회적 전환의 구상: 사회에 다시 내포된 경제

문제의 원인에 대한 인식은 대안을 상상하는 데 안내판 역할을 한다. 가령 마르크스는 사적 소유에 기초한 계급지배를 자본주의체제의 실패원인으로 인식

---

6) 가령 폴라니에 의하면, 노동, 토지, 화폐는 본래적 의미의 상품이 아니다. 그러나 이것들이 상품화됨으로써 거대한 자기조절적 시장이 등장하게 된다. 노동, 토지, 화폐의 상품화는 국가의 법제도적 보장 없이는 불가능하다. 국가의 법제도에 의해 자기조절적 시장의 형성이 가능하게 되었다는 것이다.

함으로써, 사적 소유를 정당화하고 유지하는 사회체제를 혁명으로 전복하여, 계급이 없는 공산주의사회를 실현해야 한다고 주장하였다. 마르크스와는 달리 폴라니는 20세기 초 문명의 실패원인을 '사회로부터 경제의 이탈'에서 찾는다. 따라서 그는 사회적 전환, 즉 이탈된 '경제를 사회에 다시 내포'하는 방식으로 새로운 사회를 구상한다. '사회에 내포된 경제' → '사회에서 이탈한 경제' → '경제에 내포된 사회' → '사회에 다시 내포된 경제'라는 큰 흐름이 폴라니의 문명사적 조망이라 하겠다. 그러나 '사회에 내포된 경제'와 '사회에 다시 내포된 경제'는 단순한 회귀가 아니라 질적인 상승을 의미한다.

폴라니는 '사회에 다시 내포된 경제'의 가능성을 사회주의에서 찾는다. "사회주의는 자기조절적 시장을 민주주의 사회에 의식적으로 복속시킴으로써 그것을 초월하려는 산업문명에 내재된 경향성이다(Polanyi, 2001: 242)." 이러한 경향성에 대한 인식을 공유하더라도, 사회주의의 성격에 대한 생각은 사람마다 다를 수 있다. 그렇다면 폴라니는 이념적인 차원에서 지향해야 할 사회주의의 성격을 어떻게 규정하고 있는가? 이념적인 차원에서 그가 사회주의를 서구문화에 깊게 뿌리를 내리고 있는 기독교의 전통과 결합시키고 있다는 점이 특징적이다. 이는 굶주림의 공포와 이득을 원동력으로 하는 자본주의가 반기독교적인 반면, 사회주의가 친기독교적이라는 문화적 통찰에서 비롯된 것으로 보인다. 폴라니는 개인의 자율성과 공동체의 도덕성을 융합하는 것을 사회주의의 핵심으로 본다. 이를 위해서는 개성, 공동체, 민주주의, 평등, 자유 등과 같은 가치들에 대한 헌신이 필요한데, 이 가치들은 기독교적 전통에 뿌리를 두고 있다는 것이다. 기독교의 핵심원리는 형제애와 은총의 원리이다. 형제애는 인류는 하나라는 원리이다. 은총의 원리는 영혼은 신이 모든 인간에게 준 선물이며, 그러한 의미에서 인간은 평등하다는 것이다. 그리고 영혼의 구원은 개인의 자유와 책임에 달려있다는 것이다(Dale, 2010: 42). 이처럼 폴라니에 따르면, 기독교적 전통으로부터 물려받은 이러한 가치들이 자유주의 이후의 세계를 열어줄 사회적 전환의 열쇠라는 것이다.

그렇다면 폴라니는 '사회에 다시 내포된 경제'로서 사회주의체제의 통합형태를 어떻게 구상하는가? 자본주의의 생존조건이면서 동시에 평등과 민주주의의 위협요인인 경제활동의 동기와 재산의 사적 소유방식의 전환이 사회주의체제의 핵심이다. 폴라니는 조지 콜(G.D.H. Cole)의 길드사회주의, 로버트 오웬(R. Owen),

오토 바우어(O. Bauer) 그리고 특히 비엔나(Vienna, 1917-1934)에서의 사회주의 경험(참여적, 포용적, 민주적)에서 영감을 얻어 '기능사회주의'라는 새로운 모델을 구상한다(Mendell, 2007: 83-84). 폴라니는 다음과 같은 사회조직화의 논리를 따른다. 굶주림의 공포와 이득을 경제활동의 동기로 만드는 일체의 시도들과 단절한다. 재산에 대한 사적 소유방식을 공동소유방식으로 전환한다. 사회의 모든 부문에 민주주의적 자치원칙을 내면화한다. 자치원칙은 스스로 결정하고, 그것에 대해 스스로 책임지는 원칙으로서 자기결정과 자기책임을 중심축으로 한다. 경제를 정치적으로 통제하는 것도 중요하지만, 경제에 민주주의 원리를 심는 것이 무엇보다 중요하다. 그는 사회기능별 결사체의 형성과 결사체들 간의 견제와 협력이 '사회에 내포된 경제'의 기본모형이 되어야 한다고 본다. 이를 통해서 수요와 공급에 의한 가격결정의 자동적 메커니즘이 협상에 의한 가격결정 메커니즘으로 전환될 수 있다는 것이다.

대표적인 사회조직으로는 시민들의 이해관계를 대표하는 전체대의기구가 있으며, 경제활동과 관련해서는 소비자를 대표하는 소비자연합(Consumer's Association)과 노동조합 혹은 노동자평의회로 구성된 생산자연합(Producer's Association)이 있다. 각각의 결사체들은 상향적인 피라미드 형태로 조직된다. 가령 생산자연합은 개별 사업장에서부터 위로 대표체계를 구성해간다. 생산수단에 대한 전체적인 소유권은 공동체 전체가 갖는다. 기업들은 준독립적으로 운영된다. 전체대의기구와 생산자연합은 회계 상의 비용항목의 산정방식이 다르다. 전자는 '사회적 비용'을 중시하는 반면, 후자는 기술적 비용을 중시한다. 그러다 보면 갈등이 발생할 수 있다. 가령 생산자연합은 운송 등의 기술적 비용 때문에 화학공장을 도심 가까이 설립하고자 하나, 전체대의기구는 사회적 비용 때문에 그것을 도심에서 멀리 떨어진 곳에 세울 것을 권고할 것이다. 이 경우 갈등의 해결은 협상을 통해 이루어진다. 시장가격의 결정은 소비자연합과 생산자연합의 협상을 통해 결정된다. 여기에서 중요한 것은 경제적 의사결정이 명령이나 시장이 아니라 협상을 통해 이루어진다는 점이다. 협상은 평등성에 기초한 참여, 토론, 설득을 핵심요소로 하는 민주주의의 원리를 실현하는 과정이다. 더욱 중요한 것은 모든 개인이 전체공동체의 구성원이면서 동시에 생산자이고 소비자라는 측면에서, 이러한 사회조직구조는 자기 운명을 스스로 책임지는 구조라는 점이다(Dale, 2010: 23-28).

3. 공공성 실현의 논리 모색

폴라니의 논의를 토대로 공적인 것(사회적인 것)이 사적인 것(경제적인 것)에 내포된 사회에서 공적인 것이 사적인 것을 내포하는 사회로 이행하기 위한 방법을 모색해보자. 그에 앞서 그동안 시도된 몇 가지 실험들에 대해 간단히 살펴보자(Adaman, Devine and Ozkaynak, 2007).

첫째는 자본주의적인 방식으로서 케인즈주의적인 개입주의모델이다. 이 모델은 사적인 것의 실패를 공적으로 해결하는 방식이지만, 그렇다고 공적인 것이 사적인 것을 대체하는 것은 아니다. 다시 말해서 사적인 것에 내포된 상태에서 공적인 것이 보완적으로 작동하는 것이라 하겠다. 근본적으로 공적인 것이 사적인 것을 내포하는 논리는 아니라는 것이다. 이러한 한계 때문에 공적인 것 역시 실패하게 된다. 엄밀하게 보면, 공적인 것의 실패가 아니라 사적인 것에 내포된 공적인 것의 실패라 하겠다. 그럼에도 불구하고 사적인 것이 공적인 것을 극단적으로 내포하는 반작용이 이루어진다. 신자유주의는 시장에 포위된 국가에 의한 불완전한 개입주의의 실패를 명분으로 하는 시장의 반격이라 하겠다(Harvey, 2009; Foucault, 2012; Brown, 2003; Crouch, 2012). 관료주의의 실패를 시장민주주의로 대체하려는 시도는 형식적으로는 민주적이지만, 실질적으로는 시장을 주도하는 기업에 권력을 양도하는 포스트민주주의를 가져왔다(Crouch, 2008). 따라서 공공성은 이득을 추구하는 시장경제에 의해 질식되고 있다.

둘째는 사회주의적인 방식으로서 중앙집권적 사회주의모델이다. 이는 노동과 토지의 상품화를 제도적으로 폐지함으로써 공적인 것이 사적인 것에 내포되는 근거를 제거해버린다. 그리고 재분배의 원리에 따라 공적인 것이 사적인 것을 내포하는 사회로 이행한다. 탈상품화는 중요한 의미를 갖지만, 중앙집권이라는 체제의 특성 때문에 의사결정의 민주적 절차가 심각하게 훼손되었고, 권력의 불평등이 자유를 위협하는 결과를 가져왔다. 특히 문제가 되는 것은 자연에 대한 착취적 접근이 더욱 강화되었다는 점이다. 따라서 지속가능성이 심각하게 훼손되었다. 중앙집권적 사회주의모델은 공적인 것이 사적인 것을 내포하는 데는 성공했으나, 공공성을 실현하는 데는 성공했다고 보기 어렵다.

셋째는 사회주의적인 방식으로서 시장사회주의모델이다. 이 모델에는 두 가지 형태가 있다. 하나는 개입주의적인 시장주의를 따르되, 소유권을 국가나 노동자 연합이 갖는 형태이다. 그러나 이 형태는 허구상품의 형식이 여전히 존재한다는 한계를 가지고 있다. 허구상품의 존재로 공적인 것이 사적인 것을 불완전하게 내포함으로써 실패할 가능성이 크다. 다른 하나는 정보교환의 촉진과 자본할당에 대한 사회적 통제가 제도화된 조건 하에서 시장의 작동이 이루어지는 형태이다. 이 형태에서는 투자가 시장의 논리에 따라 이루어짐으로써 승자와 패자를 만들어낸다. 따라서 평등과 연대의 사회주의 정신에 위배되며, 노동과 토지는 여전히 허구상품으로 존재한다. 허구상품의 존재는 공적인 것에 의한 사적인 것의 내포를 근본적으로 불가능하게 만든다.

　　사적인 것을 공적인 것에 내포하기 위한 다양한 실험들은 공공성의 이념에 비추어볼 때, 실패의 길을 걸어왔다. 그렇다면 실패한 실험과 폴라니가 구상한 사회적 전환의 논리를 바탕으로 공공성을 실현하기 위한 방법이 무엇인지 생각해보자.7)

　　첫째는 자치원칙의 실현이다(Adaman, Devine and Ozkaynak, 2007). 이는 선거를 통해 주기적으로 선택과정에 참여하는 소극적 자치에 국한된 것이 아니다. 자치원칙은 기능, 이해관계, 명분 등에 따라 형성된 자발적인 결사체들이 협력을 통해서 사회의 과정들에 대해 통제력을 행사하는 적극적 자치를 의미한다. 그리고 결사체 내에서도 역시 자치원칙이 실현되어야 한다. 사회전체의 수준에서건 결사체자체의 수준에서건 의사결정의 방향은 상향적이며, 의사결정은 협상에 의해 이루어지고, 선택된 결과에 대해서는 공동으로 책임지는 것을 원칙으로 한다. 자치원칙은 자발적 결사체들에 의한 자기결정, 자기복종, 자기책임을 내용으로 하는 것으로 공공성 이념의 토대를 제공한다. 이는 장기적으로는 수평적 연계체계(heteroarchy)로서 거버넌스가 등장하는 사회적 토대가 된다(Jessop, 1998; 2002).

　　둘째는 시장사회화(Elson, 2000) 혹은 사회적 경제의 실현이다. 시장사회화는

---

7) 기업의 사회적 책임 혹은 자선에 의존해서 실패자들을 위로하려는 시도는 무망해 보인다(Kaletsky, 2011). 실업과의 전쟁을 통해 노동의 상품화를 극단적으로 실현하고자 한 케인즈주의로의 단순한 복귀 또한 위험해 보인다(Lacher, 1999). 상품물신주의와 소비주의에 길들여진 사람들로 구성된 시민사회 안에서 공적 비판기능을 불러내려는 노력 역시 쉬워 보이지 않는다(Habermas, 2007). 보편적인 공공복지체계를 토대로 하는 북유럽식 사회민주주의로의 길은 기업들의 체계적인 저항으로 관철되기 어려워 보인다(Berman, 2010).

시장경제와 계획경제 가운데 어느 하나를 배타적으로 선택하는 논리에서 벗어나려는 것이다. 그렇다고 두 경제모델을 절충하고자 하는 것도 아니다. 바로 시장 자체에 초점을 맞춘다. 수요-공급-가격체계로서의 시장체제가 아니라 생존에 필요한 것들을 교환하는 시장에 초점을 맞춘다. 전자를 상업적 시장이라 한다면, 후자를 사회적 시장이라 할 수 있다. 그러니까 시장사회화는 기존의 시장경제 안에 탈상업적인 경제회로를 심는 것이다. 예컨대 공정무역, 사회적 기업이나 협동조합, 윤리적 소비 등과 같은 실천을 통해 사회에 내포된 시장을 형성하는 것이다. 이를 통해 상업적 시장에 의해 훼손되고 있는 공공성을 회복할 수 있는 계기를 마련할 수 있을 것이다.

셋째는 탈상품화이다(Vail, 2010). 탈상품화는 다양한 방식으로 시도될 수 있다. 가령 이득이 되는 것이면 무엇이든 상품화하려는 시장의 압력으로부터 보호되어야 할 대상이나 영역을 지켜내는 것이다(Walzer, 1983: 100-103). 그 경계선은 특정한 대상이나 영역에 대한 상품화가 자유, 평등, 민주주의, 지속가능성의 실현에 미치는 영향을 기준으로 그어질 수 있다. 그리고 공공재와 공공서비스 생산의 영역을 확장시키는 것도 하나의 방편이 될 수 있다. 또한 사회적 보호를 위한 보다 적극적인 조치들이 취해질 수 있다. 예컨대 지불노동으로부터의 자유, 자신이 선택한 사회적으로 생산적인 활동을 추구할 수 있는 자유, 개인이 가치 있다고 생각하는 인생계획을 추구할 수 있는 자유를 실현할 수 있는 조건을 제공하는 적극적인 복지를 추구하는 것이다(Vail, 2010: 332).

넷째는 기본소득을 보장하는 것이다(Parijs, 2016). 기본소득은 중앙정부 또는 지방정부가 모든 구성원 개개인에게 아무 조건 없이 정기적으로 지급하는 소득을 말한다. 기본소득은 기존의 생활보장제도와는 그 성격이 다르다. 첫째, 기본소득은 모든 구성원들에게 제공된다는 점에서 보편적 보장소득이다. 둘째, 기본소득은 재산이나 소득의 많고 적음, 노동 여부나 노동 의사와 상관없이 모든 사회 구성원에게 균등하게 지급되는 소득이라는 점에서 무조건적 보장소득이다. 셋째, 기본소득은 가구 단위가 아니라 구성원 개개인에게 직접 지급된다는 점에서 개별적 보장소득이다. 따라서 기본소득은 보편적 복지 그 이상의 의미를 갖는다고 하겠다. 모든 구성원들에게 최소한의 삶을 보장한다는 점에서는 보편적 복지와 다르지 않으나, 단순한 재분배정책이 아니라 사회적 삶의 원리를 근본적으로 바꿀 수 있는 토대가 될 수 있다는 점에서는 보편적 복지와 다르다. 기본소득은 개인에게 최소한의 삶을 보장함으로써 개인이 누릴 수 있는 자유의 폭과 깊이를 더하고, 사회의 근본적인 변화를 지향한다는 점에서 그 필요성과 정당성 그리고 지향성이 일반적인 복지의 개념을 넘어서는 것이라 하겠다.

제5절   거버넌스

행위주체와 관련하여 공공성의 핵심은 각각의 고유한 논리를 가지고 작동하는 개인, 국가, 시장, 시민사회가 조화를 이루는 방법을 찾는 것이다. 그 방법 가운데 하나로 주목을 받고 있는 것이 거버넌스이다. 거버넌스는 다의적이지만 (Rhodes, 2000), 여기에서는 주로 조정양식으로서 거버넌스에 초점을 맞춘다.[8]

1. 거버넌스의 의미

거버넌스는 다양한 행위주체들이 자발적으로 다양한 형태의 연계를 형성하고 각자의 고유한 능력들을 공유하면서 공동으로 문제를 해결하는 방식으로서 주목을 받고 있다. 행위주체들 간의 조정을 통한 공동의 문제해결이 거버넌스의 핵심이다. 거버넌스는 넓은 의미에서 조정양식 일체를 말한다. 거버넌스는 상호의존적인 행위주체들의 활동을 조정하는 일체의 양식이라는 것이다. 시장의 무정부적인 교환, 조직의 계층적 명령, 사회의 자기조직화 또는 수평연계체계(heterarchy)가 대표적인 조정양식들이다. 좁은 의미에서 거버넌스는 수평연계체계를 의미한다. 수평연계체계는 수준에 따라 자기조직화를 통한 개인 간 네트워크, 협상을 통한 조직 간 조정, 중심이 없고 맥락의존적인 체계 간 조정 등으로 유형화될 수 있다. 수평연계체계는 기능적으로는 자율적이지만, 상호의존적인 관계 때문에 구조적으로 연계되어 있는 다양한 행위주체들, 기관들, 제도들, 체계

---

8) Jessop(1998, 2003)에 의존하여 기술함.

들의 자기조직화된 조정양식을 의미한다. '기능적 자율성'과 '구조적 연계성'은 수평연계체계의 기본적인 특성이다. 거버넌스는 분화된 제도적 질서들이나 기능적 체계들(정치체계, 경제체계, 사법체계 등) 간의 조정을 의미하는데, 각각의 체계들은 그 자체의 고유한 작동논리를 가지고 있으며, 그 체계 밖에서 그 체계를 완전하게 통제하는 것은 불가능하다. 이를테면 정치체계나 사법체계가 강제, 조세, 입법, 판결 등을 통해서 경제체계의 발전을 완전하게 통제할 수는 없다. 이는 특정한 결과를 산출하기 위해 이루어지는 외적인 개입 자체가 불가능하다는 것을 의미하는 것은 아니다. 다만 그 결과가 경제체계의 광범위하고 장기적인 발전에 미치는 영향들을 전체적으로 통제하는 것이 불가능하다는 것을 의미한다. 그런 측면에서 수평연계체계는 '느슨하게 연계된 체계(loosely coupled system)'라 하겠다 (Jessop, 1998: 29－30).

　　그렇다면 거버넌스에 대한 관심이 부각된 이유는 무엇일까? 첫째, 학문적 차원에서 거버넌스에 대한 관심은 사회과학에서 일반화되어 있는 다양한 형태의 단순한 이분법에 대한 문제의식에서 비롯된 것이다. 요컨대 경제학에서 시장과 계층제, 정책연구에서 시장과 계획, 정치학에서 공과 사, 국제관계에서 무정부와 주권 등과 같은 이분법이 현실의 문제들을 해결하는 데 도움이 되지 않는다는 것이다. 따라서 시장의 무정부적 교환이나 국가의 계층제적 명령 이외에도 현실의 문제들을 해결하는 데 도움이 되는 다양한 조정기제들에 관심을 가지게 된 것이다. 거버넌스는 시장적 조정기제가 실패하면 국가적 조정기제를 대안으로 삼고, 다시 국가적 조정기제가 실패하면 시장적 조정기제를 대안으로 삼는 폐쇄된 대안모색의 인지구조로부터 벗어나고자 하는 노력의 결과라 하겠다. 둘째, 실천적 차원에서 수평연계체계로서 거버넌스에 대한 관심이 부상하게 된 이유는 그것이 진화적 이점, 즉 급변하는 환경에서 개혁과 학습 능력의 상대적 우위성을 가지고 있기 때문이다. 행위 주체들 간의 느슨한 연계, 기능적 자율성, 복잡한 상호의존성, 복잡한 시공간 지평들, 공유된 이해관계 등을 특징으로 하는 상황에서는 무정부적 시장이나 계층적인 명령을 통한 조정보다는 자기조직화를 통한 조정이 유용하기 때문이다. 자기조직화의 핵심적인 기제는 협상이다. 그리고 성공적인 협상을 위한 조건은 잡음 줄이기(noise reduction), 즉 행위주체들 간의 이해를 증진하기 위해 소통을 통해 오해들을 불식시키는 것이다. 그리고 일단 합의에 도달하면, 소극적 조정(거버넌스 참여자들 간에 부정적 영향을 최소화하기 위한 조정)과 적극적 조정(공동의 목표를 효율적으로 추구하는 데 필요한 조정)을 위한 토대를 형성하는 것이다(Jessop, 1998: 31-32).

세 가지 수준의 수평연계체계는 어떠한 조정방식을 취하는가? 개인들은 자기 자신과 자신들의 기능을 표현하면서 네트워크를 형성한다. 그러나 강제적으로 그들로 하여금 특정 기관이나 조직에 헌신하도록 강요할 수는 없다. 과업지향적인 전략적 동맹 속에서 협상과 적극적 조정을 통해 이루어지는 조직들 간의 자기조직화는 이해관계의 일치 그리고 서로에게 이익이 되는 결과를 함께 만들어내는 데 필요한 자원에 대한 공동 통제를 기반으로 한다. 임무지향적인 체계들 간의 조정은 잡음 줄이기와 소극적 조정에 기반을 둔다. 자신의 행위가 제3자나 다른 체계들에 미치는 부정적인 영향들을 고려하여 적절한 선에서 자제하는 방식으로 조정이 이루어진다. 세 가지 수준의 수평연계적 거버넌스는 서로 밀접하게 영향을 주고받는다. 개인들 간의 신뢰는 조직들 간의 협상을 촉진시키고, 조직들 간의 대화는 체계들 간의 소통을 촉진시킨다. 그리고 결과적으로 잡음 줄이기는 상호이해를 향상시키고 관계를 안정화함으로써 개인들 간의 신뢰를 증진시킨다(Jessop, 1998: 33).

조정기제로서 시장은 '절차적 합리성'을 특징으로 한다. 이는 본질적으로 형식적이며, 경제적으로 이윤을 극대화하는 것을 최우선으로 한다. 계층을 조정기제로 하는 정부는 '실체적 합리성'을 특징으로 한다. 이는 목표지향적이며, 효율적으로 정책목표를 실현하는 것을 최우선으로 한다. 그런데 시장과 계층은 제한된 합리성, 기회주의, 자산 한정성 등의 문제로 인해 제대로 작동하지 않을 수 있다.9) 수평연계적 거버넌스는 '성찰적 합리성'을 특징으로 한다. 수평연계적 거버넌스의 핵심은 지속적인 대화를 통해 정보를 교환하는 것인데, 이를 통해 제한

---

9) 완벽한 합리성은 완벽한 지식과 정보처리능력을 전제로 한다. 제한된 합리성(bounded rationality)은 해결해야 할 문제의 규모가 그것을 해결해야 하는 사람의 문제해결능력보다 큰 경우를 말한다. 사람들은 완벽하게 합리적인 해결책을 찾을 수 없다. 기회주의는 사람들이 자신에게 유리한 방식으로 행동하는 경우를 말한다. 따라서 사람들 간의 신뢰를 유지하기 어렵다. 자산 한정성(asset specificity)은 자산의 사용이 특정한 목적을 위한 용도로 제한된 정도를 말한다. 자산 한정성이 높으면, 사람들이 기회주의적인 가격결정을 통해 이익을 남기려 하기 때문에 가격체계의 안정성을 해칠 수 있다.

된 합리성을 완전히 극복할 수는 없지만 감소시킬 수는 있다. 또한 그것은 거버넌스의 파트너들을 상호의존적인 결정에 참여시킴으로써 기회주의적 행태를 감소시킬 수 있다. 그리고 그것은 참여자들 간의 연대를 증진시킴으로써 자산 한정성과 관련된 위험들을 완화할 수 있다. 이처럼 수평연계적 거버넌스는 상호이해와 합의를 추구하는 제도화된 협상을 통해 시장과 정부를 보완한다(Jessop, 1998: 35-36).

그렇다면 거버넌스의 행위주체들(개인, 조직, 체계)은 효과적인 거버넌스 메커니즘을 세우기 위해 어떠한 노력을 해야 하는가?(Jessop, 1998: 37)

첫째, 거버넌스는 실제의 복잡한 행위자들의 관계를 단순화시킨 것이다. 따라서 성공적인 거버넌스를 위해서는 실제의 복잡성을 줄이면서도 여전히 실제와 동일하고, 거버넌스의 목표에 부합하는 단순화된 모델들을 모색해야 한다. 실제를 단순화하는 과정에서 중요한 부작용들, 상호의존적인 관계들 그리고 새로이 발생할 수 있는 문제들을 간과해서는 안 된다. 이러한 모델을 구축하거나 모니터링하는 일을 전문적으로 하는 조직이 있다면 도움이 될 것이다.

둘째, 거버넌스를 둘러싸고 있는 환경은 매우 복잡하고 역동적이다. 따라서 거버넌스와 관련된 행위자들은 환경의 변화에 대응할 수 있는 학습능력을 계발해야 한다. 요컨대 상호의존 관계에 내재된 다양한 인과적 과정들과 형태들, 책임의 속성과 행위역량 그리고 급변하는 환경에서의 조정방법에 대한 역동적인 쌍방적 학습능력을 발전시켜야 한다. 이러한 능력은 행위자들이 내외적인 변화에 좀 더 효율적으로 대응하기 위하여 다양한 거버넌스의 양식들을 선택적으로 사용할 수 있을 때 향상된다.

셋째, 거버넌스는 다양성을 전제로 한다. 따라서 상이한 정체성과 이해관계 그리고 의미체계를 가지고 있는 상이한 사회세력들, 상이한 시공간적 지평들 그리고 상이한 행위의 영역들을 조정하는 방식들을 구축해야 한다. 이는 조정을 필요로 하는 문제들의 구체적인 특성에 따라 교환, 협상, 계층, 또는 연대를 유지하기 위한 자기조직화의 자기성찰 등 다양한 조정방식들을 적절하게 적용하는 능력을 요구한다.

넷째, 거버넌스는 유동적이다. 따라서 개별적 행위를 인도하는 공동의 세계관을 형성하고, 주요 행위자들의 지향, 기대, 행위규칙을 안정화하기 위한 메타거버넌스체계를 구축할 필요가 있다. 이는 거버넌스에 내재된 문제들과 가능성들, 거버넌스의 가용자원들과 그것들의 사용조건들 그리고 조정에의 지속적인 참여를 가능하게 하는 기본구조에 대한 체계적인 검토와 평가를 가능하게 한다.

2. 거버넌스의 딜레마

거버넌스는 의미 있는 대안이기는 하지만 그 자체의 딜레마들로 인해 항상 긴장상태에 있다(Jessop, 2003: 41-42).

첫째는 협력과 경쟁의 딜레마이다. 거버넌스는 참여자들 간의 신뢰, 협상내용의 준수, 개방적 소통, 단기적 이익을 위한 경쟁의 자제를 조건으로 한다. 이렇게 협력과 합의를 강조하다 보면, 참여자들로 하여금 학습능력과 적응능력을 향상시키는 데 자극제가 될 수 있는 긴장이나 갈등을 회피하게 할 가능성이 있다. 이러한 능력들은 환경이 급변하여 빠른 행동이 요청되고, 점진적인 행동이 부적절 하며 합의를 구하는 데 시간이 걸릴 때 특히 중요하다.

둘째는 개방성과 폐쇄성의 딜레마이다. 수평연계체계들은 복잡하고 때로는 소용돌이치는 환경에서 작동한다. 그것들은 제한된 수의 파트너들 간의 효과적인 조정에 필요한 폐쇄성을 확보하면서 동시에 환경에 대한 개방성을 유지해야 하는 문제에 직면한다. 폐쇄성은 탈퇴하는 것이 더 나은 참여자들을 묶어놓을 수 있으며, 새로운 참여자들의 충원을 막을 수 있다. 개방성은 참여자들의 장기적인 참여를 보장할 수 없으며, 참여자들 간의 장기적인 시간지평의 공유를 방해한다.

셋째는 통치성과 신축성의 딜레마이다. 수평연계체계는 신축성을 유지하면서(규칙에 따른 절차를 강조하는 계층제에서 결여된 특성) 장기적인 전략적 지도(시장에서 결여된 특징)를 허용해야 한다. 이 지점에서 통치성(지도능력)과 신축성(변화하는 환경에 적응하는 능력)의 딜레마가 발생한다. 통치성을 확보하기 위해서는 합의된 운영규칙을 견고하게 적용해야 한다. 그러나 급변하는 상황에서 신축성을 확보하기 위해서는 운영규칙을 유연하게 적용해야 한다.

넷째는 책임성과 효율성의 딜레마이다. 거버넌스는 참여자들의 협력적 행위를 통해 이루어지며, 궁극적으로 참여자들의 사익은 물론 공익에도 기여할 것으로 기대된다. 문제는 협력적 행위의 성공과 실패에 대해 책임소재를 명확히 할 수 없다는 데 있다. 그래서 책임계통을 명확히 하려는 시도가 있을 수 있다. 그러나 책임계통을 명확하게 하려고 하면, 거버넌스 참여자들의 적극성을 유인하기 어렵게 되고, 결국은 공동의 목표를 효율적이고 협력적으로 추구하는 데 방해가 될 수 있다.

3. 거버넌스의 실패

분명한 것은 시장이나 국가가 실패할 수 있는 것과 마찬가지로 거버넌스도 실패할 수 있다는 것이다. 그렇다면 거버넌스의 실패를 가져오는 요인들은 무엇인가?(Jessop, 2003: 4-5)

첫째, 거버넌스의 성공가능성은 참여자들 간의 대칭성, 즉 힘의 균형을 필요조건으로 한다. 이러한 측면에서 보면, 거버넌스 실패는 항상 시장적인 조직들과 비시장적인 조직들 간의 비대칭적인 관계에 의존하는 자본주의의 특성으로 인해 발생할 수 있다. 이러한 비대칭성이 이전에는 자본축적을 위한 조건들을 재생산하는 데 있어서 시장과 국가의 상대적 중요성이라는 측면에서 이해되었다. 거버넌스는 시장이나 국가와는 다른 중립적인 제3의 세력으로 도입된 것이 아니라 균형을 맞출 수 있는 새로운 공간으로 도입된 것이다. 거버넌스는 자본축적과 정치적 동원이라는 상충하는 논리들이 서로 맞닿는 장소가 될 수 있다. 따라서 사회적 파트너십을 형성하는 과정에서 관계의 대칭성이 실현되지 않을 수도 있다. 자본과 노동의 관계 그리고 자본축적을 위한 경제적 조건들과 비경제적 조건들 간의 상호의존적인 관계에는 뚜렷한 구조적 비대칭성이 존재하기 때문이다.

둘째, 수평연계체계를 형성하고 운용하는 과정에서 정부의 참여방식에 따라 거버넌스 실패가 발생할 가능성이 있다. 거버넌스의 참여자들 가운데 정부는 다른 참여자들에 비해 계층이라는 상대적으로 우월한 조정양식을 가지고 있으며, 목표를 추구하는 데 필요한 제도적 지지와 물질적 자원에 대한 접근능력에 있어서도 상대적으로 우위를 점하고 있다. 따라서 거버넌스의 성공여부는 당연히 정부의 역할에 의존한다. 이러한 측면에서 보면, 정부가 단기적인 정치적 계산(예컨대 당면한 선거를 위한 계산 같은 것)에 따라 장기적 의미를 갖는 거버넌스의 의사결정을 왜곡하거나 당파적 이해관계나 정치적 이해득실에 따라 거버넌스를 열고

달으며, 조직하고 재조직할 때 거버넌스 실패가 발생할 수 있다.

셋째, 자기조직화라는 거버넌스 그 자체의 특성으로 인해 거버넌스 실패가 발생할 수 있다. 이는 거버넌스의 성공조건들과 밀접한 관련이 있는 것으로, 그 것들이 충족되지 않으면 실패할 수 있다. (ⅰ) 거버넌스 모델을 지나치게 단순화하여 실재와의 괴리가 발생하거나 거버넌스가 그 대상에 미치는 영향에 대한 인과지식이 부족한 경우, (ⅱ) 세 수준(개인, 조직, 체계)의 수평연계체계가 서로 밀접하게 연계되어 있음에도 수준들 간의 조정이 적절하게 이루어지지 않는 경우, (ⅲ) 협상에 참여하는 대표들의 집단과 대표들이 대변하는 집단들 간에 차이가 발생하여 대표성의 위기와 합의된 내용에 대한 불복이 발생하는 경우, (ⅳ) 특정한 문제에 대해 서로 연관된 다양한 거버넌스들 간에 조정이 적절히 이루어지지 않는 경우 거버넌스 실패가 발생할 수 있다.

4. 메타거버넌스

거버넌스는 사회의 다양한 세력들이 가지고 있는 고유한 능력들을 공유하고 협력하는 기제이기 때문에 공공성 실현의 논리로서 주목할 만한 가치가 있다. 그러나 거버넌스는 항상 실패할 가능성이 있다. 그에 대한 대안으로서 메타거버넌스(meta-governance)를 생각해 볼 수 있다(Jessop, 1998: 42-43). 그것은 '자기조직화의 조직화'를 의미한다. 메타거버넌스를 정부의 최상층이 모든 거버넌스체제를 지배하는 것으로 오해해서는 안 된다. 그것은 다양한 분야에서의 자기조직화뿐만 아니라 다양한 자기조직화 체계들의 다양한 목표들, 시공간적 지평들, 행위들 그리고 결과들이 어느 정도 일관성을 가질 수 있도록 제도를 설계하고 비전을 생성하는 것이다. 메타거버넌스는 제도적 차원과 전략적 차원을 포함한다. 제도적 차원에서 메타거버넌스는 행위의 다양한 지점들과 영역들의 기능적 연계에 관한 집단적 학습 기제를 제공한다. 전략적 차원에서 메타거버넌스는 기존의 거버넌스 형태를 보충, 보완하기 위해 추구되어야 할 새로운 제도적 배치와 활동을 장려할 수 있는 공유된 비전의 개발을 증진시킨다. 메타거버넌스는 두 측면에서 특정한 전략을 개발하고 주도권을 쥐기보다는 오히려 수평연계체계들이 구축될 수 있는 여건을 형성하는 데 초점을 맞춘다. 여기에서 국가는 정책공동체들 간

대화의 주된 조직자로서, 모든 하위체계들의 일관성을 유지하는 책임을 맡고 있는 제도적 총체로서, 규제적 질서의 원천으로서, 다른 하위체계들이 실패할 때 보완적인 행위를 해야 하는 책임이 있는 최고의 권력으로서 주요한 역할을 한다. 메타거버넌스는 획일적인 거버넌스 양식의 설치를 의미하는 것이 아니다. 오히려 그것은 복잡성과 다양성의 관리를 의미한다. 따라서 시장, 계층, 수평연계체계는 여전히 존재한다. 그러나 그것들은 협상을 통한 의사결정이라는 맥락 안에서 작동한다. 따라서 한편으로 시장의 경쟁은 협력에 의해 견제되고, 보이지 않는 손은 보이는 손과 결합된다. 다른 한편으로 국가는 더 이상 최고의 권력기구가 아니다. 그것은 다원적인 통치체제의 참여자들 가운데 하나에 불과하며, 그것의 고유한 자원을 협상과정에 투여한다. 네트워크, 파트너십 그리고 그 이외의 경제적, 정치적 거버넌스의 범위가 확장하면서 국가의 공식적인 기구들은 동년배 가운데 일인자(primus inter pares)로서의 위상을 가질 뿐이다. 왜냐하면 비록 공적 자금과 법이 거버넌스들의 작동을 뒷받침하는 데 여전히 중요하지만, 다른 자원들(사적 자금, 지식이나 전문성 등) 역시 그것들의 성공에 중요하기 때문이다. 국가의 참여는 덜 계층적이고, 덜 집권적이고, 덜 통제적인 성격을 띠게 된다. 국가의 참여는 정보의 제공과 도덕적 권고를 통해서 정당화된다. 국가는 명령이나 강제에 의해 영향력을 행사하는 것 못지않게 집단적 지성의 근원이자 중개자로서의 역할을 통해 영향력을 행사한다.

이러한 메타거버넌스 역할을 수행하는 데 있어 국가는 거버넌스를 위한 기본규칙들을 제공하고, 상이한 거버넌스 기제들과 체제들의 공존가능성을 보장하며, 거버넌스 참여자들의 기대에 부응하기 위해 상대적으로 독점적인 조직의 지식과 정보를 효율적으로 사용하고, 거버넌스 안에서 그리고 거버넌스에 대해서 발생하는 논쟁들을 해결하기 위한 법정으로서 기능하며, 체계의 통합이나 사회적 응집을 위해 상대적으로 약한 부분들이나 체계들에 힘을 실어줌으로써 권력의 균형을 이루는 데 기여한다. 이렇게 새로이 등장하는 메타거버넌스는 네트워킹, 협상, 잡음 줄이기, 소극적 조정이 계층제의 그늘 아래서 이루어지는 것을 의미한다. 거버넌스 기제들이 광범위하게 확장될 때, 그리고 그에 상응하여 국가의 기본적인 응집과 통합을 저해하지 않고 조직 간에 발생하는 변화들에 대응할 수 있는 적절한 거시조직적 능력을 세워야 할 필요성이 커질 때, 그러한 역할의 필요성은 더욱 커진다. 일반적으로 국가가 이러한 역할을 맡는 경향이 있다. 왜냐하면 국가는 더 광범위하고 복잡한 사회의 일부이자 동시에 그 사회의 제도적 통합성과 사회적 응집성을 보호해야 하는 책임을 맡고 있는 제도적 하위체계라는 역설적 위치에 있기 때문이다.

5. 거버넌스와 공공성

거버넌스는 사회의 다양한 행위주체들이 협력과 조정을 통해 조화를 이루는 기제라 하겠다. 그러한 의미에서 공공성을 실현하기 위한 공-전략으로서 유용하다고 하겠다. 그러나 거버넌스는 실패할 가능성이 있다. 이를 방지하기 위해 거버넌스의 관리에 있어서 정부의 역할을 강조하는 메타거버넌스에 주목하고는 있으나, 이 역시 실패할 가능성이 있다. 거버넌스를 통한 공공성의 실현에서 특히 관심을 기울여야 할 필요가 있는 것은 실패 가능성을 최소화하는 것이다. 그렇다면 거버넌스나 메타거버넌스의 실패 가능성에 대해 어떠한 입장을 취해야 하는가?(Jessop, 2003: 7)

첫째, 거버넌스가 실패할 가능성이 있다는 것을 인정하고, 실패에 대한 대응책으로서 비판을 제도화하고, 오류수정의 메커니즘을 만드는 것이 바람직하다. 비판의 제도화는 거버넌스에 대한 성찰을 통해 실패를 예방하는 데 도움이 된다. 실패 자체가 치명적일 수 있지만, 더 치명적인 것은 실패에 대처할 수 있는 메커니즘이 없는 것이다. 오류수정 메커니즘은 실패의 악영향을 완화하는 데 도움이 된다.

둘째, 거버넌스 자체를 유연하게 만드는 것이다. 환경의 변화는 거버넌스의 실패를 가져오는 요인들 가운데 하나이다. 거버넌스도 환경의 변화에 적응할 수 있는 진화 기제들을 발전시킬 필요가 있다. 그 가운데 하나는 환경변화에 대응할 수 있는 다양한 레퍼토리들을 구성하는 것이다. 이를 통해 어느 정도의 변화를 거버넌스가 흡수할 수 있는 역량을 갖추는 것이 바람직하다.

셋째, 거버넌스 참여자들은 아이러니스트(ironist)가 될 필요가 있다. 실패 가능성에 대해 두 가지 상반된 태도를 볼 수 있다는데 그 하나는 냉소주의이다. 냉소주의는 아무리 노력해도 성공할 수 없다는 인식에 사로잡혀 어떠한 행동도 취하지 않으려는 태도를 말한다. 다른 하나는 아이러니스트이다. 아이러니스트는 불완전성과 실패를 사회적 삶의 본질적인 특징으로 받아들이지만 마치 완전성과 성공이 가능한 것처럼 계속 행동하는 사람을 말한다. 그렇다고 아이러니스트를 돈키호테와 혼돈해서는 안 된다. 그는 현실에 대한 냉정한 인식을 바탕으로 당면한 문제에 대한 창의적인 대응방법을 찾는 사람이다.

거버넌스는 다양한 사회의 세력들이 협상을 통해 문제를 해결하는 기제이다. 거버넌스의 정형화된 모델은 없으며, 대응해야 할 문제의 성격에 따라 다양하게 구성될 필요가 있다. 거버넌스는 매우 창의적인 사회의 조정 기제라 하겠다. 거버넌스는 실패할 가능성이라는 위험부담을 감수할 만큼 공공성을 실현하는 데 매우 유익한 기제라 하겠다.

공 – 전략은 다양한 행위주체들이 함께 조화를 이루면서 평화로운 공존의 조건을 구성하는 데 초점을 맞춘다. 인간은 보다 적극적으로 공적인 일에 참여할 수 있는 주체로 세워져야 한다. 국가는 특정한 세력이 아니라 국민 전체에게 봉사할 때 사회적 조화와 평화를 이루는 데 기여할 수 있다. 시민사회에서는 결사체들이 다양화되고 결사체들 간에 경쟁과 협상이 건전하게 이루어질 때 사회적 연대를 기대할 수 있다. 시장은 사유의 영역이 공유의 영역에 의해 적절히 견제될 때, 그리고 구성원들의 욕구충족이라는 본래적인 사회적 기능에 충실해질 때, 사회화된 시장의 가능성을 기대할 수 있다. 공 – 전략은 이처럼 행위주체들의 변화를 요청한다. 특히 거버넌스는 행위의 주체일 수도 있고 행위의 주체들이 조정을 통해 문제를 해결하는 기제일 수도 있다. 그러한 의미에서 거버넌스는 공 – 전략의 대표적인 사례라 하겠다.

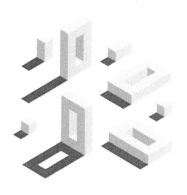

제5장

통(通)−전략

통−전략의 핵심은 양적으로나 질적으로 절차로서 민주주의를 향상시키는 것이다. 양적으로는 단순한 다수가 아니라 '더 많은' 다수에 의한 결정방식을, 질적으로는 참여와 토론의 기회를 확장할 수 있도록 민주적 절차를 설계하는 것이다. 이를 위한 전제조건은 정치가 단지 정치인들의 전유물이 아니라는 것, 그리고 사회적 삶에 '정치적인 것'이 이미 녹아들어 있다는 인식을 공유하는 것이다. 따라서 이 장에서는 우선 정치적인 것이 무엇인가에 대한 주장들을 살펴본다. 그리고 정치적인 것, 즉 정치의 원리가 작동하는 공론영역(공론장)에 대한 다양한 이론들을 검토한다. 마지막으로는 민주주의의 향상을 위한 노력으로서 대의민주주의의 대표성을 강화하려는 노력과 직접민주주의를 접합시키려는 노력을 살펴본다.

제1절 정치적인 것

통−전략의 초점은 정치공동체의 의사결정과정에 맞춰져 있다. 사람들은 그

과정을 정치로 이해한다. 따라서 통-전략에 대한 논의는 "정치(politics)란 무엇인가?"라는 질문에 대한 답을 구하는 데서 시작되어야 할 것이다. 일반적으로 정치에 대한 관념은 권력게임을 통해서 사회적 가치들을 배분하는 과정을 중심으로 형성된다. 권력게임과 가치배분은 정치를 이해하는 핵심 개념이라 하겠다. 정치에 대한 이러한 이해방식은 정치의 가시적인 측면 혹은 현상적 측면에 초점을 맞춘 것으로서 근원적인 정치의 의미, 다시 말해서 '정치적인 것(the political)'의 본질을 설명하지는 못한다. 정치를 현상적으로 존재하는 것(what)이라 한다면, 정치적인 것은 정치를 가능하게 하는 원리(how)라 하겠다. 통-전략은 개념적으로 '정치적인 것'의 재발견을 통해서 더 많은 민주주의의 가능성을 모색한다(김항, 2015; 안효성, 2013; 윤평중, 2001). 이 절에서는 적과 동지의 구별원리로서 정치적인 것, 사회의 자기표현으로서 정치적인 것, 민주주의로서 정치적인 것, 그리고 사회적 영향으로서 정치적인 것의 개념을 살펴본다.

1. 적과 동지의 구별원리로서 정치적인 것: 칼 슈미트(C. Schmitt)의 경우

"정치적인 것이란 무엇인가?" 이 질문이 주목을 받게 된 계기는 슈미트의 '정치적인 것'에 대한 논의에서 찾을 수 있을 것이다. 그의 문제의식은 다음과 같다. 도덕적인 것이 선과 악을, 미학적인 것이 미와 추를, 경제적인 것이 이익과 손실을 구별하는 것을 고유한 원리로 하는 것처럼, 정치적인 것은 무엇과 무엇을 구별하는 것을 독자적인 원리로 하는 것일까? 슈미트는 정치적인 것은 '적과 동지의 구별'을 독자적인 원리로 한다는 그 유명한 개념을 찾아낸다(Schmitt, 1996: 26). 도덕적으로 악한 것, 미학적으로 추한 것, 경제적으로 손해를 끼치는 것이 반드시 적이 되는 것도 아니고, 도덕적으로 선한 것, 미학적으로 아름다운 것, 경제적으로 이익이 되는 것이 반드시 동지가 되는 것도 아니다. 그런 의미에서 적과 동지의 구별을 기본원리로 하는 정치적인 것의 고유성과 독자성은 명백하다는 것이다. 그렇다면 사적인 차원에서의 적대적 관계를 정치적인 것이라 할 수 있는가? "적은 일반적인 갈등상태에 있는 어떤 경쟁자나 상대가 아니다. 그는 누군가가 증오하는 사적인 적대자가 아니다. 적은 적어도 잠재적으로 전투적인 집단이 다른 전투적인 집단과 대립할 때만이 존재한다. 적은 오로지 공적인 적이다. 왜냐하면 그러한 인간집단, 특히 전체 국가와 관련이 있는 모든 것은 그러한 관계로 인해 공적인 것이 되기 때문이다(28)." 슈미트는 정치적인 것을 '공적인 것'으로 본다. 정치적인 것은 적과 동지를 집단화하는 것을 전제로 하기 때문이다. 여기에서 주목해야 할 것은 적과 동지의 관계의 성격이다. 슈미트는 적과 동지의 구별을 '극단적인 통합이나 분리' 또는 '가장 강렬하고 극단적인 적대(antagonism)'로 규정한다(Schmitt, 1996: 29).

정치적인 것에 대한 슈미트의 개념은 정치적인 것의 공적인 성격과 적대적인 권력투쟁의 성격을 드러낸 점에서 매우 현실적인 것으로 보일 수 있다. 그의 정치적인 것의 개념은 단순히 적과 동지의 구별에 멈추는 것이 아니다. 그것은 극단적으로 적대적 관계에 있는 상대집단을 절멸시키는 데 초점을 맞춘다. 따라서 정치적인 것은 끊임없이 적을 만들어내고, 그 적을 절멸시키는 과정으로 이해될 수 있다. 이는 관찰 가능한 역사적 사실일 수 있으나, 그것이 전부는 아니다. 인간은 그러한 적대적 관계 속에서도 공존을 위한 돌파구를 찾고자 했다는 것도 역사적 사실이다. 그런 의미에서 적의 절멸을 종착점으로 하는 정치적인 것의 본질은 현실정치의 절반만을 반영한 것이라 하겠다. 그렇기 때문에 슈미트의 정치적인 것의 관념은 히틀러와 같은 사람에게 위험한 영감을 불러일으킬 수도 있다.

2. 사회의 자기표현으로서 정치적인 것: 클로드 르포르(C. Lefort)의 경우

현상학적인 전통에 있는 르포르는 정치적인 것을 사회가 자기 자신과 관계하는 방식, 즉 사회의 자기표현으로 이해한다. 그는 정치를 제도화된 정치영역에 제한된 개념으로, 정치적인 것을 인간의 사회적 삶 전체와 관련된 현상으로 본다. 르포르는 정치적인 것을 사회가 자신의 전체성이나 단일성을 스스로에게 드러내는 방식으로 또는 사회가 자신을 집합체로 이해하는 방식으로 본다. 다시 말해서 정치적인 것은 사회적 삶에 형태를 부여하는 것이다. 사회적 삶에 형태를 부여한다는 것은 그것에 의미를 부여하는 동시에 그것을 가시화하는 것을 의미한다. 정치적인 것은 실재적인 것과 공상적인 것, 참된 것과 거짓된 것, 정의로운 것과 불의한 것, 허용된 것과 금지된 것, 정상적인 것과 비정상적인 것을 구분하는 기준을 제공함으로써 사회적 삶에 의미를 부여한다. 정치적인 것은 사회적 공

간에 귀족정, 군주정, 전제정, 민주정, 전체주의와 같은 통치체제로 자신을 드러
냄으로써 사회적 삶을 가시화한다(Lefort, 1988: 11-12, 217-221). 정치적인 것은
인간들이 서로 간에 또는 세계와 맺는 관계의 발생과 관련된 원칙의 총체이다(홍
태영, 2016). 정치적인 것이 부여하는 사회적 삶의 형태는 고정된 것이 아니다. 사
회에는 갈등과 의견의 불일치가 항상 존재하기 때문에, 모든 것은 잠정적이고 불
완전하며 불확정적이다. 따라서 정치적인 것은 논쟁을 불가피한 것으로 본다. 이
러한 의미에서 정치적인 것은 '정당한 것과 정당하지 않은 것에 대한 논쟁의 정
당성(Lefort, 1988: 39)'을 대전제로 하는 것이라 하겠다. 물론 그 논쟁에는 보증인
도 없고 종결점도 없다. 논쟁은 완전히 열려 있다. 정치적인 것에 대한 이러한
정의는 민주주의의 전선이 정치영역뿐만이 아니라 사회의 모든 영역으로 확대될
수 있는 개념적 계기를 제공한다.

3. 민주주의로서 정치적인 것: 쉘던 월린(Sheldon Wolin)의 경우

월린은 정치적인 것의 의미와 관련하여 초기에는 공적인 성격에 초점을 맞
추다가, 후기에는 민주주의에 초점을 맞춘다(Wiley, 2006). 그렇다고 해서 정치적
인 것에 대한 관념에 질적인 전환이 있었다는 것은 아니다. 월린의 경우에는 정
치적인 것, 공적인 것, 민주주의가 동일한 의미로 이해되고 있다.

초기의 월린은 정치적인 것을 공적인 것, 공통적인 것, 일반적인 것, 보편적
인 것과 동일한 의미로 이해한다. "정치철학은 공적인 문제를 다룬다. '공적', '공
통적', '보편적'이라는 단어들이 정치적인 것과 동의어로 사용되는 오랜 전통이
있다(Wolin, 2004: 10)." 그래서 서구의 정치적 전통에서는 정치질서를 사회구성원
들 모두가 이해관계를 갖는 관심사들을 다루기 위해 만들어진 공통의 질서로 인
식하였다는 것이다. "정치사회의 포용성은 언제나 가족, 계급, 지역사회, 분파의
할거주의와 대비되었다. 사회 전체의 안녕에 대한 일반적인 책임은 언제나 정치
질서의 특별한 기능으로 생각되었다(Wolin, 2004: 385)." 그리고 서구의 전통에서
는 정치적 지배를 공동체의 모든 구성원들이 공유하는 일반적인 이해관계와 관
련이 있는 것으로 본다는 것이다. 정치적 지배는 공적이라는 것이다. 공적인 것
은 두 가지 의미를 갖는다. "첫째, 어떤 판단, 정책, 또는 결정이 공동체에 의해

인정된 권위를 가진 사람 혹은 사람들에 의해 표현될 때 진정으로 공적인 것으로 생각된다. 둘째, 어떤 판단이 사회 전체에 적용될 수 있는 보편적인 성격을 가질 때 진정으로 공적인 것으로 받아들여진다(Wolin, 2004: 56).”

후기의 월린은 ‘사회에 일반적이고 공통적인 것’으로서 정치적인 것을 민주주의로 이해한다. “역사적으로 정치적인 것의 이념과 민주주의의 이념은 거의 동의어처럼 보일 정도로 상당히 많은 공통적인 의미들을 공유하였다(Wolin, 1994: 301).” 서구적 전통에서 정치적인 것의 이념을 부자들에 의해 통제되거나 부자들을 위한 정치질서와 관련짓는 경우는 찾아볼 수 없다는 것이다. “모든 형태의 국가들은 민주주의를 그 진리로 삼으며, 그러한 이유 때문에 그것들이 민주주의가 아닌 정도만큼 허위이다(Marx, 1970: 31).” 국가가 정치적인 한, 공동체 전체의 선을 위해 통치하고, 특정한 계급이나 집단의 이익을 위해 봉사하지 않는 것이 국가의 본질이다. 바로 이것이 민주주의적 진리라는 것이다.

4. 사회적 영향으로서 정치적인 것: 울리히 벡(Ulrich Beck)의 경우

벡은 현대사회의 ‘위험’에 주목하고, 그것에 대응할 수 있는 ‘새로운 정치’를 모색한다. 일반적으로 정치는 협의적으로는 권력을 쟁취하기 위한 게임으로, 광의적으로는 공적인 의사결정과정으로 정의되고 있다. 벡은 이보다 더 광의적으로 정치를 개념화한다. 정치는 ‘삶의 조건을 구조화하고 변화시키는 일체의 행위’라는 것이다(Beck, 1992: 208). 이 개념에 따르면, 전통적인 제도적 정치, 즉 대의정치가 그 일부를 구성하고, 전통적인 정치와는 구별되는 ‘아류정치(subpolitics)’가 다른 일부를 구성한다. 정치는 대의정치와 보완적인 아류정치의 상호작용에 의해 이루어지는 총체적인 과정으로 이해될 수 있다. 아류정치는 일국의 대의정치 제도의 ‘바깥 또는 너머’에서 이루어진다(Beck, 1996: 18). ‘바깥 또는 너머’는 지방적, 국가적, 지역적, 전지구적 수준을 망라한다. 아류정치는 제도정치에 의도적으로 영향을 미치는 능동적인 방식으로 이루어지거나 그러한 의도가 없음에도 불구하고 영향을 미치는 수동적인 방식으로 이루어지는 경우도 있다. 전자를 ‘능동적(positive) 아류정치’, 후자를 ‘수동적(passive) 아류정치’라 부른다(Holzer & Sørensen, 2003).

　　수동적 아류정치는 사회 내의 상호의존성이 더욱 고도화되고 있는 기술사회의 전형적인 특성을 반영한다. 사회적 상호의존성 때문에, 사회 내의 어떤 부분에서 이루어지는 의사결정이 사회의 다른 부분들과 제도 정치에 영향을 미칠 수 있다는 것이다. 수동적 아류정치를 하는 사람들은 직접 정치를 하는 데 관심이 없으며, 정치는 그들이 본래 하던 일을 하는 과정에서 부수적으로 발생하는 효과에 불과하다. 가령 굴지의 대기업이 생태경영을 선언하고 실행함으로써 의도하지 않게 다른 기업들이나 정치에 간접적으로 영향을 미치는 경우를 예로 들 수 있다. 능동적 아류정치는 사회결사체들이 사회적 정치적 조건에 의도적으로 영향을 미치는 경우를 말한다. 가령 원자력발전소 건설을 반대하는 사회단체들이 반대운동을 펼쳐 의도적으로 정치적 영향력을 행사하는 경우를 예로 들 수 있다. 두 유형의 아류정치는 공식적인 대의정치체제 밖에서 이루어진다는 점에서 공통점이 있지만, 정치적 의미를 관찰하는 사람이 다르다. 수동적 아류정치는 관찰자들이 정치적 의미를 부여하는 데 반해서, 능동적 아류정치는 참여자들 자신이 정치적 의미를 부여한다. 제도적 정치, 능동적 아류정치, 수동적 아류정치는 우리의 행위가 의도적이건 의도적이지 않건 정치적일 수밖에 없다는 것을 보여준다. 따라서 공적인 영역과 사적인 영역의 구분은 큰 의미를 갖지 않는다. 어느 영역에서 의사결정이 이루어지건 그것은 정치적인 의미를 가질 수 있다. 왜냐하면 그러한 결정들은 단기적으로 또는 장기적으로 사람들의 삶의 조건을 구조화하고 변화시키는 데 영향을 미치게 될 것이기 때문이다. 따라서 제도정치는 제도화되지 않는 정치, 즉 아류정치에 주목해야 할 필요가 있다.

5. 정치적인 것과 공공성

　　사람들은 다르다. 그럼에도 불구하고 함께 살아야 한다. 이것이 정치적인 것이 작동하는 대전제이다. 사람들은 다르기 때문에 동일한 문제를 놓고도 문제의 의미를 규정하고 해결책을 찾는 데 같을 수가 없다. 따라서 갈등이 있을 수밖에 없으며, 토론과 논쟁은 피할 수 없다. 정치적인 것은 어떤 문제를 놓고 다양한 의견을 가진 사람들이 자신들의 입장을 관철시키기 위해 경쟁하는 것을 말한다. 경쟁에는 대의명분이 있어야 하는데, 사람들은 자신이 어떠한 입장에 서 있든지 자신들의 의견이 궁극적으로 공동체 전체의 이익에 기여할 수 있다는 점을 다른 사람들에게 설득할 수 있어야 한다. 경쟁이 때로는 경쟁 상대를 절멸시키는 결과를 가져오는 경우도 있으나 일반적으로는 공존을 전제로 이루어진다. 이러한 과정을 통해서 사람들은 자신이 속해 있는 공동체에 의미를 부여한다. 공동체가 추구하는 목적이 무엇이어야 하는지, 그 목적을 이루기 위해서는 어떤 원리를 따라야 하는지, 사람들에게는 어떠한 권리와 의무가 주어져야 하는지 등 수많은 의미들을 부여한다.

정치적인 것이 사람들 사이에서 작동하는 것이라는 점에서 보면, 그것은 본질적으로 공적인 것이다. 정치적인 것의 의미가 사람들에 따라 다르게 설명되고 있으나, 일반적으로 공유하고 있는 생각은 정치적인 것이 작용하는 영역을 단순히 정치의 영역에 국한시키고 있지 않다는 것이다. 말과 행위의 교환이 이루어지는 공간이라면 그곳이 어디든지 정치적인 것이 작동하게 된다는 것이다. 이렇게 보면, 정치적인 것은 대의제를 기반으로 하는 정치의 개념뿐만 아니라 직접적인 참여를 기반으로 하는 정치 개념마저도 넘어서는 매우 넓은 의미를 갖는다. 사람들은 의도적이건 비의도적이건, 의식적이건 무의식적이건 정치적인 행위를 하게 된다고 보기 때문이다. 정치적인 것은 정치영역뿐만 아니라 사회의 모든 영역에서 작용한다. 국회만이 아니라 가정, 학교, 기업, 종교조직, 사회, 시장에서도 정치적인 것이 작동할 수 있다. 이러한 측면에서 보면, 정치적인 것은 공적인 공간을 형성하고 확장하는 원리라 할 수 있다.

제2절 공론영역

통-전략은 공론영역(공공영역, 공론장)의 창출과 활성화를 통해 더 많은 민주주의를 추구한다. 통-전략은 가능하다면 정치, 경제, 사회, 문화의 모든 부문에 토론의 원리가 적용되기를 기대한다. 이 절에서는 야스퍼스의 소통의 원형으로서 실존적 소통, 아렌트의 정치와 실존의 공간으로서 공공영역, 하버마스의 합리

적 소통의 공간으로서 공론영역 그리고 무페의 경합공간으로서 공론영역 등에
대해 살펴본다.

1. 소통의 원형으로서 실존적 소통: 칼 야스퍼스(K. Jaspers)의 경우[10]

야스퍼스는 당대의 화두였던 철학의 복원에 사유의 초점을 맞추었다. 그는
개방적인 이성에 기초한 철학적 신앙을 통해서 철학의 복원을 시도하였으며, 그
결과물이 실존주의이다. 야스퍼스의 실존주의가 갖는 특성은 소통을 그 중심에
두고 있다는 것이다. 여기에서는 야스퍼스의 철학의 복원을 위한 노력과 실존적
소통에 대해 살펴본다.

1) 본래적 철학의 복원을 위하여: 철학적 신앙(philosophical faith)

인간이 답을 얻고 싶어 하는 궁극적인 물음은 "우리는 무엇을 근거로 살아
야 하며, 또한 무엇을 위하여 살아야 하는가"라는 물음일 것이다. 야스퍼스는 사
람들이 이 물음에 대한 대답을 찾기 위해 계시신앙이나 과학에 의존하는 경향이
있다고 본다. 계시신앙을 추종하는 사람들은 신에 대한 믿음을 통해서 삶의 의미
를 찾을 수 있으며, 신을 거부하게 되면 허무주의(nihilism)의 나락으로 떨어지고
말 것이라 주장한다. 야스퍼스는 계시신앙에서 사람들의 맹목성이나 무사유의
위험을 본다. 본래 의심에서 비롯되는 사유는 절대적인 진리에 대한 확신 앞에서
무의미해진다. 무조건적인 권위는 의심과 사유를 불가능하게 한다. 또한 교리와
는 다른 생각들을 무의미하게 보거나 허용하지 않기 때문에 생각이 다른 사람들
과의 대화는 필요하지 않다. 계시신앙은 사유와 소통을 가로막는다.

다음으로 과학을 추종하는 사람들은 주술로부터 인간을 해방시켰다고 생각
하는 과학으로부터 삶의 의미를 찾을 수 있다고 생각한다. 명확하고 타당한 지식
을 제공하는 과학을 거부하게 되면, 환상의 세계에서 벗어날 수 없을 것이라 주
장한다. 이는 명확하고 타당한 지식에 절대적 권위를 부여함으로써 과학으로는
설명할 수 없는 사유를 무의미하게 만든다. 또한 과학적 지식과 다른 생각들은

---

10) 임의영(2018a)을 수정 기술함. 야스퍼스에 대해서는 강갑회(2002), 강대석(1994), 김정길(1997),
김진웅(2012) 박은미(2009), 박은희(1987) 등 참조.

환상에 불과한 것으로 생각하기 때문에 다른 사람들과의 대화를 불필요한 것으
로 본다. 과학 역시 사유와 소통을 가로막는다. 야스퍼스는 기본적으로 계시종교
이건 과학이건 그 무엇이 되었든 무엇인가에 절대적인 권위를 부여하는 것을 인
간의 실존에 가장 위협적인 것으로 본다. 그것은 인간의 선택과 자유 그리고 소
통을 허용하지 않기 때문이다. 그래서 야스퍼스는 절대적 권위에 의존하는 계시
신앙과 자신의 한계를 인정하지 않는 과학적 미신에 반하여 사유와 소통을 장려
하는 '철학적 신앙'을 제안한다(Jaspers, 1981; 강대석, 1994; 정영도, 2001; Cesana,
2012; Wildermuth, 2007).

철학적 신앙의 핵심은 철학은 그 자체의 독자적인 근원을 가지고 있다는 것
이다. 철학은 과거에 신학의 시녀로 치부되기도 하였으며, 현대에는 과학의 시녀
가 될 위기에 처하였다. 야스퍼스는 철학이 계시신앙이나 과학적 미신과 같이 교
조주의의 함정에 빠지지 않도록 다시 근원으로 돌아가서 학문으로서의 철학이
아니라 실천으로서의 '철학하기'의 의미를 되살리고자 한다. "아무리 많은 철학자
들이 철학을 교조주의로, 요컨대 결정적이고 완전한 것이라 주장하는 교훈적인
원리들 전체로 착각하게 만들더라도, 철학의 본질은 진리의 소유가 아니라 진리
의 탐구이다. 철학은 도상에(on the way) 있음을 의미한다. 철학의 물음들은 대답
들보다 더 본질적이며, 모든 대답은 새로운 물음이 된다(Jaspers, 1954: 12)." '도상
(途上)의 철학'은 어떠한 교조주의, 절대적 권위, 폐쇄성도 인정하지 않는다. 그것
은 철저한 개방성을 의미한다. 이처럼 야스퍼스는 독일 관념론자들이 추구했던
폐쇄적인 철학 체계의 구성보다는 체계적인 철학적 사유에 관심을 가졌다. "스스
로를 닫아버리는 체계는 무의미하게 되었다. 단지 체계적인 것만이 가능할 뿐이
다(Jaspers, 1957: 91)."

신앙은 본래 내적인 확신에 근거하는 것이다. 그것은 과학적인 타당성이나
검증에 의존하지 않는다. 철학적 신앙은 우리가 결코 인식할 수 없는 존재, 다시
말해서 우리의 인식의 지평을 넘어서는 포괄적인 지평이 존재한다는 확신에 근
거한다. 야스퍼스는 그러한 포괄적 존재를 '포월자(包越者, encompassing)'라 부른다.

우리에게 대상이 되는 일체의 것들(everything)이 비록 그것이 아무리 거
대한 것이라 할지라도 항상 다른 것 안에 여전히 존재한다는 것, 즉 아직 전

부(all)가 아니라는 것이다. 우리가 도달한 곳이 어디든, 도달된 곳을 포함하고 있는 지평선은 더 멀어지고 최종적인 어떠한 휴식도 포기하지 않을 수 없게 만든다. 우리는 존재의 완결된 전체가 조망될 수 있는 어떠한 관점도 확보할 수 없다. 또한 간접적으로나마 존재 전체가 알려질 수 있는 관점들조차도 확보할 수 없다. 우리는 항상 하나의 지평 안에서 살면서 생각한다. 그러나 그것이 하나의 지평이라는 바로 그 사실은 특정한 지평을 다시 둘러싸고 있는 더 멀리 있는 무엇인가가 있다는 것을 의미한다. 이러한 상황에서 포월자에 대한 문제가 대두된다. 포월자는 존재의 모든 규정적인 양식들과 진리가 우리에게 나타나는 지평선이 아니다. 그것은 오히려 더 이상 지평선으로 전혀 볼 수 없는 절대적으로 포괄적인 어떤 것으로서 모든 개별적인 지평선들을 둘러싸고 있는 것이다(Jaspers, 1955: 51-52).

야스퍼스가 포월자를 제시하는 이유는 우리의 인식에는 한계가 있을 수밖에 없다는 사실을 명확히 보여주기 위한 것이다. 이는 어떠한 진리의 절대화나 교조주의도 가능할 수 없다는 것을 의미한다. 그런 의미에서 철학적 신앙은 포월자를 지향한다. 그것은 우리의 한계를 정직하게 바라보고, 그것을 넘어서고자 하는 의지를 요청한다. 따라서 야스퍼스에게서 철학하기는 곧 사유하기이며 동시에 '초월하기(transcending)'이다.

포월자는 자기 자신을 직접 드러내지 않는다. 그래서 우리는 포월자의 전모를 '알 수 없다.' 다만 우리는 '암호(cipher)'를 통해서 포월자를 추구할 뿐이다. 한용운의 시 '알 수 없어요'는 암호를 통한 포월자의 추구가 어떠한 것인지를 적절하게 보여준다. "연꽃 같은 발꿈치로 가이없는 바다를 밟고, 옥 같은 손으로 끝없는 하늘을 만지면서, 떨어지는 날을 곱게 단장하는 저녁놀은 누구의 시(詩)입니까? 타고 남은 재가 다시 기름이 됩니다. 그칠 줄을 모르고 타는 나의 가슴은 누구의 밤을 지키는 약한 등불입니까." 시는 눈에 보이는 '저녁놀'의 암호를 통해서 포월자인 '누구'를 지향하고, 궁극적으로는 그 포월자를 지향하는 '나'가 어떤 존재인지를 성찰한다. 이처럼 암호를 통해 포월자를 지향하면서 참된 자신을 찾고자 하는 것이 야스퍼스가 말하는 철학하기의 핵심이라 하겠다.

포월자를 추구하는 철학적 신앙이 가능한 이유는 무엇인가? 야스퍼스는 그 이유를 인간의 이성에서 찾는다. 일반적으로 오성과 이성을 동일하게 보지만, 칸트의 경우는 이들을 엄밀하게 구분한다. 오성은 주관이 선험적으로 주어진 범주들을 가지고 경험적 대상에 대한 지식을 형성하는 능력을 말한다. 오성은 규정적이다. 그에 비해 이성은 우주, 영혼, 신과 같이 초경험적인 대상을 사유하는 능력이다. 이성은 비규정적이다. 야스퍼스 역시 오성과 이성을 구분한다. 한 마디로 이성은 오성을 넘어선다. 이성은 오성의 규정성에 대해 문제를 제기하고, 그 이상의 것을 추구한다. 이러한 전제 위에서 야스퍼스는 이성의 특성을 다음과 같이 말한다.

> 이성은 확고하게 고정되어 있지 않고 항상 움직인다. 이성은 모든 기성 입장을 비판한다. 따라서 궁극적이고 확고한 사상에 도달함으로써 더 이상 사고하지 않으려는 경향과 반대되는 것이다. 이성은 사려를 갈망한다. 이성은 자의에 반대한다. 이성은 자기의식에 투철하며 그 한계를 알고 있어서 자제한다. 이성은 오만에 반대한다. 이성은 끊임없이 경청하고 기다리고자 한다. 이성은 편협한 감정적 도취에 반대한다. 이러한 운동을 통해 이성은 독단, 자의, 오만, 도취의 속박으로부터 벗어난다. 그러면 어디로 가는 것일까? 이성은 통일에의 의지이다. 이성의 활기와 명료성으로부터 생기는 조심은 '통일이란 무엇인가?'라는 물음으로부터 생긴다. 이성은 어떤 특수한 통일성이 아니다. 현실적이고 유일한 통일성을 파악하려고 한다. 통일에 대한 이전의 부분적인 파악을 궁극적인 것으로 절대화하면 이성은 무용지물이 된다는 것을 알고 있다. 이성은 만유(萬有)이기도 한 일자(一者)를 원하기 때문이다. 따라서 이성은 존재하는 모든 것을 배제하지 않고 아무것도 탈락시키지 않으며, 또한 아무것도 제외하지 않는다. 이성은 그 자체로서는 무한한 개방성이다(Jaspers, 1992: 33-34).

이성은 본질적으로 '만유이기도 한 일자' 즉 포월자를 추구한다. 그래서 야스퍼스는 철학의 본성을 이성에서 찾는다. 이성을 상실하면 철학 자체도 잃게 된다. 야스퍼스의 과제는 '강제적인 오성의 필연성에 따르기는 하지만 오성 자체를 완전히 소유함으로써 협착한 오성에 빠지지 않는 진정한 이성에 의해 철학을 회복하는 것', 즉 '이성의 철학'을 복원하는 것이다(Jaspers, 1992: 52).

계시가 아닌 이성에 의한 철학적 신앙은 허무주의로부터 벗어날 수 있는가?

포월자를 추구하는 이성은 절대적 무한성을 본질로 한다. 다시 말해서 이성은 어떠한 절대성도 인정하지 않는다. 절대성으로부터 벗어나 있는 이성은 자유롭다. 따라서 포월자는 우리를 자유롭게 해주는 이념이라 하겠다. 그런데 다른 각도에서 보면, 포월자는 어떤 절대적인 것에서 자신의 존재이유를 찾는 사람들에게서 그것을 상실하게 함으로써 허무주의에 빠지게 한다. 그러나 야스퍼스는 허무주의를 비관적인 현상으로 보지 않는다. 그는 철학적 사유를 통해 허무주의를 뚫고 지나갈 수 있을 것이라 기대한다. "결국 환상에 불과했던 절대적인 것으로부터의 추락은 솟구칠 수 있는 힘이 된다. 깊은 구렁으로 보였던 것이 자유를 위한 공간이 된다. 무(無)로 보이는 것이 본래적 존재(authentic being)가 우리에게 말을 거는 그러한 것으로 변화된다(Jaspers, 1954: 38)." 야스퍼스에 따르면, 허무주의는 오히려 본질적인 힘이다. 이는 기존의 가치체계와 삶의 방식을 파괴하는 니체의 권력 개념을 많이 닮았다. 그러나 야스퍼스는 허무주의를 삶의 일부로 본다. 이처럼 야스퍼스는 허무주의를 삶의 본래적인 요소로 보기 때문에, 자기의식이 발전하기를 원하는 사람은 허무주의를 피해서는 안 된다고 생각한다(Andrén, 2014: 212). 문제는 허무주의에 어떻게 대응하는가에 있다. 또 다른 절대적인 것에 매달리는 것은 자유를 포기하는 것이며 궁극적으로 자기됨의 기회를 상실하게 만든다. 야스퍼스가 권하는 길은 자유의 끈을 놓지 않고 스스로 결단하며, 그 결단에 '책임'을 지는 것이다. 그는 이를 통해서 우리가 자기됨에 보다 가까이 접근할 수 있다고 본다. 철학적 신앙에 내재된 인간관은 다음과 같은 명제로 표현될 수 있다. "인간으로서 존재한다는 것은 인간으로 되어가는 것이다(Jaspers, 1954: 73)."[11]

그렇다면 키에르케고르(S. Kierkegaard)가 말한 신 앞에 홀로 서 있는 단독자처럼, 야스퍼스의 철학적 신앙 역시 포월자 앞에 홀로 서 있는 개인을 전제하는 것인가? 그렇지 않다. 철학하기의 궁극적인 목적 가운데 하나는 사람들이 서로 소통하게 하는 것이다. 야스퍼스에 따르면, 세상에는 두 가지 유형의 철학이 있다. 하나는 소통을 불가능하게 하는 철학이고, 다른 하나는 소통을 촉진하는 철학이다. 철학적 신앙은 포월자 앞에서 함께 소통하고 있는 사람들을 전제한다. 그리고 이성적 소통만이 참된 진리에 접근하는 것을 가능하게 한다.

---

11) Menschensein ist Menschenwerden.(To be a man is to become a man.)

내가 성찰을 통해 홀로 획득한 것은, 만일 그것이 전부라면, 획득된 것이 아무것도 없는 것이나 마찬가지다. 소통 안에서 실현되지 않은 것은 아직 실현된 것이 아니며, 궁극적으로 소통에 근거하지 않은 것은 충분한 근거가 없는 것이다. 진리는 두 사람으로부터 비롯된다. 그러므로 철학은 부단한 소통을 추구할 것을, 거리낌없이 소통을 감행할 것을, 항상 새로이 변장하여 당신에게 강요하는 완고한 자기주장을 포기할 것을, 그러한 포기를 통해 당신이 헤아릴 수 없는 방법으로 당신 자신에게 다시 부여될 것이라는 희망 속에서 살 것을 요구한다. 따라서 나는 부단히 나 자신을 의심하지 않으면 안 되며, 안심해서도 안 된다. 나는 내 안에서 분명해 보이는 어떤 빛이 나를 믿음직하게 비추어주고 나를 참되게 판단해 줄 것이라는 믿음 속에서 그것에 집착해서도 안 된다. 자아에 대한 그러한 태도는 참되지 않은 자기주장의 가장 유혹적인 형태이다(Jaspers, 1954: 124).

철학적 신앙은 계시종교와 한계를 인정하지 않는 과학적 미신으로부터 철학을 구출하고자 하는 야스퍼스의 기획이다. 그 기획은 신학이나 과학의 시녀로서의 철학에서 본래적인 철학하기로, 규정적인 오성에서 개방적인 이성으로, 한정된 지평에서 무한한 포월자로, 인간의 독자적 실존에서 소통에 의존하는 관계적 실존으로, 있음(being)의 인간론에서 되어감(becoming)의 인간론으로의 이행을 시도한다. 철학적 신앙이 요청하는 철학의 목적은 다음과 같다. "철학의 목적은 근원에서 실재를 발견하는 것이다. 나 자신에 대한 사유 속에서, 즉 나의 내적인 행위 속에서 실재를 이해하는 것이다. 사람들을 포월자에게 열어주는 것이다. 사랑투쟁 속에서 사람에서 사람으로 진리의 모든 측면의 소통을 시도하는 것이다. 좌절 앞에서 그리고 이성적이지 않은 것 앞에서 참을성 있게 그리고 끊임없이 이성의 각성을 견지하는 것이다. 철학은 인간이 전심전력을 다해서 실재에 참여함으로써 자기 자신이 되는 원리이다(Jaspers, 1954: 13-14)."

2) 소통의 원형 찾기: 비실존적 소통에서 실존적 소통으로

야스퍼스의 실존철학은 '인간의 공동거주(human cohabitation)'라는 당연한 사실에서 시작된다(Jaspers, 1970: 47). '나'는 다른 '나'들과의 관계 속에 존재한다. "나는 타인과 함께 할 때만이 존재하며, 홀로 있는 나는 무(無)이다(Jaspers, 1954:

25).” 인간의 존재론적 기원은 소통에 있는 것이지 생물학적인 본성에 있는 것이 아니다(Jaspers, 1955: 79). “우리는 서로가 의식적으로 이해하는 공동체를 통해서만이 우리 자신이 된다. 어디에도 개별자로서 독자적으로 홀로 있는 인간은 있을 수 없다(Jaspers, 1955: 77).” ‘의식적으로 이해하는 공동체’는 소통을 전제로 한다. 이러한 의미에서 인간은 ‘소통적 존재’라 할 수 있다. “나는 소통한다. 그러므로 존재한다.” 소통은 인간의 본질이기 때문에 인간과 관련된 모든 것은 소통과 밀접하게 연관되어 있다. 따라서 철학적 신앙에서 소통은 포월자를 추구하는 매개라 하겠다. 이 장에서는 포월자의 양식을 간략히 소개하고, 이를 토대로 비실존적 소통과 실존적 소통에 대해 살펴본다.[12]

(1) 포월자의 양식들

포월자는 우리에게 두 가지 상반되는 방식으로 나타난다. 한편으로 포월자는 ‘존재 자체(being itself)’로서 나타난다. 우리는 그 안에 존재하며, 그것을 통해 존재한다. 다른 한편으로 포월자는 ‘우리 자신’으로서 나타난다(Jaspers, 1955: 52). 포월자는 ‘존재 자체’로서 우리를 둘러싸고 있는 세계나 초월자(transcendence)의 양식으로, 또는 ‘우리 자신’으로서 현존재(Dasein), 의식 일반(consciousness in general), 정신(spirit), 실존의 양식으로 자신을 드러낸다. 물론 이러한 양식들이 포월자의 전모를 드러내는 것은 아니다.

현존재로서 ‘나’는 물질, 살아있는 몸, 영혼, 의식 등으로 구성된 실제적 존재이다. 현존재는 개별적인 생존과 발전을 지향한다. 현존재에게 대상으로서 세계는 욕구를 충족시키는 데 필요한 자원의 공급원, 즉 환경으로 존재한다. 의식 일반으로서 ‘나’는 현존재에서 볼 수 있는 복수의 개별적인 의식을 넘어 다른 ‘나’들과 동일한 방식으로 대상을 인식할 수 있는 존재이다. 의식 일반은 보편타당성을 지향한다. 의식 일반으로서의 ‘나’는 다른 ‘나’와 대체가능하다. 의식 일반에게 세계는 인식의 대상으로 존재한다. 정신으로서의 ‘나’는 전체에 완전히 흡수되어 있는 존재이다. ‘나’는 다른 ‘나’들과 감정, 의식, 태도에 있어서 동질적이다. 정신은 객관적 이념을 지향한다. 정신에게 세계는 전체성으로 존재한다(Jaspers, 1955:

---

12) 야스퍼스의 비실존적 소통과 실존적 소통에 관한 연구로는 박은희(1987), 김정길(1997), 강갑회(2002), 박은미(2009), 김진웅(2012), Kaufmann(1957), Gordon(2000), Yare(2005) 등 참조.

54-59, 1981: 263-268; Knaus, 1957). 실존으로서의 '나'는 현존재, 의식 일반, 정신의 한계, 즉 이 세 가지 양식으로서 '나'는 결코 진정한 '나'가 될 수 없다는 한계를 초월한다. 욕구와 필요를 추종하는 현존재로서 '나', 대체가능한 의식 일반으로서 '나' 그리고 전체성의 일부인 정신으로서 '나'는 진정한 '나'라 할 수 없다. '나'는 그 모든 것을 포괄하면서도 그것을 초월하는 무엇이다. 바로 그 무엇을 지칭하는 것이 실존이다. 요컨대 실존은 나의 '진정한 나됨(authentic selfhood)'을 의미한다. 그런데 '나됨'은 고정되거나 확정된 것이 아니라 부단한 선택과 책임의 흐름 그 자체일 뿐이다. 이러한 의미에서 실존은 확정적 실존이 아니라 '가능적 실존(potential Existenz)'이라 할 수 있다. 가능성의 영역은 자유로운 선택을 허용하는 공간이다. 따라서 가능적 실존의 본질은 자유라 하겠다. 실존으로서 '나'에게 환경으로서, 인식의 대상으로서 그리고 전체성으로서의 세계는 세계를 통해서 말을 거는 초월자의 암호들이다. 실존으로서 '나'는 암호를 통해 초월자에게서 진정한 '나'의 근원을 찾는다(Jaspers, 1955: 60-63). 포월자의 양식들 간의 관계는 [표 6]과 같다.

[표 6]   포월자의 양식

우리 자신으로서 포월자		존재 자체로서 포월자	
(초월) ↑	실존 ↔ 초월자		↑ (초월)
	현존재, 의식일반, 정신 ↔ 세계		

인간은 소통적 존재이다. 따라서 "우리 자신으로서 포월자는 모든 양식에 있어서 소통이다. 존재 자체로서 포월자는 그것이 언어가 되거나 말할 수 있는 것이 됨으로써 소통 가능성을 획득한 경우에만 우리에 대해 존재한다(Jaspers, 1955: 79)."

(2) 비실존적 소통: 현존재, 의식 일반, 정신의 소통
비실존적 소통은 우리 자신으로서 포월자의 양식들 가운데 현존재, 의식 일반, 정신에서 이루어지는 것을 말한다.
첫째, 현존재는 자기를 보존하고 확대하는 데 관심이 있다. 따라서 현존재의

소통은 위험의 회피, 이익과 욕망, 부와 권력, 행복의 추구 등을 주요 내용으로 한다. "위험은 사람들로 하여금 필요한 것을 쉽고 빠르게 이해하게 만든다. 그러나 이것이 이해되는 방식은 대다수 혹은 평균적인 사람들의 경험, 요컨대 그것이 말로 표현될 때, 모든 사람들이 이해하는 것에 의존한다. 종(種) 안에서의 유사성이 무엇이 행복이고 만족인지 그리고 생명을 위해 무엇이 필요한지를 규정한다 (Jaspers, 1955: 81)." 이러한 의미에서 현존재의 소통에서는 '실용적 진리관'이 관철된다고 하겠다. "진리는 이미 알려진 것, 궁극적으로 알게 될 것, 또는 절대적인 것이 아니라 실제로 발생한 것에 존재한다. 현존재 자체가 변하기 때문에, 상대적이고 변화하는 진리가 있을 뿐이다. … 오늘 나에게 불리한 적의 입장이 내일은 상황이 변하여 나의 목적에 도움이 될 수도 있다. 공동체 안에서 건설적인 행동은 끊임없는 타협(compromise)이다. 타협은 모든 입장이 정당하게 보일지라도 상황의 전개에 따라 부정될 수도 있다는 것을 잊지 않는 진리이다(Jaspers, 1955: 81-82)." 현존재의 소통은 '나'의 필요와 이익을 위해 이루어진다. 소통의 의미는 그것이 필요와 이익에 유용한지 여부에 의해 판단된다. 따라서 소통에 참여하는 다른 '나'는 '나'의 필요와 이익을 위한 도구에 불과할 뿐이다. 다른 '나'는 상황에 따라 언제든지 대체될 수 있다. 거꾸로 보면, 다른 '나' 역시 필요와 이익을 위해 소통에 참여한다. 다른 '나'에게 '나'도 상황에 따라 언제든지 대체될 수 있는 도구에 불과하다. 이처럼 현존재의 도구적 소통에 참여하는 '나'들은 목적적 존재로서 진정한 '나됨'을 실현할 수 없다.

둘째, 의식 일반은 보편타당성에 관심을 갖는다. 사적인 이익이나 필요를 핵심으로 하는 현존재의 소통과는 달리, 의식 일반의 소통에서는 누구나 동의하지 않을 수 없는 '정확성'이 무엇보다 중요하다. 따라서 의식 일반의 소통은 합의된 논증방법을 통해 대상의 사실적 특성이나 대상의 타당성을 탐구하는 데 초점을 맞춘다(Jaspers, 1955: 82). 이러한 소통이 이루어지는 대표적인 예는 과학적 진리를 탐구하는 과정에서 볼 수 있다. 의식 일반의 소통을 인도하는 것은 공통의 논증방법이기 때문에, 소통에 참여하는 사람들은 누구나 동일한 사고의 과정을 거쳐야 한다. 일반 의식으로서 '나'와 다른 '나'들의 논증방법은 다르지 않기 때문에, '나'들은 대체가능하다. 일반 의식의 소통에서 "나는 모든 사람, 곧 나 일반이다(Jaspers, 1970: 51)." 의식 일반의 소통에서 핵심적인 것은 형식적인 논증방법을 충실히 수행하는 것이기 때문에 '나'의 주관적인 의미를 소통에 섞는 것은 정확성을 떨어뜨릴 뿐이다. 요컨대 '나'의 주관적인 의미를 철저하게 배제할수록 의식 일반의 소통이 추구하는 진리에 접근하기에 용이하다. 이러한 측면에서 보면, 의식 일반에서의 소통은 그 무엇으로도 대체될 수 없는 고유한 '나'와 타자, 즉 다른 '나'와의 소통이 불가능하다. 다시 말해서 진정한 소통이 불가능하다.

셋째, 정신의 소통은 전체성에 관심을 갖는다. '나'는 내가 성원으로 있는 전체 안에서 존재의 의미를 갖는다(Jaspers, 1955: 82). 정신의 소통은 전체와 그 성원들 간의 소통이라 하겠다. '나'는 다른 '나'들과 다르지만, 모든 '나'들을 포괄하는 전체의 질서 안에서는 다른 '나'들과 같다. 전체는 '나'들에 의해 인식되지 않으며, 전체 안에 있는 '나'들 간의 소통에서 감지된다. '나'들이 공동의 이념을 매개로 그리고 그것을 위해 소통할 때, 전체성을 의식하게 된다. 문제는 정신으로서 '나'는 진정한 '나됨'에 도달하기 어렵다는 데 있다. 정신의 소통에 참여하는 '나'와 다른 '나'는 전체의 이념에 완전하게 예속된 존재이기 때문에, '나'의 선택은 나의 의지와 무관하게 결정된다. '나'와 다른 '나'는 자유롭지 못하다. 자유롭지 못한 '나'들 사이에서는 인격적인 소통이 이루어지기 어렵다.

지금까지 우리 자신으로서 포괄자의 양식들 가운데 현존재, 의식 일반, 정신의 소통에 대해 살펴보았다. 현존재의 소통은 '도구적 소통'이고, 의식 일반의 소통은 '논증적 소통'이며, 정신의 소통은 '이념적 소통'이다. 이러한 소통들은 진정한 '나됨'을 지향하는 인격적 소통 또는 실존적 소통의 단계에 이르지는 못한다. 따라서 야스퍼스는 진정한 '나됨'을 지향하는 실존적 소통에서 소통의 원형을 찾고자 한다.

(3) 실존적 소통
야스퍼스는 소통을 근원적으로 사유함으로써 그 원형에 접근하고자 한다. 그가 말하는 실존적 소통은 인격과 인격의 전면적인 만남이다. 실존적 소통에 참여한 '나'는 소통 안에서 자신을 드러내 보임으로써 진정한 '나됨'을 추구하는 '가능적 실존'이다. 따라서 실존적 소통은 가능적 실존으로서의 '나'와 가능적 실존으로서 다른 '나'의 근원이라 하겠다.

나에게 영향을 미치는 소통에서 타자는 유일하다. 고유성은 타자의 실체성을 담은 현상들이다. 실존적 소통은 모델이 될 수도 없고 복사될 수도 없다. 그것은 매 순간마다 유일하다. 그것은 다른 무엇도 아니고, 대표도 아니며, 따라서 대체될 수 없는 두 자아들 사이에서 이루어진다. 절대적으로 역사적이며 밖에서는 인식할 수 없는 실존적 소통에는 나됨이 보장된다. 실존적 소통은 한 자아가 상호 창조적으로 다른 자아에 대해 존재하는 유일한 방법이다. 그러한 소통에의 참여는 자아의 입장에서 역사적인 결단이다. 그 결단은 고립된 나로서 자기 존재를 무효화하고, 소통적 자기 존재가 되는 것이다(Jaspers, 1970: 54).

야스퍼스가 말하는 실존적 소통의 특징들에 대해 살펴보자.

첫째, 실존적 소통은 '상호인정'을 전제조건으로 한다. "타자가 자기 자신이 되기를 원하지 않으면, 나는 나 자신이 될 수 없다. 타자가 자유롭지 않으면, 내가 자유로울 수 없다. 내가 타자에 대해 확신하지 않는다면, 나는 나 자신에 대해 확신할 수 없다. 소통 안에서 나는 마치 그가 나이고 내가 그인 것처럼 나 자신뿐만 아니라 타자에 대해서도 책임감을 느낀다(Jaspers, 1970: 52−53)." 실존적 소통에 대한 가장 큰 위협은 '불평등한 소통'에서 자기 존재의 실현을 구하려는 유혹이다(Jaspers, 1970: 83). 권력은 필연적으로 지배와 예속의 관계를 가져온다. 이러한 관계는 현존재들의 관계에서 볼 수 있는 일반적인 현상이며, 불평등한 소통을 야기한다. 이러한 경우 실존적인 상호작용을 기대하기는 어렵다. 소통이 참여자들에게 만족을 줄 수도 있겠지만, 그 방식은 이질적이다. 헤겔의 주인과 노예의 변증법은 지배와 예속의 관계 속에서 이루어지는 소통의 역설을 명확하게 보여준다. 인간은 다른 인간으로부터 자신이 인간임을 인정받고자 한다. 인정을 받기 위해 어떤 인간은 목숨을 건다. 또 다른 인간은 목숨을 지키기 위해 다른 인간을 인정한다. 전자는 주인이 되고, 후자는 노예가 된다. 주인은 인정을 받았다는 만족감을, 노예는 목숨을 부지했다는 만족감을 느낄 것이다. 인간이 인간이 되기 위한 조건은 다른 인간의 인정이다. 문제는 노예가 인간이 아니라 단지 살아있는 도구에 불과하다는 데 있다. 주인은 인간이 아닌 노예라는 도구에게서 인정을 받은 것이다. 불평등한 관계 속에서 인간으로서 인정을 받고자 했던 주인은 인간으로부터 인정을 받지 못하는 역설적인 상황에 직면하게 된다. 동등한 인간들 간의 소통만이 실존적 소통을 가능하게 하는 것이다. 다시 말해서 소통에 참여한 '나'와 다른 '나'가 서로를 동등한 인격체로 인정할 때, 또는 서로를 동등한 인격체로 세워줄 때, 진정한 소통이 가능하다는 것이다.

둘째, 실존적 소통은 '고독'을 전제조건으로 한다. 고독은 사회적 고립과 달리 명료한 의식 안에서 자기 존재를 성찰하는 상태이지만 그것을 '나됨'의 상태라 할 수는 없다. 고독은 단지 가능적 실존의 준비상태로서 소통 안에서만이 실제적인 실존이 가능하다. 실존적 소통에서 '나'는 결코 타자에게 용해되어서는 안 된다. 그것은 '나'의 상실을 의미할 뿐이기 때문이다. 고독은 '나'의 상실을 견제하는 고도의 정신적 작용이다. "언제나 소통은 연결되어 있지만 여전히 둘로 남아있는 두 사람 사이에 발생한다. 두 사람은 고독 때문에 서로에게 오지만, 그들은 오직 소통하기 때문에 고독을 인식한다. 나는 소통에 참여하지 않고는 나 자신이 될 수 없다. 그리고 나는 고독하지 않고는 소통에 참여할 수 없다. 고독의 모든 소통적 정복은 새로운 고독을 발생시킨다. 고독은 나 자신이 소통의 조건을 거부하지 않는 한 사라질 수 없다. 만일 내가 감히 나 자신의 힘으로 존재하고자 하거나 심오한 소통에 참여하고자 한다면, 나는 고독에의 의지를 가져야 한다(Jaspers, 1970: 56)." 그런 의미에서 고독에의 의지와 소통에의 의지의 관계는 동전의 앞면과 뒷면의 관계라 하겠다. 실존적 소통에서 고독은 '나'와 다른 '나'의 하나됨(union)의 조건이고, 하나됨은 '나'와 다른 '나'의 고독의 조건이다.

셋째, 실존적 소통은 '표명(manifestation)'을 전제조건으로 한다. 자기를 드러내는 자기표명은 바로 자기 자신이 되는 자기실현을 의미한다. 자기표명으로서 자기실현은 다른 사람 없이 홀로 이루어질 수 없다. '나'는 소통 안에서만 자기표명을 할 수 있다. 소통 안에서만 '나'는 타자와 마찬가지로 나 자신에게 드러나게 된다. 실존은 무한한 가능성을 갖는다. 소통행위를 통해서 이러한 무한한 가능성들 가운데 일부가 실현된다. 그런 의미에서 자기표명은 창조적인 과정이다. 만일 내가 나 자신을 실현하고자 한다면, 숨김없이 모든 것을 표명해야 한다. 다시 말해서 소통에서 나 자신을 완전히 걸어야 한다. 그것이 자기실현의 유일한 방법이다. "나는 내가 현존하는 방식을 완전히 위험에 빠지게 할 것이다. 왜냐하면 나는 그[나의 현존재-필자] 안에서는 나 자신의 실존이 아직 실존 자체가 되지 않는다는 것을 알기 때문이다. 그러나 만일 내가 고립을 원한다면, 가면과 보호용

허울을 원한다면, 단지 소통에 참여하는 것처럼 보일 뿐이다. 왜냐하면 나는 현존하는 나와 영원한 나를 혼돈하고, 현존하는 나가 내가 구하고자 하는 것이기 때문이다. 그때 나는 자기표명이 나를 파괴할 것이라고 느낀다. 다른 한편 나의 자기 존재에게 표명은 현존재를 파악하고, 가능적 실존을 위해 그 현존재를 정복하는 것을 의미한다. 왜냐하면 표명 안에서 나는 나의 가능적 실존을 획득하기 위해 나의 안정적인 현존재를 포기하거나 아니면 고립 속에서 가능적 실존의 상실을 대가로 현존재의 안정성을 유지하기 때문이다(Jaspers, 1970: 59)." 현존재의 길과 실존의 길 가운데 하나를 선택하는 것 이외에는 다른 길이 없다. 키에르케고르의 말대로 '이것 아니면 저것(either/or)'일 뿐이다.

넷째, 실존적 소통은 '사랑 투쟁(loving struggle)'을 전제조건으로 한다. 사랑 투쟁은 실존적 소통의 가장 핵심적인 특성이다. 소통에서의 사랑은 맹목적인 것이 아니라 목적의식이 분명한 것으로서 명료한 실존을 추구한다. 투쟁은 가능적 실존으로서의 다른 '나'를 걸고넘어지는 것이고 문제를 제기하고 도전하는 것이다. 그러나 그것은 일반적인 투쟁과 달리 상대를 적으로 규정하고 무찌르려는 것이 아니다. 사랑 투쟁은 "당사자들이 과감하게 남김없이 자기 자신을 보여주고 자신들에 대한 문제제기를 허용하는 투쟁이다(Jaspers, 1970: 60)." 사랑 투쟁은 다만 묻고 대답하는 과정일 뿐, 상대를 설득하거나 강요하는 것이 아니다. 물음은 응답을 요청하는 것일 뿐이다. 질문자나 응답자에게 있어서 물음과 응답은 모두 선택을 통해 이루어진다. 그 선택은 예측할 수 없기 때문에 소통은 모험적이다. 일반적으로 선택에는 책임이 수반된다. 이러한 소통에서 질문자는 물음에 대해서만, 응답자는 응답에 대해서만 책임을 지는 것이 아니라, 질문자와 응답자는 자신들의 질문과 응답에 공동으로 책임을 진다. 그 이유는 사랑 투쟁에서는 '연대성'이 지배하기 때문이다. "연대는 모험을 지속시키고, 그것을 함께 하는 것으로 변화시키며, 결과에 대한 책임을 공유한다. 연대는 투쟁을 실존적 소통에 국한시킨다(60)." 이러한 의미에서 보면, 사랑 투쟁은 소통에 참여하는 당사자들 간의 투쟁이 아니라 당사자들이 함께 진리를 추구하는 행위라 하겠다. "투쟁은 실존[다른 '나'—필자]에 대항하여 실존['나'—필자]에 의해 치러지는 것이 아니다. 그것은 오직 진리를 위하여 자기 자신과 타자에 대항하는 연합적인 전투이다 (60)." 사랑 투쟁은 소통을 매개로 '나'와 다른 '나'가 각자의 한계를 직시하면서 그 한계를 넘어서 각자의 '나됨'을 지향하는 공동의 노력이라 하겠다. 그런 의미에서 "이 투쟁은 실존을 실존으로부터 격리시키는 대신 그들을 진정으로 결합하는 길이다. 따라서 이러한 연대의 규칙은 서로를 절대적으로 신뢰하는 것이다 (Jaspers, 1970: 61)." 연대와 신뢰 위에서 이루어지는 사랑 투쟁은 궁극적인 의미에서 소통의 당사자들에게 절대적인 자유를 경험하게 할 것이다.

다섯째, 실존적 소통은 '구체적인 삶'을 전제조건으로 한다. 실존적 소통에서 '나'와 다른 '나'는 직접적으로 만날 수 없다. 그들은 오직 행동과 표현을 통해서 만날 수밖에 없다. '나'는 구체적인 삶의 경험과 그 의미를 말과 행동으로 표현함으로써 다른 '나'에게 '나'를 드러낸다. "일상적인 내용이 없다면, 실존적 소통에는 어떠한 현상적인 매개체도 없다. 그러한 내용들은 무의미하고 공허하다. 일상적인 내용들이 신중하게 취해지지 않는다면, 어떠한 가능적 실존도 없다(Jaspers, 1970: 62-63)."

여섯째, 실존적 소통은 '종착지 없는 과정'임을 전제로 한다. 실존적 소통은 고승들이 선문답을 통해 도를 깨우치는 것처럼 어느 한 순간에 멈춰지는 것이 아니다. 가능적 실존으로서 '나'와 다른 '나'의 가능성은 무한하다. 그러한 의미에서 실존은 무한하다. 따라서 "소통에서 우리는 투쟁을 결코 멈추지 못한다. … 실존의 무한성 때문이다. 실존이 아무리 멀리 전개되더라도 결코 완성되지 않는 현상으로서 그것을 멈출 수는 없다(Jaspers, 1970: 63)."

2. 정치와 실존의 공간으로서 공공영역: 한나 아렌트(H. Arendt)의 경우[13]

아렌트는 근대의 특성을 사회영역의 등장으로 규정한다. 사회영역은 이익을 추구하는 인간들의 소외적 관계가 지배하는 공간이다. 그녀는 사회영역의 등장과 함께 공동체의 문제를 함께 해결하기 위한 정치적 영역으로서 그리고 사람들이 자유롭게 자신을 표현할 수 있는 실존적 공간으로서 공공영역이 심각하게 훼손되고 있음을 염려한다. 여기에서는 아렌트의 정치영역으로서 공공영역과 실존공간으로서 공공영역에 대해 살펴본다.

---

13) 임의영 외(2014)를 수정하여 기술함. 아렌트에 대해서는 김선욱(2001), 박영도(2011), 박주원(2010), 양창아(2014), 정미라(2015), 홍원표(2013) 등 참조.

1) 정치영역으로서 공공영역

(1) 기초범주: 인간의 활동유형

아렌트의 정치사상은 공간적 차원에서 인간은 지구라는 제한된 공간에서 함께 살 수밖에 없다는 사실과 시간적 차원에서 인간은 출생에서 죽음에 이르는 제한된 시간만을 살 수밖에 없다는 사실을 대전제로 한다. 유한한 공간적, 시간적 실존조건 속에서 살아야 하는 인간에게는 근력, 이성, 언어를 사용할 수 있는 능력이 있다. 이들은 인간의 신체적 활동과 사유 그리고 소통을 가능하게 하는 필수적인 능력들이다. 아렌트는 여기에 인간의 본질에 대한 가정을 포함시킨다. "인간들이 접촉하는 모든 것이 즉시 자신의 실존조건이 된다는 점에서 인간은 조건화되는 존재이다(Arendt, 1958: 9)." 이는 인간을 단순히 수동적인 존재로 묘사하기 위한 것이 아니라 실존조건에 민감하게 반응하는 존재로 묘사하기 위한 것이다. 인간의 유한성이라는 실존조건에 상응하여 인간의 기본적인 능력들이 만들어내는 인간의 활동형태에 대한 범주화는 아렌트 정치이론의 기초를 이룬다.

아렌트는 인간의 실존조건에 대응하는 활동형태를 노동(labor), 작업(work), 행위(action)로 범주화한다. 이들은 아렌트의 정치이론을 끌어나가는 기본 개념이다.

첫째, 생물학적 존재로서 인간은 생명유지에 필요한 재화를 획득해야 한다. 생명유지와 관련해서 직접적이고 단기적으로 소모되는 재화—가령 물이나 음식 같은 재화—의 획득활동은 동물적인 생존의 기본조건이다. 아렌트는 이러한 조건에 대응하는 인간의 활동을 노동으로 규정한다. 노동의 근본조건은 생명 그 자체이며(Arendt, 1958: 7), 그것의 결과물인 재화는 즉각적인 '소비'의 대상이다. 아렌트는 노동의 이러한 특성 때문에, 노동하는 인간을 '호모 라보란스(animal laborans, 노동하는 동물)'라 부른다(Arendt, 1958: 84). "이 노동에서 인간신체는 그 활동성에도 불구하고 자기 자신에게 의존하고 오직 자신의 생존에만 전념하며, 자연과의 신진대사에 갇혀서, 반복적으로 순환하는 자신의 기능을 초월할 수도, 그 기능으로부터 자유로울 수도 없다(Arendt, 1958: 115)."

둘째, 인간은 자연이 제공하는 자원을 활용하여 오직 생명유지와 관련된 필수재만을 생산하는 것이 아니라 자연환경과는 다른 인공적인 세계를 창출한다. 그러한 인공세계의 창출활동을 작업이라 한다. 인간은 작업을 통해서 다양한 사물들을 제작한다. 그렇게 제작된 사물들 전체가 인공적인 세계를 구성한다(Arendt, 1958: 136). 이러한 세계성(worldliness)이 작업의 조건이며(Arendt, 1958: 7), 작업의 결과물인 재화 —가구나 컴퓨터와 같은 재화— 는 '사용'의 대상으로서 '지속성(내구성)'을 갖는다. 아렌트는 작업하는 인간을 '호모 파베르(homo faber, 제작인)'라 부른다. "오직 제작인만이 전지구의 군주이자 지배자처럼 행동한다. 그의 생산은 창조주인 신의 이미지로 보이고, 그래서 신이 무에서 창조한다면 인간은 주어진 물질로 창조하는 까닭에 인간의 생산은 그 정의상 프로메테우스의 반란의 결과물이다. 왜냐하면 신이 창조한 자연을 파괴함으로써만이 인위적인 세계는 건설될 수 있기 때문이다(Arendt, 1958: 139)."

셋째, 인간은 다른 사람들과 함께 살 수밖에 없는 존재이다. 그런데 사람들은 다양하다. 아렌트는 다양한 사람들이 함께 살 수밖에 없는 인간의 실존조건을 다원성이라 규정한다. 다원성은 사람들이 동등하며 동시에 다르다는 것을 의미한다. 아렌트는 이러한 다원성의 조건에 상응하는 인간의 활동을 '행위'로 규정한다. "행위의 근본조건은 다원성으로서 인간조건, 즉 보편적 인간(Man)이 아닌, 복수의 인간들(men)이 지구상에 살며 거주한다는 사실에 상응한다. 인간조건의 모든 측면들이 다소 정치에 관련되어 있지만 특별히 다원성은 모든 정치적 삶의 필요조건일 뿐만 아니라 가능조건이라는 의미에서 절대적 조건이다(Arendt, 1958: 7)." 이처럼 사람과 사람의 관계에서 발생하는 활동형태로서 행위는 행동과 말을 모두 포함한다. 인간사는 '인간관계의 그물망'으로 이루어진다. 따라서 "말을 통한 인격의 현시와 행위를 통한 새로운 시작은 항상 이미 존재하는, 그리고 행위와 말의 직접적인 결과들이 감지되는 그물망으로 귀속된다(Arendt, 1958: 184)."

출생과 죽음, 탄생성과 사멸성은 인간이 피할 수 없는 기본조건이며, 노동, 작업, 행위는 이러한 조건과 밀접하게 연관되어 있다. 노동은 필수재를 생산함으로써 개인과 종의 생존을 보장한다. 작업은 인공세계를 구축함으로써 유한한 인간의 삶에 영속성과 지속성을 부여한다. 정치적 참여 행위는 기억함, 즉 역사의 조건을 창출함으로써 불멸성을 부여한다(Arendt, 1958: 8).

(2) 정치적인 것의 의미와 공공영역

인간의 활동형태 가운데 인간의 다원성이라는 조건에 상응하는 행위는 정치와 밀접한 관련을 갖는다. 일반적으로 근대적 의미에서의 정치는 마키아벨리적인 성격을 갖는 것으로 이해된다. 목적을 추구하는 수단적 행위로서 정치는 지배와 피지배 혹은 명령과 복종이라는 권력관계를 조건으로 한다. 아렌트는 이러한 정치관의 기원을 소크라테스의 죽음에서 찾는다. 토론과 설득을 본령으로 하는 폴리스에서 당대에 지혜의 화신이었던 소크라테스를 죽음으로부터 구해내지 못했다는 절망적인 경험은 복수의 인간들(men)에 대한 불신으로 이어졌고, 결국 지혜의 화신인 철인왕 한 사람(Man)의 지배에 기대감을 갖게 하였다. 다시 말해서 철학이 정치를 주조하는 일종의 '정치의 철학적 전환'이 이루어진 것이다. 복수의 인간들에 의한 토론과 설득을 본령으로 하는 본래적인 정치 개념이 진리를 아는 한 사람의 지배 개념으로 전환된 것이다. 이와 더불어 플라톤에 의해, 정치가 이루어지는 정치영역을 진리를 탐구하는 아카데미아로 대체하려는 시도가 이루어진다. 철인왕의 지배는 근대에 이르러 정치를 주조하는 철학이 배제되고 오직 지배만이 정치를 의미하게 된다. 토론으로서의 정치가 지배로서의 정치로 변질됨으로써 오히려 '비정치성 혹은 정치적 무관심'이 정상적인 것이 되어버린다(Arendt, 2007: 174-175).

아렌트는 정치의 본래적 의미를 복원하기 위해 철학적 전환 이전의 폴리스에 주목한다. 폴리스에서는 사적 영역과 공공영역이 명확하게 분리되어 있다. 사적 영역으로서의 가정은 가부장에 의한 지배가 이루어지는 불평등의 공간이고, 노예가 삶에 필요한 재화의 생산을 전담하는 공간이다. 사적 영역에서 동물적 노동은 노예에게 전담되고, 가부장은 필수재의 생산을 위한 노동으로부터 해방되어 시민의 권리를 가지고 공공영역에 참여한다. 공공영역은 자유의 공간으로서 말과 행위로 자신의 의견을 개진하고 개성을 드러내는 '수다스러운 공간'이다(Arendt, 1958: 26). 공공영역은 바로 정치가 이루어지는 공간이다. 공공영역에서 정치는 지배와 피지배의 권력관계에 기초한 수단이 아니라, 자유와 개성이 보장되고 계발되는 행위 자체를 말한다. 아렌트는 이러한 공적 공간과 그 안에서 이루어지는 토론을 정치의 본령으로 본다. 그녀에게 '정치적인 것'은 '공적인 것'을 의미한다. 따라서 공공영역은 곧 정치영역이다.

아렌트는 '공적인 것'을 두 가지 의미로 해석한다. 하나는 '공개성'이다. 공적인 것은 누구나 보고 들을 수 있는 것을 의미한다(Arendt, 1958: 50). 이러한 의미에서 보면, 공공영역은 '드러남의 공간'이라 할 수 있다. 다른 하나는 '공통성'이다. 사람들은 공통적인 것을 중심으로 사적인 공간과 구별되는 공간을 구성한다(Arendt, 1958: 52). 이러한 의미에서 보면, 공공영역은 '공동의 세계'라 할 수 있다. 공적인 것 혹은 정치적인 것은 공통의 관심사에 대해 공개적으로 의견을 교환하는 행위를 말한다. 공공영역이 실제로 존재하게 되는 것은 사람들이 공통적 본성을 가지고 있기 때문이 아니라 공통의 관심사를 갖고 있으며, 그에 대해 다양한 의견들을 갖기 때문이다. 따라서 공공영역의 존재조건은 공통의 관심사에 대해 '다양한 관점들'이 존재한다는 사실이다. 이러한 조건이 토론을 가능하게 하지만, 문제는 다양한 관점들을 비교할 수 있는 척도나 공통분모가 없다는 것이다(Arendt, 1958: 57).

공공영역에서는 공통의 척도가 없기 때문에, 아렌트는 인간의 판단능력에 주목한다. "정치영역에서 우리는 판단 없이는 전혀 기능할 수 없는데, 정치적 사고는 본질적으로 판단에 기초하기 때문이다(Arendt, 2007: 140–141)." 그녀는 '판단'을 정치의 핵심기제로 생각한다. 일반적으로 판단에는 두 가지 의미가 있다(Arendt, 2007: 142). 하나는 보편적인 기준에 따라 특수한 것의 성격을 결정하는 경우이다. 법에 따라 특수한 행위의 범법 여부를 판단하는 경우를 예로 들 수 있다. 이러한 의미의 판단이 갖는 한계는 보편적 기준 자체의 타당성이나 신뢰성에 대한 판단, 즉 메타판단이 배제된다는 것이다. 다른 하나는 보편적인 판단기준이 없는 경우이다. 이러한 경우는 공공영역에서 일반적으로 부딪히게 되는 상황이라 하겠다. 공공영역의 참여자들은 다양한 관점들을 가지고 있기 때문에 서로가 제시하는 기준의 타당성이나 신뢰성에 대한 토론이 있을 수밖에 없다. 아렌트는 보편적 기준이 없는 상황에서 이루어지는 판단의 기초로서 칸트가 제시한 '정신의 확장' 개념에 주목한다. 정신의 확장은 "정신이 모든 각도에서 대상을 새롭게 볼 수 있도록, 그래서 자신의 관점을 미시적인 데에서 모든 가능한 관점들을 차례로 획득할 수 있는 일반적 시각을 갖는 데까지 확장시켜, 상상 가능한 모든 관점들을 채택하고 각자의 관찰들을 모든 다른 사람들의 관찰을 통하여 검증할 수 있도록(Kant, 1772: 73; Arendt, 2002: 92–93에서 재인용)" 하는 것을 의미한다. 정신의 확장은 개인이 갖는 주관적 제약요인들을 극복할 수 있는 계기를 제공한다. 또한 그것은 고립적으로 이루어진다 하더라도, 상상적으로 다른 사람들의 현존을 전제하기 때문에 공적인 성격을 갖는다. 이러한 의미에서 보면, 공공영역은 공통의 관심사에 대해 다양한 관점을 가진 사람들이 정신의 확장을 통해 불편부당한 판단의 기준을 형성하기 위해 노력하는 공간이라 할 수 있다.

(3) 정치체제로서 이소노미와 권력

공공영역으로서 폴리스는 어떠한 정치체제인가? 상식적으로 폴리스는 민주정의 전형으로 이해되고 있다. 그러나 당대의 민주정은 군주정이나 귀족정과 마찬가지로 지배자의 수에 따라 분류된 지배의 한 형태에 불과하다. 즉 다수민중(demos)이 지배(kratos)하는 체제라는 것이다. 민주정에도 수단적 정치관이 내재되어 있다. 아렌트는 폴리스 정치체제를 '이소노미(isonomy)'라 규정하는 것이 타당하다고 본다. 이소노미는 평등을 의미하는 이소(iso)와 법과 규범을 의미하는 노모스(nomos)가 결합된 용어이다. 따라서 그것은 법 앞의 평등 혹은 정치적 권리의 평등을 의미한다. 아렌트는 아테네의 폴리스 정치체제의 맥락에서 이소노미를 법 앞의 평등보다는 법적 활동을 동등하게 주장할 수 있다는 것 혹은 모든 사람이 평등하게 말할 권리가 있다는 적극적 의미로 해석한다(Arendt, 2007: 159-160). 이소노미체제는 인간이 본래 평등하게 태어났다고 전제하기 때문에 평등을 강조하는 것이 아니다. 오히려 인간은 불평등하게 태어났기 때문에 법적으로 평등하게 되어야 한다는 당위성을 전제로 평등을 강조하는 것이다. "폴리스의 이소노미는 폴리스의 속성이었지 사람들의 속성은 아니었다(Arendt, 2004: 98)." 이소노미는 권력과 지배, 혹은 법과 명령을 동일시하는 근대 정치체제와는 성격이 다르다(Arendt, 2011: 189). 게다가 민주정은 오히려 이소노미를 반대하는 사람들에 의해 만들어진 개념이다(Arendt, 2004: 97).

그렇다면 이소노미에서 정치의 핵심 개념인 권력의 본질은 무엇이며, 그것이 생성되는 메커니즘과 기능은 무엇인가? 첫째, 아렌트의 권력 개념이 갖는 특징은 두 가지로 집약될 수 있다. 하나는 권력을 수단이 아니라 목적으로 본다는 것이고, 다른 하나는 권력을 집단적인 현상으로 본다는 것이다. 일반적으로 권력은 어떤 행위자가 다른 행위자에게 자신의 의지를 관철시키는 능력으로 본다(Weber, 1968: 53). 이러한 권력관계는 인간을 도구화하기 때문에 인간을 목적적 존재로 대우하라는 칸트의 도덕법칙에 위배된다. 아렌트는 인간의 도구화를 가져오는 통상적인 권력 개념을 가짜 권력, 즉 폭력으로 규정한다.14) 그리고 진정한 권력은 인간을 목적으로 존재하게 하는 것으로 본다. 아렌트에 따르면, 목적적 권력의 실현을 가능하게 하는 조건은 권력을 집단적인 현상으로 이해하는 것이다. 이러한 의미에서 아렌트의 권력은 공동적 권력(communal power)이라 할 수 있다(장명학, 2002). "권력은 단순히 행위하는 것이 아니라 공동으로 행위하는(to act in concert) 능력에 상응한다. 권력은 결코 개인의 속성이 아니다. 그것은 집단에 속하며, 그 집단이 함께 있는 한에서만 존재한다. 우리가 어떤 사람에 대해 권력이 있다고 말할 때, 실제로는 대다수의 사람들이 자신들의 이름으로 행위하도록 그에게 힘을 실어준다는 것을 의미한다(Arendt, 2011: 193)." 아렌트가 생각하는 권력현상은 다른 사람의 의지를 도구화하는 것이 아니라 소통을 통해 공동의 의지를 형성하는 과정이라 하겠다(Habermas, 1977: 4).

둘째, 권력이 발생할 수 있는 유일한 조건은 사람들이 함께 살아간다는 사실이다(Arendt, 1958: 201). 함께 살기 때문에 행위의 가능성이 열리게 되고, 그러한 조건에서만 사람들은 권력을 가질 수 있다는 것이다. 권력은 사람들이 소통할 때 발생한다. 그러다 보니 소통의 정도에 따라 권력의 강도는 달라진다. 만일 소통이 없다면, 권력은 사라지게 된다. 권력은 사람들이 함께 살며, 소통할 때 발생한다. 더불어 다음과 같은 소통의 조건이 충족되어야 한다. "말과 행동이 다르지 않은 곳에서, 말이 공허하지 않고 행동이 야만적이지 않은 곳에서, 말이 의도를 숨기는 것이 아니라 현실을 있는 그대로 드러내기 위해 사용되는 곳에서, 그리고 행동이 관계와 현실을 폭력적으로 훼손하거나 파괴하는 것이 아니라 관계를 확립하고 새로운 현실을 창조하기 위해 사용되는 곳에서만 권력은 실현된다(Arendt, 1958: 200)." '함께하는 삶'을 지향하는 신뢰성, 진정성 그리고 건설적 창조성은 아렌트가 제시하는 소통의 필수적인 조건이라 하겠다.

셋째, 아렌트에 의하면, 정치의 존재이유는 자유이다(Arendt, 2005: 199). 따라서 권력의 존재이유 역시 자유라 할 수 있다. 그러다 보니 권력의 기능은 자유의 보호와 신장이라 하겠다. 이를 세분해서 보면 권력은 기본적으로 사람들이 말과 행위를 할 수 있는 자유를 보호하는 기능, 정치적 자유를 위협하는 폭력에 저

---

14) 아렌트는 나치의 전체주의체제에서 자행된 권력행위를 폭력으로 규정하고, 이처럼 인간의 존엄성을 완전하게 파멸시키는 것을 근본악(radical evil)으로 규정한 바 있다(2006: 251).

항하는 기능, 그리고 혁명적 행위를 통해서 새로운 자유의 질서를 세우는 기능을 하는 것으로 정리될 수 있다(Habermas, 1977: 6-7). 한마디로 권력은 공공영역을 보호함으로써 자유의 실현을 가능하게 한다. 그에 반해 폭력은 자유를 파괴한다. 권력과 폭력은 길항관계에 있다(Arendt, 2011: 207). 다시 말해서 권력이 강해지면 폭력이 약해지고, 권력이 약해지면 폭력이 강해진다는 것이다. 그래서 그녀는 이렇게 경고한다. "모든 권력의 감소가 폭력에 대한 공개적인 초대라는 것을 … 알아야만 한다(Arendt, 2011: 242)." 소통적 권력의 감소는 자유를 파괴하는 폭력을 가져온다는 것이다.

(4) 공공영역의 기능

그렇다면 공공영역은 어떠한 기능을 하는가?

첫째, 공공영역은 공동의 결정을 추구하는 공간이다. 이소노미로서 공공영역에서는 시민 누구에게나 자신의 의견을 말할 수 있는 권리가 동등하게 부여된다. 그리고 강제나 폭력적인 방법으로 의견을 강요하는 것은 허용되지 않는다. 오로지 '말과 설득'만이 서로에게 영향을 미칠 수 있는 유일한 방법이다(Arendt, 1958: 26). 따라서 참여자들에게는 '확장된 정신'을 발휘하여 결정을 위한 보편적인 판단기준을 찾는 노력이 중요한 미덕으로 요청된다. 보편적인 정신이나 폴리스 전체의 이익을 벗어나 개인적인 이해관계를 근거로 다른 사람을 설득할 수는 없기 때문이다. 공공영역에서는 사람들이 자신의 의견이 개인적인 이익에 기초하고 있다 하더라도, 다른 사람들을 설득하기 위해서는 자신의 의견이 전체의 이익과 부합한다는 것을 논증해야만 한다. 그리고 그 말에 대해 책임을 져야 한다.

둘째, 공공영역은 불멸을 추구하는 공간이다. 공공영역은 참여자들이 말과 행위를 통해 자신의 고유한 개성, 타인을 능가하거나 타인으로부터 자신을 구별할 수 있는 탁월성, 혹은 자신의 능력이 최고임을 드러낼 수 있는 공간이다(Arendt, 1958: 41, 48-49). 이를 통해서 사람들은 '불멸의 명예'를 획득할 수 있다. 이를 거꾸로 보면, 공공영역은 영웅적인 말과 행위를 반복적으로 재현함으로써 명예로운 말과 행위가 헛되이 사라지는 것을 막는 '조직화된 기억체'로서 기능한다(Arendt, 1958: 198). "사멸적 인간들 그리고 그들의 흘러가는 행위와 말에 항구적인 안식처가 될 도시가 폴리스이다(Arendt, 2007: 165)."

이처럼 공공영역은 말과 행위를 통해 집단의 보편성을 추구한다는 점에서 '결사의 공간(associational space)'이라 할 수 있으며, 보편성을 추구하는 데 개개 인이 자신의 탁월성을 드러내고 경쟁한다는 점에서 '드러냄의 공간'인 동시에 '경합의 공간(agonistic space)'이라 할 수 있다(Benbabib, 1992).

2) 실존공간으로서 공공영역

아렌트는 당대 최고의 철학자이자 실존주의자인 마틴 하이데거(Martin Heidegger)와 칼 야스퍼스에게 사사를 받았다. 아렌트의 사고에는 실존주의적인 분위기가 깊게 배어있다. 공공영역에 내재된 실존적 의미를 살펴보자.

(1) 정치적 실존

실존주의의 가장 기본이 되는 명제는 "존재가 본질에 앞선다"는 것이다. 이는 인간의 실존적 의미가 타고난 본성을 실현하는 데 있는 것이 아니라는 말이다. 왜냐하면 본성은 알 수 없기 때문이다. 오히려 인간은 주어진 존재조건 속에서 선택을 통해 스스로를 만들어가는 과정에서 실존적 의미를 획득하는 존재라는 것이다. 아렌트 역시 이러한 입장을 따른다. 인간은 자신의 본성을 알 수 없고, 오직 신만이 알고 있다는 것이다. 그녀는 인간을 '조건화되는 존재'로 규정한다. 인간은 자신이 접촉한 모든 것을 자신의 삶의 조건으로 하고 살아야 하는 존재라는 것이다. 삶의 조건에 대한 반응이 노동, 작업, 행위로 나타나는데, 이 가운데 아렌트는 행위에 초점을 맞춘다. 물질의 가공이 이루어지는 노동이나 작업은 인간의 실존적 의미를 획득하는 데 한계를 갖는다. 왜냐하면 물질과의 상호작용은 대화가 아니라 독백이기 때문이다. 인간의 실존적 의미는 다른 사람들과의 대화를 통해서만이 획득 가능하다. 인간과 인간의 관계에서 이루어지는 말과 행위는 인간의 실존적 의미를 획득하는 데 결정적인 중요성을 갖는다. 그래서 아렌트는 사람들이 함께 모여 말과 행위를 통해 의미를 교환하는 공공영역의 복원에 관심을 갖는 것이다. 그녀에게 공공영역은 인간이 실존적 의미를 획득할 수 있는 유일한 공간이다. 따라서 아렌트의 경우에 실존은 공적 실존 혹은 정치적 실존을 의미한다.

(2) 탄생성과 행위 그리고 자유

실존주의는 인간의 유한성에 주목한다. 특히 죽음은 실존주의자들이 넘어야 하는 가장 큰 숙제이다. 아렌트의 연인이자 스승이었던 하이데거는 역설적으로 죽음, 즉 사멸성에서 실존적 의미를 찾을 수 있는 가능성을 보여준다. 그에게 죽음은 '무(無)'를 의미한다. 무는 말 그대로 실존의 종말이라는 것이다. 그리고 죽음은 모든 인간에게 찾아올 미래이다. 그 미래는 확실하다. 그러나 죽음의 확실성은 가능성으로 존재한다. 왜냐하면 인간은 필연적으로 죽게 되어 있다는 것을 알지만, 언제 죽게 될지는 알지 못하기 때문이다. 죽음은 확실성의 가능성으로 존재한다. 이러한 의미에서 보면, 인간의 삶은 언제 찾아올지 모르는 죽음을 향해가는 여정이라 하겠다. 인간은 자신의 죽음에 대한 불안을 경험하게 되면, 스스로의 선택을 통해서 진정한 자신을 만들어야 함을 깨닫게 된다. 본래 인간은 세상에 던져진 존재이다. 이는 인간에게는 어떠한 존재이유나 근거도 없다는 것을 의미한다. 그리고 언젠가는 죽게 된다. 만일 이러한 존재상황에서 사람들이 자신의 존재이유를 세우지 못한다면, 그들의 삶은 곧 무 혹은 죽음과 다를 바 없다는 것을 깨닫게 된다. 출생에서 죽음에 이르는 시간 속에 던져진 인간은 책임 있는 선택을 통해 진정한 자신을 형성함으로써 자신의 역사성을 실현한다. 책임 있는 선택을 통한 존재이유의 정초는 바로 인간적 자유의 토대가 된다. 이처럼 하이데거에게 있어서 삶의 의미는 죽음, 즉 사멸성에 기초한다(정기철, 2007; 박서현, 2011).

이에 반해서 아렌트는 인간의 실존, 특히 정치적 실존의 근거를 죽음이 아닌 탄생성에서 찾는다(Young-Bruehl, 2007: 160-161). 그녀는 특히 행위가 탄생성과 밀접하게 관련이 있는 것으로 본다. "출생에 내재하는 새로운 시작은 새로오는 자가 어떤 것을 새로이 시작할 능력 즉 행위의 능력을 가질 때만 생각할 수 있다. 이러한 창발성의 의미에서 행위의 요소, 즉 탄생성의 요소는 모든 인간 활동에 내재한다. 더욱이 행위는 우월한 정치적 활동이기 때문에, 사멸성이 아닌 탄생성이 형이상학적 사상과 구별되는 정치적 사상의 핵심범주가 되는 것이다(Arendt, 1958: 9)."

아렌트는 행위 개념의 어원을 통해 그것의 본래적 의미를 복원하고, 아우구스티누스의 '탄생성' 개념에 의존해서 인간의 실존에 대한 독특한 관점을 제시한다. 그녀에 따르면, 그리스어와 라틴어에는 '행위하다(to act)'를 지칭하는 동사가 각각 두 개씩 있다는 것이다. 그리스어 동사는 '시작하다' '지도하다' 그리고 나중에 '지배하다'의 의미까지 갖게 된 아르케인(archein)과 '이루다' '달성하다' '완성하다'를 의미하는 프라테인(prattein)이다. 라틴어 동사는 '움직이게 하다' '지도하다'를 의미하는 아게레(agere)와 '낳다'를 의미하는 게레레(gerere)이다. 그리스어와 라틴어를 보면, 행위는 '시작'과 '완성/성취'의 의미를 동시에 가지고 있다. 행위의 완성/성취를 지시하던 단어(프라테인과 게레레)가 행위 일반을 의미하는 단어가 되었다. 반면에 시작을 지시하던 단어의 경우를 보면, 특히 정치적인 차원에서 아르케인은 '지배하다'와 '지도하다'를 의미하게 되었고, 아게레는 '움직이게 하다'보다는 '지도하다'를 의미하게 되었다(Arendt, 1958: 177, 189; 2005: 226).

  여기에서 아렌트는 행위의 잊혀진 의미인 '시작'에 주목한다. 그녀에게 시작은 존재론적으로 인간의 탄생에 내재된 속성이다. 이러한 발견은 아우구스티누스를 통해 이루어진다. "한 처음에(initium) 사람이 창조되었다. 그 이전에는 아무도 없었다(Arendt, 1958: 177)." 이 표현에서 아우구스티누스가 사용한 이니티움(initium)은 태초의 창조를 의미하는 절대적 시작이 아니라 인간의 탄생을 의미하는 '상대적 시작'을 말한다(홍원표, 2013: 52–53). 그런 의미에서 이 문장을 재해석하면, 어떤 개인의 탄생은 그 사람 이전에는 그와 똑같은 사람이 없었다는 점에서 새로운 시작이라는 것이다. 탄생을 통해 수많은 개인들이 등장하게 되는데, 그 모든 사람들이 새로운 자이며 시작하는 자, 다시 말해서 고유한 존재라는 것이다. 시작은 아렌트가 행위의 조건으로 삼았던 인간의 다원성을 가능하게 한다. 상대적 시작을 의미하는 이니티움은 주도권을 의미하는 영어의 이니셔티브(initiative)의 어원이기도 하다. 따라서 사람은 시작하는 자로서 주도권을 쥐고 행위하게 된다(Arendt, 1958: 177). 이러한 의미에서 인간은 자유롭다.

  시작과 관련된 자유는 내면적인 자유가 아니라 밖으로 드러내는 것, 즉 공적인 자유이다. "자유는 사유의 속성이나 의지의 특질이 되기 이전에 자유인의 지위에 수반되는 것으로 이해되었으며, 이러한 지위는 그가 자유롭게 이동하고, 집을 떠나고, 세계 속에 들어와 말과 행위를 통해 다른 사람들과 만날 수 있게 했다(Arendt, 2005: 203)." 생물학적 탄생에 내재된 시작의 속성은 공공영역에서 말과 행위를 통해 제2의 탄생 혹은 정치적 탄생으로 승화된다. 자유는 공공영역을 전제로 한다. 아렌트는 "행위가 자유롭기 위해서는 한편으로는 동기로부터, 다른 한편으로는 예측 가능한 결과인 의도된 목표로부터 자유로워야만 한다 (Arendt, 2005: 207)"고 주장한다. 일반적으로 목표는 지성에 의해 설정되고, 목표가 설정되면 의지가 발동하여 행위를 명령하는 것으로 이해되고 있다. 목표는 행위의 자유로움을 결정하는 것이 아니라 행위의 옳고 그름을 판단하는 기준이다. 의지 역시 자유를 견인하는 속성이 아니라 행위의 강함과 약함의 강도에 영향을 미칠 뿐이다. "행위에 앞서는 지성과 달리, 그리고 행위를 유발하는 의지의 명령과 달리, 행위를 고무하는 원칙은 행위 자체의 수행에서만 온전히 명시화된다 (Arendt, 2005: 208)." 그 원칙은 아리스토텔레스적 의미에서 '수행의 탁월성'이다. 그것은 공연예술에서 배우가 탁월한 연기력을 보이기 위해 최선을 다하는 것에 비유될 수 있다. 자유는 연기의 목표나 연기자의 의지 문제가 아니라 훌륭한 연기 그 자체와 관련이 있는 것이다. 말과 행위로 자신을 드러내는 순간이 바로 자유의 순간인 것이다. 이처럼 인간은 공공영역에서 행위하는 동안만 자유로운 것이다. 그래서 자유는 정치의 존재이유가 되는 것이다. 그리고 행위를 통해서 자유가 경험될 수 있는 것이다. "정치의 존재이유는 자유이며, 그것이 경험되는 장은 행위이다(Arendt, 2005: 199)."

(3) 용서와 약속

행위는 그 시작이 분명하지만, 그 끝을 알 수 없다는 것이 노동이나 제작과 구별되는 특성이다. 노동은 생명과정의 순환에 갇혀 그 시작과 끝을 알 수 없다. 제작은 사람의 머리 안에 이미지를 현실화할 때 완성되기 때문에 시작과 끝이 명확하다(Arendt, 1958: 143-144). 이러한 행위의 특성에서 그것이 갖는 한계를 생각하지 않을 수 없다. 행위는 인간관계의 그물망을 형성하며 그 안에서 이루어진다. 사람들의 반응이 다양하기 때문에 행위의 결과를 확실하게 알 수 없다. 또한 한 번 표출된 말과 행위는 다시 주워 담을 수도 없다. 이처럼 행위는 '예측 불가능성'과 '환원 불가능성'이라는 공적 실존 혹은 정치적 실존의 한계를 가지고 있다. 아렌트는 이러한 한계를 극복할 수 있는 방법으로 '용서'와 '약속'을 말한다. "자신이 무엇을 행했는지 알지 못하고, 알 수 있다 할지라도 행한 것을 되돌릴 수 없는 무능력인 환원 불가능성의 곤경으로부터 벗어나게 하는 것은 용서의 능력이다. 미래의 불확실성인 예측 불가능성의 치유책은 약속을 하고 또 그 약속을 지키는 인간의 능력에 내재해 있다(Arendt, 1958: 237)."

용서는 행위의 결과로부터의 해방을 의미한다. 만약 용서가 없다면, 행위의 환원 불가능성 때문에 사람들은 자신의 행위의 결과에 묶여서 새로운 시작을 위한 행위를 할 수 없다. 아렌트에 의하면, 사람들은 일상적인 행위를 통해서도 다른 사람들에게 해를 입힐 수 있다. 이러한 비의도적 혹은 무의지적 죄악에 대한 용서가 없다면, 사람들은 어떠한 행위도 할 수 없는 상황에 처하게 된다. "인간이 행한 것으로부터 서로를 해방시켜줌으로써만 인간은 자유로운 주체로 남을 수 있다. 그리고 자기의 마음을 변화시켜 다시 시작하겠다는 부단한 의지를 통해서만 인간은 새로운 것을 시작할 수 있는 위대한 힘을 부여받을 수 있다(Arendt, 1958: 240)."

행위의 결과에 대한 예측 불가능성은 두 가지 이유 때문에 발생한다. 하나는 인간에 대한 불신으로서 사람들의 마음이 어떻게 변할지 알 수 없다는 것이다. 다른 하나는 소통의 복잡성으로서 동일한 행위능력을 가진 사람들의 행위와 반응들이 결합되어 어떠한 결과를 가져올지 알 수 없다는 것이다. 약속은 이러한 불확실성을 제거하는 데 결정적인 역할을 한다. 그리고 약속이야말로 공공영역의 존립을 가능하게 한다고 말할 수 있다. "사람들이 함께 하도록 만드는 힘은 … 상호약속 혹은 계약의 힘이다(Arendt, 1958: 244 – 245)."

용서와 약속은 행위의 환원 불가능성과 예측 불가능성을 극복하여 인간의 행위능력을 무한히 회복하는 데 기여한다. 시작으로서의 행위능력이 지속하는 한 인간의 실존적 의미는 지속된다. 인간의 실존적 의미는 조금씩 죽어가는 데 있는 것이 아니라 출생을 통해 이 땅에 처음 등장한 것처럼, 지속적으로 새로운 시작을 반복하는 데 있기 때문이다. "인간사의 영역인 세계를 그것의 정상적이고 '자연적' 황폐화로부터 구원하는 기적은 궁극적으로는 다름 아닌 탄생성이다. 그리고 인간의 행위능력은 존재론적으로 탄생성에 근거한다(Arendt, 1958: 247)."

3) 토론 공간 만들기: 평의회 민주주의(council democracy)

시민들은 공적 토론에서 정치적 문제에 대한 의견이 형성되는 과정에 대한 개인적인 경험을 가질 필요가 있다. 아렌트는 나라의 전역에 걸쳐 수많은 공적 공간들이나 기초적인 공화국들의 존재를 전제로 하는 '평의회 민주주의'를 구상한다(Arendt, 1969; Sitton, 1994). 아렌트가 특히 주목하는 것은 지역 단위의 평의회이다. 아렌트의 기본적인 문제는 권위와 평등 사이의 긴장을 어떻게 화해시킬 것인가 하는 것이다. 지역평의회들은 참여를 원하는 모든 사람들에게 개방되고, 상위의 평의회는 하위의 평의회의 대표들로 구성된다. 여기에서 중요한 것은 상위 평의회 의원으로 선발된 대표들은 자신을 선택한 하위 평의회에 구속되지 않는다는 점이다. 그 관계는 신뢰의 관계이지, 명령과 복종의 관계가 아니다. 연방 평의회가 피라미드의 형태를 취하고는 있으나, 권위는 위에서 아래로 혹은 아래에서 위로 부여되는 것이 아니다. 대표들은 위에서건 아래에서건 어떠한 압력도 받지 않는다. 권위는 피라미드 상의 각 층에서 발생된다. 위나 아래로부터의 통제 없이 각 수준에서 토론과 결정이 이루어지는 모델이다. 각각의 평의회는 자율성이 있으며, 그 자체의 권력과 권위를 갖는다. 평의회들은 조정된 행위가 필요한 실질적인 인정과 함께 상호 존중을 통해 연계된다. 아렌트는 연방 평의회들 사이에서 권위와 평등의 긴장이 완화될 수 있을 것이라 생각한다. 그리고 연방 평의회가 정치영역의 자율성을 보호할 수 있을 것이라 생각한다.

3. 합리적 소통의 공간으로서 공론영역: 위르겐 하버마스(J. Habermas)의 경우[15)

1) 공론영역의 의미

하버마스의 공론영역의 의미에 대한 규정은 크게 두 가지 측면에서 이루어진다. 하나는 사전적으로 공론영역의 의미를 규정하는 것이고, 다른 하나는 공론영역의 영역적 특성을 보다 입체적으로 설명하는 것이다.

(1) 공론영역에 대한 사전적 정의

하버마스에 의하면(Habermas, 1974: 49), 공론영역은 '여론이 형성될 수 있는 사회적 삶의 영역'이다. 그 영역에 대한 접근은 모든 시민에게 허용된다. 공론영

---

15) 하버마스에 대해서는 박영도(2011), 박홍원(2012), 설헌영(1995) 장동진·백성욱(2005), 정호근(1994, 1995), 홍성태(2012) 등 참조.

역은 사적인 개인들이 모여 공중을 형성하는 모든 대화에서 존재한다. 사적 개인들은 사적인 이익을 위해 거래하는 기업가나 직업인처럼 행동하지 않으며, 위계적 명령에 복종하는 공무원들처럼 행동하지 않는다. 시민들은 공익의 문제에 대해서 제약 없이 —즉, 집회 및 결사의 자유와 표현 및 출판의 자유의 보장 하에서— 말하는 공중으로서 행동한다. 거대한 공중 안에서 소통은 정보를 전달하고, 정보를 받은 사람들에게 영향을 미치기 위한 특별한 수단들을 필요로 한다. 신문, 잡지, 라디오, 텔레비전 등이 공론영역의 매체들이다.

(2) 공론영역의 영역적 특성

공론영역은 행동, 행위자, 결사체 혹은 집단과 마찬가지로 기본적인 사회적 현상이다. 그러나 그것은 지금까지 사회질서를 설명해온 전통적인 사회학적 개념들로는 이해될 수 없다. 공론영역은 제도로 인식될 수도 없으며, 더구나 조직으로 인식될 수도 없다. 그것은 분화된 권한과 역할, 성원의 자격에 대한 규제 등과 관련된 규범들의 구조물이 아니다. 또한 그것은 체계도 아니다. 공론영역 내부에 경계선을 그을 수는 있지만, 그것은 외부에 대해 개방적이고 삼투 가능하며 가변적이다. 공론영역은 정보와 관점들(태도를 표명하는 의견들)이 소통되는 네트워크이다. 소통과정에서 정보와 의견들은 걸러지고 종합되어 주제별로 묶인 공적 의견들의 더미들로 집약된다. 생활세계와 마찬가지로 공론영역도 소통행위를 통해 재생산된다. 일상적인 언어만 잘 사용할 수 있다면 소통행위를 할 수 있다. 공론영역은 소통과정에서 누구나 이해가 가능하도록 짜여있다. 우리는 생활세계를 단순한 교류를 위한 일종의 저수지와 같은 것으로 알고 있다. 생활세계 내부에 분화되어 있는 전문화된 행동과 지식의 체계들은 이러한 교류와 연계되어 있다. 이 체계들은 두 가지 범주 가운데 하나에 속한다. 종교, 교육, 가족과 같은 체계들은 생활세계의 일반적인 재생산 기능들 —문화적 재생산, 사회적 통합, 사회화 등— 과 결부되어 있다. 과학, 도덕, 예술과 같은 체계들은 일상적인 소통행위의 타당성 —진리성, 정당성, 진실성 등— 과 결부되어 있다. 그러나 공론영역은 두 가지 체계 어디에도 특화되지 않는다. 공론영역이 정치적인 문제를 다루게 될 경우, 그 문제에 대한 전문적인 처리는 정치체계에 맡긴다. 공론영역을 특징짓는 것은 소통행위의 기능이나 내용이 아니라 거기에서 발생하는 사회적 공간(social space)과 관련된 소통구조이다(Habermas, 1996: 360).

공론영역에 대한 하버마스의 논의는 세 개의 단계로 전개된다. 첫 번째 단계는 역사적 접근에 기초해서 부르주아 공론영역의 규범적 특성을 구성하는 것이다. 두 번째 단계는 형식적 화용론의 입장에서 이상적인 담화상황을 구상하여 공론영역의 규범적 기준을 제시하는 것이다. 세 번째 단계는 토의민주주의의 토대로서 공론영역을 정립하는 것이다(박홍원, 2012).

2) 부르주아 공론영역

(1) 역사적 접근에 기초한 부르주아 공론영역의 규범적 특성

부르주아 공론영역의 규범적 특성은 그것이 해방적 잠재력을 가지고 있다는 사실에서 도출된다. 그렇다고 해서 부르주아 공론영역이 사회적 협동과 인간해방의 순수한 영역으로서 이상화되어야 한다는 것을 의미하는 것은 아니다. 오히려 부르주아 공론영역의 존립은 소통을 통한 의견형성과 의지형성의 과정에 대한 시민의 참여를 증진시킬 수 있는 능력에 의존한다는 것을 시사한다. 공론영역은 시민참여를 촉진함으로써 비판을 활성화하고, 그를 바탕으로 구속으로부터의 인간의 해방을 추구할 수 있는 공간을 제공한다는 것이다. 하버마스에 따르면, 역사적으로 관찰 가능한 부르주아 공론영역에서 이루어지는 비판은 절대주의 국가에 대한 비판, 민주주의 국가에 대한 비판 그리고 국가와 사회를 매개하는 공론영역에 대한 비판 등을 내용으로 한다(Susen, 2011).

첫째, 부르주아 공론영역에서 구성된 민주주의 담론들은 절대주의 국가의 자의적인 권력에 대해 비판적이다. 이러한 반절대주의적 입장을 견지하는 부르주아 공론영역의 등장은 전근대사회에서 근대사회로의 이데올로기적이고 물질적인 이행을 상징한다. "부르주아는 사적 개인들이다. 그들은 사적인 개인으로서 지배하지 않는다. 공권력에 대한 부르주아의 대항은 분할되어야 할 권력의 집중에 대한 것이 아니라 기존의 지배원칙에 대한 것이다. 부르주아 공중이 기존의 지배원칙에 대항해서 내세운 통제의 원칙, 즉 공공성의 원칙은 지배 자체를 변화시키기 위한 것이었다. 합리적이고 비판적인 공적 토론의 힘은 … 지배가 유지되는 정당성의 토대를 바꾸는 것 그 이상의 결과를 가져올 것이다(Habermas, 1989: 28)." 합리적이고 비판적인 공중은 자의적인 권력의 정당성에 문제를 제기할 수 있는 토론 능력을 가지고 있다는 것이다.

둘째, 부르주아 공론영역에서 형성된 지배적인 담론들은 일반적으로 정치적 자유주의와 보조를 맞추고 있지만, 현대 민주주의 국가의 합법적 권력에 대해 비판적이다. 부르주아 공론영역은 집합적으로 조직된 개인들이 현대사회의 민주주의 국가에 대한 비판적 통제자로서 행동할 수 있도록 장려하는 토론의 공간을 형성한다. 부르주아 공론영역의 비판은 절대주의적 지배로부터 민주주의 국가들의 정치적 지배에 이르기까지 국가의 지배 일반으로 확대된다. 결국 현대국가의 지배는 토론에 기초한 정치적 합리성의 힘에 의해 감시의 대상이 되는 경우에 한해서 그 정당성을 주장할 수 있다. 이러한 관점에 따르면, 정치적 정당성이 자의적인 것이건 민주적인 것이건 문제가 될 수 있다는 것이다. 왜냐하면 정치적 정당성의 본질은 현대의 공론영역에서 논의되는 규범적인 문제이기 때문이다. 현대사회에서 우리들이 당연하게 받아들이는 것이 있다면, 그것은 어떠한 것도 당연하게 받아들여질 수 없다는 사실이다. 정치적 정당성의 이데올로기적 힘이 그렇게 강력한 이유는 그것이 문제시되지 않는 한 우리가 눈치채지 못하게 은밀하게 작용하기 때문이다. 공적 합리성의 비판적 힘이 그렇게 강력한 이유는 그것이 정치적 정당성을 의심의 대상으로 삼을 수 있기 때문이다. 현대의 시민들은 "당국으로부터 규제받는 공론영역을 공권력 자체에 대항하게 만들 수 있다(1989: 27)." 그렇게 해서 그들은 원래 사적이지만 공적으로 관련된 상품교환과 사회노동의 영역에서 사회적 관계를 지배하는 일반적인 규칙들에 대해 논쟁할 수 있다. 합리적이고 비판적인 공적 논쟁은 현대국가의 권력에 대한 역통제적 통제(counter-controlling control)를 가능하게 한다.

셋째, 역설적으로 부르주아 공론영역에서 제시된 주요 담론들은 국가의 통제뿐만 아니라 담론들 자체, 즉 근대 국가형성 과정에서 민주주의 담론의 역할에 대해서도 비판적이다. 공론영역은 연대의 통합공간들을 창출할 수 있도록 개인들이 서로를 사회화시키는 영역이면서 동시에 성찰적인 토론의 공간을 구성할 수 있도록 개인들이 서로를 비판하는 영역이다. 부르주아 공론영역은 전근대 국가와 현대국가뿐만 아니라 자기 자신에 대해서도 비판적이다. 왜냐하면 그것은 개방적이고 반성적인 토론의 기반 위에서 상호주관적으로 구성된 영역이기 때문이다. 공론영역은 "공론영역 자체에 집중하는 비판적인 공적 성찰을 위한 훈련장을 제공한다(Habermas, 1989: 29)." 소통의 주체로서 공론영역을 형성하는 사람들의 자기비판적 성찰은 토론을 통한 행위 조정에 유익한 기제이다. 대화적으로 창출된 공론영역들은 잠재적으로 무비판적인 주체들의 사회역사적 형성에 대한 비판적 성찰 없이는 존재할 수 없다. 현대 공론영역의 합리적이고 비판적인 특성은 사회생활의 소통적 조정과 규범적 규제를 지향하는 상호주관적인 토론에 참여할 수 있는 사회적 행위자들의 능력에 뿌리를 두고 있다.

(2) 부르주아 공론영역의 구조적 전환

하버마스는 20세기 후반에 공론영역의 구조적 변동을 사회적 붕괴의 과정으로 간주한다. "약 1세기 동안 공론영역의 사회적 기초들이 해체되고 있다. 공론영역의 붕괴경향은 명백하다. 왜냐하면 공론영역이 인상적으로 확장되고 있지만, 그것의 기능은 더욱 더 무의미해졌기 때문이다(Habermas, 1989: 4)." 부르주아 공론영역의 구조적 전환이 파국적으로 이루어지는 원인은 보편적 이해관계와 특수한 이해관계의 긴장, 소통적 이성과 도구적 이성의 긴장, 영역의 분리와 결합의 긴장 등에서 찾아 볼 수 있다.

첫째, 보편적 이해관계와 특수한 이해관계의 긴장을 살펴보자. 보편과 특수의 긴장은 부르주아 공론영역의 이데올로기적 모순에서 비롯된다. 공론영역의 보편주의적 요소와 특수주의적 요소의 규범적 모순은 '인간의 해방'과 '부르주아의 해방'을 혼돈한 데서 기인한다. "그 당시에는 정치적 해방과 인간해방을 너무 쉽게 동일시했다(Habermas, 1989: 56)." 만일 사회적 해방이 계급을 초월하지 못하고 계급적 한계 안에서 추구된다면, 인간해방은 정치적 해방으로 축소되고 만다. 현대의 공론영역은 모순적이다. 한편으로는 공론영역은 정치적 포용을 지향하는 시민의 영역으로서 개방성을 규범으로 삼는다. 그러나 다른 한편으로는 공론영역은 사회적 배제를 기반으로 하는 부르주아의 영역으로서 폐쇄적이다. 부르주아 공론영역에서 구성된 담론들이 비판적 관점에서 이루어진 대화에 의해 추동된 것이라면, 담론들은 사회의 이해관계 전체를 대표한다. 그러나 부르주아 공론영역에서 구성된 담론들이 지배계급의 관점을 기반으로 한 것이라면, 담론들은 무엇보다도 특수한 사회집단의 이해관계에 봉사하는 것이다. 한마디로 보편적 이해관계와 특수한 이해관계의 긴장은 부르주아 공론영역의 점진적인 해체를 가져오는 첫 번째 요소라 하겠다.

둘째, 소통적 이성과 도구적 이성의 긴장에 대해 살펴보자. 하버마스에 의하면, 사적인 영역에서 개인들은 한편으로는 소통을 통해 이해를 추구하는 인간으로서 행동하며, 다른 한편으로는 도구적 사유를 통해 이익을 추구하는 부르주아로서 행동한다. 소통적 사유와 도구적 사유가 혼돈스럽게 공존하며, 때로는 같은 것으로 오인되기도 한다. 이러한 사적 영역의 모호성은 공론영역에서도 그대로 나타난다(Habermas, 1989: 55). 공론영역을 구성하는 개인들이 바로 사적 영역을 구성하는 개인들이기 때문이다. 따라서 사적 영역과 공론영역에서 소통적 이성과 도구적 이성이 밀접하게 결합되어 있는 것에 주목할 필요가 있다. 공적 개인들이 사적 영역에서 벗어날 수 없는 것처럼, 사적 개인들은 공론영역에서 분리될 수 없다. 그러다 보니 자유주의적 자본주의 사회에서 공론영역은 소통적 합리성에 따라 토론이 이루어지는 공간이기도 하지만, 도구적 합리성에 따라 상품화된 관계가 주입되는 공간이기도 하다. 도구적 이성의 작용 범위가 넓어지고 강도가 강해지면서 공론영역이 해체될 가능성이 더욱 커지고 있다.

셋째, 영역의 분리와 영역의 결합 간의 긴장에 대해 살펴보자. 현대사회에는 두 가지 경향이 존재한다. 하나는 공론영역이 국가와 시장으로부터 분리되어 비판적 합리성을 실현하려는 경향이다. 다른 하나는 국가와 시장이 공론영역을 식민화함으로써 기능적 합리성을 실현하려는 경향이다. 하버마스에 의하면, 후자의 경향성이 부르주아 공론영역의 구조적 변형에 결정적인 영향을 미친다. 국가는 공론영역을 관료행정의 논리에 의해 규제되는 사회영역으로 변형시키려 한다. 시장은 공론영역을 자본주의적 상품화의 논리에 의해 작동하는 사회영역으로 변형시키려 한다. 공론영역을 국가나 시장을 위해 기능적으로 작동하게 하려는 경향성은 인간의 자율성에 위협적이다. 한마디로 인간의 자율성은 효용을 추구하는 기능주의적 합리성에 의해 지배되고, 공론영역의 비판 능력은 규제적인 국가와 상품화를 추동하는 시장의 힘에 의해 약화된다. 국가와 시장의 체계적 합리성은 공론영역의 비판 행위를 마치 세계가 각성된 것인 양 꾸미는 장식품으로 전락시킨다. 특히 이러한 과정을 촉진시키는 것은 본래 공론영역의 형성에 결정적인 역할을 했던 대중매체이다. 자본주의가 발달하면 할수록 대중매체는 문화산업의 논리에 따라 작동하게 된다. 그렇게 되면 공론영역이 상업화된 대중매체에 의해 체계(국가와 시장)의 일부로 혹은 체계에 의해 관리되는 사회영역으로 전락된다. 따라서 현대의 공론영역은 일종의 역설에 직면한다. 공론영역의 확장이 곧 해체의 과정이라는 것이다. 국가가 사회통제를 효율화하기 위해 대중매체를 이용하고, 기업이 수익증대를 효율화하기 위해 대중매체를 이용하는 경향성이 강화되면서 겉으로 보기에는 공론영역이 확장되는 것으로 보일 수 있다. 여기에 상업화된 대중매체의 이해관계가 작용하면서 공론영역의 본래적 기능, 즉 비판적 기능은 더욱 약화된다.

3) 이상적 공론영역

하버마스는 형식적 화용론(formal pragmatics)이라는 비판적 재구성 방법을 통해서 공론영역에 관한 규범적인 이론을 구성한다. 형식적 화용론은 특정한 역사적 계기로부터 공론영역에 관한 이론을 구성하는 방법이 아니라, 일상적인 소통행위에서 직관적으로 도출된 행위와 이해의 일반적인 구조를 추출하는 방법이다. 여기에서 방법이 '형식적'이라는 것은 내용보다는 소통적 상호작용이 가능한 보편적 조건(혹은 형식)을 구성하는 데 초점을 맞춘다는 의미이다. 그리고 '화용론적'이라는 것은 일상적인 말의 사용, 즉 발화행위에 초점을 맞춘다는 의미이다.

형식적 화용론에 의하면, 모든 소통은 이해나 동의를 추구하는 소통적 행위 양식을 포함한다. 소통적 행위는 이기적인 계산에 따라 이루어지는 것이 아니라, 타당성 주장을 상호주관적으로 검토하는 방식으로 이루어진다. 타당성 주장은 소통 안에서 명시적으로 혹은 암묵적으로 이루어진다. 그리고 그것은 말의 의미의 이해가능성, 명제의 진리성, 규범의 정당성, 표현의 진실성에 호소하는 방식을 취한다. 예를 들어, '낙태는 살인이다'라는 말을 보자. 이 말의 의미는 누구나 이해할 수 있다(이해가능성). 이 말에는 낙태는 정당하지 않다는 규범적 호소(규범의 정당성), 태아도 사람이라는 사실(명제의 진리성), 주장자가 실제로 그렇게 느낀다는 점(표현의 진실성) 등이 포함되어 있다.

논증(argumentation)이나 소통적 합리성은 타당성 주장이 갖는 문제를 검토하기 위한 '이성의 공적 사용'을 의미한다. 하버마스는 이상적인 공적 사유가 이루어지는 공론영역의 조건을 다음과 같이 제시한다(Dahlberg, 2004).

첫째는 타당성 주장에 내포된 문제의 논제화와 이성적 비판이다. 논증은 타당성 주장에 내포된 문제를 논제로 삼아 상호 간에 합리적으로 검토하는 것이다. 논증을 위한 논변들은 대화에 참여한 사람들뿐만 아니라 고려되고 있는 주장들에 의해 잠재적으로 영향을 받을 수 있는 모든 사람들, 즉 '이상적인' 혹은 '가상적인' 토론자들의 공동체를 대상으로 제시된다.

둘째는 성찰이다. 논증과정에서 참여자들은 자신들이 원래 가지고 있던 선호가 무엇이든지 그것에 대해 의문을 제기하고 초월한다. 이는 소통적 합리성이 성찰을 전제로 한다는 것을 의미한다. 개인의 가치들, 전제들, 관심들이 다른 모든 주장들과 논리에 비추어 비판적으로 검토된다는 것을 의미한다.

셋째는 이상적인 역할수행이다. 합리적인 토론의 참여자들은 고려되고 있는 주장들에 의해 잠재적으로 영향을 받을 수 있는 모든 사람들의 관점에서 상황을 고려한다. 참여자들은 다른 사람들이 자신들과 세계를 이해하는 방식에 대해 해석학적으로 개방적이며 민감하게 신경을 쓴다. 이러한 과정은 불편부당성과 경청을 포함한다. 무엇보다도 참여자들은 차이를 가감하여 합산하거나 무시하는 것이 아니라 이해를 추구하는 태도를 가지고 토론에 접근한다. 이러한 태도는 차이를 검토하고 지속적으로 소통하는 데 집중을 요구한다.

넷째는 진실성이다. 논증은 정직성 혹은 토론의 개방성을 전제로 한다. 합리적 소통은 참여자들이 솔직하게 말하는 것 그리고 관련된 모든 정보 —그들의 의도, 관심, 욕구, 필요와 관련된 정보를 포함해서— 를 성실하게 알려주는 것을 전제조건으로 한다.

다섯째는 평등성이다. 논증은 고려되고 있는 주장들에 의해 잠재적으로 영향을 받는 모든 참여자들에게 개방된다. 각각의 참여자들은 어떠한 주장이라도 할 수 있고, 어떠한 주장에 대해서도 문제를 제기할 수 있는 동등한 기회를 부여받는다. 그리고 태도, 욕구, 필요를 표현할 수 있는 동등한 기회를 부여받는다.

여섯째는 국가 및 기업권력으로부터의 자율성이다. 시민의 공론영역을 구성하는 논증은 국가와 기업의 이해관계의 영향으로부터 자유롭다.

소통적 합리성의 목표는 이해에 도달하는 것이다. 이것은 모든 논증의 전제조건이다. 그러나 이해에 도달한다는 말은 다양한 의미를 가지고 있다. "이해의 목표는 상호이해, 지식의 공유, 상호신뢰 그리고 서로에 대한 의견일치 등과 같은 상호주관적인 관계로 종결되는 동의이다. 동의는 이해가능성, 진리성, 진실성,

정당성 등 각각에 상응하는 타당성 주장의 인정에 토대를 둔다. 우리는 이해라는 말이 모호하다는 것을 알 수 있다. 좁은 의미에서 그것은 두 주체가 어떤 언어적 표현을 똑같은 방식으로 이해하는 것을 뜻한다. 넓은 의미에서 두 주체 사이에 서로가 인정하는 규범에 비추어 말의 정당성에 대한 의견일치가 존재한다는 것을 뜻한다. 게다가 소통의 두 참여자는 세상사에 대한 이해에 도달할 수도 있다. 그리고 그들은 자신들의 의도를 상대에게 이해시킬 수도 있다(Habermas, 1979: 3)"

하버마스는 사람들에게는 이상적인 소통을 수행할 수 있는 '소통능력'이 필요하다고 생각한다(Habermas, 1979: 29). 첫째, 화자는 말이 맞는 이유 혹은 말의 전제가 충분하게 전달될 수 있는 방식으로 말을 선택한다. 그렇게 되면, 청자들이 화자의 말과 관련된 지식을 공유할 수 있다. 둘째, 화자는 언어적 표현이 의도하는 바가 무엇인지를 드러낼 수 있는 방식으로 말한다. 그렇게 되면, 청자는 화자를 신뢰할 수 있다. 셋째, 화자는 승인된 규범 혹은 수용된 자기이미지에 맞는 방식으로 발화행위를 수행한다. 그렇게 되면, 청자는 화자와 공유된 규범을 갖게 된다.

4) 토의민주주의의 토대로서 공론영역

하버마스는 민주주의의 핵심을 자율성의 이념에서 찾는다. 자율성의 이념은 사람들이 상호주관적으로 획득한 통찰에 따라 스스로 원칙을 만들고, 그 원칙에 스스로 복종하는 것이다. 자율성은 자기결정과 자발적 복종을 내용으로 하는 이념이며, 이러한 이념이 실현될 때 인간은 자유로운 주체가 된다는 것이다. 하버마스는 자율성의 이념을 실현하는 데 있어서 가장 중요한 기제로서 '토론'을 강조한다. "시민들의 자기결정에 있어서 토론이 가장 중요하다(Habermas, 1996: 127-128)." 인민주권의 원리는 바로 자율성의 이념을 기초로 한다. 현대사회에서 사람들은 대중매체를 매개로 하는 토론의 네트워크를 통해 주권을 행사할 수밖에 없다. "인민주권은 문화적으로 동원된 공론영역들과 법의 지배에 따라 제도화된 의지형성 간의 눈에 띄지 않는 상호작용으로 승화된다(Habermas, 1996: 486)." 인민주권은 비공식적인 공론영역과 제도화된 입법기구의 상호작용을 통해 실현된다는 것이다.

하버마스는 공론영역에서의 토론 원리를 민주주의의 재구성을 위한 토대로 만들기 위해 세 가지 측면에 주목한다. 그것은 토론을 가능하게 하는 기본권 문제, 국가의 제도 문제 그리고 공론영역의 문제이다(Ryan, 1999).

첫째, 기본권에 대해 살펴보자. 하버마스는 기본권을 시민들이 법을 통해 자신들의 삶을 정당하게 질서지우기 위해 인정해야만 하는 권리로 인식한다. 그가 제시한 기본권의 범주는 (ⅰ) 가능한 최대의 평등한 개인의 자유들과 관련된 기본권들, (ⅱ) 자발적 결사체에서 구성원의 지위와 관련된 기본권들, (ⅲ) 청구권과 개인의 법적 보호와 관련된 기본권들, (ⅳ) 시민들이 자신들의 정치적 자율성을 발휘하고 법을 만드는 데 거쳐야 하는 의견형성과 의지형성의 과정에 참여할 평등한 기회와 관련된 기본권들, (ⅴ) 시민들이 앞에서 열거한 시민의 권리들을 이용할 수 있는 평등한 기회를 향유하는 데 있어서 반드시 필요한 사회적, 기술적, 생태적 생활조건의 보장과 관련된 기본권들 등이다(Habermas, 1996: 122–123). 하버마스는 기본권의 목록을 큰 틀로서 제시한다. 그리고 구체적인 기본권의 내용들은 의회에서 채워져야 한다고 본다. "헌정국가는 최종적인 구조를 상징하는 것이 아니라 섬세하고 민감한 —무엇보다도 오류가 발생할 수 있으며 수정이 가능한— 작업을 상징한다. 그것의 목적은 환경의 변화에 따라 권리들의 체계를 새롭게 구성하는 것이다(Habermas, 1996: 125)." 이러한 생각에는 인민주권과 개인의 권리가 갈등의 관계에 있는 것이 아니라 서로를 지지하는 관계에 있다는 전제가 깔려있다. 인민주권은 공동으로 행사되는 것이기 때문에 개인의 자유를 구속하는 것으로 보일 수 있다. 그러나 만일 권리에 의해 제한되지 않는 국가가 주권을 빼앗는다면, 다시 말해서 시민들이 목소리를 낼 수 없게 만든다면, 시민들은 자율적인 존재라 할 수 없다. 이러한 측면에서 보면, 개인의 권리는 주권을 효율적으로 행사하기 위한 필수조건, 혹은 주권을 향상시키는 조건이라 할 수 있다. 따라서 개인의 권리가 주권행사의 제약 요인이라 말할 수는 없다. 인민주권은 사람들이 이성적인 토론을 통해 공통된 의견을 형성하는 것이기 때문에 공적 자율성이라 할 수 있다. 그리고 개인적 권리는 다른 사람의 개입 없이 독자적으로 자신의 의사를 결정하는 것이기 때문에 사적 자율성이라 할 수 있다. 하버마스의 논리에 따르면, 공적 자율성은 사적 자율성을 통해 실현될 수 있으며, 사적 자율성은 공적 자율성을 통해 향상될 수 있다.

둘째, 국가의 제도에 대해 살펴보자. 하버마스는 국가의 제도와 관련해서 토론과 의사결정과정의 제도화를 핵심원리로 본다. 의회와 관련해서 민주적 제도의 문제는 절차의 문제이다. 절차는 대표들이 선출되고, 결정하고, 일하는 방법이 토론의 원리에 충실한 것이어야 한다는 것이다. 이것은 의회에서는 일반적으로 다수결의 원칙에 따라 의사결정을 하는데, 그에 앞서 토론의 원리에 충실한 논쟁이 선행되어야 한다는 것을 의미한다. 토론의 원리에 충실한 민주적 절차들은 제도적 의사결정과정에 끼어드는 정당하지 않은 요소들을 걸러낼 수 있다. 행정과 관련해서 민주적 제도의 문제는 시행착오의 문제이다. 행정은 관료조직에서 이루어진다. 관료조직은 위계적인 명령에 의해 작동되고 폐쇄적이기 때문에, 스스로 오류를 발견하거나 발견된 오류를 수정하는 데 민첩하지 못하다. 행정에 민주적 절차를 제도화할 수 있다면, 오류수정에 민감한 행정을 구현할 수 있을 것이다. 따라서 하버마스는 시민들의 공적 참여와 토의를 행정과정에 접목할 것을 제안한다. 사법과 관련해서 민주적 제도의 문제는 해석의 문제이다. 심판은 법률 전문가로 인정받은 법률가들의 해석에 의해 이루어진다. 법률가들이 의존하는 법과 해석의 원리는 상황의 변화에 따라 적실성이 떨어질 수 있다. 사법체계는 그 자체의 보수성 때문에 상황변화에 대한 인식에 한계를 갖는다. 따라서 하버마스는 사법의 민주적 제도화를 위해 심판과정에 대한 공적 비판과 참여를 제도적으로 접목할 필요성을 강조한다. 의원들, 행정가들 그리고 법률가들은 제도적 보수성이나 특수한 이해관계에 묶여서 타당한 의사결정을 못 할 수 있다. 그러나 입법, 행정, 사법 활동들이 공개적으로 이루어지고, 시민들이 그 과정을 관찰할 수 있다면, 기회주의적인 결정을 막아내는 데 도움이 될 것이다. 입법, 사법, 행정에서 이루어지는 의사결정의 합리성은 제도 밖의 조건, 즉 문제를 제기할 수 있는 공론영역의 조건에 달려 있다.

　　셋째, 공론영역에 대해 살펴보자. 국가제도의 합리성은 제도 그 자체에 의해서만 확보될 수 있는 것이 아니다. 그것은 제도화된 의사결정과 좋은 의견이 형성될 수도 있는 비공식적인 정치적 소통의 네트워크와의 상호작용에 의해 확보될 수 있다. 인민주권이 제대로 행사되기 위해서는 효율적인 공론영역이 필요하다. 많은 사회적인 문제들은 공론영역 안에서 확인될 수 있다. 공무원들은 국가조직의 제도적 특성 때문에 사회로부터 고립될 수 있다. 그래서 국가제도 안에서의 숙고과정은 제도 밖의 정치적 소통에서 다루어지는 가치들, 이슈들, 논변들에 개방적이어야 한다. 하버마스는 국가의 토론 합리성은 대부분이 국가를 둘러싼 성찰의 네트워크에 의존한다고 본다. 그의 민주주의 기획은 '시민사회의 자발적 결사체에 정박하고 있는 … 자율적인 공론영역들(Habermas, 1996: 358)'을 필요로 한다. 물론 하버마스가 목격하고 있는 공론영역은 낭만적인 유토피아적 공간이 아니다. 여론형성과정에서 대중매체들과 각종 전문가들이 의미 있는 영향을 미친다. 대중매체와 전문가들은 다양한 이해관계를 은밀하게 관철시키는 역할을 할 수 있다. 공론영역은 사실상 집중된 사회적 권력의 영향에 훨씬 취약하다. 특히 상업적 이해관계에 지배되는 대중매체는 공론영역의 자율성에 치명적인 영향을 미친다. 따라서 하버마스는 공론영역의 자율성을 확보하기 위해서는 무엇보다도 매체의 권력에 대한 규제가 선행되어야 한다고 본다(Habermas, 1996: 442).

4. 경합공간으로서 공론영역: 샹탈 무페(C. Mouffe)의 경우[16]

무페의 이론적 기획은 민주주의의 급진화이다. 그것의 조건은 일체의 본질주의나 근본주의로부터 벗어나는 것이다. 사회에는 다양하면서도 고유한 형태의 지배관계들이 존재한다. 그러한 관계들은 당연한 것으로 받아들여질 가능성이 크기 때문에, 그러한 지배관계가 사람들에게 저절로 드러나거나 인식되는 것은 아니다. 민주주의의 급진화는 이러한 권력관계를 드러내고 무너뜨릴 수 있는 대항담론을 만들어 경합함으로써 권력관계를 해체하는 것, 그리고 이러한 시도를 사회의 모든 부문으로 확산시키는 것을 의미한다. 따라서 무페는 민주주의의 급진화를 위한 전략으로서 경합적 공론영역을 창출하는 데 초점을 맞춘다.

1) '정치적인 것'의 의미

무페가 '정치'가 아니라 '정치적인 것'에 특별히 관심을 갖는 이유는 무엇인가? 그녀는 탈정치적인 시대정신을 극복하기 위해 정치와 정치적인 것을 구별해야 할 필요성을 강조한다. 학문적으로도 정치와 정치적인 것에 대한 연구는 다르게 이루어진다. 정치과학(political science)은 '정치'에 대한 경험적, 사실적 연구에

---

16) 임의영(2015b)을 수정하여 기술함. 무페에 대해서는 김상현(2008), 이진현(2012), 정지혜 (2010), 한유미(2011, 2013) 등 참조.

초점을 맞춘다. 그에 반해 정치이론(political theory)은 '정치적인 것'의 본질을 탐구하는 데 초점을 맞춘다. 무페는 존재적인 것(the ontic)과 존재론적인 것(the ontological)을 구분한 하이데거(M. Heidegger)에 의존해서 정치와 정치적인 것의 차이를 설명한다(Mouffe, 2005: 8). 하이데거에 의하면, 존재적인 것은 실체의 현상(what)에 대한 접근을, 존재론적인 것은 실체의 존재원리(how)에 대한 접근을 의미한다. 실체의 현상에 대한 접근은 기술적인 반면, 실체의 존재원리에 대한 접근은 구성적이다. 그러나 존재적인 것과 존재론적인 것의 범주가 고정된 것은 아니다. 존재론적인 것이 존재적인 것이 될 수도 있다. 다시 말해서 존재론적으로 구성된 것이 반복되면 존재적인 것이 되는 것이다. 하이데거의 구분에 따르면, 존재적인 것은 정치의 다양한 관행들로서 정치에 해당된다. 존재론적인 것은 사회가 구성되는 방식으로서 정치적인 것에 해당된다. 정치적인 것은 고정된 것이 아니라 변화 가능한 것이다. 변화 가능하다는 것은 인간의 의지가 작용할 수 있다는 것을 의미한다. '정치적인 것'의 개념적 의미는 학자마다 다르다. 크게 보면, 합리적인 소통의 원리에 따라 자유롭게 의견을 개진하고 합의를 추구하는 공적 숙의과정을 정치적인 것으로 보는 아렌트류의 입장과 적대적 관계에서 헤게모니를 쟁취하고자 하는 경합을 정치적인 것으로 보는 무페류의 입장이 있다(Wenman, 2003). 무페는 인간사회를 구성하는 적대적 관계들을 정치적인 것의 존재조건으로 이해한다. 그리고 일련의 관행과 제도로서의 정치는 질서를 창출하고 정치적인 것에 의해 제공되는 갈등의 맥락에서 인간의 공존을 조직화하는 과정으로 이해한다(Mouffe, 2005: 9). 그녀는 민주주의의 핵심을 정치적인 것에서 찾아야 한다고 본다.

무페의 정치적인 것의 개념은 슈미트에 의존한다. 슈미트에 따르면, 정치적인 것은 적과 동지의 구별을 본질로 한다. 적과 동지를 구별하는 행위는 '그들'과 대립되는 것으로서 '우리'라는 집합적 정체성을 형성하는 것이다. 이처럼 정치적인 것을 '적대'로 이해한다면, 공공영역은 토론을 통한 합의의 공간이 아니라 '결정의 공간'이 된다. 공공영역에서 도달한 합의는 만장일치가 아니라 배제를 전제로 하는 것이다. 완전하게 포용적인 합의는 불가능하다.[17]

---

17) 슈미트에 따르면, 자유주의는 정치적인 것의 의미를 이해하는 데 무력하다는 것이다. "자유주의 사상은 매우 체계적인 방식으로 국가와 정치를 회피하거나 무시한다. 그리고 그 대신 두

그렇다면 정치적인 것의 본질적인 조건인 적대는 어떠한 상태를 말하는 것인가? 라클라우와 무페는 적대 개념을 명확히 하기 위해 칸트의 실재적 대립(real opposition) 및 논리적 모순(logical contradiction) 개념과 비교한다(Laclau & Mouffe, 2012: 222-223). 칸트에 의하면, 실재적인 대립은 두 개의 독립적인 물리적 대상들이 서로 충돌하는 경우를 말한다. 이를 도식화하면, [A-B] 관계유형이다. 사회적 적대는 물리적 대상들 간의 충돌이 아니기 때문에 실재적 대립과는 다르다. 논리적 모순은 두 개의 대립되는 명제가 서로를 규정하는 관계에 있는 경우를 말한다. 이를 도식화하면, [A-非A] 관계유형이다. 논리적 모순 관계에 있다고 해서 반드시 적대적인 관계를 가져오는 것은 아니며, 적대적인 관계에 있다고 해서 반드시 거기에 논리적인 모순이 존재한다고 할 수는 없기 때문에, 적대와 논리적 모순은 다르다. 적대 개념을 실재적 대립이나 논리적 모순에 동화할 수 없는 이유는 무엇일까? 라클라우와 무페에 따르면, A의 정체성에 대한 근본적인 가정이 다르기 때문이다(Laclau & Mouffe, 2012: 227). 실재적 대립과 논리적 모순은 기본적으로 A를 완결된 것으로 가정한다. A의 정체성은 변함없이 그대로 존재한다는 것이다. 논리적 모순의 경우, A는 완전하게 A이기 때문에, A를 非A라고 하는 것(A=非A)은 모순적이며 불가능한 것이다. 실재적 대립의 경우, A는 완전하게 A이기 때문에, B와의 관계에서 충돌과 같은 객관적인 결과를 가져올 수 있는 것이다.

사회적 적대는 타자가 A가 완전하게 A가 되는 것을 방해한다고 가정한다. A의 정체성이 적대세력에 의해 위협을 받는다는 것이다. 이를 도식화하면, [A-反A] 관계유형이다(Torfing, 1999: 44-45). 적대는 정체성에 대해 양면적인 성격을 갖는다. 적대는 정체성의 형성을 가능하게 하는 조건인 동시에 불가능하게 하는 조건이다. 한편으로 적대관계에 놓이게 되면 사람들은 적대세력(反A)과 대립하는 사람들과 동지로서의 정체성(A)을 형성한다. 이러한 의미에서 보면, 나의 적을 알면, 내가 어떤 사람인지 알 수 있다. 나와 적대관계에 있는 사람이 개발주의자라면, 나는 환경론자인 것이다. 또한 나의 적의 적은 곧 나의 동지이다. 나

개의 이질적인 영역, 즉 윤리와 경제, 정신과 사업, 교양과 재산이라는 전형적이며 항상 반복되는 양극 사이를 움직이는 것이다. 국가와 정치에 대한 비판적 불신은 어디까지나 개인이야말로 출발점이며 도착점이라는 체계의 원리들로부터 쉽게 설명된다(Schmitt, 2012: 94-95)."

의 적의 적이 반개발주의자라면, 나는 반개발주의자인 것이다. 이처럼 적대관계는 나의 정체성의 형성을 가능하게 한다. 다른 한편으로 적대관계에 있는 나의 적대세력은 나의 정체성을 위협한다. 적은 나를 전복할 수 있다. 예컨대 노동자(A)는 공장소유주인 적대세력(反A)에 의해 공장에서 해고되면, 더 이상 노동자로서 정체성을 유지할 수 없다. 나와 적은 변증법적으로 더 높은 단계로 상승하는 총체성의 계기들이 아니다. 나와 적 사이에는 화해를 지향하는 변증법적 지양이 발생하지 않는다. 오히려 그러한 조화나 화해가 계속적으로 지연된다.

무페는 이러한 적대와 정체성의 관계를 데리다(J. Derrida)의 '구성적 외부(constitutive outside)' 개념으로 이해한다. 구성적 외부는 '모든 정체성이 관계적이라는 것 그리고 차이의 긍정이, 즉 외부를 구성하는 어떤 타자에 대한 인식이 모든 정체성의 존재를 위한 전제조건이라는 것(Mouffe, 2005: 15)'을 의미한다.[18] 정체성의 형성은 차이를 정립하는 것을 의미한다. 차이는 종종 배제를 토대로, 혹은 형상과 질료, 본질과 우연, 흑인과 백인, 남성과 여성 등 두 극 사이의 계층적 구조를 토대로 정립되기도 한다. 이는 차이로 구성되지 않는 정체성은 존재하지 않으며, 사회적 객관성은 권력행위를 통해 구성된다는 것을 의미한다(Mouffe, 2007: 223－224). 따라서 사회에는 다양한 적대들이 존재할 수 있다.

무페는 슈미트의 적과 동지의 구별로서 정치적인 것의 개념은 수용하지만, 적대 개념은 재구성한다. 적대는 우리와 그들이 공통의 끈이 없이 서로에 대해 극복해야 할 적으로 존재하는 경우를 말한다. 슈미트는 이러한 적대 개념에 충실하다. 무페에 따르면, 민주주의 정치의 중요한 과제는 사회적 관계에 존재하는 잠재적인 적대를 완화하는 것이다. 우리와 그들 간의 관계를 초월함으로써 적대를 완화한다는 것은 현실적으로 쉬운 일이 아니다. 오히려 갈등을 정당한 것으로 받아들이고 정치적 결사체를 파괴하지 않는 형식을 취하는 것이 현실적이다. 이는 갈등의 당사자들을 묶어주는 공통의 끈이 존재해야 한다는 것을 의미한다. 그렇게 된다면, 적대적인 관계에서 볼 수 있는 것처럼, 상대의 요구를 부당하게 여기면서 상대를 절멸시켜야 할 적으로 보지는 않을 것이다. 무페는 이러한 조건을 만족시킬 수 있는 개념으로 적대(antagonism)와 대비하여 경합(agonism)을 제안한

---

18) 데리다의 해체와 로티(R. Rorty)의 실용주의가 민주주의와 갖는 관계에 대해서는 Mouffe (1996) 참조.

다. "경합은 갈등하는 당사자들이 비록 갈등을 해결할 수 있는 합리적인 해결책
이 없다 하더라도 상대의 정당성을 인정하는 우리와 그들의 관계이다. 그들은 적
이 아니라 경합자이다. 이것은 그들이 갈등하면서도 자신들을 동일한 정치공동
체에 속하며, 갈등이 발생하는 공통의 상징공간을 공유하는 것으로 인식한다는
것을 의미한다. 민주주의의 과제는 적대를 경합으로 변형시키는 것이라 할 수 있
다(Mouffe, 2005: 20)." 따라서 무페는 자신의 민주주의모델을 경합적 민주주의라
부른다.

2) 정치철학 비판

무페의 이론적 기획은 기본적으로 본질주의 일체를 비판적으로 극복하고,
비본질주의적 관점에서 정치철학을 새로이 정초하는 것이다. 그녀는 사회주의,
자유주의, 공동체주의 등에 내재된 본질주의를 드러내는 것은 물론이고, 그 안에
서 급진적 요소를 추출하여 새로운 이론을 구성하는 데 적극적으로 활용한다. 따
라서 무페가 새로이 정초하고자 하는 정치철학의 특성을 이해하기 위해서는 기
존의 정치철학에 대한 그녀의 비판에 주목할 필요가 있다.

무페는 민주주의를 특징으로 하는 근대성에 대한 정치철학적 성찰을 이론적
출발점으로 삼는다. 그녀는 근대민주주의를 가능하게 한 계기를 르포르가 말하
는 '확실성 지표의 해소'에서 찾는다. 르포르에 따르면, 근대민주주의사회에서 권
력, 법, 지식은 근본적으로 '비결정적'이다. 이는 민주주의 혁명의 결과이다. 그것
은 자유와 평등의 이념을 전면에 내세우면서 군주와 같은 인격에 체현된 권력이
나 초월적인 권위와 관련된 권력을 소멸시켜버렸다. 그 결과 '텅 빈 장소'로서 권
력을 전제로 하는 사회의 제도화가 시작되었다는 것이다(Mouffe, 2000: 1-2,
2007: 26). 이러한 의미에서 근대성은 본질주의에 반하는 불확실성과 비결정성을
핵심으로 한다고 볼 수 있다. 무페는 포스트모더니즘의 논리에 의존해서 기존의
정치철학에 내재하는 본질주의를 드러내고 비판하는 데 초점을 맞춘다.[19]

첫째, 무페는 사회주의에 내재하는 경제주의에서 본질주의의 유령을 발견한
다. 경제주의는 부수현상론(epiphenominalism)과 환원론으로 구성된다. 부수현상

---

19) 무페가 포스트모더니즘의 영향을 받고 있다고 해서 그녀를 포스트모더니스트라 할 수는 없다.
    그녀는 자신의 이론이 탈근대적이며 동시에 근대적이라 생각한다(Mouffe, 2007: 1장).

론은 정치적, 법적, 이데올로기적 상부구조의 형태와 기능이 경제적 토대에 의해 결정된다는 것이다. 다시 말해서 상부구조는 경제적 토대의 부수현상에 불과하며, 역사발전에서 독립적인 역할을 할 수 없다는 것이다. 마르크스주의 진영에서 이러한 부수현상론에 대한 비판적 성찰이 있기는 하지만, 결정적으로 그 한계를 극복한 경우는 찾기 어렵다. 가령 알튀세(Althusser, 1979)와 풀란차스(Poulantzas, 1986)와 같은 구조주의적 마르크스주의자들은 정치영역 및 이데올로기 영역의 '상대적 자율성'을 강조하면서도, 최종심급에서 경제가 결정적인 기능을 한다고 주장함으로써 그 한계를 극복하지 못한다. 환원론은 상부구조에서 발생하는 모든 현상을 물질 생산영역에서의 구조적 위치에 따라 결정되는 자본가와 노동자 간의 계급모순으로 환원하는 것이다. 법적, 정치적, 이데올로기적 요소들이 필연적으로 계급적 성격을 갖는다는 것이다. 이처럼 환원론은 다양한 현상들을 하나의 본질적 요소인 계급모순으로 귀인시키는 특성을 갖는다. 부수현상론과 계급환원론에 내재된 본질주의는 역사발전의 필연성, 사회변혁의 주체로서 노동자계급의 우위성, 공산주의 이행기의 프롤레타리아 독재, 그리고 공산당의 무오류성 등으로 표출되어, 현실사회주의를 비민주적인 정치체제로 왜곡시키는 결과를 가져왔다. 무페의 의도는 본질주의를 이유로 사회주의를 버리자는 것이 아니라, 본질주의에서 벗어나 사회주의적 상상력을 발휘함으로써 평등의 이념에 보다 충실한 민주주의를 실현하자는 것이다.

둘째, 무페는 자유주의에 내재하는 개인주의에서 본질주의적 특성을 찾는다. 개인은 모든 자유주의 원리의 기초라 할 수 있다. 칸트는 인간을 수단적 존재가 아니라 목적적 존재로 대해야 한다는 도덕법칙을 제시한 바 있다. 목적적 존재로 인간을 대한다는 것은 인간의 자율성을 존중하라는 것이다. 자율성은 스스로 원칙을 만들고 스스로 복종하는 자기결정과 자기복종의 원칙을 핵심으로 한다. 개인의 자율성은 다른 자율성과의 충돌을 회피하기 위한 목적 이외에 어떠한 이유로도 제약되어서는 안 된다. 특히 자유주의는 개인의 생명권, 재산권, 자유권을 양도할 수 없는 기본적인 권리로 본다. 정치공동체는 개인의 권리를 보호하는 데 필요한 최소한의 역할만을 해야 한다. 따라서 자유주의에서는 공(公)과 사(私)를 분리해서 사유하는 것을 자연스럽게 받아들인다. 이러한 특성들이 자유주의에 어떠한 한계를 가져오는지를 살펴보자. 먼저 개인주의에 기반하고 있는 자유주의는 정치적인 것을 적과 동지의 구분이라는 적대의 차원에서 보는 것이 아니라 개인들의 선호를 합산하는 경제적인 관점에서 이해하는 한계를 보이게 된다. 또한 자유주의는 주체로서 개인을 한편으로는 '무연고적 자아'로, 다른 한편으로는 완결된 혹은 일관된 존재로 인식한다. 무연고적 자아는 개인의 정체성 형성과정에서 공동체가 미치는 영향을 무시하는 자아관을 말한다(Sandel, 1982). 완결된 혹은 일관된 존재로서의 주체관은 복수로 존재하는 개인의 정체성을 단일한 것으로 보는 자아관이다. 마지막으로 공사의 구분에 근거한 사유방식이 갖는 문제는 롤스(Rawls, 2005)에게서 찾아볼 수 있다. 롤스는 다원주의를 하나의 사실로 받아들인다. 다원주의는 개인들이 나름대로의 종교적, 철학적, 도덕적 원칙을 가지고 있다는 것이다. 롤스는 이러한 다원주의를 정치적 결정의 조건으로 보지 않고 정치적 결정을 위해 극복 내지는 회피해야 할 상황으로 인식한다. 따라서 그가 취한 방법은 정치적 결정과정에서 개인의 종교적, 철학적, 도덕적 원칙들을 사적인 것으로 배제하고, 오로지 공적 이성에 의존해서 모든 차이에도 불구하고 모두가 동의할 수 있는 합의에 도달하자는 것이다. 롤스가 추구하는 공적 이성에 의한 중첩적 합의는 공과 사의 엄밀한 구분에 의존하는 것이다. 그러나 이러한 사유방식은 다원주의를 배제함으로써 정치적인 것이 작동할 수 있는 여지를 남기지 않는다. 따라서 롤스의 정치철학은 '정치 없는 정치철학'이라는 비판으로부터 자유로울 수 없다(Mouffe, 2007: 3장). 무페는 자유주의의 한계를 비판하면서도 그것이 강조하는 개인의 자유와 존엄성은 새로운 민주주의이론을 형성하는 데 반드시 필요한 요소로 인식한다.

셋째, 무페는 공동체주의에 내재하는 공동선에서 본질주의적 특성을 찾는다. 자유주의자들이 사회공동체에 앞서서 주체가 존재한다고 전제하는 것과는 달리 공동체주의자들은 사회공동체에 의해 주체가 형성된다고 본다. 다시 말해서 자유주의자들이 무연고적 자아를 전제하는 것과는 달리 공동체주의자들은 '단일한 상황적 자아'를 전제한다. 공동체가 추구하는 이념으로서 공동선은 주체의 형성과 윤리적 행동의 원칙을 구성하는 데 결정적인 영향을 미친다. 공동선은 개인들이 가지고 있는 선호들의 합도 아니고 가치관의 종합도 아니다. 그것은 공동체 자체의 생존과 유지 혹은 발전에 결정적으로 기여하는 이념이나 가치를 말한다. 공동체주의자들 가운데 매킨타이어(MacIntyre, 1984)와 샌들(Sandel, 1982)은 아리

스토텔레스의 영향을 받아 이러한 공동선의 가치를 강조함으로써 자유주의적 다
원주의를 거부한다. 공동체의 구성원들은 동일한 가치관과 윤리관을 가져야 한
다는 것이다. 무페는 단일한 상황적 자아관은 무연고적 자아관과 대별되지만, 두
경우 모두 단일한 주체관념을 갖는다는 점에서는 다르지 않다고 본다. 또한 공동
선에 천착하여 다원주의를 거부하는 공동체주의는 본질주의를 극복할 수 없다는
한계를 갖는다. 따라서 무페는 공동체주의자들 가운데 개인의 권리와 다원주의
를 강조하는 자유주의적 전통을 접목하고자 하는 테일러(Taylor, 1989)와 왈저
(Walzer, 1983)의 시도에 긍정적인 평가를 내린다.

3) 정치철학적 기초의 재구성

무페는 본질주의적 속성이 여과된 사회주의, 자유주의, 공동체주의를 재료로
하여 새로운 정치철학의 토대를 구축하고자 한다. 그 핵심은 주체관, 정치결사
체, 사회변혁전략 그리고 다원주의의 재구성이다.

첫째, 주체관에 대해 살펴보자. 자유주의와 공동체주의는 한편으로는 무연고
적 자아와 상황적 자아라는 상반된 주체관을 가지고 있으나, 다른 한편으로는 단
일한 정체성을 갖는 주체를 전제한다는 점에서는 같은 입장에 있다. 무페는 바로
'단일한 주체관'을 '복합적 주체관'으로 재구성하고자 한다. 그녀는 '사회적 관계
의 다양성 속에서 새겨진 주체 위치들의 집합으로 구성되는 하나의 자리로서 개
인, 다시 말해 수많은 공동체의 구성원이면서 다원적인 집단적 정체성 형성의 형
식에 참여하는 존재로서 개인(Mouffe, 2007: 156)'에 관한 이론의 정립이 필수적이
라고 주장한다. 개인은 생산관계에서의 구조적 위치(자본가와 노동자), 성적 위치
(남성과 여성, 이성과 동성), 인종적 위치(백인과 유색인) 등 다양한 위치에 있다. 생
산, 성, 인종 등 각각의 영역에는 나름대로의 독자적인 담론이 존재한다. 생산담
론, 성담론, 인종담론 등을 매개로 각각의 영역에서 개인의 위치짓기(positioning)
가 이루어진다. 위치짓기는 개인의 의지에 따라 주관적으로 이루어지는 것이 아
니라 담론의 렌즈를 통해 응시하는 타자의 시선이나 타자의 호명을 매개로 이루
어진다. 이처럼 개인은 다양한 담론을 매개로 형성된 다양한 정체성들의 집합체
라 할 수 있다. 예컨대 한 개인은 '(부자가 아닌)가난한' '(흑인이 아닌)백인' '(남성이
아닌)여성' '(자본가가 아닌)노동자'로 존재한다.

둘째, 정치적 결사체의 의미에 대해 살펴보자. 무페는 공동체주의와 관련해서 실체적 공동선을 전제하지 않고 '공통성', 즉 윤리－정치적 유대의 관념을 함축하는 정치결사체의 양식을 모색한다. 그녀는 인간결사체를 우니베르시타스와 소키에타스로 분류한 오크쇼트(M. Oakeshott)의 논의에 의존해서 대안적인 정치결사체양식을 제안한다. 우니베르시타스는 공동의 실체적 목적, 일종의 공동선의 관념을 실현하고자 하는 결사체이며, 거기에서 공동체와 구성원들은 일체가 된다. 여기에 참여하는 인격체들은 거의 동일한 인격체로서 존재한다. 따라서 차이나 다양성은 인정받을 수 없다. 소키에타스는 참여자들이 행위의 일정 조건들의 권위를 인정하면서 서로 관계하는 시민결사체이다. 여기에서 인격체들을 이어주는 것은 공동 관심사 혹은 공적 관심사를 명시하는 조건들의 권위에 대한 인정이다. 따라서 인격체들은 소키에타스에 참여함으로써 새로운 정체성을 형성할 수 있는 계기를 마련하게 된다. 무페는 소키에타스가 자신이 추구하는 정치적 결사체에 가깝다고 생각한다. "정치적 공동체는 공동선이라는 실체적 관념이 아니라 공동의 유대, 공동의 관심사에 의해 결합된다. 따라서 그것은 규정된 형태나 유대 없이 끊임없이 새로이 제정되는 공동체이다(Mouffe, 2007: 111)." 이것은 이익추구를 위해 도구적으로 결사체에 참여하는 것과는 성격이 다르다. 왜냐하면 이 경우는 이익이 아니라 정체성의 형성에 초점을 맞추기 때문이다.

셋째, 사회변혁 전략에 대해 살펴보자. 사회주의의 논리에 따르면, 자본주의가 발달할수록 사회에는 두 개의 계급만이 존재하게 되고, 궁극적으로 노동자계급이 전면적인 혁명을 통해 사회주의사회로 이행한다는 것이다. 여기에서 계급주의와 노동자계급의 우위성에 대한 신념을 읽을 수 있다. 전통적인 사회주의적 변혁의 전략은 갈등의 전선이 하나일 수밖에 없다고 전제한다. 무페는 그람시(A. Gramsci)에 의존해서 사회에는 다양한 전선들이 존재한다고 주장한다. 전선은 지배를 중심으로 형성된다. 예컨대 가부장적인 사회구조를 배경으로 하는 여성억압, 이성애중심적인 사회구조를 배경으로 하는 동성애자 억압, 백인중심의 사회구조를 배경으로 하는 유색인 억압 등과 같이 다양한 전선들이 존재한다. 따라서 무페는 전면전이 아닌 진지전(position war)과 연대를 변혁운동의 기본전략으로 제시한다. 진지전은 각각의 영역에서 사회관계에 내재된 지배의 실상을 폭로하고 그것을 극복하기 위한 미시적 전투를 수행하는 것이다.[20] 물론 진지를 중심

214 제2편 공공성을 어떻게 실현할 것인가?

으로 이루어지는 미시적 전투는 다른 진지의 지원사격을 통해 보다 강해질 수
있다. 지원사격은 바로 연대를 의미한다. 연대는 각각의 주체들이 독자성을 유지
하면서 동일한 목적 —지배의 극복— 을 위해 함께 하는 것이다. 이러한 과정을
통해서 주체들의 정체성에 변화가 일어나게 된다. 이러한 의미에서 보면, 사회변
혁운동은 종국적인 상태를 지향하기보다는 영구적인 원리로 이해될 수 있다. 다
시 말해서 사회변혁운동은 어떤 사회에 도달하면 종결되는 것이 아니라 어떤 형
태이든 지배가 존재하면 작동하는 원리라는 것이다.

넷째, 다원주의에 대해 살펴보자. 자유주의는 이해관계의 다양성 혹은 종교
적, 도덕적, 철학적 입장의 다양성을 발견하였지만, 그것을 사적인 영역으로 추
방한다. 공적 영역을 사적 이익을 실현하기 위한 도구적 공간으로 보거나, 오직
공적 이성과 소통적 합리성에 따라 공적인 일을 논의하는 공간으로 본다. 공동체
주의는 공동선과 구성원의 일체성을 강조함으로써 다원주의를 억압한다. 사회주
의는 공산당의 역사적 사명을 강조함으로써 다원주의를 파괴한다. 무페는 다원
주의를 공적인 합의를 도출하는 데 방해가 되는 반정치적 장애물이 아니라 정치
를 활성화하는 정치적 자원으로 이해한다. 그리고 다원주의를 정치적인 것의 귀
환을 위한 조건으로 본다. 무페가 생각하는 다원주의는 지배관계가 작동하는 사
회영역의 다원성이다. 그래서 그녀는 정의영역의 다원성을 강조한 왈저의 통찰
에 공감한다(Mouffe, 2007: 61-64). 왈저에 따르면(Walzer, 1983), 분배의 대상인
가치들은 사회를 초월하여 본래부터 가치가 있는 것이 아니라 공동체가 의미를
부여한 것으로서 사회적인 성격을 갖는다. 따라서 가치의 배분은 공동체가 부여
한 의미에 따라 이루어져야 한다는 것이다. 만일 가치의 분배에 다른 영역의 가
치가 영향을 미친다면, 정의를 실현할 수 없다는 것이다. 예컨대 민주적 선거를
통해 분배되어야 할 정치적 권력을 돈으로 매수하는 것은 정의롭지 않다는 것이
다. 영역들의 자율성이 보장될 때, 다시 말해서 분배의 다원성이 보장될 때, 정의

---

20) 무페는 그람시의 진지전 개념을 그대로 수용하지 않는다. 그람시의 진지전은 기본적으로 계급
  적 관계를 전제하기 때문에 무페의 눈에는 여전히 본질주의의 잔재가 남아있는 것으로 보인
  다. 따라서 그녀는 계급주의적 관념이 배제된 것으로서 진지전을 생각한다. 무페는 그람시의
  진지전이 추구하는 것을 인민투쟁이라 부르고, 자신이 진지전을 통해 추구하는 것을 민주주의
  투쟁이라 구별하여 부른다(Laclau & Mouffe, 2012: 245-247).

가 실현 가능하다고 본다. 왈저의 다원주의적 정의론은 자유주의의 다원주의에 대한 관념과 가치의 공동체적 특성을 접목한 독자적인 이론이라 할 수 있다. 무페는 왈저와 다루는 대상은 다르지만, '영역의 다원성'이라는 관점을 공유한다. 사회에는 가부장제적인 성차별, 식민지주의적인 인종차별, 자본주의적인 계급차별 등과 같은 다양한 유형의 지배관계들이 존재한다. 각각의 지배관계는 다른 지배관계로 환원될 수 없는 고유한 특성을 갖는다. 다시 말해서 다양한 유형의 지배관계가 서로에게 영향을 미칠 수는 있으나, 특정한 유형의 지배관계를 다른 유형의 지배관계를 가져온 결정적인 원인으로 보는 것은 타당하지 않다는 것이다. 예컨대 계급차별을 성차별이나 인종차별의 결정적인 원인으로 보는 환원론은 타당하지 않다는 것이다. 지배영역이 다양화되면서 적과 동지의 구별을 본질로 하는 정치적인 것이 작동할 수 있는 공간이 더욱 다양해지고 확장될 수 있다. 그러한 의미에서 다원주의는 정치적인 것의 존재조건이라 할 수 있다.

4) 경합적 공론영역의 창출: 토의민주주의와의 대결

급진민주주의의 핵심전략은 '경합적 공론영역의 창출'이다. 이는 토의민주주의의 핵심인 합의추구적 공론영역 창출과 대비된다. 무페에 따르면, 토의민주주의자들은 일반적으로 두 가지 목표를 공유한다(Mouffe, 2000: 84-87). 하나는 자유주의와 민주주의의 역설적 관계를 해소하는 것이다. 로크적 전통의 개인적 권리와 루소적 전통의 정치적 권리 혹은 인민주권의 동시적 실현을 추구하는 것이다. 다른 하나는 권위와 정당성을 공적 사유과정 위에 정초할 수 있는 가능성을 모색하며, 도구적 합리성이 아니라 규범적인 차원의 합리성에 대한 신념을 공유한다는 것이다. 예컨대 롤스의 경우는 '합당성'을, 하버마스의 경우는 '소통적 합리성'을 의미한다. 토의민주주의자들이 이상적으로 생각하는 정치의 장은 이성적인 사람들이 불편부당성의 원칙에 따라 논변을 교환할 수 있는 장이다. 예컨대 롤스의 경우는 '원초적 상황'을, 하버마스의 경우는 '이상적인 담화상황'을 적절한 정치적 장의 모델로 제안한다. 이러한 정치적 장을 창출함으로써 '단순한 동의'가 아니라 '합리적 합의'에 도달할 수 있다는 것이다. 불편부당하고 평등한 사람들이 자유로운 공적 사유과정을 통해 이루어진 결정에 의해 지배를 받는다는 조건이 충족된다면, 그들에 의해 도달한 합의를 잠정적인 것(modus vivendi)으로 볼 수 없다. 합의는 안정적이며 지속적인 성격을 갖는다는 것이다.

무페는 토의민주주의가 갖는 한계를 두 가지 측면에서 논의한다(Mouffe, 2000: 90-93). 첫째, 배제 없는 합의 —모든 사람들의 동의— 의 문제이다. 토의민주주의자들은 배제 없는 합의를 위한 조건들을 구상하는 데 천착하지만, 그들이 제안한 조건들 자체가 배제적인 성격을 갖는다. 가령 롤스의 경우는 공과 사의 엄격한 구분을 전제로 공적인 사유과정에서 개인이 갖는 종교적, 도덕적, 철학적 원칙을 회피함으로써 배제 없는 합의에 도달할 수 있다고 본다. 하버마스의 경우는 실체와 절차의 엄격한 구분을 전제로 순수하게 소통적 합리성을 실현할 수 있는 절차를 설계함으로써 배제 없는 합의를 이룰 수 있다고 본다. 무페는 현실적으로 공공영역에 참여하는 개인들이 자신들의 가치로부터 자유로울 수 없다는 점과 절차의 설계가 결과를 고려하지 않을 수 없다는 점을 들어 토의민주주의가 추구하는 배제 없는 합의는 불가능하다고 주장한다. 그러한 의미에서 합의는 잠정적이고 불안정하다는 것이다.

둘째, 사적 자율성과 정치적 자율성의 관계에 관한 것이다. 토의민주주의자들은 두 개의 자율성이 필연적으로 조화를 이룰 것이라 본다. 다시 말해서 토의민주주의는 자유주의와 민주주의의 역설적 관계를 해소할 수 있다는 것이다. 그러나 롤스의 경우는 공적 자율성을 사적 자율성에 권위를 부여하는 수단으로 이해하기 때문에 민주주의적 인민주권을 자유주의적 권리에 종속시킨다. 하버마스의 경우는 개인적 권리의 중요성은 그것이 민주적 자치를 가능케 하는 데 놓여 있다고 주장함으로써 민주주의적 측면을 우선시한다. 따라서 양자 모두 자유주의와 민주주의의 역설을 해소하는 데 성공하지 못하고 있다. 무페의 토의민주주의에 대한 비판은 사실로서의 다원주의를 이론구성에 적극적으로 반영하기보다는 회피해야 할 대상으로 보고 있다는 데 초점이 맞춰지고 있다.

무페에 의하면, 토의민주주의에서 추구하는 합의는 실질적으로 잠정적이고 불안정하다. 합의는 적과 동지의 구분, 즉 적대 위에서 작동하는 정치적인 것의 속성으로 인해 배제를 수반하게 된다. 배제된 입장들은 언제든지 기존의 합의를 문제시하고 무너뜨릴 잠재력을 가지고 있다. 따라서 합의는 배제를 통해 합의를 가능하게 하는 구성적 외부를 형성한다. 그렇게 형성된 구성적 외부는 합의를 가능하게 하는 동시에 합의를 위협한다. 따라서 합의는 가능한 동시에 불가능하다.

무페는 담론과 헤게모니 개념에 의존해서 잠정적이고 불안정한 합의의 역동성을 드러냄으로써 경합적 공론영역의 창출 가능성을 모색한다.

　　무페가 담론에 관심을 갖게 된 것은 구조주의의 한계에 대한 인식에서 비롯된다. 구조주의의 핵심은 구조적 결정성이다. 다시 말해서 모든 사회적 현상은 구조에 의해 결정된다는 본질주의를 특징으로 한다. 구조주의는 구조를 형성하는 하나의 중심─가령 경제적 토대 같은─이 존재하며, 구조는 폐쇄적인 완결된 형태로 존재한다고 본다. 구조의 폐쇄성 때문에 어떤 구조에서 다른 구조로의 변화는 우연이나 위험 혹은 재앙으로 인식된다. 그리고 구조의 중심성 때문에 구조의 형태적인 변화는 중심의 내적 논리에 기인하는 것으로 인식된다. 그런데 구조주의를 지탱하는 중심성과 폐쇄성은 자기모순적이다. 중심이 구조를 구조화하는 데 결정적인 기능을 하면서도 중심 자체는 구조화과정의 밖에 존재하기 때문이다. 이러한 의미에서 보면, 고정된 중심과 폐쇄적인 경계를 갖는 구조는 객관적으로 존재하는 것이 아니다. 그것은 단지 사람들이 욕망하는 것이며, 따라서 완결된 구조를 지향하는 의미화가 무한하게 이루어지는 것이다.

　　그래서 무페는 담론에 주목한다. "담론은 고정된 중심이나 완전히 폐쇄된 경계가 없는 상태에서 의미가 지속적으로 다시 결정되는 연속적인 의미화의 차별적 총화이다(Torfing, 1999: 85－86)." '차별적 총화'라는 말은 담론이 하나가 아니라 복수로 존재할 수 있다는 것을 의미한다. 그런데 어떤 담론은 사람들에 의해 당연한 것으로 인식되고 다른 담론은 배척된다. 이러한 현상을 설명하기 위한 개념이 헤게모니이다. 그람시가 지배의 원리로서 제시한 헤게모니 개념은 '지적－도덕적 지도력(intellectual－moral leadership)'을 의미한다. 그것은 세계관이나 가치관의 내면화에 의존한다는 점에서 강제력에 의존하는 지배와 다르다. 또한 그것은 피지배자의 안정적이고 지속적인 동의에 기반을 두고 있다는 점에서 정치세력들 간의 역학관계에서 획득되는 불안정하고 잠정적인 정치적 지도력과도 다르다. 헤게모니는 어떤 관점이나 인식방법을 정상화함으로써 현상태의 권력관계를 당연한 것으로 받아들이게 하는 지배의 원리이다. 그것은 담론을 통해 이루어진다.

　　헤게모니 담론은 구조적 필연성에 따라 결정되는 것이 아니라 상황의존적으로 혹은 우연적(contingent)으로 결정된다(Mouffe, 2005: 17). 상황의존적이라는 말

은 정치적인 것의 작동양상에 따라 특정담론이 헤게모니를 쟁취하게 된다는 것
이다. 그러다 보니 헤게모니 담론은 지배를 가능하게 하는 계층화된 사회질서를
형성하고 정당화하는 진술들로 구성된다. 가령 오늘날의 헤게모니 담론인 신자
유주의 담론은 시장의 논리가 사회 전부문의 효율성을 높일 수 있다는 신념을
바탕으로 자본가와 노동자의 계층화된 계급적 지배질서를 더욱 강화하는 데 결
정적인 역할을 한다(Harvey, 2007). 신자유주의 담론은 이데올로기적 국가기구 ―
교육기관이나 대중매체 같은 것 ― 를 통해 유포되고 일반화된다. 헤게모니 담론
은 기존의 지배질서에 저항하는 대항헤게모니 담론(counter-hegemony discourse)
에 의해 위협을 받는다. "모든 질서는 정치적이며 배제의 형식에 기반을 두고 있
다. 거기에는 지금까지 억압되었으나 다시 활성화될 수 있는 다른 가능성들[담론
들― 필자]이 존재한다. 어떤 질서가 세워지고 사회제도의 의미들이 고정되는 접
합적 실천은 헤게모니적 실천이다. 모든 헤게모니적 질서는 대항헤게모니적 실천
들―다른 형태의 헤게모니를 세우기 위해 기존의 질서를 탈구하려는 실천들―
에 의해 도전받을 가능성이 있다(Mouffe, 2005: 18)."

　　그렇다면 경합적 공론영역의 창출이 의미하는 바는 무엇인가? 사회에는 다
양한 형태의 헤게모니 담론들이 존재한다. 그것은 다양한 형태의 배제와 지배가
존재한다는 것을 의미하기도 한다. 가령 노동자, 여성, 동성애자, 장애인, 외국인,
다른 인종, 왼손잡이, 비만인 등을 배제하는 헤게모니 담론들이 존재한다. 그리
고 그러한 헤게모니 담론들은 가정, 학교, 회사, 시민단체, 종교조직, 공장, 사회
운동조직, 정부조직 등 수많은 삶의 공간에서 관철된다. 이러한 상황에서 경합적
공론영역의 창출은 헤게모니 담론들과 대항헤게모니 담론들이 공론영역에서 치
열하게 논쟁을 하는 토론과 실천의 공간을 창출하는 것을 의미한다. 가령 페미니
즘 담론을 공론영역에 노정하여 기존의 가부장적 담론에 내재된 배제와 지배의
한계를 드러냄으로써 그 담론의 지배력을 약화시킬 수 있다. 이를 통해서 사회의
다양한 분야에서 이루어지고 있는 성차별적인 관행들을 개선해나갈 수 있다. 헤
게모니 담론들에 대한 도전의 기본적인 방향성은 '평등'이다. 위계적 사회관계들
을 평등한 사회관계들로 대체하여 개인의 자율적 삶을 향상시키는 것이다. 이러
한 의미에서 헤게모니 담론과 대항헤게모니 담론이 경합하는 공간들이 보다 다
양하게 펼쳐져야 한다. 그렇게 함으로써 지배가 작동하는 공간들이 최소화될 수

있도록 해야 한다.

무페는 경합적 공론영역의 창출을 민주주의 급진화의 핵심전략으로 삼고 있으며, 그것이 궁극적으로는 근대민주주의의 역설을 해소하는 데 결정적인 역할을 할 것으로 본다. 그렇다면 역설의 근간이 되는 자유와 평등은 어떠한 관계에 있는가? 평등은 자유의 도덕적 기초이다. 평등이 전제되지 않는 자유는 형식에 불과하다. 평등은 위계적 권력관계 혹은 지배관계가 배제된 상태를 말한다. 이러한 의미에서 보면, 자유는 지배가 없는 상태에서 적극적으로 개인이 선택하는 능력을 말한다. 그렇다면 이러한 자유를 보장하는 방법은 무엇인가? 무페는 공화주의자인 마키아벨리의 해석에 의존해서 이에 대한 답을 찾는다(Mouffe, 2007: 66-69). 개인의 자유는 개인이 시민적 덕을 수행할 때 보장될 수 있다는 것이다. 시민적 덕이란 정치공동체의 시민으로서 의무를 다하는 것으로, 그 핵심은 참여이다. 개인의 자유는 평등한 개인들의 적극적인 참여를 통해서 보장될 수 있다는 것이다. 무페는 경합적 공론영역이 바로 이러한 참여가 이루어지는 공간이 될 때, 근대민주주의의 역설이 해소될 수 있다고 본다.

5. 공론영역과 공공성

공론영역은 공공성 실현과 관련해서 핵심적인 주제라 할 수 있다. 공론영역은 공적 의제를 놓고 다양한 의견들이 교환되고 논쟁이 이루어지는 공간이다. 그러한 의미에서 공론영역은 정치적인 것이 작동하는 공간이라 하겠다. 공론영역의 형성에 있어서 무엇보다 기본이 되는 조건은 표현의 자유는 물론이고 언론·출판·집회·결사의 자유가 보장되어야 한다는 것이다. 그리고 그러한 자유를 향유할 수 있는 수준의 시민교육이 이루어져야 한다는 것이다.

공론영역이 형성되고 관리되는 방식은 사회적 합의를 이루는 데 결정적인 영향을 미친다. 공론영역은 일반적으로는 사회의 결사체, 대중매체 그리고 정부에 의해 만들어지고 관리된다. 시민사회의 다양한 결사체들은 자신들의 이해관계나 가치를 표명하기 위해 공론영역을 형성한다. 예컨대 기업을 대변하는 이익집단과 노동자들을 대변하는 이익집단들이 서로의 이익을 위해 공론영역을 형성할 수 있다. 또는 사회적 약자들의 권익을 대변하는 NGO들이 사회적 약자들을 차별하거나 배제하는 다양한 관행과 법제도를 바꾸기 위해 공론영역을 형성할 수도 있다. 문제는 시민사회의 결사체들이 동등한 능력을 가지고 있지 않다는 데 있다. 예컨대 기업을 지지하는 이익집단은 노동자를 지지하는 이익집단보다 동원할 수 있는 자원이 우월하다. 그렇기 때문에 공론영역이 '기울어진 운동장'으로 변질될 수 있다. 기울어진 운동장의 문제를 해결할 수 있는 방법을 찾는 것이 건전한 공론영역의 형성에 중요한 과제라 하겠다. 대중매체는 그 활동 자체가 공적인 것이기 때문에 그것을 통해 공론영역이 형성되는 것은 자연스런 일이라 하겠다. 문제는 대중매체들이 상업적 이해관계나 정부의 압력으로부터 벗어나기 어렵다는 데 있다. 이러한 문제들을 극복하지 못하면, 공정한 공론영역의 형성을 기대하기 어렵다. 대중매체의 공정성과 객관성을 확보할 수 있는 방법을 찾는 것이 중요한 과제라 하겠다. 정부 역시 시민들의 직접적인 참여와 숙의를 강화하기 위해 계획적으로 공론영역을 만들 수 있다. 통계적으로 대표성을 갖는 시민들을 중심으로 공론화위원회를 구성하거나 공론조사를 시행하는 등 다양한 방법들을 시도해 볼 수 있다. 그 이외에도 공론영역을 창출하기 위한 다양한 방법들을 창의적으로 모색해 볼 수 있을 것이다.

제3절   민주주의

통－전략은 제도적으로 민주주의의 재구성을 통해 더 많은 민주주의를 추구한다(윤상철, 2007). 그것은 현대 민주주의의 기본적인 틀이라 할 수 있는 대의민주주의에 대한 비판적 성찰들을 전제로 더 많은 민주주의의 가능성을 타진한다.[21] 대의민주주의의 핵심적인 문제는 대표성의 문제이다. 대표성의 위기가 곧 대의민주주의의 정당성을 의심하게 만든다. 이를 극복하기 위해 대의민주주의 자체를 보다 포용적으로 또는 다수제에서 합의제로 재설계하는 방법이나, 대의민주주의에 직접민주주의를 접목하는 방법을 모색한다. 이 절에서는 먼저 민주

---

21) 이에 대해서는 김영래(2008), 박경철(2004), 윤성이(2009) 등 참조.

주의의 특성을 살펴보고, 대의민주주의의 대표성 강화를 위한 방향성과 직접민주주의의 확대를 위한 대안들을 검토한다.

1. 민주주의의 특성

1) 민주주의의 의미와 문제들

민주주의를 의미하는 영어 디모크라시(democracy)는 그리스어 데모크라티아(demokratia)를 어원으로 한다. 데모크라티아는 인민을 의미하는 데모스(demos)와 지배를 의미하는 크라토스(kratos)의 합성어이다. 어원에 따르면, 민주주의는 '인민에 의한 지배(rule by the people)'를 의미한다. 민주주의의 정의를 구성하는 요소마다 다양한 문제들이 포함되어 있다(Held, 2006: 1-2).

첫째, '인민'과 관련된 문제들이다. 누가 인민으로 간주될 것인가? 인민을 위해 어떤 유형의 참여를 구상할 것인가? 참여에 도움이 되는 조건들은 어떤 것인가? 참여의 비용과 편익이 대등할 수 있는가?

둘째, '지배'와 관련된 문제들이다. 지배의 범위는 어느 정도나 넓게 혹은 좁게 해석되어야 하는가? 혹은 민주적 활동의 적절한 영역은 어디까지인가? 지배가 '정치적인 것'을 다루는 것이라면, 이것이 의미하는 바는 무엇인가? 지배는 ① 법과 질서를 다루는가? ② 국가들 간의 관계를 다루는가? ③ 경제를 다루는가? ④ 가정 혹은 사적 영역을 다루는가?

셋째, '~에 의한 지배'는 복종의 의무를 의미하는가? 인민의 지배에 복종해야만 하는 것인가? 복종과 불복종의 근거는 무엇인가? 공공연하게 그리고 적극적으로 참여하지 않는 사람들에게는 어떠한 역할이 허용되는가? 어떠한 상황에서 일부의 인민에 대해 혹은 정당한 지배의 영역 밖에 있는 사람들에 대해 강제력을 정당하게 사용할 수 있을까?

2) 민주주의의 이상

(1) 민주주의에 대한 오해

일반적으로 투표, 다수결의 원칙, 대표 선출제를 민주주의를 대표하는 기제로 생각한다. 그러나 이들이 민주주의 자체를 의미한다고 생각한다면, 그것은 민주주의의 본질을 왜곡할 가능성이 있다. 그 이유를 살펴보자(Woodruff, 2005: 9-15).

첫째, 투표제도는 아테네뿐만 아니라 스파르타에도 있었다. 스파르타의 경우는 평범한 시민들이 투표에 부칠 사안들에 대해 전혀 발언권을 갖지 못했기 때문에 민주주의 도시국가로 보기 어려웠다. 반면 아테네의 경우는 그와 같은 사안들에 대해 시민들이 직접 발언권을 가졌다. 그래서 아테네를 민주주의 도시국가라 하는 것이다. 이러한 의미에서 보면, 민주주의에서 중요한 것은 투표 자체가 아니라 결정 사안들이나 후보들이 어떤 선택절차를 거쳐 투표에 회부되었는가 하는 것이다. 현대에도 민주주의 국가는 물론이고 독재국가에서도 투표가 행해지고 있다는 사실에 유념할 필요가 있다.

둘째, 다수결의 원칙을 민주주의로 오인하는 것은 디모크라시를 다수의 지배로 해석하는 오류에 기인한다. 일반적으로 데모스(demos)는 '인민'을 지칭하는데, 그것은 '다수'를 의미하는 것이 아니라 '사람들의 집합체'를 의미하는 것이다. 디모크라시는 다수의 지배가 아니라 인민의 지배를 의미한다는 점에 주목할 필요가 있다. 다수의 지배는 다수의 독재를 가능하게 할 수도 있기 때문에 그것을 민주주의와 등치시키는 것은 위험하다. 다시 말해서 다수의 지배는 중우정치를 의미하는 오클로크라시(ochlocracy)를 가져올 수 있다.

셋째, 선거에 의한 대표의 선출은 민주주의를 특징짓는 대표적인 요소로 받아들여지고 있다. 그런데 선출된 사람들은 인민 모두를 대표하기보다는 실제로 자신이 당선되는 데 도움을 준 특정 지역 주민들이나 특정 집단의 이익을 위해 활동할 가능성이 높다. 그러한 의미에서 보면 대표 선출이라는 말은 앞뒤가 맞지 않는 것으로 볼 수 있다. 예컨대 고대 아테네에서 시행했던 추첨은 선출과정에 어느 누구의 도움도 주고받지 않기 때문에 그렇게 선출된 사람들은 인민 모두를 대표한다고 말할 수 있다. 선거를 통해 실질적으로 모든 인민의 대표를 선출하는 것은 가능하지 않다는 점에 유념할 필요가 있다.

(2) 고대 아테네의 유산

아테네로부터 물려받을 만한 가치가 있는 민주주의의 유산은 참주정으로부터의 자유, 조화, 법의 지배, 본성에 따른 자연적 평등성, 시민 지혜, 지식 없는 상태에서 이루어지는 추론, 교양교육 등이다.

첫째, 민주주의는 참주정(tyranny)으로부터의 자유와 참주가 되는 것으로부터의 자유를 추구한다. 참주가 언제나 두려움의 대상이었던 것은 아니며 자유가 늘 민주주의와 함께 했던 것도 아니다. 이 둘의 이념적 변화는 완만하면서도 동시적으로 일어났다. 민주주의가 성숙기에 이르렀을 때, 아테네인들은 어떠한 희생을 치르더라도 참주정을 반드시 피해야 할 정치체제라고 믿었던 반면, 자유는 무슨 일이 있더라도 지켜야 할 것으로 여겼다. 고대 아테네는 이러한 두 가지 중요한 신념을 물려주었다(Woodruff, 2005: 61). 참주정은 자유에 치명상을 입히는 흑사병과도 같은 것이다. 참주정의 징후들은 다음과 같다(Woodruff, 2005: 66-67). 정치지도자가 정치적 지위를 잃을까 두려워하며, 이 두려움이 정치적 결정에 영향을 미친다. 정치지도자가 종종 말로만 법을 따라야 한다고 주장하며, 실제 통치함에 있어서 자신을 법 위에 세우려 한다. 정치지도자가 비판을 수용하지 못한다. 정치지도자가 자신의 (정치적) 행위에 대해 책임을 추궁받지 않으려 한다. 정치지도자가 자신의 친구라 할지라도 자신의 비위를 맞추려 하지 않는 자로부터는 어떠한 조언이나 충고도 들으려 하지 않는다. 정치지도자가 자신과 의견을 같이 하지 않는 자가 정치적 활동에 참여하는 것을 막고자 한다. 이러한 정치지도자는 참주가 될 가능성이 매우 높다. 아테네인들은 이러한 참주정으로부터의 자유 그리고 참주가 되는 것으로부터의 자유를 중요하게 여겼다. 자유의 본질은 시민으로서 누구나 민회에서 발언할 수 있는 권리를 의미한다. 아테네인들은 정치적 자유를 원했고 능동적 정치참여를 통해 스스로 자신과 공동체의 운명을 결정할 권리를 갖기를 원했다. 참주정은 앎에 대항하여 전쟁을 선포한 반면, 자유는 민주적 지도자를 현명하게 만든다. 참주정에 맞서, 그리고 참주가 되는 것에 맞서 벌이는 전투에서 용기만큼 중요한 덕목은 없다.

둘째, 민주주의는 조화를 추구한다. 조화 없이 민주주의는 있을 수 없다. 조화는 국가를 강건하게 만들며 평화가 머물 수 있게 한다. 또한 내전이 일어나는 것을 막는다. 조화를 누릴 때, 사람들은 서로에 대한 관심 속에서 스스로를 다스린다. 조화가 없다면, 사람들은 공통의 관심사를 가질 수도 없다. 만일 사람들이 조화를 이루지 못한 채 무분별하게 분열되어 공통으로 추구하는 것이 없다면, 인민을 위한 통치라는 것은 아무런 의미를 가질 수 없을 것이다. 조화가 없다면 정부는 많은 이들을 희생시켜가면서 오직 특정한 부류의 사람들만을 위해 국가를 운영할 것이다(Woodruff, 2005: 81). 조화를 뜻하는 그리스어 호모노이아(homonoia)는 '같은 마음을 가짐' 혹은 '한마음'을 의미한다. 호모노이아는 정치적 조화 안에서 함께 살아가는 것에 대한 동의를 뜻하는 것이다. 조화는 두 가지 의미에서 이해된다. 하나는 협력으로서 조화이다. 이는 외부의 침략에 대한 대응에 필요할 뿐만 아니라 도시에서 이루어지는 시민의 교육과 축제에도 필요하다. 다른 하나는 차이의 수용으로서 조화이다. 다른 사람들에게 같은 음색으로 노래를 부르라고 강요하면서 불필요한 내분을 일으키지 말아야 한다는 것을 의미한다. 결국 정치적 조화 속에서 산다는 것은 법에 따른 지배를 충실히 받아들이고, 공공의 목표를 위해 함께 협력하며, 서로 간의 차이를 인정하고 받아들이는 것을 의미한다.

셋째, 민주주의는 법의 지배(rule of law)를 통치원리로 한다. 법이 통치자일 때 누구도 법 위에 설 수 없다. 얼핏 모든 이가 이 생각을 반기는 듯 보이나, 이 생각에 대한 적들이 늘 있어 왔고, 그 반대자들은 여전히 많다. 개인들은 언제나 스스로를 혹은 자신들의 정치적 영향력을 법 위에 세울 방도를 찾고 있다. 거대 기업들은 늘 법을 어기면서도 자신들을 방어할 방도를 강구한다. 세계 지도자들은 종종 국제법을 비웃는다. 일반 시민들은 공공연히 법 집행을 방해하면서 거기서 아무 잘못도 느끼지 못한다. 아테네는 매수가 불가능한 법정 제도를 가지고 있었다. 일일이 뇌물을 공여하기엔 배심원들의 수가 너무 많았다. 하지만 교도관이나 간수는 돈으로 매수할 수 있었기 때문에, 아테네의 정의는 재판과 선고가 이루어진 후에 타락하기도 하였다(Woodruff, 2005: 109). 민주주의는 그 누구도 법 위에 서는 것을 허용하지 말아야 한다. 민주주의의 법률은 권력을 쥐고 있는 자들의 힘을 조절하고 약자를 보호한다. 법은 모든 사람을 평등하게 대한다. 법의 지배가 그 자체로 민주적인 제도는 아니다. 하지만 법의 지배는 모든 이에게, 혹은 적어도 모든 시민에게 평등성을 부여하기 때문에 민주적 제도라 하겠다. 만약 어느 사회에 법의 보호를 거의 받지 못하는 어떤 집단이 있다면, 그곳의 민주주의가 완전하게 구현되고 있다고 보기 어렵다.

넷째, 민주주의는 본성에 따른 자연적 평등성을 전제로 한다. 아테네인들은 모든 정상적 인간은 언어를 배우고 사용할 능력을 가지고 있다고 생각했다. 또한 언어가 사회를 묶어줄 수 있다는 사실을 알고 있었다. 사회를 하나로 묶어주는 일이란 나쁜 결정을 솎아내고 좋은 결정을 골라내기 위한 다양한 논의를 통해서 가능하다는 점 또한 잘 알고 있었다. 자연적 평등성이란 언어의 사용능력에 있어서의 평등성을 의미하며, 아리스토텔레스가 말한 정치적 동물이란 개념은 바로 언어 능력을 가진 인간을 지칭하는 것이다(Woodruff, 2005: 127).

다섯째, 민주주의는 시민의 지혜를 신뢰한다. 아테네의 시민들은 자신의 지혜를 이용하여 정책을 결정하고 그것을 지도자에게 전달했다. 적게라도 훈련이나 교육을 받은 경우 그들은 쉽사리 전문가들의 목소리를 제압할 수 있었다. 그러나 상류층 출신의 사람들은 여전히 일반 시민들이 무지하다고 여겼다. 따라서 무지에서 비롯된 결정에 불만을 가졌다. 그럼에도 민주주의의 심장은 시민들이 스스로를 다스리기 위해 필요한 지혜를 가지고 있다는 이념을 결코 잊지 않았다. 평범한 시민들이 지혜로울 수 있는 이유는 첫째로 언어를 사용하는 인간의 본성에서, 둘째로는 개인적 경험, 전통 그리고 교육에서 찾을 수 있다. 모든 사람들은 개인적인 경험을 가지고 있다. 모든 사람들은 전통에 물든다. 그러나 교육은 평등하게 제공되지 않으며 전통과 상충할 수도 있다(Woodruff, 2005: 145).

여섯째, 민주주의는 지식 없는 상태에서 이루어지는 추론과정이라 할 수 있다. 지식이 없는 상태에서 합리적으로 판단하는 것이야말로 통치의 핵심이다. 대부분의 공적인 결정사항과 관련하여 그 결과가 어떻게 될지 미리 알 길은 없다. 지식을 가지지 않은 상태에서 합리적으로 판단하는 일이 잘 이루어질 수도 있고 그렇지 않을 수도 있다. 그것이 잘 이루어지기 위해서는 열린 토론이 필요하다. 반면 지도자들이 자신들에게 반대하는 자들을 침묵시키려고 할 때, 그리고 이유를 숨긴 채 자신들에게 맞지 않는 권위를 요구할 때, 그것은 잘 이루어지지 않는다. 민주주의 연설가들은 지식이 없는 상태에서 합리적으로 추론하여 판단을 내리는 일이 '가장 이치에 맞는 믿음'에 기초한다고 가르쳤다. '가장 이치에 맞는 믿음'이란 서로 다른 견해를 가진 여러 부류의 사람들이 벌이는 숱한 논쟁 속에서도 끝내 살아남는 견해를 말한다(Woodruff, 2005: 171).

마지막으로 민주주의는 교양교육을 전제로 한다. 파이데이아(paideia)는 민주주의의 활력소이다. 파이데이아는 교양교육, 그 이상의 의미를 가지고 있다. 파이데이아는 그것을 받는 시민이 어떤 특정 전문영역에서 전문가와 경쟁하는 것을 목표로 하지 않는다. 이것은 전문적인 지식 훈련으로서의 의미를 갖는 것이 아니라, 전문가의 주장에 대해 판단을 내릴 수 있는 지혜를 제공한다. 그래서 우리는 그것을 '전문교육 위의 교육'이라 부를 수 있을 것이다. 만약 시민들이 파이데이아를 받지 못하여 숙고할 능력을 갖지 못한다면, 토론과정에서 어떠한 기여도 할 수 없을 것이며, 판단을 내릴 수도 없을 것이다. 유용한 논쟁과 토론이 없다면, 사람들은 자신들의 국가를 제대로 다스릴 수 없다(Woodruff, 2005: 191).

3) 민주적 절차

민주주의가 갖추어야 할 기본적인 절차는 효과적 참여, 투표의 평등, 계몽적 이해, 의제의 통제 그리고 성인의 수용기준 설정 등이다(Dahl, 1998: 37-38). 첫째, 민주적 절차는 효과적 참여를 보장해야 한다. 공동체에서 어떤 정책이 채택되기 이전에 모든 성원들은 어떤 정책이 선택되어야 하는지에 관하여 다른 성원들에게 자신의 견해를 알릴 수 있는 동등하고 효과적인 기회를 가져야 한다. 둘째, 민주적 절차는 투표의 평등을 보장해야 한다. 정책에 관한 결정이 최종적으로 내려져야 할 순간에 이르렀을 때, 모든 성원들은 평등하고 효과적인 투표의 기회를 가져야만 하며, 모든 투표는 평등한 것으로 간주되어야만 한다. 셋째, 민주적 절차는 계몽적 이해를 보장해야 한다. 적정한 시간적 제약 안에서 각 성원은 관련된 정책대안들과 이 대안들이 가져올 수 있는 가능한 결과들을 이해할 수 있는 동등하고 효과적인 기회를 가져야 한다. 넷째, 의제의 통제권이 공동체 구성원들에게 주어져야 한다. 공동체 구성원들은 어떻게, 그리고 만약 선정을 해야만 한다면, 어떤 문제들이 의제에 상정되어야만 하는지를 결정할 배타적 기회를 가져야만 한다. 이렇게 하여, 앞에서의 세 가지 기준에 의해 요구되는 민주적 과정이 결코 폐쇄적이지 않게 되는 것이다. 공동체의 정책이란 공동체 구성원들이 변경하기를 원한다면, 언제든지 변경할 수 있는 것이다. 다섯째, 민주적 절차에는 성인의 수용기준이 설정되어야 한다. 성인들 가운데 영구적 거주자들만이 앞의 네 가지 기준과 관련된 완전한 시민의 권리를 향유해야만 한다.

4) 왜 민주주의인가?

그렇다면 왜 민주주의를 지지해야 하는가? 민주주의는 전제의 방지, 본질적 권리의 보장, 일반적 자유의 보장, 개인의 이익보호, 자기결정, 인간계발, 정치적 평등 등을 제고한다는 점에서 지지할 수 있다(Dahl, 1998: 44-61).

첫째, 민주주의는 전제정치를 방지한다. 민주주의는 잔인하고 포악한 독재자에 의한 통치를 예방하는 데 도움이 된다. 정치에서 가장 근본적이고 지속적인 문제는 독재적인 지배를 피하는 것이다. 역사적으로 과대망상, 편집증, 이기심, 이념, 민족주의, 종교적 신념, 태생적 우월성에 대한 확신, 또는 단순한 감정이나 충동에 좌우되는 지도자들이 자기 자신의 목적달성을 위해 국가의 예외적 능력을 이용하여 강제와 폭력을 행사해왔다. 전제적 통치로 인한 인간적 손실은 질병, 기아 그리고 전쟁으로 인한 손실과 다르지 않다.

둘째, 민주주의는 본질적 권리를 보장한다. 민주주의는 그 체제에 속한 시민들에게 비민주적 체제가 허용하지 않고 또 할 수 없는 일련의 기본권을 보장해준다. 민주주의는 단순히 통치의 과정만은 아니다. 왜냐하면 권리는 민주적 정치제도에 있어 필수적 요소이기 때문에, 민주주의란 본질적으로 권리의 체제라 할 수 있다. 권리들은 민주적 통치과정의 필수적인 건축용 석재인 셈이다. 예컨대 공동체 구성원들의 효과적 참여를 위해서는 표현의 권리, 토론의 권리, 투표의 권리, 대안 모색의 권리, 의제설정의 권리 등이 보장되어야 한다. 비민주적 체제는 이러한 권리를 보장할 수 없다.

셋째, 민주주의는 일반적인 자유를 보장한다. 민주주의는 가능한 어떤 대안적 체제보다도 그 시민들에게 보다 광범한 개인적 자유의 영역을 보장해준다.

넷째, 민주주의는 개인적 이익을 보호한다. 민주주의는 사람들에게 자기 자신의 기본적 이익을 보호할 수 있게 해준다. 사람들은 자신의 소망을 충족시킬 수 있는지 여부나 정도에 영향을 미치는 요인들에 대해 통제할 수 있기를 바란다. 선택의 자유, 즉 자신의 목표, 선호, 취향, 가치, 신념에 따라 자신의 인생을 추구할 수 있는 자유가 바로 그러한 요인이다. 정부의 결정에 완전히 참여할 수 있을 때만이 사람들은 정부와 정부에 영향을 주거나 통제할 수 있는 자들의 권력남용으로부터 자신들의 권리와 이익을 보호할 수 있다. 민주주의는 국가의 통치권에 모든 사람들이 가담하도록 함으로써 사람들의 기본적 이익을 보호할 수 있게 해준다.

다섯째, 민주주의는 시민들에게 자기결정권을 보장한다. 민주적 정부만이 사람들로 하여금 자기결정의 자유를 행사할 수 있게 하는 —자기 자신이 선택한 법에 따라 살아가도록 하는— 최대한의 기회를 제공해줄 수 있다. 만장일치가 최선이기는 하지만, 현실적으로는 그것이 어렵기 때문에 다음과 같은 방식으로 결정에 도달하는 것이 바람직하다. 사람들이 자신들의 의견을 표현할 동등한 기회를 갖는다. 토론, 숙의, 협상, 타협의 기회를 보장한다. 만장일치가 어려우면 최대의 지지자를 확보하는 대안을 선택한다.

여섯째, 민주주의는 시민들의 도덕적 자율성을 향상시킨다. 민주적 정부만이 도덕적 책임감을 행사할 수 있는 최대한의 기회를 제공해줄 수 있다. 도덕적 책임감은 도덕적 원칙을 채택하고 그러한 도덕적 원칙과 관련된 결정을 내리는 것을 의미한다. 사람들이 집단적 결정과정에 관여하게 되어있고, 민주적 과정이 사람들로 하여금 스스로 선택한 법에 따라 생활할 기회를 극대화시켜준다면, 이는 사람들로 하여금 책임 있는 인간으로 행동할 수 있게 만드는 것이다.

일곱째, 민주주의는 인간계발의 기회를 넓혀준다. 민주주의는 다른 어떠한 가능한 대안보다 인간의 발달을 보다 완전하게 할 수 있도록 해준다. 민주적 체제는 사람들이 함께 공존하는 데 필요한 조건, 즉 자신들의 이익을 보호하고, 다른 사람들의 이익을 배려하고, 중요한 결정에 대한 책임을 지고, 최선의 결정을 모색하기 위하여 다른 사람들과 자유롭게 교류할 수 있는 범위를 최대한 넓혀줄 수 있다.

마지막으로 민주주의는 정치적 평등을 보장한다. 민주적 정부만이 상대적으로 높은 정도의 정치적 평등을 확보해 줄 수 있다. 민주주의는 기본적으로 시민들 가운데 국가의 통치에 대한 완전하고 최종적인 권위를 맡겨야만 할 정도로 통치에 있어 다른 사람들보다 아주 단정적으로 더 뛰어난 자격을 지녔다고 할 수 있는 사람은 없다는 관념에 의존한다. 따라서 민주적 체제는 정치적 결정과정에 모든 시민들이 평등하게 참여할 수 있는 기회를 보장하려고 한다.

2. 대의민주주의체제의 대표성 강화

레이파트(Lijphart, 2016)는 대의민주주의의 대표성 강화를 민주주의의 포용성 확대 및 심화로 이해한다. 따라서 그는 대의민주주의를 유형화하고, 실증적으로

유형들의 포용성을 측정함으로써, 어떤 유형이 보다 포용적인가를 판단하고자
하였다.

일반적으로 민주주의는 '인민에 의한 인민을 위한 통치'로 정의된다. 그렇다
면 사람들의 선호가 다양하고 서로 의견이 일치하지 않는 경우에, 누가 통치할
것이며 정부는 누구의 이해관계에 반응해야 하는가? 이 물음에 대해 두 가지 방
식의 답이 가능하다. 하나의 답은 '다수의 인민'이다. 이것은 '다수제 민주주의 모
델(majoritarian democracy model)'의 핵심이다. 다수제는 단순 명쾌하며 호소력이
있다. 다수에 의한 통치나 다수의 바람에 따른 통치는 소수에 의한 통치나 소수
에 반응하는 통치보다는 인민에 의한 그리고 인민을 위한 통치라는 민주주의의
이념에 보다 가까워 보이기 때문이다. 영국의 민주주의가 다수제 민주주의의 원
형이기 때문에 '웨스트민스터 민주주의(Westminster democracy)'라 부르기도 한다.
뉴질랜드와 바베이도스(Barbados)가 이 모델에 가깝다.

다른 하나의 답은 '가능하면 더 많은 인민'이다. 이것은 '합의제 민주주의 모
델(consensus democracy model)'의 핵심이다. 이 모델은 다수 지배가 소수 지배보
다 더 낫다고 생각한다는 점에서는 다수제 모델과 다르지 않다. 그러나 합의제
모델은 다수 지배를 단지 최소 조건으로 받아들이는 반면, 이 모델은 다수의 규
모를 가능하면 최대화할 수 있는 방법을 모색한다. 이 모델의 제도는 정부에 대
한 보다 광범위한 참여와 정부가 추구하는 정책에 대한 보다 광범위한 동의를
추구한다. 다수제 모델은 선거에서 승리한 정치세력이 정치권력을 독식한다. 따
라서 패배한 세력은 정치권력에 접근할 수 없다. 반면 합의제 모델은 다양한 방
식으로 권력을 공유하고 분산하며 제한하려고 노력한다. 다수제 민주주의 모델
은 배타적이고 경쟁적이며 적대적이다. 반면 합의제 민주주의 모델은 포용과 협
상 그리고 타협을 특징으로 한다. 이러한 이유 때문에 합의제 모델을 '협상적 민
주주의(negotiation democracy)'라 부르기도 한다. 스위스, 벨기에, 유럽연합이 이
모델의 원형에 가깝다.

두 모델을 구체적으로 비교해보면 다음과 같다.[22] 첫째, 선거제도에서 국민

---

22) 레이파트는 10가지 기준을 가지고 다수제와 합의제를 비교하고 있으나, 그 가운데 대의제의
대표성 문제를 중심으로 5가지 기준만을 대상으로 비교한 최태욱(2009)과 한정택(2010)을 참
고로 한다. 그 외에도 강신구(2012), 윤종빈(2016), 이관후(2016), 최태욱(2010), 홍재우

들의 표심은 어떻게 반영되는가? 다수제 민주주의는 말 그대로 다수의 표를 획득한 사람을 대표로 선출하는 다수대표제를 통해 의회를 구성한다. 다수제 민주주의를 대표하는 선거제도는 소선거구제이다. 이 제도에 따르면, 선거에 출마한 후보자들 가운데 가장 많은 표를 획득한 한 명의 후보만이 의회에 진출한다. 그 이외의 후보자들은 표의 수와 무관하게 탈락하게 된다. 결국 탈락한 후보들이 얻은 표는 사표가 된다. 따라서 득표수와 의석수 간에는 비례성이 확보되기 어렵다. 반면 합의제 민주주의는 득표수와 의석수 간의 비례성을 확보하는 데 중점을 둔다. 예를 들어, 정당의 득표수에 비례하여 의석수를 확보할 수 있는 비례대표제는 가장 대표적인 선거제도라 하겠다.

둘째, 어떠한 형태의 정당체제가 발달하는가? 다수제 민주주의에서는 가장 많이 득표한 후보자만이 의회에 진출할 수 있다. 따라서 거대한 정당들을 중심으로 의회가 구성되고, 군소정당들이 의회에 진출하기 어렵다. 다수제 민주주의에서는 양당제가 발달하게 된다. 반면 합의제 민주주의에서는 정당이 득표수에 비례해서 의석을 확보하기 때문에 군소정당들이 의회에 진출할 수 있는 가능성이 높다. 따라서 유권자들의 대표성을 확보하는 데 상대적으로 유리하다. 합의제 민주주의에서는 다당제가 발달할 가능성이 높다.

셋째, 집행부는 어떻게 구성되는가? 다수제 민주주의는 양당제를 근간으로 하면서 다수 의석을 차지한 정당이 정치권력을 독점하는 형태를 띤다. 의원내각제에서는 단일정당의 내각이 구성되는 경향이 강하다. 대통령제에서도 여소야대의 예외적인 경우가 있기는 하지만, 일반적으로 집권 정당을 중심으로 내각을 구성하는 경향이 강하다. 반면 합의제 민주주의에서는 다당제를 근간으로 하기 때문에 하나의 정당이 권력을 독점할 수 없는 구조이다. 따라서 연정, 즉 다수의 정당이 내각에 참여하는 연립내각을 구성하는 경향이 강하다.

넷째, 집행부와 입법부 간의 권력관계는 어떤 형태를 띠는가? 다수제 민주주의에서는 다수 의석을 확보한 집권 여당의원들을 중심으로 내각이 구성되고 행정이 운영되기 때문에, 영향력에 있어서 집행부가 입법부에 비해 압도적으로 우위를 보인다. 반면 합의제 민주주의는 다수 정당이 참여하는 연립내각을 구성하

(2006) 등 참조.

기 때문에 집행부가 입법부에 압도적인 영향력을 행사하기 어렵고, 집행부와 입법부 간의 권력의 균형이 유지되는 편이다.

마지막으로 사회의 이익집단들의 이해관계는 정책적으로 어떻게 조정되는가? 다수제 민주주의에서는 이익집단 다원주의가 지배적이다. 이익집단 다원주의는 모든 이익집단들이 정책과정에 자유롭게 참여할 수 있으며, 때로는 경쟁적이고 심지어는 적대적인 모습을 보이기도 한다. 따라서 경쟁에서 승리한 이익집단들의 이해관계가 정책에 상대적으로 크게 반영된다. 반면 합의제 민주주의에서는 이익집단 조합주의가 지배적이다. 이익집단 조합주의는 이익집단의 대표자들이 정기적인 회합을 통해 이해관계를 조정하고 타협함으로써 다양한 이해관계를 정책에 반영할 수 있는 계기를 제공한다.

레이파트의 연구에 따르면, 다수제 민주주의가 통치에는 더 우월하지만, 합의제 민주주의는 대표성에 있어서 더 뛰어나다. 합의제 민주주의가 특히 소수 집단과 소수의 이익을 더 포괄적으로 대표하는 데 상대적으로 유리하다. 종합적으로 합의제 민주주의가 다수제 민주주의보다 '더 자애롭고 더 온화한(Lijphart, 2016: 315)' 성격을 가지며, 포용성이 높다.

3. 직접민주주의의 확대

대의민주주의의 한계를 보완하기 위해 직접민주주의를 접목시키는 방법으로 시민들의 직접적인 참여와 숙의를 제도화하는 것이며, 더불어 참여와 숙의 과정에서조차 배제될 수 있는 사회적 약자들의 정치적 참여를 강화하는 것이다.[23] 여기에서는 참여민주주의, 토의민주주의 그리고 차이의 정치에 대해 살펴본다.

1) 참여민주주의

참여민주주의는 정형화된 민주주의의 모델이 아니라 일종의 슬로건으로

---

23) 이에 대해서는 권영설(2004), 김비환(2004), 김주성(2008), 김희강(2010), 목광수(2013), 문태현(2010, 2011), 설한(2005), 이윤정·엄경영(2017), 이황직(2008), 정규호(2005), 정무권(2011), 정정화(2011) 등 참조.

1960, 70년대부터 등장하였다. 산업의 발달과 함께 노동자들의 직무 불만족이나 소외에 대한 문제의식이 부각되면서 이를 극복하기 위한 방안들 가운데 하나로 참여에 주목하기 시작한 것이다. 실제로 산업부문에서 노동자들의 참여 운동이 일어나기 시작하였다. 그리고 같은 시기에 정부의 의사결정과정에 실질적인 시민의 참여가 이루어져야 한다는 생각이 널리 퍼지면서 정부들이 시민들의 광범위한 참여를 위한 프로그램을 만들기 시작하였다. 따라서 좀 더 참여적인 사회와 정부체제가 등장할 것처럼 보였다(Macpherson, 1977: 93).

물론 참여가 사회의 모든 불평등을 해소할 것이라고 기대하는 것은 아니다. 다만 일반적으로 낮은 참여와 사회적 불평등이 서로 밀접하게 연관되어 있기 때문에, 좀 더 평등하고 인간적인 사회를 이루기 원한다면 좀 더 참여적인 정치체제를 만들어야 한다는 생각이 지배하게 된다. 참여적인 정치체제로 나아가기 위해서는 최소한 두 가지 조건이 충족되어야 한다. 하나는 사람들의 의식변화가 있어야 한다. 즉 자기 자신을 단순한 소비자가 아니라 자신의 능력을 계발하고 발휘하는 데 관심이 있는 적극적 행위자로 인식해야 한다는 것이다. 다른 하나는 현존하는 사회경제적 불평등이 대폭 감소해야 한다는 것이다. 왜냐하면 불평등은 현상유지를 위해 비참여적인 정당체제를 유지하려 하기 때문이다(Macpherson, 1977: 99-100).

맥퍼슨은 추상적이지만 참여민주주의를 제도적으로 반영하는 방법을 다음과 같이 제안한다. 하나는 피라미드적인 평의회를 구성하는 것이다. 마을이나 작업장에서의 직접민주주의에서 출발해서 좀 더 높은 수준의 도시 평의회나 산업부문별 평의회를 거쳐 국가적 수준의 평의회로 상승하는 피라미드적 구조를 형성하는 것이다(Macpherson, 1977: 108). 다른 하나는 피라미드적인 민주주의 체제와 정당체제를 조합하는 것이다. 피라미드적인 평의회체제는 직접민주주의를 국가 전반의 통치구조에 접목하는 동시에 자유민주주의의 핵심적인 조건인 경쟁적인 정당체제를 존속시키는 것이다(Macpherson, 1977: 112).

참여민주주의는 정치영역뿐만 아니라 가정, 사업장, 각종 모임을 포함하는 사회의 전 영역에서의 참여를 통해 민주주의를 보다 심화하는 전략이다. 이는 시민들에게 주권자로서의 의식을 심어준다는 점에서 본래적 가치를 가지며, 시민들이 참여과정에서 의제에 대한 지식과 정보를 습득하게 된다는 점에서 교육적 가치를 가진다. 또한 참여를 통해 시민들이 궁극적으로 목적하는 바를 이룰 수 있다는 점에서 도구적 가치를 갖는다(김대환, 1997).

2) 토의민주주의

토의민주주의는 시민들의 공정하고 합리적인 토론과 논쟁을 통해 정치적 의사결정이 이루어져야 한다는 관념을 대전제로 한다.[24] 토의과정에서 시민들은 논변을 교환하면서 공공선을 실현하는 데 적절하다고 생각되는 다른 여러 의견들을 고려한다. 이러한 대화를 통해서 시민들은 공공선을 실현하는 데 가장 적합하다고 판단되는 절차나 행위 혹은 정책에 대한 합의에 도달할 수 있다. 토의는 민주적인 정치적 결정의 정당성을 확보하는 필수적인 조건이다. 토의민주주의는 시민들의 선호를 단순히 합산하는 것을 정치적 의사결정으로 보지 않는다. 그것은 시민들이 이성적 사고를 통해서 그리고 경쟁적인 논변들과 관점들을 일별함으로써 정치적 의사결정에 도달해야 한다고 본다. 다시 말해서 시민들의 선호는 자기이익이 아니라 의사결정 이전에 이루어지는 토의에 의해 형성되어야 한다는 것이다. 토의민주주의는 의사결정에 있어서 결정의 결과보다는 과정의 질에 방점을 둔다. 민주적 과정에서 토의는 정치적 권력이 아니라 이성적 사유를 통해 공공선이나 공동선을 확보하는 결과들을 산출한다. 토의민주주의는 갈등하는 이해관계들 사이의 경쟁에 토대를 두는 것이 아니라 공동선에 대한 다양한 관점들을 정당화하는 정보와 논변의 교환을 토대로 한다. 궁극적으로 시민들은 다른 동료시민들에게 공적으로 정당화할 수 없는 사적인 관심이나 편향 또는 관점이 아니라 논변의 힘에 의존한다.

초기에 토의민주주의의 발전에 영향을 미친 이론가는 롤스와 하버마스이다. 롤스는 정의로운 정치사회를 위한 틀을 확보하는 데 이성의 사용을 옹호하였다. 롤스에게 이성은 사적인 관심사의 작용을 억제하여 모든 구성원들에게 공정하고 평등한 권리를 보장하는 정치사회를 정당화하는 기제이다. 하버마스는 공정한 절차와 명확한 소통을 통해 정당성이 있는 합의를 도출할 수 있다고 보았다. 이러한 토의과정을 인도하는 공정한 절차들이 결과를 정당화한다는 것이다.

---

24) 이에 대해서는 문태현(2010), 설한(2005), Cohen(1997), Dryzek(2000), Gutmann and Thompson(2004) 참조.

토의민주주의는 정당한 민주적 과정의 필수조건으로서 공지성을 전제로 한다. 첫째, 의제들은 공적인 것이어야 하고, 공적으로 토의되어야 한다. 둘째, 민주적인 제도들 안에서 이루어지는 과정들은 공적이어야 하고, 공적인 감시의 대상이 되어야 한다. 마지막으로 시민들은 정보를 제공받아야 하고, 정치적 의사결정 과정에서 이성을 공적으로 사용해야 한다. 정치적 의사결정을 위한 이성의 공적 사용은 공정하고 합당한 결과를 산출하지만, 새로운 정보가 제시되거나 토의의 진전과정에서 문제가 제기될 때 결정을 수정할 수 있어야 한다.

토의민주주의의 옹호론자들 가운데는 상이한 관점들을 정당화하는 논변의 교환이라는 토의과정을 통해 합의에 도달할 수 있고, 합의에 도달해야 한다고 주장하는 이론가들이 있다. 또한 어떤 이론가들은 토의를 거친 이후에도 여전히 의견이 불일치하는 부분이 있다 하더라도 합의 없는 정당한 결과의 산출이 가능하다고 생각한다. 논변들과 관점들의 교환이 명확한 결과를 산출하지 못할 때조차도, 많은 이론가들은 그러한 불일치가 계속적인 토론을 촉발하고, 민주적 과정을 더욱 고양시킨다고 생각한다.

토의의 조건은 시민들이 각자의 관점을 정당화하는 논변들을 이해하고 형성하며 교환할 수 있는 능력이 있어야 한다는 것이다. 따라서 무엇보다 중요한 것은 명확한 소통의 규범과 논변의 규칙이 구성되어야 한다. 시민들은 다른 동료시민들에게 자신들의 주장을 이해 가능하게 그리고 합당한 방식으로 전달할 수 있어야 한다. 그리고 이러한 주장들은 다른 입장에 있는 토론자들에게 자신들의 관점을 공적으로 정당화할 수 있는 논변과 이성적 사유능력에 기반을 둔 것이어야 한다.

대부분의 토의민주주의 이론가들은 시민들과 관점들을 최대로 포용하는 것이 가장 정당하고 합당한 정치적 결과를 가져올 것이라 생각한다. 토론의 수준이나 논변의 제시 능력을 향상시키는 것 이외에도 토의과정을 보다 포용적으로 만드는 것은 더 많은 시민들이 더 많은 관점들을 고려하게 한다는 점에서 공정성을 더 높여줄 것이다. 한 시민의 관점이 결과에 반영되건 되지 않건, 적어도 그의 관점이 동료시민들에 의해서 고려된다는 것이 중요하다.

토의민주주의는 민주적 의사결정에 대한 윤리적 관심을 내포하고 있다. 토의민주주의의 궁극적인 목적은 시민의 참여를 증진시키고, 더 나은 결과를 만들어내며, 좀 더 참된 민주주의 사회를 실현하는 것이다.

토의민주주의는 완전한 것이 아니다. 만일 특정한 표현 양식, 논변의 형식, 그리고 문화적 스타일이 공적으로 허용된다면, 그러한 조건을 따르지 못하는 특정한 시민들의 목소리가 배제될 수 있다. 이러한 배제는 토의결과의 질과 정당성을 훼손할 수 있다. 더욱이 토의는 시민들이 합리적이고 협력적이며 자신의 의견을 형성할 수 있는 능력을 요구한다. 인간의 불완전성 때문에 또는 사회적 불평등이나 편향성 때문에 사람들이 이러한 요구를 완벽하게 수행하기 어렵다. 구조적 불평등, 다원주의, 사회적 복잡성, 정치적 관심 영역의 확대, 실제로 토론이 불가능한 시민들의 존재와 같은 사회적 조건들은 토의민주주의의 전망을 어둡게 한다.

3) 차이의 정치[25]

차이의 정치는 다수결 민주주의와 토의민주주의의 한계에 대한 문제의식에서 출발한다. 한 마디로 두 민주주의 모형은 구조화된 사회적 부정의를 극복하기보다는 오히려 강화할 수 있는 가능성이 있다는 것이다. 부정의한 사회구조에서는 그 구조에 편승하고 있는 사람들에게는 혜택이, 그렇지 못하는 사람들에게는 불이익이 주어진다. 구조적 편향성에 의해 지배와 억압을 받는 사람들에게 다수결이나 토의는 오히려 위협적인 과정으로 작용한다. 차이의 정치를 이론화한 아이리스 영(I.M. Young)은 지배와 억압으로서의 부정의를 극복할 수 있는 열쇠를 '차이(다름)' 그 자체에서 찾고자 한다. 특히 그녀는 차이를 부각시킴으로써 구조적으로 불리한 처지에 놓인 사회집단들이 존재한다는 사실, 그 집단들이 가지고 있는 표현의 방법이나 수단들은 인정을 받지 못하고 있는 사실, 그럼에도 불구하고 지배적인 주류 문화에 동화하는 정치 전략은 지배적인 사회집단의 보편성과 규범적 우위성을 더욱 강화시킨다는 사실을 드러내고자 한다. 이처럼 차이의 중요성을 정치적으로 정당화하기 위해, 영은 왜곡된 사회적 가설에 이의를 제기한다. 그것은 '동질적인 공중'이 사회를 구성할 때, 보다 조화롭고 정의로운 사회에 가까이 다가갈 수 있다는 것이다. 그러나 이러한 가정은 결국 사회적 약자나

---

25) 임의영(2011: 242-246)을 수정하여 기술함.

소수자들에게 사회적 강자들의 삶의 방식을 수용하고 따르게 하는 일종의 문화
적 강제를 수반하게 된다. 따라서 영은 이러한 허구적인 가정에서 벗어나, 사회
적 사실에 보다 충실한 가설을 제시한다. 실제로 사회에는 다양한 이질적인 사회
집단들이 존재한다. 그 가운데 사회적으로 불리한 처지에 있는 집단들은 그들의
삶의 양식에 문제가 있어 그렇게 된 것이 아니라 그들의 힘으로는 어쩔 수 없는
구조적인 역학관계에 의해 그렇게 된 것이다. 이렇게 보면 그들에게 지배집단의
논리에 동화할 것을 요구하는 것은 문제의 초점에서 어긋난 것이다. 따라서 영은
오히려 '이질적 공중(Young, 1990: 120)' 개념이 사회적 현실을 적절히 반영하는
것이며, 다양성과 이질성의 존중이야말로 억압과 차별의 가능성을 약화시키는
길이라 본다. 이 개념이 갖는 정치적 의미는 어떠한 개인, 행위, 혹은 삶의 측면
들도 강제적으로 사적인 것으로 규정되어 공공의 영역에서 배제될 수 없으며, 어
떠한 사회적 제도나 관행도 선험적으로 공적인 토론과 표현의 대상으로부터 배
제되어서는 안 된다는 것이다.

　　민주주의를 표방하는 사회에서는 모든 인간은 평등하다고 보고 있으나, 실
제로는 사회적 불평등이 만연되고 있다. 그래서 차별철폐운동(Affirmative Movement)
과 같은 노력을 통해 불평등을 해소하기 위해 노력을 하기도 한다. 그럼에도 불
구하고 사회적 불평등은 여전히 온존하고 있다. 사회적 불평등을 해소하기 위한
다양한 노력에도 불구하고 실질적인 효과를 보지 못하는 이유를 영은 '차이에 대
한 둔감성'에서 찾고 있다. 차이에 대한 둔감성은 사람들을 동화주의의 유혹에
빠져들게 할 가능성이 크다는 것이다. 그렇다면 동화주의 전략에 내포된 맹점은
무엇인가?

　　첫째, 동화주의는 일반적으로 동화되어야 할 규칙과 기준이 '먼저' 존재해야
가능한 것이다. 그래서 동화주의는 '이미 게임이 시작되고 난 이후에 게임에 참
여하는 것(1990: 164)'을 의미한다. 영에 의하면, 게임의 규칙과 기준은 사회의 지
배적인 집단에 의해 사전에 만들어진다. 그리고 그러한 규칙과 기준의 적용을 배
제된 집단에까지 확장시키는 것이 동화주의 전략이라는 것이다. 이처럼 불평등
을 해소하기 위한 동화주의적 정책들 안에는 지배적인 집단의 이해관계가 관철
되고 있기 때문에, 표방된 정책의 의도와는 달리 사회적 불평등이 해소되지 않는
다는 것이다.

둘째, 동화주의는 일반적으로 '보편성'에 의존한다. 윤리적 사고에서 강조되고 있는 '불편부당성'은 규칙과 기준의 형성 및 적용을 정당화하는 조건이다. 그 이유는 불편부당성이 보편성, 일반성, 객관성을 보장한다고 보기 때문이다. 불편부당성은 무엇보다도 특수한 이해관계나 정념으로부터 벗어날 것을 요구한다. 모든 차이로부터의 초월을 요구한다는 것이다. 따라서 불편부당성은 다양성, 복수성, 이질성에서 단일성, 단수성, 동질성으로의 초월을 추구한다. 그러나 역설적으로 이러한 논리는 또 다른 이분법을 양산한다. 불편부당성의 논리에 의해 만들어진 규칙과 기준이 실패로 버려지지 않기 위해서는 예외적인 것들을 어떻게든 처리해야 한다. 따라서 정상과 비정상, 이성과 감정, 공적인 것과 사적인 것과 같은 이분법들이 양산된다는 것이다. 이러한 이분법은 사회적으로 불리한 위치에 있는 집단들의 특수성을 예외적인 것으로 분류하는 것을 정당화한다. 또한 지배적 집단의 특수한 이해가 보편적인 것으로 둔갑한 사실을 은폐한다(Young, 1990: 97). 이러한 메커니즘을 통해서 피지배적인 집단들의 구성원들은 문화적 제국주의의 늪에 빠지게 된다는 것이다.

셋째, 동화주의는 동화 대상의 수치심을 자극한다. 지배적인 집단에 의해 만들어진 규칙과 기준은 중립적인 것으로 공표되고, 그러한 조건에 예외적인 집단들의 구성원들은 자신들을 내적으로 평가절하하게 만든다(Young, 1990: 165). 동화주의는 사회적 불평등을 구조적인 것으로 인식하는 것이 아니라 문화적인 것으로 인식하게 만든다. 따라서 피지배적 집단의 구성원들은 자신에 대한 수치심, 그리고 자신과 비슷한 처지에 있는 사람들에 대한 수치심을 동시에 갖게 된다. 이는 역으로 표준화된 문화에 대한 동경과 집착을 강화하고, 개인이 정체성을 형성해나가는데 심각한 딜레마로 작용한다.

그렇다면 '차이에 대한 둔감성'을 특징으로 하는 동화주의의 맹점에 대해 '차이에 대한 민감성'을 특징으로 하는 차이의 정치는 어떠한 의미를 갖는가?(Young, 1990: 166 – 168)

첫째, 차이의 정치는 지배적 문화에 의해 수치심을 유발했던 자신의 정체성을 다시 주장하게 함으로써 '해방적 기능'을 한다. 이를 통해 피억압자들은 공적으로 자기 자신이 배제된 집단의 이름으로 불리는 것 그리고 스스로를 부르는 것에 대해 수치심을 느끼지 않게 된다.

둘째, 차이의 정치는 피지배집단들의 문화와 속성들의 가치와 특성의 유의미성을 주장함으로써 지배적인 문화를 '상대화한다'. 집단문화의 상대화는 지배집단의 문화가 보편적이며 표준적이라는 허구를 무너뜨리는 것이다. 이를 통해 집단 간의 관계는 배제 혹은 지배와 억압이 아니라 단순한 차이로 이해할 수 있는 가능성이 열리게 된다. 예외적인 것을 걸러내는 보편적인 문화적 기준은 존재할 수 없게 된다.

셋째, 차이의 정치는 자유주의적 휴머니즘의 개인주의에 대항하여 '집단연대' 개념을 확장시켜나간다. 자유주의는 사람들을 인종, 성, 종교 등의 차이를 무시하고 하나의 개인으로 다룬다. 따라서 각 개인은 자신의 노력과 업적에 따라 평가되어야 한다고 본다. 그러나 이러한 사고는 불평등의 원인을 단지 개인의 책임으로 전가함으로써, 사회적으로 구조화된 집단에 대한 차별구조를 은폐하는 결과를 가져온다. 이로 인해 피억압집단의 연대성은 파괴된다. 따라서 차이의 정치는 자유주의적 혹은 무차별적 개인주의의 위험성을 인식하고 집단의 연대성을 강화하는 데 초점을 맞춘다.

넷째, 차이의 정치는 지배적인 제도와 규범을 비판할 수 있는 관점을 제공한다. 집단문화의 상대화를 통해서 보편적이며 표준적이라 인식되었던 기존의 지배적인 집단의 문화와 제도 및 규범이 가지고 있는 한계를 보게 한다. 가령 개인을 사회적 단위로 보는 지배적인 관행에 대해 차이의 정치는 집단의 중요성을 인식함으로써 기존의 개인 개념에 내포된 차별의 징후를 간파할 수 있는 관점을 제공한다는 것이다.

다섯째, 차이의 정치는 피억압집단들의 '자기조직화(self-organization)'를 자극한다. 역사적으로 지배집단이 불평등을 완화하기 위해 자발적으로 '시혜'를 베푸는 경우는 보기 어렵다. 오히려 피지배집단의 적극적인 요구와 투쟁을 통해 획득된 경우가 일반적이다. 따라서 사회적 불평등의 지형에서 불리한 처지에 있는 사회집단들이 적극적이고 효율적인 정치적 참여를 위해 조직화하는 것은 당연한 이치라는 것이다.

4. 민주주의와 공공성

공공성의 핵심은 민주주의를 확대하고 심화하는 것이다. 민주주의는 공동체 구성원들이 공동체적 삶의 방식을 결정하고 운용하는 원리이다. 현대 민주주의는 기본적으로 대의민주주의를 기반으로 한다. 문제는 대표성의 위기이다. 정치인이나 정당들이 표를 얻기 위해 중위투표자들, 즉 다수가 선호하는 정책을 선택하는 경향이 있기 때문에 소수의 이해관계를 반영하는 데 실패하는 경우가 발생한다. 정치인들은 공천권이 있는 정당에 충성하는 경향이 있기 때문에 시민 일반의 이해관계를 반영하는 데 한계를 보일 수 있다. 정치인들은 당선과 재선을 위해 지역구의 이해관계를 전체의 이해관계에 우선함으로써 제한된 대표성만을 발휘할 수도 있다. 대표성의 위기를 극복하는 길은 보다 많은 사람들의 이해관계를 반영할 수 있는 방법을 찾는 것이다. 선거제도에서 비례대표제를 확대하는 것이 일반적인 방법이다. 그리고 더 많은 이해관계를 반영하는 방법은 직접민주주의 요소를 접목시키는 것이다. 시민들의 참여를 제도적으로 보장하거나 의무화하는 방법과 공적 의제를 놓고 시민들이 토론하고 숙의할 수 있는 방법 등을 적극적으로 개발할 필요가 있다.

민주주의가 확대되고 심화되기 위해서는 그 원리가 정치영역뿐만 아니라 사회의 모든 영역으로 확장되어야 한다. 시민사회의 민주화, 시장의 민주화가 이루어질 필요가 있다는 것이다. 사회의 모든 영역으로 확대된 민주주의는 다시 정치영역의 민주주의를 강화하는 데 밑거름이 된다. 그리고 다시 정치적 민주주의의 강화는 사회적 민주주의의 확대 및 심화를 자극하게 된다. 이러한 '이중적 민주화'(Held, 2006: 276), 즉 정치적 민주화와 사회적 민주화의 선순환은 사회 전체의 공공성을 실현하는 데 강력한 자원이 될 수 있다.

통-전략은 정치적인 것의 의미를 복원함으로써 사회적 삶의 전 영역에 정치적 행위가 작동할 수 있는 근거를 마련한다. 따라서 공적 의제가 정치영역에서만 독점적으로 토의되는 것이 아니라 사회 전 영역에서 토의되어야 하는 정당성이 확보되고, 공론영역은 그에 대한 이론적 실천적 주제로 부상한다. 정치적인 것과 공론영역의 논리에 근거해서 대의민주주의에 내재된 문제들을 보완하기 위한 장치들이 다양하게 설계될 수 있다. 통−전략은 간섭 없는 개인의 자유를 전제로 하는 자유주의적 패러다임에서 탈피하여 시민적 덕성, 즉 시민적 참여의 의무를 바탕으로 자유를 추구하는 공화주의 패러다임으로의 전회, 자유민주주의에서 공화민주주의로의 전회를 기획한다.[26] 이를 통해서 절차적으로 더 많은 민주주의의 가능성을 확보하고자 한다.[27]

---

26) 고원(2009a), 양해림(2008), 임운택(2010), 정원규(2016), 조승래(2009, 2011b), 한상희 (2003) 등 참조.

27) 통−전략과 관련하여 한국의 전통적인 공론장에 대한 연구 역시 주목할 만하다. 고대 한국의 민주적 전통으로서 소통과 합의를 통한 공공성에 주목한 연구(김석근, 2013), 조선 초기의 언관제도와 유향소, 중기의 사림과 붕당, 후기의 서원 등에 주목하여 정치를 공론정치의 맥락에서 재구성한 연구(김용직, 1998), 조선왕조의 장기지속 요인으로서 공론정치에 주목한 연구 (박현모, 2004), 조선시대의 공공성을 종합적으로 분석한 연구(방상근·김남국, 2015), 고려시대의 공공성에 관한 연구(이희주 외, 2016), 식민시대의 공공성에 관한 연구(윤해동·황병주 편, 2010) 등은 한국의 전통 속에서 공공성의 현재적 의미를 발굴하는 노력으로서 유의미하다 하겠다.

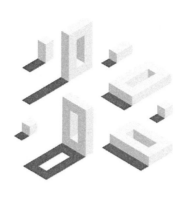

제6장

인(仁)-전략

　　인-전략은 공공성의 내용적 측면과 관련된 것이다. 주요 내용은 공공성 실현은 개인적으로 책임질 문제가 아니라 공동체 구성원들이 공동으로 책임겨야 할 문제라는 데 초점을 맞춘다. 그리고 공공성은 궁극적으로 사회적 가치들을 배분하는 문제와 직결된다. 다양한 분배의 원리들이 존재하고, 각각의 원리들은 나름대로의 한계와 장점을 가지고 있다. 따라서 어느 하나의 원리를 경직되게 적용하는 것이 아니라 상황에 맞게 다양하게 조합하는 유연성이 필요하다. 일반적으로 책임과 정의에 대한 논의는 남성적인 목소리로 이루어진다. 그런 의미에서 돌봄은 사람들로 하여금 다른 목소리를 경청하면서 보다 따뜻하게 함께 사는 방법에 관심을 갖게 한다. 책임과 정의 그리고 돌봄의 원리들은 공익이나 공공가치로서 정책화된다. 이 장에서는 인-전략과 관련하여 책임윤리, 정의이론, 돌봄 윤리, 그리고 공익과 공공가치 등에 대해 살펴본다.

제1절   책임

　　책임은 윤리학에 국한되지 않고 학문 일반에서 핵심적인 문제로 다루어지고 있다. 현대는 사회적 관계들의 복잡성과 관계들의 급속한 변화 그리고 그로 인한 예측 불가능성 또는 불확실성의 심화를 특징으로 한다. 인간의 능력은 그 어느 때보다도 강화되고 있는데, 오히려 불확실성이 심화되고 있다는 것은 역설적이라 하겠다. 불확실성이 심화될수록 무엇이 선이고 악인지 그리고 무엇이 옳은 것이고 그른 것인지를 판단하기가 더욱 어려워진다. 어떤 사건이 발생하게 된 원인이 무엇인지 그리고 그 사건이 가져올 또 다른 사건은 무엇이 될지 우리는 명확히 알 수 없다. 따라서 책임의 문제가 더욱 중요하게 부각되고 있는 것이다.

　　윤리학에서 책임에 대한 관심의 역사는 길지 않다. '책임윤리'라는 말이 20세기 초에 사회학자인 베버에 의해 처음 사용되었다는 것은 이를 방증한다.[1] 윤리학에서는 목적론과 의무론이 주류를 이루고 있었다. 목적론은 행복이나 쾌락과 같이 좋음(the good)을 추구하고, 불행이나 고통과 같은 나쁨(the bad)에서 벗어나는 것을 윤리적 지향점으로 삼는다. 목적론에서는 좋음을 추구하는 것이 옳은 것이다. 그에 반해 의무론은 행위의 결과보다는 마땅히 따라야 할 옳음(the right)을 추구하고, 원칙에서 벗어나는 그름(the wrong)을 행하지 않는 것을 윤리적 지향점으로 삼는다. 의무론에서는 옳음을 추구하는 것이 좋은 것이다. 그에 비해 책임론은 '사건 또는 사태'에 초점을 맞춘다. 다시 말해서 사건에 어떻게 대응하는 것이 적절한 것인가에 관심을 갖는다. 책임론의 핵심적인 가치는 적합성

---

1) "우리는 윤리적으로 지향된 행위는 두 개의 근본적으로 다른, 즉 양립이 불가능하게 대립하는 원칙을 따를 수 있다는 것을 깨달아야 한다. 그것은 '신념윤리' 아니면 '책임윤리'이다. 그렇다고 신념윤리가 무책임과 같다거나 책임윤리가 신념의 부재를 의미한다는 말은 아니다. 이에 대해서는 의문의 여지가 없다. 그러나 신념윤리의 원리(종교적 표현: 그리스도인은 의로운 일을 하고, 그 결과는 신의 뜻에 맡긴다)에 따라 행동하는 것과 책임윤리 —사람들은 자신의 행위의 (예측 가능한) 결과에 대해 책임을 져야 한다는 의미— 의 원리에 따라 행동하는 것 사이에는 심오한 차이가 있다(Weber, 1994: 359)." 베버가 책임윤리라는 말을 사용하고 있는 맥락은 정치가의 정치적 책임으로서 윤리학의 책임론과는 맥락을 달리한다.

(the fitting)이다. "목적론은 옳음을 종속시키고 있는 지고의 좋음에 관심이 있고, 철저한 의무론은 우리의 좋음에 어떤 일이 일어나건 상관없이 오직 옳음에만 관심을 갖는다. 그러나 책임윤리의 경우 적합한 행위만이, 즉 응답과 그에 대한 응답의 예상을 포함하는 총체적인 상호작용에 적합한 행위만이 좋음에 도움이 되고, 그것만이 옳은 것이다(Niebuhr, 1963: 60-61)." 책임론의 대두와 함께 인간에 대한 새로운 관념이 형성된다. '응답하는 인간, 대화하는 인간, 자신에게 과해진 행위에 반응하여 행동하는 인간'이라는 인간상이 새로이 대두된다(Niebuhr, 1963: 56). 이 절에서는 현대 기술사회에서 책임윤리 문제를 집중적으로 다룬 한스 요나스(H. Jonas)의 논의에 초점을 맞춘다.[2]

1. 인간 행위의 본질 변화

요나스가 현대사회의 성격을 규정하는 데 있어서 주목한 것은 "인간 행위의 본질이 변화하였다"는 것이다(Jonas, 1984: 1). 특히 그가 강조하는 인간의 새로운 능력은 '현대 기술의 능력'이다. 현대는 물론이고 현대 이전에도 인간은 기술을 사용하였다. 문제는 현대 이전의 기술과 현대 기술의 성격이 판이하게 다르다는 것이다. "우리 시대 이전에는 자연에 대한 인간의 침해는 근본적으로는 표면적이고 효력이 없어 자연의 확고한 균형 상태를 파괴할 수는 없었다. … 인간의 집요한 요구에도 저 심연에 있어서는 흔들림이 없는 전체의 면역력, 요컨대 우주적 질서로서 자연의 본질적인 불변성은 죽을 수밖에 없는 인간의 모든 기획 ―그러한 질서 자체에 대한 인간의 침범을 포함해서― 의 배경이었다. 인간의 삶은 변화하지 않는 것과 변화하는 것 사이에서 이루어졌다. 변화하지 않는 것은 자연이었으며, 변화하는 것은 인간 자신의 작품들이었다(Jonas, 1984: 3)." 현대 이전의 기술은 자연에 적응하는 수준에 머물렀지만, 현대 기술의 발달로 모든 것이 결정적으로 변하게 되었다는 것이 요나스의 주장이다. 자연은 유한한 인간이 적응하며 살아가는 견고한 존재가 아니라 인간에 의해 침해될 수 있는 '취약한 존재'로 변질되었다는 것이다. "전래된 세계관의 첫 번째 주요한 변화로서 사람들은 인간

---

2) 임의영(2017)을 수정하여 기술함.

의 기술적 간섭에 대한 자연의 취약성(vulnerability of nature)을 꼽는다. 그것은 이미 저질러진 훼손을 통해 인식되기 전에는 전혀 상상할 수 없었던 것이다. … 그것[자연의 취약성－필자]은 인간 행위의 본성이 사실상 변하였다는 사실을 그 결과를 통해 보여준다(Jonas, 1984: 6-7)." 요나스의 주장의 핵심은 인간 행위로 서 현대 기술이 질적으로 변했다는 것이다. 요컨대 인간 행위로서 기술이 자연에 단순히 적응하는 수준을 넘어서 이제는 자연 자체를 변화시킬 수 있는 단계에 이르렀다는 것이다(Becchi, 2016). 여기에서 주목해야 할 것은 변화의 대상인 자 연에 인간도 포함된다는 것이다. 다시 말해서 자연(nature)과 인간의 본성(nature) 모두가 기술적 간섭의 대상이 되었다는 것이다. 인간 행위의 본질이 질적으로 변 화하였다는 사실, 혹은 기술적 능력이 고도화되었다는 사실에서 요나스는 미래 에 대한 '희망'을 말하기보다는 미래를 '염려'한다.[3]

　　인간 행위의 본질 변화는 자연과 인간의 관계를 질적으로 변화시킨다. 인간 은 현대 기술을 통해 자연을 인간화하게 된다. 인간을 둘러싸고 있는 자연은 인 공적 자연으로서 사회의 일부가 된다. 이처럼 인간은 현대 기술을 통해서 자연과 사회의 성격을 근본적으로 변화시키고 있다. 그러한 의미에서 현대사회를 '기술 사회'라 불러도 무방할 것이다.[4] 그런데 기술사회에서는 기술이 자율성을 갖게 되고, 그것의 영향 범위는 시공간적으로 매우 넓어지고 있다. 현대 기술의 특성 으로서 기술의 자율성과 광범위한 영향력에서 우리는 현대 기술의 '공적인 성격' 을 볼 수 있다. 여기에서 공적인 성격은 '다수와 관련된 것'을 의미한다. 사회적 분업체계의 고도화는 분업단위들 간의 상호의존성을 전제로 하는 동시에 강화하 면서 이루어진다. 기술의 발전은 분업체계가 갖는 독립과 의존의 변증법적 관계 속에서 이루어진다. 이러한 의미에서 기술의 자율성은 기술이 공적 속성을 전제 로 한다는 점을 잘 보여준다고 하겠다. 기술사회에서 기술의 영향 범위는 시공간 적으로 더욱 넓어지고 있다. 기술을 통해 이익을 추구하는 산업체들은 경쟁적으

---

3) 이러한 이유 때문에 요나스는 '희망'의 철학자인 마르크스주의자 에른스트 블로흐(Ernst Bloch) 와 대비되기도 한다. 요나스는 마틴 하이데거(Martin Heidegger)의 영향을 받았다. 따라서 그 의 책임윤리에는 하이데거의 기술철학 전통과 '염려'의 개념이 용해되어 있다. 그러나 그는 실 존주의로 빠지지 않고, 자연철학을 토대로 한 존재론에서 책임윤리의 새로운 지평을 연다.

4) 기술사회의 특성에 대해서는 자끄 엘륄(Jacques Ellul)의 *Technological Society*(1964)와 *Technological System*(1980) 참조.

로 시장을 확대하기 위해 노력하고 있으며, 그만큼 기술의 영향 범위도 확대되고 있다. 이는 기술이 다수와 관련된다는 공적 속성을 그대로 보여준다. 기술의 공적 성격은 더욱 강화될 것이 틀림없다. 따라서 기술의 공적 성격으로 인해 발생하는 문제들은 공적 차원에서 이해되어야 하며, 그에 대한 대응 역시 공적 차원에서 이루어져야 할 것이다. 현대 기술로부터 야기되는 문제들은 개인적 차원에서만, 개별적인 산업체의 차원에서만, 혹은 정부의 강제력에 의해서만 해결될 수 있는 문제가 아니다. 그것은 말 그대로 공적으로 대응해야 할 문제이다. 변화된 인간 행위의 본질은 사회를 변화시키고 있기 때문에 그에 맞게 대응의 방식도 변화시킨다. 윤리는 인간 행위와 관련된 원칙을 발견하는 데 초점을 맞춘다. 따라서 인간 행위의 본질이 변화하게 되면, 그에 따라 윤리원칙도 변화되어야 한다. 이러한 맥락에서 요나스는 기술사회에 적합한 새로운 윤리원칙을 모색하는 데 초점을 맞춘다.

2. 책임윤리의 구성

요나스의 책임윤리는 기술사회가 '윤리적 진공상태'에 있다는 진단에서 출발한다. 그는 그러한 상태에서 벗어나는 계기를 '공포'라는 감정에서 찾고, 공포를 토대로 인간이 따라야 할 보편적인 정언명법을 제시한다. 그리고 정언명법에 대한 책임을 실현하는 데 따라야 할 공적 가치들을 제시한다.

1) 공포의 발견술

기술적 힘을 강화시키는 데 결정적인 역할을 한 과학은 그러한 힘을 견제할 수 있는 규범이 도출될 수 있는 토대를 무너뜨린다. 과학은 사실과 가치를 엄밀히 구분하여, 사실을 진리의 영역으로, 가치를 의견의 영역으로 범주화한다. 따라서 가치를 다루는 윤리적 규범은 진리의 영역에서 벗어난 무의미한 것으로 치부된다. "먼저 가치에 대해 중립화된 것은 자연이었으며, 그러고 나서 인간 자신이 그렇게 되었다. 이제 우리는 전능이 공허와 짝을 이루는, 즉 최상의 능력이 그 능력을 이용하는 목적에 대해서는 아는 것이 거의 없는 무지와 짝을 이루는 허무주의의 적나라함 속에서 전율한다(Jonas, 1984: 23)." 기술사회는 소위 '윤리적 진공상태'에 빠져 있다. 요나스는 과학에 의해 파괴된 규범의 재건을 위한 근거를 윤리적 진공상태에서도 파괴되지 않은 규범에 대한 감정에서 찾는다. 요컨대 '공포'가 규범을 재건하는 데 중요한 역할을 할 수 있을 것이라 기대한다(Dinneen, 2014; Tibaldeo, 2015). 공포가 참된 덕성과 지혜에 대한 최선의 대용물이 될 수 있다는 것이다. 따라서 요나스는 기술적 힘을 견제하기 위한 윤리적 기초로서 '공포의 발견술(heuristic of fear)'을 제안한다.

> 무엇이 윤리의 나침반으로 기능할 수 있는가? 그것은 바로 미리 사유된 위험 자체이다! 미래에 발생할 수 있는 심상치 않은 상황의 변화, 위험이 미칠 수 있는 전지구적 범위 그리고 인간의 몰락과정에 대한 징조를 통해서 비로소 윤리적 원리들이 발견될 수 있다. 이러한 원리들로부터 새로운 힘에 대한 새로운 의무들이 도출될 수 있을 것이다. 나는 이것을 '공포의 발견술'이라고 명명하고자 한다. 미리 예견된 인간의 왜곡이 비로소 우리로 하여금 이러한 왜곡으로부터 보전해야 할 인간의 개념을 찾아낼 수 있도록 도와주는 것이다. **우리는 무엇인가가 위험에 처해 있다는 것을 알 때, 비로소 그것을 엄중하게 생각한다**[강조 – 저자]. 여기에서 문제가 되고 있는 것은 인간의 운명뿐만 아니라 인간상이며, 또 신체적 생존뿐만 아니라 인간 본질의 불가침성이기 때문에, 이 양자를 보호해야 하는 윤리학은 지혜의 윤리학을 넘어 경외의 윤리학이어야 한다(Jonas, 이진우 역, 1994: 6).[5]

그렇다면 요나스는 어떤 유형의 위험을 경계하는가? 바로 선한 용도의 기술이 가져올 수 있는 악을 특히 경계의 대상으로 삼는다. "전혀 폭력적이지 않으면서도 묵시론적인 위협을 가하는 것들, 혹은 물에 빠진 사람이 익사하지 않기 위해 발버둥치듯 지금은 물론이고 앞으로도 어쩔 수 없이 계속 해야만 하는 일들이 많다. 사악한 형 카인(핵폭탄)이 결박당한 채 지옥에 갇혀 있는 동안, 선량한 동생 아벨(원자력발전소)은 매우 차분하게 향후 천년 동안 사용될 수도 있을 만큼의 독을 비축하고 있다(Jonas, 2005: 48)." 공포의 발견술은 모든 위험을 경계하지

---

5) 이진우의 번역본(1994)은 1979년의 독일어판을 저본으로 삼았다. 인용된 내용은 1984년의 영어판에는 없는 부분이기 때문에 번역판을 사용한다. 인용 가운데 영어판에서 볼 수 있는 문장은 문맥에 맞게 다시 번역한다.

만, 특히 우리가 경계를 늦추기 쉬운 위험에 대한 경계를 강조한다. 공포의 발견술이 요구하는 윤리의 핵심은 '위험에 대한 책임'이다.

2) 정언명법: 인류는 존재해야 한다.

공포의 발견술을 자극하는 '염려'의 대상은 바로 '죽음'이다. 죽음은 완전한 무의 상태로서, 현재의 기술적 능력으로 지구가 완전히 파괴될 수 있다는 사실 그리고 인류가 완전히 멸종될 수 있다는 사실과 연관된다. 특히 요나스는 마치 개구리가 천천히 가열되는 물에서 자기도 의식하지 못하는 사이에 죽어버리는 것처럼 인류에게도 그러한 죽음이 다가올 수 있다는 사실에 더욱 주목한다. 따라서 그는 "인류는 존재해야 한다(1984: 43)"는 제1의 도덕적 명법을 제시한다. 이를 긍정적인 형태로 표현하면, "너의 행위가 지상에서 진정한 인간적 삶의 지속과 조화될 수 있도록 행위하라"는 것이고, 부정적인 형태로 표현하면, "너의 행위의 효과가 진정한 인간적 삶의 미래의 가능성을 파괴하지 않도록 행위하라"는 것이다(1984: 11).

정언명법은 미래의 인간 개개인에 대한 책임이 아니라 '인간의 이념(idea of Man)'에 대한 책임에 초점을 맞춘다. 인간의 이념은 '세계 안에서 인간의 이념을 구현한 존재의 현존'을 요구하는 존재론적 이념이다. 요컨대 인간의 이념은 인간의 삶/생명이다. 따라서 인간의 존재[生]는 비존재[死]에 우선한다. 생명은 가치가 있으며, 선한 것이다. 그래서 존재를 위태롭게 하는 것은 금지되어야 한다. 이처럼 정언명법은 존재에서 도출된 당위이다.

요나스가 제시한 명법은 '세계 내에서 인간의 현존에 대한 책임'을 요청하는 것이다. 요컨대 미래에도 인간이 거주하기에 적합한 세계가 존재해야 하고, 그 세계에 인간이라는 이름값을 하는 인류가 거주해야 한다는 주장을 일반적 공리로서 요청하는 것이다. 기술사회 이전에는 '세계 내 인간의 현존'을 의심할 바 없는 대전제로 삼았으며, 그 전제 위에서 인간의 행위와 관련된 다른 모든 의무 관념들이 만들어졌다. 그러나 기술사회에서는 '세계 내 인간의 현존' 자체가 의무의 대상이 된다. 이 의무는 모든 의무의 전제를 안전하게 지켜야 하는 의무이다. '세계 내 인간의 현존'에 대한 의무는 현존의 조건들이 온전한 상태에 있도록 물리적인 세계를 보존해야 하는 의무를 수반한다. 이는 결국 현존의 조건들을 위태롭게 할 수 있는 것들로부터 취약한 세계를 보존하는 것을 의미한다(Jonas, 1984: 10). 이러한 의미에서 "인류는 존재해야 한다"는 정언명법은 인간의 현존조건으로서 "세계는 존재해야 한다"는 명제로 확장될 수 있다. 정언명법이 강조하고 있는 윤리의 핵심은 '미래에 대한 책임'이며, 그 미래를 위태롭게 하는 '위험들에 대한 책임'이다. 이 명법은 생태이론의 윤리적 근거로서 유의미하다(이진우, 1991; 소병철, 2013).

3) 책임윤리의 공적 가치들

그렇다면 요나스가 말한 정언명법의 의무, 즉 인류의 생존과 세계의 현존에 대한 책임을 이행하는 데 필요한 가치는 무엇일까? 가치의 문제는 전통적으로 개인적 차원에서 논의되었으나, 요나스의 책임윤리에서는 차원을 달리해야 한다. 인류와 세계의 문제는 단순히 개인적 차원의 문제가 아니라 공적인 차원의 문제이기 때문에, 가치의 문제는 공적 차원에서 논의되어야 할 것이다. 요나스는 책임윤리의 핵심 가치로 지식, 공포/두려움, 겸손, 검소 그리고 절제 등을 제시한다(이유택, 2005).

첫째, 이상적인 진리에 관한 철학적 지식이 아니라 기술 행위의 장기적 효과를 예견하는 지식은 중요한 가치를 갖는다. 요컨대 우리의 집단적인 행위가 훗날 초래하게 될 미래의 상태에 대한 정보를 제공하는 새로운 학문으로서 '미래학'은 매우 중요한 의미를 갖는다(Jonas, 1984: 26). 여기에서 말하는 미래학은 자연에 근거한 자연과학처럼 힘의 증대를 추구하지 않는다. 그것은 그러한 힘에 대한 감시와 보호, 궁극적으로는 자연과학에서 비롯된 권력에 대한 통제력의 획득을 지향한다(Jonas, 2005: 63). 미래학은 인간의 집단적 행동이 가져올 미래의 상태에 대한 지식이 사람들에게 어떤 '느낌'을 유발하고, 그러한 느낌이 사람들의 '행동'을 촉발할 때, 그 지향하는 바를 이룰 수 있다.

둘째, 지식에 의해 유발되는 느낌으로서 '공포/두려움'은 중요한 가치를 갖는다. 공포/두려움은 '용기'라는 덕목에 비해 상대적으로 낮게 평가되었다. 그러나 요나스의 공포의 발견술에서 볼 수 있는 것처럼, 공포/두려움은 책임윤리의 핵심적인 가치로 평가되어야 한다. 다시 말해서 공포/두려움의 느낌을 기르고 공유하는 것은 우리의 윤리적 의무라 할 것이다(Jonas, 2005: 63). 문제는 공포/두려움을 일으키는 대상이 아직 발생하지도 않았고, 현재까지 경험적으로 비교할 만한 유사한 것이 없다는 데 있다. 그래서 "창조적으로 상상된 악이 경험된 악의 역할을 대신해야 하고, 이러한 상상은 저절로 발생하는 것이 아니라 의도적으로 유도되어야 한다"고 요나스는 말한다(Jonas, 1984: 27). 여기에서 말하는 공포/두려움은 저절로 발생하는 느낌이 아니다. 그것은 '심사숙고의 작품인 정신적인 종류의 공포'이다. 따라서 요나스는 상상을 통해 공포/두려움을 생각하는 것에 더하여 공포/두려움에 대한 감정적인 개방을 강조한다. "우리 스스로가 감정적으로 준비하는 것, 요컨대 인간의 운명에 대한 단지 추측에 불과한 먼 미래의 예측 앞에서 발생하는 공포에 대해 열린 태도를 기르는 것 — 새로운 종류의 감정교육 — 은 단지 생각만을 하게 하는 첫 번째 의무에 뒤이어 우리가 찾고 있는 두 번째의 예비적인 윤리적 의무이다. 우리는 이러한 깨우침에 따라 적절한 공포를 느낄 수 있도록 우리 자신을 열어놓아야 한다(Jonas, 1984: 28)."

셋째, 공포/두려움에서 유발되는 태도는 '겸손'이다. 여기에서 말하는 겸손은 예전처럼 우리 능력의 왜소함에서 기인하는 것이 아니라 우리 능력의 과도함에서 기인하는 것이기 때문에 새로운 것이라 하겠다(Jonas, 1984: 22). 엄청난 기술적 능력은 의도하는 결과를 가져올 수 있지만, 의도하지 않은 결과도 가져올 수 있다. 만일 의도한 결과와 의도하지 않은 결과의 개연성이 불확실하다면, 보수적인 선택을 하는 것이 바람직하다는 것이다. 겸손은 한 마디로 "의심스러울 때는 좋은 말보다는 나쁜 말에 귀를 기울여라(in dubio pro malo)"라는 규칙을 따르는 것이라 하겠다(Jonas, 2005: 64).

넷째, 지식, 공포/두려움, 그리고 겸손에서 유발되는 행동은 '검소함'이다. 여기에서 말하는 검소함은 개인적 차원의 금욕적 소비의 미덕을 말하는 것이 아니다. 집단적 소비의 관행은 자연과 인간에 대한 개발과 착취를 더욱 강화시킬 것이다. 검소함은 지구 전체의 보전과 관련된 전지구적인 문제이다(Jonas, 2005: 65). 공적 차원에서의 검소함은 공동의 행위를 요구한다. 이를 위해 일반적으로 생각할 수 있는 방법은 '자발적 합의'와 '법률적 강제'이다(Jonas, 2005: 66). 자발적 합의는 검소한 행위가 관습이 되고 사회적 규범으로 승화될 때 가능하다. 소비를 조장하는 시대에 이는 쉽지 않은 방법이다. 법률적 강제는 민주적 투표를 통해 이러한 결정을 내리는 것이다. 일반적으로 투표행위는 당장의 이해관계에 영향을 받기 때문에 먼 미래의 전망이 투표에 영향을 미칠 가능성이 높지 않다. 그럼에도 불구하고 '적게 소비하고 적게 생산하는' 검소의 미덕을 공유하기 위한 방법을 찾고 실행하는 데 멈춤이 있어서는 안 된다는 것이다.

다섯째, 검소함이 소비와 관련된 것이라면, 절제는 기술적 능력의 획득과 사용, 즉 힘의 획득과 사용을 적절하게 조절하는 것과 관련된 것이다. "우리가 자랑스러워하는 분야에서 한계를 설정하고, 그렇게 설정된 한계를 지킬 줄 아는 것은 내일의 세계가 요구하는 가치들 가운데 가장 새로운 가치라 할 수 있다. 어쩌면 이제 우리는 권력 사용의 절제로부터 — 늘 바람직한 것이지만 — 권력 획득의 절제로 나아가야 하는 것인지도 모른다(Jonas, 2005: 67)." 요나스에 따르면, 기존의 기술적 능력을 사용하는 데 있어서뿐만 아니라 새로운 기술적 능력을 개발하고 획득하는 데 있어서도 한계를 설정하고, 그 한계를 넘어서지 않는 것이 절제의 핵심이라는 것이다.

3. 공공성을 지향하는 책임윤리의 확장

요나스의 책임윤리는 책임론 일반에 상당한 영감을 불러일으킨다. 다시 말해서 그는 전통적인 책임관을 넘어서 보다 확장된 책임관을 요청한다. 그것은 궁극적으로 공공성의 실현을 지향한다.

1) 형식적 책임을 넘어 실질적 책임으로

요나스는 '형식적 책임'을 넘어 '실질적 책임'까지 책임의 범위를 확장한다. 형식적 책임은 "행위자는 자신의 행위에 대해 책임을 져야 한다"라는 책임의 기본형이다. 책임의 전제는 행위가 행위자의 '자유의지'에 따라 이루어진 것이어야 한다는 것이다. 그리고 책임의 근거는 행위의 '결과'—의도한 결과와 의도하지 않은 결과를 포함한다— 이다. 요약하면, 형식적 책임은 자유의지-행위-결과-책임의 형식논리를 따른다(Jonas, 1984: 90–91). 요나스는 행위자의 행위와 결과에 우선권을 두는 형식적 책임과 달리 '행위에 대해 요청권이 있는 사태'에 우선권을 두는 '실질적 책임'을 제시한다. 실질적 책임의 전제는 책임은 '힘/권력'에 근거해야 한다는 것이다. "책임은 권력의 함수이다(Jonas, 2005: 260)." 요컨대 인간의 강력한 기술적 힘은 자연과 인간에게 광범위하게 영향을 미치고 있다. 인간은 자신이 마주하고 있는 위협적인 사태들과 연관되어 있기 때문에 그 사태들에 대해 책임을 져야 한다는 것이다. "책임의 대상은 나의 밖에 놓여 있기는 하지만 나의 권력에 의존하거나 위협을 받음으로써 나의 권력의 영향 범위 안에 있다. 대상은 이러한 나의 권력과 자신의 존재권리를 대립시키고, 도덕 의지를 통해서 자신을 위하여 나의 권력에 도움을 요청한다. 그러한 사태는 나와 관련된 것이다. 왜냐하면 그 권력은 나의 것이고 바로 이러한 사태에 대해 원인적 관계를 가지고 있기 때문이다. 의존자는 자신의 고유한 권리로 말미암아 명령하게 되고, 권력자는 자신의 타동적 원인성으로 말미암아 명령을 수용하게 된다(Jonas, 1984: 92)." 이처럼 실질적 책임에 따르면, 책임 대상의 '존재당위'가 책임 주체의 '행위당위'를 촉발한다(Jonas, 1984: 93). 존재해야 한다는 책임 대상의 요청이 책임 주체의 의무적 행위를 촉발한다는 것이다.

　　이러한 특성은 레비나스의 책임론에서 잘 나타난다. 그에 따르면, 책임관계가 성립하는 조건은 타자의 등장이다. 타자는 권력이 있어 명령하는 존재가 아니라 아무런 보호막도 없고 나약한 '이방인, 과부, 고아'다(Levinas, 1979: 215). 세상에서 타자의 존재는 비참 그 자체이다(Levinas, 1979: 75). 레비나스에 따르면, 무한하게 낯선 타자와 마주치는 순간 내가 당연하다고 생각하며 살고 있는 평범한 세계는 무너지게 된다. 타인의 고통과 비참이 나의 '자유'와 무관하지 않다는 각성과 함께 '죄의식' 혹은 '부채의식'이 형성된다. 그러한 의식은 곧 책임을 불러일으킨다(Levinas, 1979: 204). 책임을 진다는 것은 응답하는 것이다. 응답을 요구하는 타인의 부름에 응답할 때, 나는 비로소 응답하는 자, 책임적 존재, 윤리적 주체로 탄생하게 된다(강영안, 2005: 183). 그러한 의미에서 레비나스의 책임은 '타인에 의한, 타인에 대한 책임'이라 부를 수 있을 것이다(강영안, 2005: 185). 레비나스보다 더욱 급진적인 책임론은 자크 데리다(J. Derrida, 2000)에게서 볼 수 있다. 그에게 타자는 '이민자, 난민, 조국을 빼앗긴 자, 무국적자'이다. 데리다는 이러한 타자에 대한 '무조건적 환대'를 주장한다. 그것은 주권성에 대한 포기이며, 타자의 정체성과 기원에 대한 판단중지를 의미한다. 레비나스나 데리다의 주장의 타당성에 대한 논쟁을 떠나서 주목해야 할 것은 책임론이 주체 중심적인 책임론에서 타자 중심의 책임론으로 확장되고 있다는 점이다.

2) 호혜적 책임을 넘어 비호혜적 책임으로

요나스는 '호혜적 책임'을 넘어 '비호혜적 책임'까지 책임의 범위를 확장한다. 호혜적 책임은 주는 만큼 받을 것이라는 기대와 받는 만큼 주어야 한다는 의무를 기반으로 한다. 일반적으로 사람들의 계약적 관계에서 주로 나타나는 책임의 형태라 하겠다. 요나스는 이러한 호혜성을 넘어서 비호혜적인 책임의 가능성을 보여준다. 비호혜적 책임은 기본적으로 인간의 기술적 권력의 강화와 자연의 취약성이라는 비대칭성에서 비롯된다. 이러한 권력의 비대칭성은 자연에 대한 인간의 일방적이고, 총체적이며, 계속적인 책임을 요청한다. 요나스는 그러한 책임의 전형으로서 '부모의 책임'을 제시한다. 부모와 아이의 관계는 주는 만큼 받을 것이라는 기대와 받는 만큼 줄 것이라는 호혜적 의무관계가 아니라 일방적 의무관계를 본질적인 특징으로 한다. 부모의 무한한 권력과 아이의 완전한 무력(無力) 그리고 그 아이의 운명이 부모의 손 안에 달려있다는 사태는 부모의 책임을 요청하는 자연적 근거이다. 부모의 책임은 기본적으로 총체성을 특징으로 한다. 총체성은 아이의 존재 전체, 즉 아이의 기본적인 생존에서부터 인생계획과 가치실현에 이르기까지 아이의 모든 양상들을 포괄하는 것을 의미한다(Jonas, 1984: 101). 부모의 책임은 총체적이기 때문에 연속성을 특징으로 한다. 부모의 돌봄은 휴가나 일시적 중단이 허용되지 않는다. 왜냐하면 아이의 생명은 중단 없이 계속되며, 항상 새로운 요구조건을 만들어내기 때문이다(Jonas, 1984: 105). 이처럼 요나스는 말할 것도 없고, 레비나스나 데리다의 경우 역시 비호혜성을 책임론의 영역에 포함시키고 있는 것을 볼 수 있다. 타자의 취약성과 비참에 대한 무한한 책임은 호혜성을 넘어서는 책임론이라 하겠다.

3) 현재적 책임을 넘어 미래적 책임으로

요나스는 '현재적 책임'을 넘어 '미래적 책임'까지 책임의 범위를 확장한다. 전통적인 책임관은 '현재'에 근거한다. "윤리의 세계는 동시대인들로 구성되어 있었으며, 미래에 대한 지평은 그들이 생존할 것으로 예측되는 기간으로 제한되어 있었다(Jonas, 1984: 5)." 요나스는 자연과 인간 자신에 대한 인간의 기술적 간섭이 미래의 시점에 가져올 결과에 주목한다. '인류는 존재해야 한다'는 정언명법은 그가 책임의 시간적 지평을 미래로 확장하고 있음을 보여준다. 요나스는 현재와 미래가 사실상 공존하는 인간의 실존방식에 주목한다. 그에 따르면, '동시대인의 비동시성'이, 즉 여러 세대가 동시에 공존하는 것이 인간의 실존방식이라는 것이다. 인류는 동년배로 이루어져 있지 않고, 항상 다양한 연령층의 사람들로 구성된다. 이러한 사실은 '우리가 이미 미래의 일부와 함께 있고, 미래의 일부가 우리와 함께 있음'을 보여준다(Jonas, 2005: 281). 차세대의 보호와 자리 양보가 실제로 발생하는 부모와 자식의 관계나 세대 간의 관계가 이미 존재하기 때문에 책임의 지평은 미래로까지 확장되지 않을 수 없다.

　미래적 책임윤리는 결국 세대 간 위험분배를 포함하여 가치분배의 문제와 연결된다. 그렇다면 세대 간의 정의로운 가치 배분 —위험배분을 수반한다— 은 어떠한 원리에 의해 이루어져야 하는가? 이는 매우 어려운 문제이다. 세대 간 정의의 문제는 '불가능한 것은 아니지만 혹독한 검증(Rawls, 1999: 251)'을 요하는 윤리의 문제라 하겠다. 계약론적 전통에 있는 롤스(1971/1999)의 경우와 공동체주의의 전통에 있는 애브너 드 쌀릿(Avner de-Shalit, 1995)의 논의는 주목할 만하다. 롤스는 '원초적 입장'에서의 선택을 통해 세대 간 정의로운 배분의 원칙을 도출한 바 있다. 의사결정이 이루어지는 원초적 입장에 참여한 대표들은 자신들에 대한 정보와 지식이 없으며, 특히 자신이 어떠한 세대에 속하는지 모른다. 그렇게 되면, 자신에게 가장 유리한 선택을 해야 하는 대표들은 모든 세대에 대해 적정한 비율의 저축을 요구하는 '합당한 저축의 원칙'을 선택하게 된다는 것이다. 그 원칙에 따르면, 현세대가 미래 세대들이 사용할 수 있는 제도, 문화, 문명, 자원, 최소한의 위험 등을 남겨두어야 한다. 쌀릿은 기존의 공동체 개념의 확장을 제안한다. 그는 현세대만을 구성원으로 하는 공동체가 아니라 모든 세대를 아우르는 '초세대적 공동체'를 제안한다. 이는 상상력을 필요로 한다. 가치배분을 결정할 때, 우리는 초세대적 공동체의 구성원으로서 공동의 인간성을 바탕으로 다른 세대들의 안녕을 위한 선택을 해야 한다는 것이다. 두 사람의 주장을 구체화하는 데는 적지 않은 어려움이 있지만, 세대 간 정의의 실현을 위한 사고를 전개하는 데 의미 있는 출발점이 될 수 있을 것이다.

4) 인간중심적 책임을 넘어 전지구적 책임으로

요나스는 '인간중심적 책임'을 넘어 '전지구적 책임'까지 책임의 범위를 확장한다. 전통적으로 윤리는 인간이 자기 자신 및 다른 인간들 간의 직접적인 관계와 관련해서만 의미를 갖는다는 점에서 인간중심적이다(Jonas, 1984: 4). 요나스는 기본적으로 인간의 기술적 힘/권력을 책임의 근거로 삼는다. 따라서 힘/권력의 영향권 안에 있는 모든 대상 —그 대상이 인간이건 비인간이건 상관없이— 은 책임의 대상이 된다. 그는 진화론의 전도6)를 통해 인간과 비인간을 망라하여 모든 존재에는 고유한 목적이 있으며, 그러한 점에서 가치를 갖는다고 본다. 이러한 주장을 통해서 요나스는 인간이 다른 존재들에 대해 우월성을 주장할 하등의 이유도 없으며, 다만 책임질 수 있는 능력이 있다는 점에서 다를 뿐이라 생각한다. 이처럼 요나스는 인간중심적 책임 관념을 지구상의 인간과 비인간을 아우르는 전지구적 차원으로 확장시킨다.7)

5) 개인적 책임을 넘어 공적 책임으로

요나스는 '개인적 책임'을 넘어 '공적 책임'까지 책임의 범위를 확장한다. 전통적으로 책임의 문제는 개인적인 차원에서 다루어진다. 책임의 주체는 개인(법인격을 포함하여)일 수밖에 없다는 것이다. 문제는 현대의 다양한 기술들이 긴밀하고 복잡하게 연계되어 있다는 데 있다. 예컨대 3만종에 가까운 자동차 부품을 생산하고 조립하는 수많은 기업들, 연료를 생산하는 기업들, 자동차를 달리게 하기 위해 산을 깎고 도로를 건설하는 정부와 기업들, 자동차를 운전하는 사람들 등 수많은 행위자들이 환경오염과 관련된다. 따라서 자동차를 몰고 다니는 개인에

---

6) 진화론의 전도는 진화의 최종 단계에 있는 존재로부터 이전의 단계들에 있는 존재들의 특성을 역으로 유추하는 것이다. 예컨대 진화의 최종단계에 있는 인간에게 사유하는 능력이 있다면, 가까이는 유인원의 단계로부터 멀게는 단세포의 단계 심지어는 무생물의 단계에도 사유를 가능하게 하는 요소가 있었을 것이라 유추하는 것이다.

7) 전지구적 차원의 책임 관념은 더욱 확장될 가능성이 있다. 예컨대 화성과 같이 다른 행성에 탐사선을 보내는 경우 탐사선에 들러붙어있던 지구의 물질이나 생명체가 그 행성에 있을지 모르는 생태계에 영향을 미칠 수 있는 가능성에 대해서도 대처를 해야 하는 책임문제가 거론될 수 있다.

게만 환경오염의 책임을 전가할 수는 없다. 그렇다면 누구의 책임인가? "너도 아니고 나도 아니다. 여기에서 중요한 것은 개별적인 행위자와 행위가 아니라 집합적인 행위자와 행위이다(Joans, 1984: 9)." 따라서 요나스는 자신이 제시하는 정언명법 —너의 행위가 지상에서 진정한 인간적 삶의 지속과 조화될 수 있도록 행위하라— 은 개인적 판단과 관련된 칸트의 정언명법 —너의 행위의 준칙이 보편적 법칙의 원리가 되기를 원할 수 있도록(can) 행위하라— 과 달리 공적인 정치 혹은 정책과 관련된 것이라 본다(Joans, 1984: 12).

　　공적 책임의 원형은 미하일 바흐친(M. Bakhtin)의 행위철학에서 찾을 수 있다. 그는 사람들의 실제적이고 구체적인 '행위'에 초점을 맞춘 윤리의 가능성을 모색한다. "오직 행위 안에서만, 즉 그 책임에 있어서 유일하고 전일적인 행위 안에서만, 구체적인 현실의 유일한 존재에 접근할 수 있다. 제1철학은 실제로 수행되는 행위에 대해서만 정위될 수 있다(Bakhtin, 1993: 28)." 여기에서 '실제로 수행되는 행위'는 구체적인 상황, 즉 '사건(event)'에 참여하는 행위를 말한다. '사건'은 본질적으로 사람들 간의 만남으로 구성된다. 러시아어에서 사건을 뜻하는 사비띠예(событие)는 '함께 있음(co—being)'을 의미한다(최진석, 2009: 187). 사건은 두 사람 이상의 주체들의 공동 경험과 밀접하게 관련된다. 사건은 주체와 객체 간의 만남으로 구성되는 것이 아니라 항상 공동 주체, 혹은 '너'라고 생각되는 다른 사람과의 만남으로 구성된다. 나와 타자는 서로 위치만 바뀐 사람들의 명칭에 불과하다. 사람들은 다른 사람들과의 만남이 이루어지는 사건으로부터 자유로울 수 없다. 여기에서 바흐친의 중요한 명제가 등장한다. "나의 존재에 알리바이가 없다(Bakhtin, 1993: 40)." 이는 우리 모두가 예외 없이 사건에 대한 책임으로부터 벗어날 수 없다는 말로써, 바흐친은 우리가 사건 속에서 서로에 대한 책임성을 보여주어야 한다는 윤리적 당위를 제시한다. "책임 있는 행위는 이러한 의무적 유일성의 인정을 토대로 수행되는 행위이다. 아직 성취되지 않은 무엇으로서 실제적으로 그리고 강제적으로 주어질 뿐만 아니라 과제로 부과된 내 삶의 토대를 구성하는 것은 바로 '나의 존재에 알리바이가 없다'는 사실을 인정하는 것이다. 공허한 가능성을 현실의 책임 있는 행위로 변형시키는 것은 오직 나의 존재에 알리바이가 없다는 사실 뿐이다. 이것은 책임 있게 수행되는 행위를 최초로 만들어내는 본원적 행위의 실상이다. 그것은 행위 수행으로서의 내 삶의 기반이 된다. 왜냐하면 산다는 것, 즉 실제로 존재한다는 것은 행동하는 것이고, 유일한 전체에 대하여 무관심하지 않다는 것을 의미하기 때문이다(Bakhtin, 1993: 42)." 구체적인 상황 속에서 개별 인간의 사고는 참여적이며 무관심하지 않은 사고이다. 그 사고 안에서 인간은 윤리적으로 책임 있는 행위를 수행할 의무를 인식한다. 바흐친이 기본적으로 관심을 가지고 있는 주체는 구체적인 인간적 상황 속에서 책임 있게 '행동하는 주체(acting subject)'이다.

개인으로서 나의 존재에는 알리바이가 없다. 그렇다고 개인적으로 사건에 대한 책임을 져야 한다는 것을 의미하는 것은 아니다. 오히려 강조하고자 하는 것은 알리바이가 없는 '나들', 즉 우리가 책임을 공유해야 한다는 것(sharing responsibility)이다. 공적 책임의 본질은 책임을 공유하는 데 있다. 아이리스 영(I. Young)에 따르면, 우리는 계층화된 사회구조의 어느 자리에 위치하고 있다. 계층화된 사회구조는 누군가에게는 유리하고, 또 다른 누군가에게는 불리하게 작동한다. 우리는 공정하지 않은 사회구조로 인해 불우한 처지에 있는 사람들에 대한 책임을 공유해야 한다. 왜냐하면 우리들의 행위는 의도했건 의도하지 않았건 기존의 사회구조를 유지하는 데 기여하고 있기 때문이다. 이러한 논리에 근거해서 영은 책임에 관한 '사회적 연결모델(social connection model)'을 제안한다. "개인은 행위를 통해 부정의한 결과를 만들어내는 과정에 기여하기 때문에 사회 부정의에 책임이 있다. 이때 우리의 책임은 어떤 기획을 실현하기 위해 이익을 추구하고 목표를 달성하는 과정에서 상호의존적인 협력과 경쟁체제 안에 타인과 함께 속하게 된다는 사실에서 나온다. 이러한 협력과 경쟁과정에서 각자는 스스로에게 정의를 기대하고, 다른 이들은 우리에게 정당하게 정의를 요구할 수 있다. 이 구조 속에 사는 모든 사람들은 비록 법적인 면에서 특별하게 피해를 일으킨 책임이 없다 하더라도, 자신들이 일으킨 부정의를 치유할 책임을 진다. 부정의와 관련된 책임은 공동의 헌법 아래 생활한다는 사실에서가 아니라 구조적 부정의를 생산하는 다양한 제도적 과정에 참여한다는 사실에서 나온다(Young, 2011: 105)." 사회적 연결모델의 책임론이 가지고 있는 특성을 살펴보자(Young, 2011: chap. 4).

첫째, 사회적 연결모델은 책임 있는 자와 책임 없는 자를 분리하지 않는다. 일반적으로 법적 책임모델은 책임 있는 사람을 지목하여 격리시킴으로써 책임이

없는 다른 사람들과 암묵적으로 분리시킨다. 반면 사회적 연결모델에서는 구조
적 부정의가 발생한 상황에서 일부 사람들이 잘못된 행동을 저질러 죄를 추궁당
한다고 해서 결과에 기여한 다른 사람들의 책임이 면제되는 것은 아니다. 그들은
다른 방식으로 책임을 져야 한다.

둘째, 사회적 연결모델은 행위의 배경조건에 의문을 제기한다. 일반적으로
법적 책임모델은 구조나 제도와 같은 배경조건으로부터 벗어나 법적으로 수용할
수 없는 개인적 일탈에 초점을 맞춘다. 반면 사회적 연결모델은 개인적 일탈의
원인을 단순히 개인적 차원에서 찾지 않고, 그것이 구조적 부정의와 연결되어 있
을 수 있다고 가정한다. 따라서 이 책임모델은 행위의 배경을 구성하는 구조와
제도를 정상적인 행위의 조건으로서 당연하게 수용하지 않고 의문을 제기한다.

셋째, 사회적 연결모델은 과거 지향적이기보다는 미래 지향적이다. 일반적으
로 법적 책임모델은 사후적으로 책임을 묻는 데 중점을 둔다. 반면 사회적 연결
모델은 부정의를 생산하는 기존의 구조적 과정을 회고적으로 성찰하며, 예방적
이고 미래 지향적인 책임을 강조한다.

넷째, 사회적 연결모델은 책임의 공유를 강조한다. 법적 모델에서는 책임 있
는 자와 없는 자를 분리하여 책임 있는 자에게 그에 대한 응분의 대가를 치르게
한다. 반면 사회적 연결모델은 책임의 경중이 다를 수는 있지만, 구조적 부정의
의 생산에 모두가 연관되어 있다는 점에서 책임을 공유해야 한다고 본다. 공유된
책임은 내가 개인적으로 지는 책임이지만 나 혼자만 지는 것이 아니다. 다른 사
람도 나와 함께 그 책임을 진다는 것을 자각하고 지는 책임이다.

마지막으로, 사회적 연결모델에서는 책임은 사람들이 다른 사람들과 함께
집단행동에 합류함으로써만이 이행될 수 있다. 이 모델에서 구조적 부정의에 책
임을 진다는 것은 그 구조를 바꾸는 집단행동을 조직하기 위해 다른 사람들과
협력하는 것으로, 정치적 성격을 갖는다. 여기서 정치적이라는 말은 관계를 조직
하고 행동을 더 정당하게 조율하기 위해 다른 사람들과 공적인 소통에 참여하는
것을 말한다. 따라서 "사회적 연결에 기반을 둔 책임은 궁극적으로 정치적 책임
이다. 현재의 구조를 덜 부정의한 구조로 바꿀 수 있는 집단행동의 형태를 모색
하기 위해 다른 사람들과 함께할 때라야 비로소 그 책임에서 벗어날 수 있기 때
문이다(Young, 2011: 113)."

제2절   정의

정의는 기본적으로 분배에 초점을 맞추고 있다. "무엇을 어떻게 분배하는 것이 합당한가?"라는 물음은 인류 역사를 통해서 끊임없이 풀어야 하는 숙제로 남아있다. 정의로운 분배에 대한 관념은 정교하게 다듬어진 이론을 토대로 형성된 것이 아니라, 삶을 유지하는 데 필요한 무형, 유형의 가치들을 분배하는 과정에서 자연스럽게 형성된 것이다.

정의에 대한 일반적인 관념은 '제 몫을 갖는 것(Suum cuique)'이다. 이에 대해서는 이론의 여지가 없을 것이다. 문제는 각자의 몫을 판단하는 기준이다. 예컨대 무조건적인 평등, 응분, 실적, 필요, 계층, 법적 권리 등이 각자의 몫을 판단하는 기준으로 제시되곤 한다. 각각의 기준에 대해 좀 더 상세하게 살펴보자 (Perelman, 1963: 6-10).

첫째, 동등한 몫을 각자에게 분배하는 것이다. 이 원리에 따르면, 모든 사람들은 그들의 개별적인 특성과는 무관하게 동일한 방식으로 대우받아야 한다는 것이다. 사람들은 성, 연령, 소득 및 부, 인종, 장애 등과 같은 차이와 무관하게 동등한 대우를 받아야 한다는 것이다. 아마도 모든 사람들이 가장 완벽하게 동등한 몫을 부여받는 것은 죽음일 것이다. 그것에는 어떠한 특혜도 없기 때문이다.

둘째, 응분(desert)의 몫을 각자에게 분배하는 것이다. 이는 응분에 비례해서 사람들에게 보상과 벌을 분배하는 것이다. 이와 관련해서는 다양한 문제들이 있다. 응분을 어떻게 정의할 것인가? 사람들의 응분을 측정하는 공통의 척도는 무엇인가? 공통의 척도는 존재하는가? 행동의 결과, 의도, 희생 같은 지표들 가운데 무엇을 기준으로 사용해야 하는가? 모두 사용한다면 어떤 비율로 적용해야 하는가? 이 모든 질문에 대한 정답은 알 수 없다. 범죄에 대한 형벌을 부과하는 과정에서 범행의 결과만이 아니라 동기도 함께 고려하는 경우에서 이러한 예를 볼 수 있다.

셋째, 실적(merit)에 따라 각자의 몫을 분배하는 것이다. 이 원리는 비례적 분배 방식으로서, 윤리적인 것, 즉 의도나 희생이 아니라 오직 행동의 결과만을 기준으로 삼는다. 이 기준은 행위주체의 가치를 다루지 않는다는 점에서 윤리적 관점을 충족시키지 못한다. 그러나 이는 실제에 적용하는 데 유용하다. 이는 측정 가능한 요소들만을 고려할 수 있기 때문이다. 노동자의 임금을 노동시간이나 생산량에 비례해서 지급하는 경우나 시험에 들인 노력과는 무관하게 맞힌 문항의 개수에 비례해서 성적을 부여하는 경우에서 이러한 예를 볼 수 있다.

넷째, 필요(need)에 따라 각자의 몫을 분배하는 것이다. 이 원리는 스스로 자신의 필수적인 필요를 충족시킬 수 없는 사람들의 고통을 줄이는 데 초점을 맞춘다. 이 원리가 실제로 적용되기 위해서는 개인에게 필요한 최소한의 항목과 수준을 결정하는 것이다. 노동자에게 불리한 자본주의 사회에서 노동자의 보호, 최저임금제, 노동시간의 제한, 실업, 질병, 노후를 위한 사회보험 등과 같은 조치들은 사람들의 기본적인 필요를 충족시키기 위한 대표적인 예라 하겠다.

다섯째, 계층(rank)에 따라 각자의 몫을 분배하는 것이다. 이는 사람들이 어떠한 범주에 포함되느냐에 따라 몫을 분배하는 방식이다. 이 원리의 독특성은 사람들을 다양한 범주로 분류한다는 데 있다. 이 원리의 핵심은 "주피터에게 허용된 것은 황소에게 허용될 수 없다(Quod licet Iovi, non licet bovi)"는 고대 로마의 격언에서 볼 수 있다. 이 말은 어떤 개인이나 집단에게는 허용된 것이 다른 개인이나 집단에게는 허용되지 않는다는 것을 의미한다. 외국인과 내국인의 구별, 상류층과 하류층의 구별, 백인종과 유색인종의 구별, 사회적 다수자와 소수자의 구별에 따른 배분을 예로 들 수 있다. 이 원리에 따라 혜택을 받는 집단들이 이 원리를 옹호하기 때문에 귀족주의적인 성격을 갖는 것으로 볼 수 있다.

여섯째, 법적 권리(entitlement)에 따라 각자의 몫을 분배하는 것이다. 이 원리는 법이 부여한 것을 각자에게 분배하는 것이다. 이 원리에 따라 정의롭기 위해서는 판결이 정의로워야 한다. 불편부당하게 동일한 상황에 대해 동일한 법을 적용해야 한다. 그러나 상황은 변하기 마련이다. 따라서 법의 적용은 두 가지 방식으로 이루어질 수 있다. 하나는 보수적인 방식으로 기존의 질서를 유지하기 위해 법을 엄격하게 적용하는 것이다. 다른 하나는 진보적인 방식으로서 기존의 질서를 지지하는 규칙들을 상황에 맞게 변화시켜 적용하는 것이다.

이상에서 살펴본 분배의 원리들은 서로 조화를 이룰 수도 있고, 서로 충돌할 수도 있다. 그것은 정의관이 입장에 따라 다를 수 있다는 것을 의미한다. 그렇기 때문에 정의의 문제는 매우 논쟁적이라 하겠다. 이 절에서는 현대 정의론의 토대를 제공한 존 롤스(J. Rawls)의 공정으로서의 정의론과 인간으로서 존엄성을 유지하는 데 필요한 최소한의 충족을 강조한 아마티아 센(A. Sen)의 능력이론, 그리고 분배영역의 다양성을 주장한 마이클 왈저(M. Walzer)의 다원주의적 정의론을 살펴본다.

1. 존 롤스(J. Rawls)의 공정으로서 정의

1) 정의의 지향점

롤스는 공리주의로 대표되는 목적론적 정의론에 대한 대안으로서 의무론적 정의론을 구상하는 데 초점을 맞춘다. 일반적으로 윤리학은 두 차원에서 행동의 기준을 구성한다. 하나는 옳음과 그름의 차원이며, 다른 하나는 좋음과 나쁨의 차원이다. 그러다 보니 두 차원 간의 우선순위가 중요한 문제가 된다. 좋음과 나쁨의 차원이 옳음과 그름의 차원에 우선한다는 입장이 목적론에 해당된다. 좋은 것을 행하는 것이 옳은 것이라는 논리이다. 효용(행복, 쾌락, 복리)을 극대화하는 것이 옳다고 주장하는 공리주의는 목적론의 대표적인 예라 하겠다. 그에 반해서 옳음과 그름이 좋음과 나쁨의 차원에 우선한다는 입장이 의무론에 해당된다. 옳은 것을 행하는 것이 좋은 것이라는 논리이다. 도덕법칙에 따라 행동하는 것이 좋다고 주장하는 칸트의 도덕이론이 대표적인 예라 하겠다.

롤스는 공리주의가 가지고 있는 결정적인 한계에 주목한다. 그는 기본적으로 자유주의자의 입장을 견지한다. 다시 말해서 자유에 절대적인 가치를 부여한다. 공리주의는 일반적으로 자유주의의 계보에서 중요한 위치를 점하고 있는 것으로 인식된다. 그런데 정확히 측정할 수도 없으며, 그렇기 때문에 상대적일 수밖에 없는 효용이라는 기준에 따르다 보면, 개인의 자유가 침해될 수 있는 상황에 직면할 수 있다. 이를테면 공리주의는 개인의 자유에 절대적 가치를 부여하는 것이 사회 전체의 효용을 증대시키는 데 결정적인 영향을 미친다고 주장할 수 있다. 그래서 공리주의가 자유주의와 조화를 이룬다고 말할 수 있는 것이다. 그러나 다른 한편으로는 개인의 자유를 제한하는 것이 사회 전체의 효용을 증대시키는 데 결정적인 영향을 미친다고 주장할 수도 있다. 그러다 보면 공리주의는 자유주의의 이념에 치명적인 상처를 입힐 수 있다. 롤스는 공리주의가 개인의 자유를 침해할 수 있는 가능성에 주목한다. 따라서 그는 개인의 자유를 흥정의 대상이 아닌 절대적인 가치로 세울 수 있는 이론을 구성하는 데 초점을 맞춘다.

롤스는 공리주의가 갖는 또 다른 한계에 주목한다. 공리주의의 논리에 따르면, 평등의 가치에 대한 상반된 주장이 가능하다는 것이다. 사회 전체의 효용을 높이는 데 평등이 효율적이라는 판단을 하게 되면 평등에 가치를 부여하겠지만, 반대로 불평등이 효율적이라는 판단을 하게 되면 불평등에 가치를 부여할 수 있다는 것이다. 사회 전체의 효용을 정의의 기준으로 삼게 되면, 사회적 불평등이 용인될 수 있는 위험이 있다는 것이다. 특히 불평등 덕분에 경제력을 가진 집단들이 정치적 의사결정에 관여하여 자신들에게 유리한 정책을 만들게 함으로써 불평등을 더욱 심화시키고, 그것이 사회 전체의 효용을 높이는 길이라 주장한다면, 정의의 실현은 요원해질 수밖에 없다. 따라서 롤스는 기본적으로 평등을 통한 정의의 실현에 초점을 맞춘다.

자유와 평등의 가치에 대한 흔들리지 않는 확신 때문에 롤스의 입장을 평등주의적 자유주의라 부른다. 목적론적 정의론이 의존하는 좋음과 나쁨의 기준은 상대적이기 때문에 불완전하고 일관성을 견지하는 데 한계를 가질 수밖에 없다. 따라서 롤스는 보편적으로 수용될 수 있는 옳음과 그름의 기준을 기초로 정의론을 구성하는 데 초점을 맞춘다. 그러한 의미에서 그의 정의론은 의무론적 정의론이라 불린다.

그렇다면 롤스는 정의의 가치에 대해 어떠한 생각을 가지고 있을까? 한마디로 정의는 사회제도의 제1덕목이다. "진리가 사상체계의 제1덕목인 것과 마찬가지로, 정의는 사회제도들의 제1덕목이다. 이론이 아무리 정치하고 간명하다 할지라도 그것이 진리가 아니라면 배척되거나 수정되어야 하듯이, 법이나 제도가 아무리 효율적이고 정연하다 할지라도 그것이 정의롭지 않다면 개혁되거나 폐기되어야 한다. … 인간생활의 제1덕목으로서 진리와 정의는 지극히 준엄한 것이다 (Rawls, 1999: 3-4)."

이러한 의미에서 롤스는 정의론은 '사회의 기본구조'에 초점을 맞추어야 한

다고 본다. 사회의 기본구조는 사회의 중요한 정치제도와 사회제도들이 하나의
체계로 결합하는 방식, 제도들이 기본적인 권리와 의무를 배정하는 방식, 그리고
사회적 협동을 통해 발생한 이익의 분배를 규제하는 방식을 말한다. 따라서 기본
구조는 통치구조와 기본권을 규정하는 '헌법의 기본 요소들'을 구성하는 데 결정
적인 역할을 한다.

롤스가 전제하고 있는 이상적인 사회의 이념은 '공정한 협동체계'이다. 첫째,
사회적 협동은 단순히 사회적으로 조정된 활동과는 의미가 다르다. 절대적인 권
력에 의해 사회적 활동들이 조정되는 경우를 사회적 협동으로 볼 수는 없다. 오
히려 사회적 협동은 공적으로 승인된 규칙과 절차에 의해서 인도되는 것이다.
'공적 승인'은 협동에 참여하는 사람들이 자신들의 행동을 규제하는 규칙과 절차
에 자발적으로 동의함을 의미한다. 둘째, 사회적 협동의 이념 안에는 '호혜성'의
이념이 내포되어 있다. 공적으로 승인된 규칙에 따라 자신의 역할을 하는 사람들
은 누구나 정해진 기준에 따라 혜택을 받는다는 것이다. 이는 일방적인 희생이나
일방적인 호의가 아니라 구성원 모두가 사회적 협동을 통해 이익을 얻는 것이
사회의 본래적 이념임을 의미한다. 셋째, 협동은 또한 각각의 참여자들의 합리적
인 이익이나 선을 위한 것이다. 다시 말해서 개인들은 협동을 통해서 정해진 규
칙의 범위 안에서 합리적으로 자신의 이익을 추구할 수 있어야 한다. 롤스는 이
러한 사회의 이념이 실현된 사회를 '질서정연한 사회(well-ordered society)'라 부
른다. 그는 정의를 통해 질서정연한 사회가 실현되기를 기대한다.

2) 정의원칙

정의의 원칙은 '사회적 기본가치들'을 분배하는 원칙이다. 사회적 기본가치
는 "시민들이 자신들의 두 가지 도덕적 능력을 충분하게 계발하고 발휘하며, 자
신의 고유한 가치관을 추구하는 데 일반적으로 필요한 다양한 사회적 조건들과
범용수단들을 의미한다(Rawls, 1999: 92; 2001: 57)." 여기에서 말하는 인간의 도덕
적 능력이란 정의감 및 가치관과 관련된 능력을 말한다. 정의감과 관련된 도덕능
력은 공정한 사회적 협동의 조건들을 규정한 정치적 정의의 원칙들을 이해하고,
적용하며, 그것들에 따라 행동하는 능력을 말한다. 가치관과 관련된 도덕적 능력
은 가치관을 형성하고, 수정하며 합리적으로 추구하는 능력을 말한다. 사회적 기

본가치는 이러한 도덕적 능력을 계발하고 발휘하는 데 필요한 조건이나 수단을 말한다. 롤스가 제시한 사회적 기본가치들의 목록은 다음과 같다(Rawls, 2005: 181; 2001: 58).

① 기본적인 권리들과 자유들: 사상의 자유와 양심의 자유 등. 두 개의 도덕적 능력을 충분하게 계발하고 지혜롭게 발휘하는 데 필요한 본질적인 제도적 조건들

② 이동의 자유와 다양한 기회들 —그 기회들은 다양한 목적들의 추구를 가능하게 하며, 목적들의 수정이나 변경에 영향을 미친다— 을 배경으로 하는 직업선택의 자유

③ 사회의 기본구조를 반영하는 정치제도 및 경제제도에서 책임 있는 직무와 직위의 권력과 특권

④ 소득과 부: 일반적으로 다양한 범주의 목표들을 성취하는데 필요한 범용수단들

⑤ 자존감(self-respect)의 사회적 기반: 시민들이 인간으로서 자신의 가치를 느끼고, 자기확신을 가지고 자신의 목적을 추구하는 데 본질적으로 필요한 기본적 제도들

　롤스는 이러한 사회적 기본가치들의 분배를 위한 정의원칙을 다음과 같이 제시한다(Rawls, 2001: 42). 정의의 제1원칙은 각 개인은 평등한 기본적 자유들의 온전한 체계에 대해 양보할 수 없는 동등한 권리를 갖는다는 것이다. 정의의 제2원칙은 사회적, 경제적 불평등은 두 가지 조건을 충족시켜야 한다는 것이다. 첫째, 불평등이 공정한 기회균등의 조건 하에서 모든 사람에게 개방되어 있는 직무와 직위에 관계되어 있어야 한다. 둘째, 불평등이 사회에서 가장 불우한 처지에 있는 사람들의 최대의 혜택과 연계되어 있어야 한다. 여기에서 주목할 것은 원칙들이 축차적인 관계에 있다는 것이다. 즉, 제1원칙이 충족되어야 제2원칙이 적용 가능하다는 것이다.
　제1원칙은 '동등한 자유의 원칙'이다. 이는 사람들이 가지고 있는 자유의 크기는 같다는 것이다. 그렇다면 자유에 대한 제약은 불가한 것인가? 그렇지는 않다. 자유는 절대적인 가치를 갖는다. 자유는 오직 자유에 의해서만 제약될 수 있

을 따름이다. 따라서 개인의 자유는 타인의 자유를 침해하지 않는 범위 안에서 보장된다. 또한 개인이 누릴 수 있는 자유는 다양하며 그 자유들 간에 충돌이 발생할 수 있다. 따라서 자유들은 서로 충돌하지 않는 범위 안에서 보장된다.

제2원칙은 정당한 불평등과 관련된 두 개의 정의원칙으로 구성된다. 하나는 '공정한 기회균등원칙'이고, 다른 하나는 '차등원칙'이다. 공정한 기회균등원칙은 권력이 집중된 직무나 직위에 대해서는 누구나 접근할 수 있는 기회가 균등하게 주어져야 한다는 것이다. 여기에서 주목할 것은 기회균등이 공정해야 한다는 것이다. '공정성'은 경제적·사회적 배경으로 인해 발생하는 다양한 격차들이 보완된 상태에서 경쟁이 이루어져야 한다는 것을 의미한다. 차별이 존재하는 사회에서 차별받고 있는 사람들에 대한 보완조치가 마련된 상태에서 경쟁이 이루어질 때, 그 경쟁은 공정하다고 말할 수 있다. 이러한 의미에서 공정한 기회균등원칙이 적용된다면, 그로 인한 불평등은 정당하다는 것이다.

차등원칙은 가장 주목받는 롤스의 정의원칙이다. "평등한 자유와 기회균등이 요구하는 제도의 체계를 가정할 경우 처지가 나은 자들의 보다 높은 기대치가 정당한 것으로 인정될 수 있는 유일한 조건은, 그것이 사회에서 가장 불우한 처지에 있는 사람들의 기대치를 향상시키는 체제의 일부로서 작용하는 경우이다 (Rawls, 1999: 75)." 이는 불우한 형편에 있는 사람들의 처지를 개선하는 것을 전제로 하는 부의 증대만이 정당화될 수 있다는 것을 의미한다. 이 논리를 극단으로 밀고 나가면, 차등원칙은 사회에서 가장 불우한 처지에 있는 사람들에게 최대의 혜택을 부여하는 것이다. 이를 통해서 사회제도에 의해 만들어지고 조장되는 불평등을 개선할 수 있다는 것이다. 평등을 지향하는 차등원칙에는 세 가지 원리가 내포되어 있다. 첫째, 차등원칙에는 기본적으로 보상의 원리가 작동한다. 즉, 부당한 불평등에 대해서는 보상이 주어져야 한다는 원리로서 출생이나 천부적 재능의 불평등은 부당하며, 이는 어떻게든 보상되어야 한다는 것이다. "차등원칙은 결국 천부적 재능의 분배를 공동의 자산으로 생각하고 그 결과에 상관없이 이러한 분배가 주는 이익을 함께 나누어 가지는 데 합의한다는 것을 의미한다. 천부적으로 보다 유리한 처지에 있는 사람들은, 그들이 누구든지 간에, 아주 불리한 처지에 있는 사람들의 여건을 향상시키는 조건 하에서만 그들의 행운에 의해 이익을 볼 수 있다(Rawls, 1999: 101)." 개인에게는 천부적인 재능이나 우연한 출생의 혜택을 향유할 권리가 없기 때문에 그것은 공동의 자산이라는 것이다. 따라서 그것은 우연히 불우한 처지에 놓인 사람들을 위해서 사용되어야 한다는 것이다. 둘째, 차등원칙에는 호혜성의 원리가 작동한다(Rawls, 1999: 102). 차등원칙은 보다 나은 처지에 놓인 사람들이 보다 불우한 처지에 있는 사람들을 위해 희생해야 한다는 것을 의미하는 것은 아니다. 차등원칙은 보다 나은 처지에 있는 사람에게도 이익이 허용되어야 함을 강조한다. 따라서 차등원칙은 상호이익의 원리를 내포하는 것으로 본다. 셋째, 차등원칙은 박애의 원리에 대한 하나의 해석을 제공한다. "차등원칙은 박애의 자연스러운 의미, 다시 말해서 보다 못한 처지에 있는 타인들에게 이익이 되지 않는 한 보다 큰 이익을 가질 것을 원하지 않는다는 관념에 부합하는 것으로 생각된다(Rawls, 1999: 105)."

3) 원칙의 선택논리: 원초적 입장

롤스는 합당한 합의가 가능하기 위한 선택의 메커니즘, 즉 '대표 장치'로서 '원초적 입장'을 제시한다.[8] 그것은 합당한 합의에 도달하기 위한 조건을 충족시키는 방식으로 구상된 것이다(Rawls, 2001: 17). 첫째, 원초적 입장은 자유롭고 평등한 존재인 시민들을 대표하는 대표들의 의사결정 장치로 구상된 것이다. 따라서 대표들 역시 원초적 입장에서 그들이 대변하는 시민들과 대칭적으로 자유롭고 평등한 입장에서 의사결정과정에 참여한다. 이처럼 원초적 입장은 기본적으로 공정한 협동의 조건을 합의하는 데 필요한 '공정한 조건'이라 할 수 있다. 둘째, 원초적 입장에서는 대표들이 특정한 정치적 정의관을 개진하거나 반대할 때, 특정한 포괄적 교리들과 같은 ─예컨대 종교적, 도덕적, 철학적 가치관 같은─ 사적인 원리들이 논거로 제시되는 것이 허용되어서는 안 된다. 이러한 의미에서 원초적 입장은 일종의 논거제시의 '제약조건'으로 구상된 것이다. 의사결정을 위한 공정한 조건으로서 그리고 논거제시를 위한 제약조건으로서 원초적 입장은 대표들이 오직 자유롭고 평등한 존재로서의 시민들을 대표할 뿐, 시민들의 사회적 지위나 그들이 따르는 사적인 교리에 대해 무지해야 함을 의미한다. 이러한 조건

---

8) 1971년의 ≪정의론≫에서 원초적 입장은 '가설적이며 초역사적인' 조건으로 제시되어 형이상학적 논변의 사례로 비판을 받았으나, 그에 대한 대응으로 정치적 관점을 도입하면서 그것을 일종의 대표장치로 재규정하고 있다.

하에서 도출되는 정의원칙은 공정하다는 것이다. 따라서 롤스는 자신의 정의원칙을 '공정으로서 정의'라 부른다.

원초적 입장은 알아야 할 정보와 알아서는 안 되는 정보의 통제를 핵심으로 한다. 따라서 원초적 입장은 두 가지 조건을 충족해야 한다. 하나는 '공지성의 조건'이다. 이는 원초적 입장에 참여하는 대표들이 의사결정과정에서 활용해야 할 일반적인 정보를 동일하게 가지고 있어야 한다는 것이다. 가령 일반적으로 수용되고 있는 사회이론에 대한 정보나 사회의 일반적인 여건에 대한 정보를 동일하게 가지고 있어야 한다는 것이다. 다음으로 원초적 입장은 특정한 정보를 차단하기 위해 '무지의 장막'을 쳐야 한다. 이는 의사결정의 왜곡을 막기 위한 것으로, 대표들이 대변하는 시민들의 사회적 지위나 그들이 따르는 포괄적 교리들에 대한 정보 그리고 대표들 자신이 가지고 있는 자연적(재능, 지능, 신체적 건강 등), 사회적(가정환경, 교육, 계층, 집단 등), 동기적(목적, 의도 등), 감정적(호-불호, 고통과 쾌락 등) 특성들을 차단하는 것을 말한다. 무지의 장막을 치는 이유는 이러한 요인들이 영향을 미치게 되면, 만장일치로 합의에 도달하는 것이 불가능하기 때문이다.

원초적 입장에서 시민들의 대표들은 사적인 요인들에 의해 영향을 받지 않고, 순수하게 공적인 숙의를 통해 공적인 정의관을 모색하게 된다. 롤스에게 '공적인 것'은 곧 '정치적인 것'을 의미한다. 그는 정치적인 것을 결사체적인 것이나 가정적인 것 등과는 구별되는 독특한 영역으로 이해한다(Rawls, 2001: 182; Frazer & Lacey, 1995). 결사체나 가정의 영역에서는 특정한 포괄적 교리나 가치관을 추구하는 데 비해서, 정치적인 영역에서는 모두가 동의할 수 있는 정의원칙을 추구한다는 것이다. 정치적 영역에서는 정의원칙의 논거를 탐구하고 숙의하는 방식이 공적인 성격을 띨 수밖에 없다. 따라서 롤스는 정치적인 영역에서는 '공적 이성'의 발휘가 필수적인 조건이 되어야 한다고 본다.[9] 공적 이성은 정의원칙을 선택하는 데 근거가 되는 지식과 사유의 방식이 시민들의 공통적인 이성에 접근하여야 한다는 것을 의미한다(Rawls, 2001: 90). 이러한 의미에서 공적 이성은 자유

---

9) 롤스는 공적인 것과 비공적인 것의 분리를 전제하는 자유주의적 전통을 따른다. 따라서 그는 공적 이성을 발휘하는 공적인 심의과정에서 나름대로의 합당성을 갖는 포괄적 교리들을 비공적인 것으로 규정하고 '회피하는 방법(method of avoidance)'을 제안한다(Rawls, 1985).

롭고 평등한 시민들의 이성으로서 '공중의 이성'이다(Rawls, 2005: 213).

　　이러한 관점에서 보면, 원초적 입장은 '하나의 합리적인 정의원칙'을 도출하는 공간이 아니라 나름대로 합당한 다양한 정의원칙들이 제안되는 공간이다. 따라서 원초적 입장은 합당한 원칙들이 민주주의적 정치문화의 이념을 기준으로 비교를 통해서 숙의와 선택이 이루어지는 정치적 토론의 공간이라 하겠다.10)

　　원초적 입장에서 정의원칙을 선택하는 과정을 추론해보자. 사람들은 자신에 대한 정보가 없다. 그 상황에서 사람들이 추구하는 목표는 자신에게 가장 유리하지만, 반드시 모두가 동의할 수 있는 조건을 찾는 것이다. 자유의 가치배분과 관련해서 사람들은 모두가 동등한 자유를 갖는다는 데 반대하지는 않을 것이다. 만일 어떤 사람이 특정 인종의 자유를 제한해야 한다고 생각한다면, 그의 생각은 기각될 것이다. 왜냐하면 사람들은 자신들이 특정 인종에 속하는 사람일 수도 있다는 생각을 하게 될 것이기 때문이다. 다음으로 불평등에 대해 생각해보자. 사회의 질서를 위해서는 권한의 배분이 이루어질 수밖에 없고, 그러다 보면 권한이 집중된 직무와 직위가 있게 마련이다. 모두가 기회균등을 주장할 것이다. 그러나 단순한 기회균등은 현재의 불평등에 대처할 수 없다. 예컨대 사람들은 인종차별이 존재하는 사회에서 자신들이 차별받는 인종일 가능성을 생각할 것이다. 따라서 그러한 차별을 보완할 수 있는 방법을 찾게 될 것이고, 결국은 '공정한' 기회균등의 원칙에 도달하게 될 것이다. 마지막으로 부의 분배와 관련해서 생각해보자. 사람들은 부를 분배하는 데 능력이나 실적 혹은 필요 등 다양한 기준을 생각할 수 있을 것이다. 사람들은 자신이 부자인지 가난한지 모른다. 자신에게 유리한 선택의 방식은 자신이 가장 불리한 상황에 있다고 가정하고, 그 상황에서 가장 유리한 대안을 찾는 것이다. 따라서 사람들은 가장 불우한 처지에 있는 사람들에게 최대의 혜택을 주는 차등원칙에 동의하게 될 것이다.

---

10) 《정의론》에서는 원초적 입장이 합리적인 형이상학적 원리를 정당화하기 위한 가상적 공간으로 제시된다. 그리고 《정의론》에서는 일종의 포괄적 교리로서 정의원칙이 제시된다. 그러나 《정치적 자유주의》에서 원초적 입장은 토론이 이루어지는 정치적 공간으로 이해된다. 그리고 정의관은 포괄적 교리로부터 독립적인 것으로 인식된다(만민법 2009: 283-284).

2. 아마티아 센(A. Sen)의 능력이론

1) 이론의 지향점: 롤스와의 관계를 중심으로

센(A. Sen)은 여러 글을 통해서 정치철학 분야에서 롤스에게 엄청난 빚을 지고 있음과 동시에 자신이 제시하는 정의 관념이 롤스를 넘어서고 있음을 강조한다. 우선 센이 롤스와 긍정적으로 연관되어 있는 측면들을 살펴보자.

첫째, 롤스는 정의의 핵심을 '공정성'에서 찾고 있으며, 이를 실현하기 위해 원초적 입장이라는 가공의 상태를 제안한다. 원초적 입장은 사람들이 '무지의 장막'에 싸여 자신에 대한 정보가 전혀 없고, 서로에 대해 무관심하며 오직 자신에게 가장 유리한 결정을 하려고 노력하는 상황이다. 이러한 상황에서는 사람들이 보편적으로 유익한 대안을 지향하게 된다는 것이다. 센은 원초적 입장 자체가 아니라 공정성을 정의의 핵심으로 이해하는 롤스의 관점에 초점을 맞춘다. 그에게 공정성은 실천적으로 사고하는 데 있어서 '객관성' 혹은 '불편부당성'으로 이해된다.

둘째, 롤스는 사람들을 '도덕적 능력'을 가지고 있는 존재로 본다는 것이다. 이는 인간을 오로지 자기이익만을 추구하는 존재로 가정하는 합리적 선택이론과 대조를 이룬다. 도덕적 능력이란 인간이 나름대로의 '정의감'과 '가치관'을 형성할 수 있는 능력을 말한다. 이를 통해서 인간은 자기이익과는 상반되는 혹은 자신의 후생이나 효용을 오히려 감소시키는 가치관과 행동을 선택할 수도 있음을 인정할 수 있게 된다는 것이다. 센에 의하면, 개인은 행위주체로서 다양한 목표를 추구하며, 복지는 다양한 목표들 가운데 하나라는 것이다. 행위주체는 다양한 목표들 가운데 복지에 최고의 비중을 부여할 수도 있지만, 또한 다른 목표에 더 큰 비중을 부여할 수도 있다. 롤스의 도덕적 능력에 기초한 인간관은 센에게서 다양한 목표를 추구하는 행위주체 개념으로 발전한다.

셋째, 롤스는 '자유'를 정의원칙으로서 그리고 사회적 기본가치의 종류 가운데 하나로 다룬다. 롤스의 정의원칙은 두 개의 원칙으로 구성된다. 제1원칙은 합당한 평등의 조건과 관련된 원칙으로서 동등한 자유의 원칙이다. 제2원칙은 합당한 불평등의 조건과 관련된 원칙으로서 공정한 기회균등원칙과 차등원칙으로 구성되어 있다. 여기에서 특기할 만한 것은 제1원칙이 제2원칙에 대해 축차적인 관계, 절대적으로 우선적인 관계에 있다는 것이다. 즉 자유의 우선성을 강조한다. 또한 롤스는 어떠한 인생의 목표에 대해서건 도움이 되는 범용자원으로서 기본가치들의 목록을 제시하는데, 그 가운데 자유를 포함시키고 있다. 이처럼 롤스의 정의론에서 자유는 매우 핵심적이다. 센은 롤스에 대한 독해를 통해 정의관을 형성하는 데 있어서 자유가 핵심적인 개념임을 받아들인다. 그리고 그는 사회적 기본가치의 한 종류로서 자유를 사람들이 가치 있다고 생각하는 것을 추구할 수 있는 실질적인 기회를 의미하는 것으로 해석한다.

넷째, 롤스는 차등원칙을 통해서 '형평성'의 중요성을 강조한다. 차등원칙은 기본적으로 사회적 불평등을 완화하는 데 초점을 맞춘다. 롤스는 사회적 불평등을 개인들이 응분의 몫을 주장할 수 없는 자연적 혜택이나 사회적 혜택의 불평등한 분배에 의해 발생한 것으로 본다. 사실 응분의 자격이 없는 능력을 가지고 획득한 재산에 대해서 응분의 몫을 주장하는 것은 정당하지 못하다. 그리고 사회적으로 불우한 처지에 있는 사람들이 이러한 사회적 부담을 떠안아야 할 이유도 없다. 롤스에 의하면, 불우한 처지를 상징하는 빈곤은 곧 기본가치의 박탈을 의미한다. 따라서 롤스는 사회적인 기본가치의 평등한 분배를 통해서 누구에게나 자신의 목표를 추구할 수 있는 기회를 부여하는 것이 형평성을 실현하는 길이라 생각한다. 센에게 있어서 사회적으로 불우한 처지는 빈곤, 기아, 질병 등과 같은 구체적인 현상에 대한 관심으로 연결된다. 특히 그러한 불우한 처지가 인간의 자유에 미치는 영향에 대해 민감하게 생각한다.

그렇다면 센은 롤스에게서 어떠한 한계를 보고 있는 것일까? 센은 우선 자유의 절대적 우선성에 대한 롤스의 입장에 이의를 제기한다. 센은 절박한 기근의 해결이나 시급한 질병치료와 자유 침해의 경중을 가리는 것이 유의미하다고 볼 수 없다는 점에서, 자유가 우선적이라는 생각에는 동의하지만, 그 우선성을 무제한적인 것으로 생각하는 데 대해서는 동의하지 않는다. 특히 롤스에 대한 센의 결정적인 비판은 '변환 능력'에 대한 인식에 기초한다. 롤스는 기본가치만을 평등하게 제공하면 된다고 생각하고, 사람들이 더 좋은 삶을 만들기 위해 주어진 기본가치를 '변환'하는 능력에 대해서는 무관심하다는 것이다(Sen, 2009: 65-66). 신체적으로 장애가 있는 사람과 없는 사람은 비록 동일한 기본가치를 가지고 있다

하더라도, 가치 있는 삶을 위해 그것을 활용하는 능력은 다를 수밖에 없다는 것이다. 가령 장애가 있는 사람은 이동을 위해 비장애인보다 더 많은 비용을 지불해야 하는 불리한 상황에 처할 수밖에 없다. 따라서 센은 기본가치를 가치 있는 삶을 위해 변환하는 '능력'이야 말로 정의관의 초점이 될 필요가 있음을 강조한다. 그리고 이러한 변환의 능력 혹은 실제로 가치를 다양하게 사용할 수 있는 능력은 실질적으로 기회를 이용할 수 있는 '자유'를 의미하는 것으로 본다. 따라서 센은 정의론의 초점을 기본가치에서 능력과 자유로 이동시킬 것을 요구한다.

2) 자유의 의미

센(2002: 585, 597; 2009: 228)은 자유 개념을 기회와 과정의 측면에서 이해한다. 기회 지향적 자유는 가치 있다고 생각하는 것을 성취할 수 있는 실질적 '기회' 혹은 성취할 수 있는 '능력'에 초점을 맞춘다. 따라서 이는 '성취할 수 있는 자유'를 강조한다. 여기에서 성취는 개인이 달성하고자 하는 것을 의미한다. 반면 과정 지향적 자유는 선택의 절차 자체에 초점을 맞춘다. 따라서 이는 '행동/선택할 수 있는 자유'를 강조한다. 행동/선택할 수 있는 자유는 자신이 원하는 것을 할 수 있는 개인의 자율성 또는 타인의 간섭이 없는 상태를 의미한다. 이 경우는 개인이 자유롭게 할 수 있도록 허용된 것을 중심으로 자유를 평가하게 된다. 이러한 분류에 따르면, 공리주의나 후생경제학의 경우는 성취(후생)를 강조함으로써 자유의 관념이 끼어들 여지를 남겨놓지 않는다. 로버트 노직(R. Nozick)의 경우는 권리(자유)의 최우선성을 강조하면서 과정에 초점을 맞춤으로써 성취(결과)에 대해서는 관심을 두지 않는다. 이 경우는 선택할 수 있는 자유에 대해서만 초점을 맞춘다. 센은 자유가 보장된 과정도 중요하지만, 그것이 가져오는 결과에 대해서 눈을 감는 것은 바람직하지 않다고 본다. 그는 공리주의에 대립각을 세우지만, 그것에 내포된 '결과주의'를 부분적으로 수용한다. 여기에서 말하는 결과주의는 효용총량의 극대화가 아니라 분배의 불평등 혹은 박탈의 문제와 관련된다. 그렇다고 센이 분배의 불평등과 박탈을 해소하기 위해 롤스와 같이 차등원칙을 통해 재분배해야 한다고 주장하는 것은 아니다. 다만 그러한 성취의 차이를 가져오는 원인, 다시 말해서 '성취할 수 있는 자유'의 차이에 대해 관심을 가져야 한다는 것이다. 따라서 센은 행동/선택할 수 있는 자유의 중요성을 수용하면서, 성취할 수 있는 자유의 문제 —기존의 정의이론들이 관심을 기울이지 않은 자유의 영역— 를 보다 집중적으로 논의할 필요성을 제기한다.

　'굶주리지 않을 권리'를 예로 관련된 개념을 설명하면 다음과 같다. 성취는 굶주림에서 벗어난 상태를 의미한다. 행동/선택할 수 있는 자유는 '누구나' 구직이나 구걸을 선택할 수 있는 자유를 의미한다. 물론 결과가 성취(=굶주림으로부터 벗어난 상태)를 가져올 수도, 그렇지 않을 수도 있다. 사람들은 다양하기 때문에 성취에 도달할 수 있는 실질적인 기회가 다를 수밖에 없다. '성취할 수 있는 자유'는 굶주림으로부터 벗어나기 위해 사람들이 갖는 실질적인 기회 혹은 실제로 선택할 수 있는 대안들의 존재를 의미하는 것으로서, 자신의 행위뿐만 아니라 '타인의 호의나 도움'까지도 포함한다. 이러한 의미에서, '성취할 수 있는 자유'는 '실질적인 자유'를 지향하는 것으로 볼 수 있다. 센이 말하는 실질적 자유는 '기아, 영양실조, 예방 가능한 질병, 조기사망과 같은 박탈을 피하는 것뿐만 아니라 문맹의 탈피와 계산능력의 획득, 정치적 참여와 자유로운 발언 등과 관련된 자유(Sen, 1999: 36)'를 의미한다. 이러한 실질적 자유를 확보함으로써 사람들은 벌린(Berlin, 2002)이 말하는 외적인 제약이 없는 소극적 자유와 자기 삶의 주인으로서의 내적인 제한이 없는 적극적 자유를 확보할 수 있다는 것이다. 센은 이러한 외적 제약과 내적 제한을 모두 고려하여 가치 있다고 생각하는 것을 성취할 수 있는 자유로서 적극적 자유 개념을 확대하여 재규정한다(Sen, 2002: 586).

3) 능력이론

(1) 기초 개념: 기능(functioning)과 능력(capability)

　기능은 상태(beings)와 행위(doings), 즉 개인의 다양한 상태와 개인이 취할 수 있는 활동들을 의미한다. 상태의 예로는 영양이 좋거나 나쁜 상태, 거주지가 안락하거나 그렇지 않은 상태, 글을 읽을 줄 알거나 문맹인 상태, 몸이 아프거나 병든 상태, 정서적으로 불안하거나 안정된 상태 등을 들 수 있다. 행위의 예로는 여행하기, 아이 돌보기, 투표하기, 논쟁에 참여하기, 동물을 죽이기, 동물을 먹기, 집안을 따뜻하게 하기 위해 연료를 소비하기, 어려운 사람들을 위해 기부하기 등을 들 수 있다. 이러한 예를 통해 두 가지 의미를 도출할 수 있다. 하나는 개인의 많은 특성들이 상태나 행위로 기술될 수 있다는 것이다. 다른 하나는 기능이 도덕적으로 중립적인 범주라는 것이다. 다시 말해서 관점이나 맥락에 따라 기능들에 대한 가치평가가 다를 수 있다는 것이다. 예컨대 가족들 가운데 어머니만이 홀로 병든 아이를 돌보는 것이 가부장적인 문화에서는 가치 있는 기능으로 보이겠지만, 페미니즘의 관점에서는 공정하지 않은 것으로 보일 수 있다.

능력들은 기능들을 성취할 수 있는 실질적인 자유나 기회를 말한다. 따라서 여행하기는 하나의 기능인 반면, 여행할 수 있는 실질적 기회는 그에 상응하는 능력이다. 기능들은 실현된 것을 의미하며, 능력들은 실제로 가능한 것을 의미한다. 요컨대 기능들은 성취된 것들을 의미하며, 능력들은 개인이 선택할 수 있는 자유 혹은 가치 있는 기회들을 의미한다.

(2) 능력모형

능력모형의 기본전제는 최소한의 기능들이 충족되어야 그것을 바탕으로 사람들이 다른 기능들을 성취할 수 있는 기회를 향유할 수 있다는 것이다. 능력모형은 기능을 성취할 수 있는 수단, 그 수단을 기능으로 변환시킬 수 있는 능력 그리고 실제로 그 능력을 통해 성취된 기능이라는 과정으로 구성된다(Robeyns, 2005).

첫째, 기능을 성취하기 위한 수단은 자원으로서 재화와 용역의 형태를 띤다. 재화와 용역은 상품의 형태로 기업과 같은 영리추구 조직에 의해 제공될 수도 있으며, 정부나 비영리기관에 의해 제공될 수도 있다. 자원은 어떤 특성들을 갖게 되는데, 그것은 사회적으로 혹은 개인적으로 자원에 대해 부여한 의미이다. 따라서 하나의 자원이 다양한 특성을 동시에 가질 수도 있다. 또한 사람에 따라서는 자원의 특정한 특성에 대해 선택적으로 가치를 부여할 수도 있다. 성취수단의 선택은 이러한 자원의 특성에 의존한다. 빵이나 쌀은 칼로리와 영양을 공급할 수 있는 특성을 갖기 때문에, 굶주림으로부터 벗어난 상태(성취)에 도달하기 위해서는 빵이나 쌀이 자원으로 선택 가능하다.

둘째, 자원을 기능으로 변환하는 과정에는 개인적으로 통제하기 어려운 다양한 요소들이 영향을 미친다. 예컨대 다리에 장애가 있는 사람에게 자전거 타기는 매우 어려운 기능이다. 환경오염이 극심한 곳에서 병에 걸리지 않는 것은 쉽지 않은 기능이다. 범죄가 극심한 곳에서 안전한 삶을 영위하는 것은 어려운 기능이다. 이처럼 개인의 신체적인 조건, 자연재해나 환경오염과 같은 물리적인 조건, 정치제도, 사회제도, 복지정책, 범죄 등과 같은 사회적 조건, 사람들 간의 관계적 특성 등이 변환과정에 영향을 미친다(Sen, 2009: 255).

셋째, 능력은 기능을 성취할 수 있는 자유 또는 실질적인 기회를 의미한다. 그러니까 능력은 실제로 성취된 상태가 아니라 성취할 수 있는 가능성을 의미한다. 센은 최소한의 인간적 삶을 향유하는 데 필요한 기본적인 기능들을 성취할 수 있는 능력이 있을 때, 실질적인 자유가 확보된다고 본다. 그는 기본적인 기능들을 엄밀하게 규정하고 있지는 않지만, 대체적으로 적절한 영양섭취, 좋은 건강 유지, 나쁜 병에 걸리지 않는 것, 조기사망에서 벗어나는 것과 같은 기본적인 것에서부터 행복한 생활, 자기존중 확보, 공동체생활에 참여하는 것과 같은 좀 더 복잡한 성취수준에 이르기까지 다양하게 제시하고 있다(Sen, 1992: 36). 이처럼 가치 있는 기능들을 성취할 수 있는 능력은 '삶의 질(quality of life)'을 평가하는 지표로서 유용하다(Sen, 1992: 31).

넷째, 가능성으로서의 능력을 실제로 실현하는 과정에서 선택이 이루어진다. 개인은 개인적인 역사와 심리를 포함한 개인적 특성과 환경적 특성에 영향을 받아 '선호'를 형성하게 된다. 그리고 그러한 선호를 반영하는 의사결정을 한다. 그 과정에서 개인이 보다 많은 선택지를 가지고 있다는 것은 보다 많은 이점을 가지고 있다는 의미이며, 자유의 정도가 보다 강화된다는 것을 의미한다. 그러나 개인은 이러한 이점에 반하는 선택을 할 수도 있다. 행위주체는 다양한 목표를 추구한다. 복지는 그 가운데 하나의 목표이다. 따라서 행위주체는 다른 목표에 더 많은 가중치를 부여함으로써 자신의 복지에 불리한 선택을 할 수도 있다. 센은 이러한 경우를 자유와 자유의 대립, 즉 행위주체의 자유와 복지를 위한 선택지들 가운데 선택하는 자유의 대립으로 본다. 센은 이러한 가능성을 인정하면서도 논의를 복지의 자유에 제한한다(Sen, 1992: 69).

다섯째, 선택을 통해 기능이 성취된다. 성취는 선택된 기능들 혹은 획득된 기능들이다. 이는 특정한 삶의 유형을 반영하는 것으로서 개인의 복지 혹은 효용을 의미할 수도 있다. 센은 공리주의와 대립각을 세우면서도 결과의 중요성을 강조한다. 따라서 복지의 수준에 대한 평가는 매우 중요한 의미를 갖는다. 성취에는 두 가지 측면이 있다. 하나는 행위주체의 성취이며, 다른 하나는 복지성취이

다. 전자는 행위주체가 갖는 다양한 목표들에 의해 평가되는 것이다. 그에 반해
복지성취는 오직 복지 수준만을 성취평가의 지표로 삼는 경우이다. 따라서 행위
주체의 성취가 복지성취에 오히려 불리하게 작용할 수도 있다. 센은 복지성취를
중심으로 논의한다. 성취된 기능들은 성취할 수 있는 자유 혹은 실질적 기회를
향상시킨다.

센의 능력이론은 자원의 평등한 분배만으로는 정의를 보장할 수 없다는 것
을 전제로 한다. 사람들이 처한 상태, 혹은 능력이 다르기 때문에 평등한 분배가
평등한 결과를 보장할 수 없다는 것이다. 따라서 인간으로서의 품위를 잃지 않고
살 수 있는 최소한의 필요를 충족시켜주는 것이 가장 우선적인 정의의 과제라는
것이다. 그러한 과정에서 최소한의 기준선은 점차적으로 상향조정될 것이라 본
다. 다시 말해서 인간의 실질적 자유가 더욱 향상되리라 본다.

3. 마이클 왈저(M. Walzer)의 다원주의적 정의론

1) 정의의 지향점: 롤스 비판을 중심으로

왈저(M. Walzer)는 롤스와 다른 입장을 취하고 있으면서도, 그의 지적 영향
에 대해서는 분명하게 인정하고 있다. 왈저의 ≪정의의 영역들 Spheres of Justice
(1983)≫의 감사의 글에서 그러한 고백을 볼 수 있다. "나의 기획은 롤스의 기획
과 다르며, 상이한 학문분야(경제학과 심리학이 아닌 인류학과 역사학)에 의존한다.
그러나 롤스의 저술이 없었다면 나의 기획은 현재와 같은 형태를 이루지 못했을
것이다. 아니 어쩌면 영원히 그 모습조차 드러내지 못했을 것이다(Walzer, 1983:
xviii)." 그렇다면 왈저는 롤스와 어떠한 측면에서 서로 다르다는 것인가? 이 글에
서는 정치철학의 방법, 자유주의, 자아, 가치, 평등에 대한 양자의 입장을 비교해
보고자 한다.

첫째, 왈저는 '정치철학의 방법'에 있어서 롤스와 다르다. 왈저에 의하면, 롤
스는 현실과 충분한 거리를 두고 현실을 관조하는 전통적인 철학방법을 답습하
고 있다는 것이다. 그는 이러한 전통적 철학방법은 현실성을 결여하고 있다고 본
다. 그래서 왈저는 전통적 철학방법과는 '근본적으로' 다른 현실 속에서 철학하는

방법을 제안한다. "나의 논변은 근본적으로 특수주의적이다. 나는 내가 살고 있
는 사회세계로부터 상당한 거리를 확보했다는 주장을 하지 않는다. 철학을 하는
한 가지 방법은 동굴에서 걸어 나와 도시를 떠나 산으로 올라가서 스스로의 힘
으로 객관적이며 보편적인 관점을 형성하는 것이다. 그런 다음 먼 곳에서 일상적
인 삶의 지형을 기술한다. 그래서 그것은 지형의 특수성을 상실하고 일반적인 모
습만을 취하게 된다. 그러나 나는 동굴 안에, 도시에 그리고 대지 위에 머물고자
한다. 철학을 하는 또 하나의 방법은 우리가 공유하고 있는 의미들의 세계를 자
신의 동료 시민들에게 해석해주는 것이다. 정의와 평등은 철학적 인공물들로서
인식가능하게 고안될 수 있지만, 정의로운 사회 혹은 평등한 사회는 그렇게 고안
될 수 없다. 만일 그러한 사회가 이미 여기에 존재하지 않는다면, 우리는 그것에
대해 결코 구체적으로 알지 못하거나 실제로 그것을 실현하지 못할 것이다(Walzer,
1983: xiv)."

　　월저는 '동굴 안에서, 도시에서, 대지 위에서' 철학을 하고자 한다. 이러한
입장은 특히 철학과 정치(민주주의)를 대비하여 설명하는 그의 논변에서 보다 확
실하게 나타난다. 철학과 정치 간의 긴장은 아주 간단하게 설명될 수 있다. "진
리는 하나이지만, 사람들은 많은 의견들을 가지고 있다. 진리는 영원하지만, 사
람들의 마음은 계속해서 변화한다(Walzer, 1981: 383)." 의견을 달리하는 사람들과
수시로 의견을 바꾸는 사람들로 구성된 현실의 세계에서 정치적 정당성은 '이성
이 아니라 의지(Walzer, 1981: 385)'에 의존한다. 진리의 타당화는 '홀로 거주하거
나 자신의 사유의 산물들로 가득 찬 세계에서 홀로 사유하는 철학자의 일'이다.
그러나 권위의 정당화는 '스스로를 통치하는 시민들의 일'이다(Walzer, 1981: 379).
따라서 현실에 뿌리를 두어야 하는 정치철학은 '공유된 사회적 의미의 해석'을
그 임무로 삼아야 한다. '해석'은 정치공동체가 공유하고 있는 가치에 대한 관념
과 그러한 가치가 본래의 취지대로 분배되고 있는지 여부를 드러내는 것이기 때
문에 '내재적 비판'의 성격을 갖는다(Walzer, 1987; 1988). 이러한 의미에서 해석의
다양성과 논쟁은 피할 수 없는 현실적 특성이다. 해석논쟁은 그 자체가 정치적이
다. 왜냐하면 슈미트(Schmitt, 1996)의 말대로 해석논쟁은 적과 동지의 구분을 전
제하기 때문이다. 따라서 롤스의 정치철학이 '정치'없는 정치철학이라면, 월저의
정치철학은 '정치'를 내포한 정치철학이라 할 수 있다.[11]

둘째, 왈저는 '자유주의'를 이해하는 입장이 롤스와 다르다. 왈저 역시 롤스와 마찬가지로 자유주의적 입장을 취한다. 그러나 왈저가 해석하는 자유주의는 독특하다. 롤스에 의하면, 정의의 기본 전제는 개인의 '자유'는 어떠한 이유로도 침해되어서는 안 된다는 것이다(Rawls, 1971: 3). 그래서 정의의 제1원칙은 '동등한 자유'가 된다. 그리고 계약론의 전통에 따라 개인은 '절대적으로 자유롭고, 얽매이지 않고, 자립적인 존재(Walzer, 1990: 8)'로 가정되고 있다. 왈저는 이러한 자유주의의 입장을 비판하기 위해 이상적인 공동체를 지향하는 규범으로서가 아니라 방법론으로서 공동체주의을 취한다.12) 개인은 진공상태에서 존재하는 것이 아니라 자신을 둘러싸고 있는 공동체를 통해서 형성되는 존재라는 것이다. 개인은 공동체가 공유하고 있는 의미들을 내면화하면서 탄생된다는 것이다. 왈저는 공동체와 무관한 '영웅적 개인'을 강조하는 자유주의적 입장에 대해서는 비판적이다. 그러나 그는 역사적으로 자유주의가 보여준 '분리의 기예(Walzer, 1984)'야말로 자유주의의 핵심이라고 주장한다. 한마디로 왈저(1984: 315)에 의하면, 자유주의는 '벽들의 세계'이며, 각각의 벽은 '새로운 자유'를 창조한다는 것이다. 가령 수많은 중요한 제도들과 관행들을 정치권력으로부터 보호하기 위해 통치의 범위를 제한하고자 한 것은 자유주의의 주목할 만한 업적이라는 것이다. 자유주의적 분리의 기예의 핵심은 '상이한 유형의 제도, 관행, 관계들을 분리'하고, 이를 통해서 '제도적 순수성'을 확보하는 것이다. 그러니까 자유주의적 의미에서 개인의 자유는 개인이 모든 사회적 관계로부터 벗어난 '고독한 개인'일 때 가능한 것이 아니다. 오히려 "사람들은 자율적인 제도들 안에서 살아갈 때 자유롭다(Walzer, 1984: 326)"는 것이다. 따라서 왈저가 생각하는 자유주의의 핵심은 사회적 영역들이 '자율성'을 갖게 하는 것이다.

셋째, 왈저는 '자아'를 보는 관점이 롤스와 다르다. 롤스(1971: 560 – 567)의 자아개념은 철학사에서 전통적으로 가정하고 있는 '자아의 통일성'을 전제한다. 공리주의에 의하면, 자아의 통일성은 선에 대한 개념이 합리적인 인생계획과 일관성을 가지는 것을 의미한다. 반면 공정으로서의 정의관에 의하면, '정의감'이

---

11) 정치철학과 정치의 관계에 대한 논의는 Walzer(1981), Rawls(1985; 1991), Mouffe(2007), Rorty(1995) 등을 참조.

12) 공동체주의에 대해서는 MacIntyre(1984), Sandel(1984), Taylor(1989) 등 참조.

요구하는 것과 일치하여 행위하는 것을 의미한다. 이러한 자아관은 궁극적으로 '자아의 총체성(Walzer, 1994: 36)'을 규범적으로 요구하고 있다. 그러나 왈저는 자아를 주어진 것으로 전제하는 전통적인 자아관과는 달리 자아는 사회 속에서 형성되는 것으로 본다. "자아는 개인이 참여하는 사회만큼 분화된다(Walzer, 1994: 37)"는 것이다. 따라서 왈저는 '분화된 자아(1994: 85)' 개념을 제안한다. 그에 의하면, 자아의 분화는 세 가지 양태로 나타나는데, 하나는 관심과 역할에 따른 자아의 분화이다. 한 개인은 사회적 관계 속에서 시민이면서 부모이며 동시에 회사원일 수 있다는 것이다. 다른 하나는 정체성에 따른 자아의 분화이다. 이는 비자발적으로 소속된 집단의 특성과 관련된 것으로서 한 개인은 성적으로 여성이면서 민족적으로는 히스패닉계이며 인종적으로는 유색인종일 수 있다. 마지막으로는 이념, 원리, 가치에 따른 자아의 분화이다. 한 개인은 정치적으로는 진보주의자이면서도 경제적으로는 보수주의자일 수 있다. 분화된 자아들의 단편들은 서로 조화를 이룰 수도 있으며, 갈등을 유발할 수도 있다. 이러한 다양성은 롤스가 전제하는 자아에 비해 현실적이며 구체적이라는 것이다.

넷째, 왈저는 '가치'를 다루는 데 있어서 롤스와 다르다. 롤스(1971: 63)는 사회의 기본구조에 의해 분배되는 기본가치를 '합리적인 사람이라면 누구나 원하는 것'으로 해석한다. 특히 사회구조에 의해 직접적으로 다루어지는 권리와 자유, 권한 및 기회 그리고 소득과 재산 등과 같은 가치들을 '사회적 기본가치'라 규정한다. 그리고 사회의 기본구조에 의해 직접적인 지배를 받지는 않지만 간접적으로 영향을 받는 건강, 정력, 지력, 상상력 등과 같이 타고난 가치들을 자연적 가치라 규정한다. 롤스는 합리성을 전제로 하면서 보편적인 것으로서 '기본'가치들을 제시하고 있는 것이다. 기본가치들은 롤스에 의해서 '주어진 것'이다. 이에 반해서 왈저는 공동체주의적인 방법에 의거해서 가치라고 하는 것은 공동체에 의해서 부여되고 공유되는 의미에 의존하는 것이라는 점을 강조한다. 따라서 가치는 '사회적'일 수밖에 없는 것이다. 가치를 수식하는 '사회적'이라는 말이 롤스의 경우 '사회구조에 의해 직접 다루어지는 것'이라는 의미를 담고 있는 것과는 달리, 왈저의 경우에는 '사회에 의해서 의미가 부여되는 것'이라는 의미를 담고 있는 것이다. 두 사람이 모두 '사회적 가치'를 말하고 있지만, 그 의미는 다르다.

다섯째, 왈저는 '평등'을 보는 관점이 롤스와 다르다. 롤스는 모든 사람은 동등한 자유를 갖는다는 원칙과 사회적으로 가장 어려운 사람들에게 최대의 혜택을 주는 차등의 원칙을 통해서 사회적 불평등을 개선하고자 한다. 롤스의 정의원칙은 '정형화되어(Nozick, 1974: 157)' 있으며, 정형화된 원칙이 사회의 모든 영역에 관철되어야 한다는 '거대이론'의 형식을 취하고 있다. 자유지상주의자인 노직이 이러한 정형화된 원칙이 개인의 권리를 침해하게 된다는 비판을 제시하는 것과 달리, 자유주의자인 왈저는 거대이론이 사회의 다양한 영역들의 제도적 혹은 관습적 자율성과 순수성을 침해할 것이라는 비판을 제시하고 있다. 왈저는 사회의 다양성을 고려하지 않는 롤스의 평등관은 지나치게 단순하다고 지적하면서, 진정한 평등 개념은 그러한 다양성을 반영하는 복합적인 것이어야 함을 강조한다. 따라서 그는 자신의 평등관을 복합적 평등(complex equality)이라고 규정한다.

2) 다원주의적 정의원칙: 복합평등

왈저는 롤스의 보편적이며 추상적인 거대이론과는 다른, 보다 '현실주의적'이고 '특수주의적'이며 '국지적'인 정의론을 구축하는 데 초점을 맞춘다. 따라서 왈저는 정의론을 구축하기 위한 질문을 재구성한다. "합리적 개인들이 이러저러한 종류의 보편화가 가능한 조건들 하에서 무엇을 선택하고자 하는가?"라는 보편성 질문이 롤스가 응답하고자 한 것이었다면, 왈저는 "현실 속에 존재하면서 문화를 공유하고 있고 또한 앞으로도 공유하고자 하는 일상적인 개인들이 무엇을 선택할 것인가?"라는 특수성 질문에 응답하고자 한다(Walzer, 1983: 5). 질문은 이미 응답을 내포한다. 특수성 질문은 그 자체가 이미 다양성을 전제한다. 따라서 왈저는 '다원주의적 정의관'의 특성을 질문과 동시에 제시한다. "정의의 원칙들은 다원주의적 형식을 취한다. 상이한 사회적 가치들은 상이한 근거들에 따라 그리고 상이한 절차에 따라 상이한 주체들에 의해 분배되어야 한다. 그리고 이러한 모든 차이들은 역사적이고 문화적인 산물일 수밖에 없는 사회적 가치들에 대한 상이한 이해 때문에 발생한다(Walzer, 1983: 6)."

분배적 정의론의 초점은 무엇인가? 그것은 분배되어야 할 가치와 그 가치가 분배되는 기준이다. 왈저에 의하면, 가치는 공동체가 중요하다고 의미를 부여한 대상을 말한다. 이처럼 가치는 '공동체 의존적'이기 때문에 그것의 정확한 명칭은 '사회적 가치'이다. 따라서 왈저는 분배의 다원성을 내포하는 정의론을 구성하기 위한 기본 전제를 다음과 같이 서술한다. "사람들은 가치를 구상하고 창출하며, 서로서로 분배한다(Walzer, 1983: 6)." 이처럼 분배되어야 할 가치는 특수한 사회문화적 배경을 공유하는 사람들에 의해 창출되며, 분배의 기준은 가치의 특성에 적합한 것이어야 한다는 것이다.

따라서 왈저는 '가치론'을 다원주의적 정의론의 출발점으로 삼는다. 그는 분배와 관련된 가치의 특성을 다음과 같이 정리한다. 첫째, 분배적 정의와 관련된 모든 가치들은 '사회적 가치'들이다. 사람들은 사회적 과정을 통해서 가치의 의미를 공유하게 된다. 가치들은 사회에 따라서 상이한 의미를 부여받게 된다. 사회는 다양하기 때문에 가치 역시 다양할 수밖에 없다. 둘째, 사람들은 그들 자신이 사회적 가치들을 구상하고 창출하여 그것들을 소유하고 사용하는 방식에 따라 구체적인 정체성을 갖게 된다. 사람들은 사회적 가치들을 매개로 다른 사람들과 관계하며, 그 과정 속에서 사회의 의미구조를 내면화하게 된다. 이를 통해서 사회의 혹은 집단의 일원으로서 자기 정체성을 확인하게 된다는 것이다. 셋째, 모든 도덕적·물질적 세계를 관통하는 기본가치들을 요소로 하는 단일 집합을 구상하는 것은 불가능하다. 사람들이 원하는 기본가치는 사회에 따라 다를 수밖에 없기 때문이다. 넷째, 가치들의 이동을 결정하는 것은 그것들의 '의미'이다. 분배의 기준들과 제도들은 '가치 그 자체'가 아니라 '사회적 가치'에 내재한다는 것이다. 사람들이 가치의 의미를 이해하게 되면, 가치의 분배방식, 분배의 주체, 분배의 근거들을 이해하게 된다는 것이다. 이것이 가치론의 핵심이다. 분배는 가치의 사회적 의미에 따라 정의로울 수도 그렇지 않을 수도 있다는 것이다. 가치의 사회적 의미에 따라 이루어진 분배는 정당화된다. 그러나 사회적 의미에 반하여 이루어진 분배는 비판의 대상이 된다. 이러한 측면에서 사회적 의미는 분배를 정당화하거나 비판하는 근거를 제공한다. 다섯째, 사회적 의미는 역사적인 성격을 갖는다. 그래서 분배 자체, 정의로운 분배나 부정의한 분배의 개념은 시간이 지남에 따라 변화한다는 것이다. 여섯째, 의미들이 뚜렷이 구분될 때, 분배들은 '자율적'이어야 한다. 모든 사회적 가치들은 특정한 기준과 제도만이 적합한 고유의 분배영역을 구성한다는 것이다. 분배영역의 자율성은 또 하나의 비판적 근거를 제공한다. 분배영역의 자율성이 침해되면, 부정의한 것으로 비판된다.

공동체주의적 가치론에 의하면, 분배되어야 할 가치 가운데 가장 본원적인 가치는 '공동체' 자체이다. 그러나 "공동체는 그 안에 사람들을 참여시킴으로써만이 분배되는 가치이다(Walzer, 1983: 29)." 여기에서 말하는 참여는 사람들이 신체적으로 수용되고, 정치적으로 인정받아야 한다는 것을 의미한다. 따라서 '성원권'은 매우 중요한 사회적 가치가 된다. 무엇보다도 성원이 없는 공동체는 성립될수 없기 때문이다. 또한 사회적 가치는 성원들에 의해 구상되고 창출되기 때문이다. "우리가 서로 분배해야 할 원초적인 가치는 공동체의 성원권이다. 그리고 성원권에 대한 규정은 여타의 모든 분배적 선택들을 구조화한다. 요컨대 성원권은우리가 어떤 사람들과 함께 그러한 선택을 하고, 우리가 어떤 사람들로부터 복종을 요구하고 세금을 걷을 것인지, 그리고 어떤 사람들에게 재화와 서비스를 할당할 것인지를 결정한다(Walzer, 1983: 31)." 이러한 의미에서 사회적 가치들이 위계적인 구조를 가지는 것은 아니지만, 의미의 공동체 의존성을 기본 전제로 삼고있는 왈저로서는 '성원권의 우선성'을 강조하지 않을 수 없다. 그러니까 예외적으로 성원권은 모든 사회적 가치의 근간이라는 전제로부터 다원주의적 정의론은출발하는 것이다. 성원들은 사회 내의 다양한 삶의 영역들 각각에 적합한 다양한사회적 가치들을 구상하고 창출한다. 그리고 그러한 가치들이 누구에 의해서, 누구에게, 어떠한 방식으로 배분되어야 할 것인가를 결정한다. '현실세계'에서는 성원들의 사회적 삶의 영역들이 다양할 수밖에 없고, 따라서 영역마다 사회적 가치들이 다를 것이며, 분배의 방식도 다를 것이다. 이러한 현실의 사회적 삶의 다양성을 반영하는 정의원리를 구성하는 것이 왈저의 과제이다.

그렇다면 왈저는 사회적 부정의의 기원을 어디에서 찾고 있는가? 그는 일반적으로 '지배'나 '독점'에서 사회적 부정의의 기원을 찾을 수 있다고 본다(Walzer, 1983: 10-11). 지배는 사회적 가치들이 '사용되는 방식'에 초점을 맞춘 것으로서, 어떤 영역에서 중요한 사회적 가치가 다른 영역의 사회적 가치배분에 영향을 미치는 방식으로 사용되는 경우를 말한다. 가령 경제영역에서 요구되는 규범에 따라 축적한 사회적 가치(돈)를 가지고, 정치영역에서 다른 방식으로 분배되는 사회적 가치(권력)를 매수하기 위해 사용하는 것은 지배의 전형적인 예이다. 이는'영역들 간의 불평등'을 야기함으로써 사회적 부정의를 가져온다는 것이다. 독점은 사회적 가치를 '소유하고 통제하는 방식'에 초점을 맞춘 것으로서, 사회적 가치를 일부의 성원들이 배타적으로 소유함으로써 '성원들 간의 불평등'이 야기되

고, 그것이 사회적 부정의를 가져온다는 것이다. 사회적 가치(경제적 부)가 사회구
성원 일부에게 집중적으로 축적되는 상황이 전형적인 예이다.

　　롤스는 기본적으로 사회적 부정의의 기원을 사회의 기본가치들에 대한 성원
들 간의 소유의 불평등, 즉 독점에서 찾고 있다. 그래서 사회의 최소 수혜자에게
최대의 혜택을 부여하여 독점의 구조를 완화하고 불평등으로 인한 사회적 부정
의를 해소하는 방책을 모색한다. 극단적으로 표현하면, 롤스는 모든 시민이 동등
한 양의 가치를 소유하는 '단순평등체제(Walzer, 1983: 14)'를 지향하는 것이다. 이
러한 단순평등의 논리는 독점을 혁파하거나 규제하기 위한 국가의 개입을 요구
하게 된다. 따라서 '국가권력' 자체가 경쟁적 투쟁의 대상이 된다(Walzer, 1983:
15). 결국 단순평등의 논리에 따르면, 사회적 가치에 대한 독점을 극복하기 위해
서는 권력의 집중화 혹은 권력 자체의 독점이 불가피하다는 것이다. 우리는 독점
을 견제하기 위해 권력을 동원해야 한다. 그리고 동원된 권력을 견제하기 위한
방법을 찾아야 한다. 문제는 동원된 권력을 견제할 수 있는 방법이 없다는 것이
다(Walzer, 1983: 16). 왈저는 부정의의 근원을 독점에서 찾는 한 이러한 딜레마에
서 벗어날 수 없다고 본다.

　　왈저는 롤스와는 달리 '지배'에서 부정의의 기원을 찾는다. 따라서 '지배의
축소(1983: 17)'가 사회정의의 지향점이다. 그것은 특정한 가치들이 '전용'될 수
있는 영역을 최소화하고, 분배영역의 자율성을 지키는 것이다. 따라서 그가 생각
하는 지배가 축소된 사회는 '작은 불평등이 많이 존재하지만, 불평등이 전환과정
을 통해서 증폭되지 않는 사회', 즉 '복합평등사회'이다. 이러한 의미에서 왈저의
'복합적 평등관'에 의하면, 평등은 소유의 동등성이 아니라 우리가 함께 만들고
공유하며 나누는 사회적 가치들에 의해 매개되는 사람들의 복합적인 관계에 초
점을 맞춘다.

　　왈저는 파스칼과 마르크스의 논리에서 복합적 평등관에 기초한 다원주의적
정의론의 정당성을 찾는다. '하나의 수단을 통해 그 수단이 아닌 다른 수단으로
만 얻을 수 있는 것을 얻고자 하는 바람'을 전제(專制)로 규정한 파스칼의 잠언이
나 '사랑은 사랑으로만, 신의는 신의로만 교환될 수 있다'는 마르크스의 주장은
왈저가 구상하는 다원주의적 평등관을 여실히 묘사하고 있다. 왈저는 이들의 주
장을 통해서 지금까지 자신이 생각했던 사회적 영역의 다양성과 사회적 가치의

전용에 대한 생각을 보다 명료화한다. 첫째, 파스칼과 마르크스의 주장에 의하면, 인격적 자질들과 사회적 가치들은 자유롭게, 자발적으로 그리고 정당하게 그것들의 효과를 발하는 고유한 작동영역이 있다는 것이다. 둘째, 이러한 원칙이 깨지는 경우, 다시 말해서 어떤 사회적 가치가 아무런 내적 연관이 없는 다른 사회적 가치로 전환되는 경우를 전제 혹은 지배로 본다는 것이다. 이러한 의미에서 복합적 평등체제는 전제와 정반대이다. "복합적 평등은 어떤 영역에서 혹은 어떤 사회적 가치와 관련해서 시민이 처한 어떠한 위치도 다른 영역에서 혹은 다른 가치와 관련해서 처해 있는 그의 위치 때문에 침해될 수 없다는 것을 의미한다 (1983: 19)." 이러한 복합적 평등관에 기초해서 왈저는 정의로운 분배의 원칙을 다음과 같이 정식화한다. "어떠한 사회적 가치 X도, X의 의미와는 상관없이 단지 누군가가 다른 가치 Y를 가지고 있다는 이유만으로 Y를 소유한 사람들에게 분배되어서는 안 된다(1983: 20)." 사회적 가치들은 그 본원적인 특성에 따라서 분배원칙을 달리하게 되는데, 왈저는 대표적인 분배원칙으로 자유교환, 응분, 필요 등을 예시한다.

4. 정의와 공공성

정의론은 사람들이 처해있는 처지에 대해 누가 책임을 져야 하는가 하는 문제에 초점을 맞춘다. 롤스의 기본적인 생각은 사람들이 처해있는 상황은 '우연적인 것'이기 때문에 개인에게 책임을 물을 수 없다는 것이다. 그것은 사회의 기본적인 가치를 분배하는 사회제도의 불완전성에 기인하는 것이기 때문에 사람들이 처한 상황에 대해서는 사회가 공적으로 책임을 공유해야 한다는 것이 기본적인 생각이다. 따라서 롤스의 정의원칙에서는 차등원칙이 주목을 받게 된다. 차등원칙은 사회에서 가장 열악한 처지에 있는 사람들의 상황을 개선하기 위한 불평등한 분배는 바람직하다는 것이다. 차등원칙은 불평등을 해소하기 위한 재분배를 정당화하고 있다는 점에서 중요한 의미를 갖는다. 센은 롤스의 기본적인 전제를 따르면서도, 인간으로서의 존엄성을 잃지 않고 삶을 영위할 수 있는 최소한의 보장이야말로 그 어떤 분배원칙보다도 우선시되어야 한다는 입장을 견지한다. 왈저는 롤스의 영향을 받았으나 결을 달리 하면서 사회적 가치들의 다양한 분배원

리를 인정하고, 다만 특정한 가치가 다른 가치의 분배에 영향을 미쳐서는 안 된
다는 원칙을 제시한다. 롤스와 센 그리고 왈저의 정의원칙은 평등을 지향하는 재
분배, 사회적 약자의 인간적 삶의 보장 그리고 획일화된 가치의 지배를 견제하는
문제의식을 가지고 있다는 점에서 공공성 실현을 위한 방법을 모색하는 데 유익
한 지침을 제공할 수 있을 것이다.

제3절 돌봄

　돌봄 윤리(care ethics)는 도움을 필요로 하는 사람을 도와주는 행위를 정당
화하고 규범화하는 윤리이론이라 하겠다.[13] 돌봄 윤리는 이성적, 자율적, 독립적,
자기 완결적, 추상적 인간을 전제로 하는 공리주의적인 목적론, 칸트적인 의무
론, 아리스토텔레스적인 덕 이론과 같은 전통적인 윤리이론과 달리 감정적, 의존
적, 관계적, 결핍적, 구체적 인간을 전제로 한다. 목적론과 의무론은 규칙, 의무,
정의, 권리, 불편부당성, 보편성, 효용성, 선호의 만족 등을 강조하는 데 비해, 돌
봄 윤리는 자비, 연민, 돌봄, 친교, 화해, 감수성과 같은 덕을 토대로 하는 인간적
관계와 감정을 강조한다. 일견 돌봄 윤리는 덕 윤리와 유사하거나 중첩되는 측면
이 없지 않으나, 기본적으로 덕 윤리가 개인의 품성에 초점을 맞추고 있는 것과
는 달리 돌봄 윤리는 관계에 초점을 맞추고 있다는 점에서 서로 다르다.

　돌봄 윤리는 페미니스트의 관점에서 심리학자인 캐롤 길리건(C. Gilligan)에
의해 시작되었다. 당대의 도덕이론은 일반적으로 남성 중심적 관점이 지배적이
었다. 특히 로렌스 콜버그(L. Kohlberg, 1981)의 도덕발달이론은 가장 대표적인 예
라 하겠다. 그는 도덕성의 발달 단계를 6단계로 나누었는데, 크게 보면 두 단계
로 범주화할 수 있다. 하나는 사회적 규범이나 법률 등을 주어진 것으로 보는 타

---

13) 케어(care)는 맥락에 따라 보살핌, 배려, 돌봄 등으로 번역된다. 도덕이나 윤리 분야에서는 주
　로 보살핌이나 배려를 사용하고 있으며, 정치철학 분야에서는 돌봄을 사용하고 있다. 이 글에
　서는 돌봄으로 사용한다.

율적 도덕성의 단계이고, 다른 하나는 행위의 결과보다는 동기를 중시하고, 행위의 규범이나 기준도 상황에 따라서는 바꿀 수 있다고 보는 자율적 도덕성의 단계이다. 콜버그의 연구에서 주목할 것은 도덕발달과정을 연구하는 데 남성들만을 표본으로 삼았다는 점이다. 그는 기본적으로 남성과 여성이 동일한 권리를 갖는다는 점에 대해 이견을 달지는 않았으나, 여성이 남성과 똑같은 수준까지 도덕적으로 성숙할 수 있는 능력이 있다고 확신하지는 않았다. 이성적 인지능력, 정의감, 도덕이 남성적 목소리를 통해 전달된 것이다.

콜버그의 이론에 내재된 성적 편견은 길리건이 돌봄 윤리를 제기하게 된 결정적인 이유가 된다. 그렇다고 그녀가 남성의 목소리가 아닌 여성의 목소리만을 강조하고자 한 것은 아니다. 길리건은 여성의 목소리가 아닌 '다른 목소리'에 주목할 것을 요청한다. "내가 기술하는 다른 목소리는 젠더가 아니라 주제와 관련된 것이다(Gilligan, 1993[1982]: 2)." 다만 길리건은 다른 목소리를 들려주기 위해 여성을 연구의 대상으로 삼았을 뿐이다. 다른 목소리와 여성의 목소리의 관계는 절대적인 것이 아니다. 그녀의 관심은 남성의 목소리와 여성의 목소리를 유형화하고 일반화하는 데 있는 것이 아니라, 두 가지 사고양식들의 차이를 드러내고 해석하는 데 있다. 주류 도덕발달이론에서 들리는 목소리는 이성과 정의를 강조한다. 길리건이 들려주고 싶은 다른 목소리는 단순히 여성의 목소리 자체가 아니라 그동안 관심을 받지 못했던 배려와 돌봄, 감정, 관계, 친교, 공감을 표현하는 목소리이다. 길리건은 단지 여성을 대상으로 연구했을 뿐이지만 남성에게도 이러한 표현들이 존재할 것이라 본다. 길리건의 연구는 페미니스트들에게 강한 공명을 불러일으켰으며 폭넓은 인정을 받게 된다.

여기에서는 넬 나딩스(N. Noddings)의 관계로서 돌봄, 버지니아 헬드(V. Held)의 가치이자 실천으로서 돌봄, 에바 키테이(E. Kittay)의 공적 둘리아 원칙 그리고 조안 트론토(J. Tronto)의 돌봄 민주주의 등을 살펴본다.

1. 넬 나딩스(N. Noddings): 관계로서 돌봄

길리건의 영향을 받은 나딩스는 전통적인 윤리에서는 아버지의 목소리만 들리고, 어머니의 목소리는 들리지 않았다는 문제의식을 공유한다. 그녀는 돌봄 윤

리가 기본적으로 페미니스트의 관점을 따르는 것으로 생각한다. "주의 깊은 철학
자들은 순수이성이나 논리적 이성과 실천이성이나 도덕적 이성의 차이를 인식했
음에도 불구하고, 윤리적 논변들이 종종 기하학을 특징짓는 논리적 필연성에 의
해 지배되는 것처럼 전개되었다. 그것은 원칙들과 그 원칙들로부터 논리적으로
파생된 규칙들을 정립하는 데 초점을 맞추었다. 윤리는 일반적으로 아버지의 언
어로, 요컨대 원칙과 원리로, 또는 정당화, 정의, 공정성과 같은 용어로 논의되었
다고 말할 수 있을 것이다. 어머니의 목소리는 침묵하였다. ··· 여기에서 표현되
는 관점은 여성적 관점이다. 이는 모든 여성들이 그 관점을 수용한다거나 모든
남성들이 그것을 거부할 것이라는 것을 의미하지 않는다. 그것은 수용성, 관계
성, 반응성에 뿌리를 둔 고전적 의미에서 여성적이다. 그것은 논리가 배제되어야
한다거나 논리가 여성들에게 생소하다는 것을 의미하는 것이 아니다. 그것은 현
재의 관점들에 대한 대안으로서 도덕적 사유가 아니라 도덕적 태도나 선에 대한
갈망에서 시작된 것이다(Noddings, 2013[1984]: 1-2)."

    나딩스는 돌봄을 관계로 이해하고, 그 기본모형을 제시한다. "논리적으로,
다음과 같은 조건에서만 W와 X는 돌봄 관계에 있다. (ⅰ) W는 X를 돌본다. (ⅱ)
X는 W가 X를 돌보는 것을 인정한다. 'X는 W가 X를 돌보는 것을 인정한다'는 말
은 X가 돌봄을 있는 그대로 받아들인다는 것을 의미한다. 요컨대 X는 돌봄으로
부터 도망치거나 돌봄을 부정하지 않는다. 그러므로 돌봄의 수용은 돌봄 제공자
가 돌봄 수혜자에게 받아들여질 때, 그가 느끼는 부분이 된다. 돌봄은 W의 전념
(engrossment)과 동기전환(motivational displacement)을, 그리고 X에 의한 돌봄의
인정을 필요로 한다(Noddings, 2013[1984]: 69)." 돌봄 관계는 돌봄 제공자의 입장
에서는 전념과 동기전환을, 돌봄 수혜자의 입장에서는 응답성이나 상호성의 형
식을 필요로 한다는 것이다(Noddings, 2013[1984]: 150).

    돌봄 관계에서 돌봄 제공자의 전념은 '다른 사람의 안녕에 대한 관심과 바람
(19)' 또는 '다른 사람과 함께 느끼는 것(feeling with)'을 의미한다. "사람들은 이
러한 관계를 '공감'이라 부르고 싶을 것이다. 그러나 우리는 이 말이 의미하는 바
에 대해 깊게 생각해야 한다. 옥스퍼드 사전에 따르면, 공감은 '관조의 대상에 자
신의 인격을 투사해서 완전하게 이해하는 능력'으로 정의되어 있다. 아마도 이
정의는 '함께 느끼기'를 합리적, 서구적, 남성적으로 바라보는 방식일 것이다. 내

가 바라보고 있는 '함께 느끼기'는 투사가 아니라 수용을 의미한다. 나는 그것을 전념이라 불렀다. 나는 나 자신을 다른 사람의 입장에 세우지 않는다. 요컨대 객관적인 자료로서 다른 사람의 상황을 분석하고 '내가 그런 처지라면 어떤 기분이 들까?'라고 묻지 않는다. 오히려 나는 분석하고 뭔가를 해보려는 유혹을 떨쳐버린다. 나는 투사하지 않는다. 나는 다른 사람을 내 자신에게로 받아들인다. 그리고 나는 다른 사람을 보고 함께 느낀다. 나는 이중인격자가 된다(Noddings, 2013[1984]: 30)." 전념은 돌봄의 중요한 의미를 전달해준다. 근본적으로 감정이입을 통한 공감은 가능하지 않다. 인간이 자기 자신조차도 확실히 알지 못하는 데 다른 사람의 감정을 확실히 알고 공유한다는 것은 불가능하다. 다만 다른 사람의 말을 잘 듣고 그의 아픔을 함께 느끼는 것이 다른 사람의 고통이나 아픔에 위안을 줄 수 있다는 것이다.

돌봄 관계에서 돌봄 제공자의 동기전환은 행동의 동기가 자기중심적으로 작동하기를 멈추고, 관계중심적으로 작동하는 것을 의미한다. "내가 돌봄 행위를 할 때, … 느낌 이상의 것, 즉 동기전환이 존재한다. 나의 동기에너지는 다른 사람을 향해 흘러간다. 그리고 반드시 그런 것은 아니겠지만 그것은 다른 사람이 목적하는 바를 향해 흘러간다. 나는 나 자신을 포기하지 않는다. 나는 내가 하는 일을 위해 나 자신을 내버려둘 수 없다. 다만 나는 나의 에너지가 공유되는 것을 허용한다. 나는 그것을 다른 사람에게 봉사하는 데 사용한다. 분명한 것은 내가 돌볼 때 나 자신을 통해서 뿐만 아니라 다른 사람을 통해서 상처를 받을 수 있기 때문에 나의 취약성은 잠재적으로 더 커질 수 있다. 그러나 만일 내가 약화되면, 나의 일부인 다른 사람이 여전히 강하게 있을 수 있기 때문에 나의 힘과 희망 역시 더 커질 것이다(Noddings, 2013[1984]: 33)."

동기전환의 측면에서 보면, 돌봄 제공자는 상처받을 수 있는 위험에 자신을 거는 것이다. 상처가 상처로 끝난다면 돌봄 관계는 지속될 수 없다. 따라서 돌봄 관계에서 돌봄 수혜자의 반응이 매우 중요한 의미를 갖는다. 돌봄 제공자는 돌봄 수혜자가 자신의 돌봄을 받아들이고 인정할 때 상처받을 위험에서 벗어날 뿐만 아니라 보람과 희망의 힘을 얻게 된다.

나딩스의 돌봄은 전념, 동기전환, 반응성을 전제로 하는 관계적 현상이다. 나딩스는 돌봄을 자연적 돌봄과 윤리적 돌봄으로 나눈다(Noddings, 2013[1984]:

81-83). 요컨대 그녀는 내가 원하기(I want) 때문에 하는 행위와 내가 해야만 하기(I must) 때문에 하는 행위를 구분한다. 내가 돌보기를 원하기 때문에 누군가를 돌보는 경우를 자연적 돌봄이라 한다. 그리고 내가 돌봐야 하기 때문에 누군가를 돌보는 경우를 윤리적 돌봄이라 한다. 윤리적 돌봄은 돌봄이 사람들과 관계하는 적절한 방식이라는 믿음에서 어떤 사람이 돌봄을 행하는 경우를 말한다. 나딩스에 따르면, 윤리적 돌봄은 자연적 돌봄에 토대를 두고 있으며, 그것에 의존한다 (Noddings, 2013[1984]: 83, 206). 사람들이 윤리적 이상(ethical ideal), 즉 사람들이 되고 싶어 하는 인간상을 정립하는 것은 바로 자신들을 돌봐준 다른 사람들과 다른 사람들에 대한 자연적인 돌봄을 통해서 이루어진다는 것이다.

나딩스는 돌봄의 한계에 주목한다. 그것은 우리가 모든 사람을 돌볼 수 없다는 사실이다. "돌봄에는 다른 한계들이 있다. 자연스럽게 내가 돌보지 않는 사람들이 있을 뿐만 아니라 나의 돌봄이 미치지 않는 사람들도 있다. 나는 보편적 돌봄의 관념 ―즉 모든 사람을 돌보는 것― 을 거부할 것이다. 그것은 실현 불가능하기 때문이다. … 대부분의 사람들은 모든 사람들을 돌보는 것이 가능할 뿐만 아니라 그렇게 하는 것이 도덕적 의무라고 생각한다. 우리는 … 모든 사람들에 대해 염려할 수는 있다. 우리는 누구든 마주치는 사람을 돌볼 마음의 준비를 할 수 있다. 그러나 이것은 우리가 말하는 돌봄과 다른 것이다(Noddings, 2013[1984]: 18)." 이는 심리적·물리적 거리에 의해 돌봄이 영향을 받는다는 것을 의미한다. 그렇다면 돌봄은 친밀한 최소한의 사람들에 대해서만 가능한 것인가? 이에 대해 나딩스는 돌봄의 원과 사슬이라는 메타포로 응답한다(Noddings, 2013[1984]: 46-48). 나를 중심으로 친밀도에 따라 가족에서부터 전혀 모르는 사람에 이르기까지 동심원을 그릴 수 있을 것이다. 나와 친밀도가 떨어질수록 돌봄의 정도는 약화된다. 그렇다면 나는 전혀 모르는 사람들을 돌볼 수 없다. 그러나 일종의 사슬이 존재한다. 나의 돌봄을 받은 사람이 내가 돌보지 못한 다른 사람을 돌보는 방식으로 돌봄의 사슬을 통해 나와 전혀 모르는 사람들이 연결된다는 것이다.

2. 버지니아 헬드(V. Held): 포괄적 가치이자 실천으로서 돌봄

헬드는 돌봄을 '실천인 동시에 가치'로 규정한다(Held, 2006: 4, 9). 가치로서 돌봄은 신뢰, 상호배려, 관심과 같이 관계에 내포된 가치들을 포괄한다. 이러한 가치들은 실천이 없다면 무의미하다. 돌봄은 구체적인 다양한 실천들을 통해 관계적 가치들을 드러낸다. 이러한 의미에서 그녀는 돌봄 윤리를 칸트적 의무론이나 공리주의적 목적론 또는 아리스토텔레스적 덕 윤리와 같은 지배적인 도덕이론들을 대체할 수 있는 잠재적인 도덕이론으로 본다. 그렇다면 헬드가 생각하는 돌봄 윤리의 특징은 무엇인가?(Held, 2006: 10－13)

첫째, 돌봄 윤리는 우리가 책임지는 특정한 다른 사람들의 필요에 관심을 가지고 대응하는 데서 도덕적 의미를 찾는다. 돌봄 윤리는 인간이 의존적인 존재라는 사실을 대전제로 한다. 그리고 돌봄을 필요로 하는 사람들에 대해 반응하는 책임에서 도덕의 저력을 찾는다. 특히 돌봄은 도움을 필요로 하는 보편적 타자를 지향하는 정의이론과 달리 구체적인 타자를 지향한다.

둘째, 돌봄 윤리는 도덕적인 문제를 이해하는 인식론적 과정에서 감정을 거부하기보다는 오히려 매우 중요하게 본다. 물론 모든 감정을 중요하게 여기는 것은 아니다. 다만 지배적인 합리주의적 접근방식들과는 달리 돌봄 윤리는 공감, 동정, 감수성, 반응성과 같은 감정들을 이성의 명령을 수행하고 도덕이 요구하는 것을 보다 잘 확인하는 데 도움이 되도록 도야될 필요가 있는 도덕적 감정들로 본다.

셋째, 돌봄 윤리는 도덕적인 문제에 대한 사유가 추상적일수록 편향성이나 자의성을 회피하는 것이 더 용이하기 때문에 불편부당성을 확보하는 데 더 가까이 접근할 수 있다는 지배적인 도덕이론들의 관점을 거부한다. 돌봄 윤리는 우리들이 실제적인 관계를 공유하는 구체적인 타자들의 주장과 거리를 두기보다는 존중한다. 돌봄 윤리는 지배적인 이론들의 보편주의적이고 추상적인 규칙들에 대해 문제를 제기한다. 돌봄 윤리 이론가들에게는 구체적인 타자의 도덕적 주장들이 보편적 기준에 따라 도덕적 판단이 이루어져야 한다고 보는 도덕 이론가들의 요구와 충돌하는 경우에도 타당하게 보일 수 있다. 이것은 도덕적으로 매우 중요하면서도 근본적인 문제이다. 따라서 돌봄과 정의, 친밀성과 불편부당성, 충성과 보편성 사이에는 잠재적 갈등이 존재한다. 돌봄 윤리의 핵심은 대립항들 간의 균형을 찾는 것이다. 돌봄 윤리가 그러한 균형을 찾는 데 사용하는 균형추는 관계이다. "돌봄 관계의 건강성은 그 관계에 있는 사람들의 협력의 건강성과 관계 그 자체의 건강성을 의미한다(Held, 2006: 12)."

넷째, 돌봄 윤리는 모든 분야의 페미니스트들과 마찬가지로 공적인 것과 사적인 것에 대한 전통적인 관념을 재개념화한다. 지배적인 도덕이론들이 의존하고 있는 전통적인 관점에 따르면, 가정은 정부가 간섭해서는 안 되는 사적인 영역이다. 돌봄은 그러한 사적 영역에서 이루어지는 활동으로서 주로 여성에게 부과된다. 실질적으로 돌봄은 필수적인 활동임에도 불구하고 공적으로 무의미한 것으로 치부된다. 돌봄 윤리는 본의 아니게 형성된 불평등하고 의존적인 관계들에서 발생하는 도덕적인 문제를 간과하지 않고 적극적으로 드러낸다. 그리고 이러한 특징들이 가정뿐만 아니라 더 넓은 사회에서도 발생하는 방식에 주목한다. 사람들은 어떤 성적, 인종적, 계급적, 민족적, 종교적, 국가적, 혹은 문화적 집단에서 태어나 자랄 것인지를 선택하지 못한다. 돌봄 윤리는 이러한 요소들이 사람들의 정체성 형성과 도덕적 사유에 미치는 영향에 주목한다.

다섯째, 돌봄 윤리는 인간을 지배적인 도덕이론들이 가정하는 자기완결적인 독립적 개인들이 아니라 관계적이고 상호의존적인 존재로 본다. 지배적인 도덕이론이 취하고 있는 인간관에 따르면, 인격은 관계 이전에 이미 형성된 상태에서 관계에 들어선다. 따라서 관계를 유지하거나 끊는 것, 요컨대 관계에 대한 책임은 개인의 자유로운 판단에 달린 것이다. 돌봄 윤리는 사람들의 관계성을 존재의 불가피한 전제조건으로 본다. 인격은 관계를 통해 형성된다는 것이다. 그런 의미에서 보면, 우리들은 책임을 자유롭게 지는 것이 아니다. 책임은 가족적, 사회적, 역사적 맥락에 관여되어 있는 사건들에 의해 우리에게 부여되는 것이다. 자유주의적 개인주의 도덕이 우리에게 분리된 개인이 될 것을 요청하는 데 반해, 돌봄 윤리는 우리에게 관계적 존재로서의 책임을 요청한다.

그렇다면 가치로서 돌봄은 다른 가치들, 특히 정의와 어떠한 관계에 있는가? 헬드는 정의 없는 돌봄은 가능하지만, 돌봄 없는 정의는 불가능하다고 본다. "정의는 가장 중요한 도덕적 가치들 가운데 하나이지만, 대부분의 삶은 그것 없이도 이루어져 왔다. 그리고 그러한 삶의 대부분에는 적당하게 좋은 면들이 있었다. 예를 들어, 모든 사회의 가족들 안에는 정의가 별로 없지만 돌봄이 많다. 그래서 우리는 정의 없는 돌봄이 존재한다는 것을 안다. 그러나 돌봄이 없다면, 존중할 사람도 없고 개선해야 할 가족도 존재하지 않을 것이다. 돌봄이 없다면, 그것이 정의로운 것일지라도 어떠한 공적인 권리들의 체계도 존재하지 못할 것이다. 그러나 돌봄은 단순히 인과적으로 우선적인 것이 아니다. 그것은 하나의 가치로서 더욱 포괄적인 것이다. 돌봄의 네트워크 안에서 우리는 정의를 요구할 수 있고 그래야 하지만, 정의는 지금까지 그래왔던 것처럼 정의의 정치적 실현을 도덕의 모델로 상상하면서 돌봄을 주변으로 밀어내서는 안 된다(Held, 2006: 71-72)."헬드는 돌봄이 정의보다 인과적으로 앞선다는 것을 강조하는 것이 아니라 상대적으로 포괄적이라는 점을 강조한다. 즉 돌봄은 정의를 포함하는 포괄적 가치로서 의미를 갖는다는 것이다.

헬드는 돌봄 관계가 가족, 친구, 심지어 복지 국가에서 발생하는 돌봄을 넘어 집단들을 함께 묶어주는 사회적 연계들, 정치적·사회적 제도들이 세워질 수 있는 유대들, 심지어는 세계의 시민들이 공유할 수 있는 전지구적 관심에 이르기까지 확대 적용될 수 있다고 본다(Held, 2006: 31). 또한 그녀는 돌봄 윤리가 사회적·정치적 제도의 재구조화를 가능하게 하는 급진적 윤리가 될 수 있다고 본다(Held, 2006: 130). 그녀가 기대하는 '돌봄 사회'는 "최소한의 법적 규제에 의해서만 제한되는 개인의 무한한 사익추구를 증진시키는 것보다는 구성원들 간의 사회적 관계들의 건강성에 관심을 둔다. … 실제 가족들과 시민사회의 결사체들의 도덕적 관심들은 주변적인 의미를 갖기보다는 중심적인 의미를 갖는다(Held, 2006: 136)."

3. 에바 키테이(E.F. Kittay): 공적 둘리아의 원칙

키테이는 돌봄을 '노동, 태도, 덕'으로 규정한다(Kittay, 2001: 560). 노동으로서 돌봄은 우리들이 돌봄을 필요로 할 때, 우리 자신과 다른 사람들을 유지하는 일이다. 태도로서 돌봄은 다른 사람의 안녕에 대한 적극적인 정서적 유대와 투자를 의미한다. 이러한 태도 없이도 돌봄 노동은 가능하지만, 좋은 돌봄을 기대하기 어렵다. 돌봄의 일관성, 즉 돌봄이 우리에게 어려움과 불이익을 가져다 줄 때조차도 돌봄을 유지하는 것은 덕의 도야를 필요로 한다. 덕으로서의 돌봄은 돌봄 행위에서 드러나는 속성이다. 그 행위에서 우리 자신의 상황에 대한 관심으로부터 돌봄을 필요로 하는 다른 사람의 상황에 대한 관심으로의 전환이 일어난다.

키테이에 따르면, 인간은 본질적으로 의존적이며 관계적 존재이다. "돌봄 제공자와 돌봄 수혜자 간의 의존관계는 인간이라는 동물의 불가피한 상황에 근거하는 것이다(Kittay, 2001: 561)." 인간은 생애의 주기와 신체적 변화 그리고 상황에 따라 때로는 돌봄의 제공자로 때로는 돌봄의 수혜자로 존재한다. 인간은 상호 의존적이다. 이러한 의미에서 인간으로 존재한다는 것은 "합리성과는 거의 관계가 없으며, 관계들 —세계와 그 안의 사람들에 대한 관계— 과 절대적인 관계에 있다. … 그것은 다른 사람들과 관계를 맺고, 다른 사람들과 계속해서 교류하며, 자기 자신의 세계와 다른 사람들의 세계를 형성하고, 다른 사람이 자기 자신에게 가능한 것으로 상상할 수 있는 삶을 영위하는 능력을 갖는 것을 의미한다(Kittay, 2001: 568)." 그럼에도 불구하고 의존적인 현상들이 가시적이지 않기 때문에 인간의 의존성과 관계성에 대한 인식이 충분하게 이루어지지 않는다. "의존들 가운데 많은 것들은 보이지 않는다. … 어떤 의존들은 너무나 잘 보인다. … 인식되지 않은 의존은 여전히 독립이 아니다. 어떤 특별한 행위나 기능을 제외하고 독립은 허구이다(Kittay, 2001: 570)."

이러한 전제 위에서 키테이가 주목하는 것은 돌봄과 정의의 문제이다. 롤스에 의하면, 이상적인 사회의 이미지는 호혜성과 상호성의 원리에 따라 협동이 이루어지는 사회이다. 사회의 구성원들은 협동의 결과로서 혜택을 받는 만큼 그러한 결과의 창출을 위해 부담을 져야 한다는 것이다. 그런데 다른 사람에게 의존을 해야 하는 사람들과 돌봄 노동자들의 관계 그리고 그러한 의존관계와 사회전체와의 관계는 호혜성과 상호성의 원리를 충족시킬 수 없기 때문에 롤스의 공정으로서 정의 관념 안에 의존성의 문제를 포함시키기 어렵다. 따라서 돌봄 윤리의 과제는 호혜성의 원리를 확장하는 것이다.

키테이는 '필요'에서 호혜성의 원리를 확장시킬 수 있는 실마리를 찾는다. 요컨대 필요 개념을 통해 정의로운 사회에서 이루어지는 협동에 의존성의 문제를 담을 수 있는 개념적 공간을 확보할 수 있다는 것이다(Kittay, 1999: 106). 키테이는 출산 이후에 아기를 돌보는 어머니를 대표적인 예로 든다. 산모는 출산의 생리학적 외상으로 인해 그리고 절대적 의존관계에 있는 아기의 필요를 충족시켜주는 과정에서 더욱 더 취약해질 수 있다. 전통적으로 출산직후의 시기에 산모는 아기를 돌보는 데 전념하고, 가족의 다른 구성원들이 산모의 필요와 가정에서 산모가 했던 일들을 돌본다. 가족들이 흩어져 있거나 공동체의 지원이 이루어지지 않는 경우에는 산후 돌봄 제공자인 '둘리아'를 고용하기도 한다.

키테이는 둘리아에 주목한다. 고대 그리스에서 둘리아는 원래 노예를 의미했으나 다른 사람을 돌보는 사람들을 돌보는 돌봄 제공자를 의미하게 되었다. 그녀는 둘리아 개념에서 자신을 돌볼 수 없는 사람들에게 돌봄을 제공하기 위해 도움을 필요로 하는 사람(돌봄 제공자이자 동시에 돌봄을 필요로 하는 사람)과 그런 사람들에게 도움을 주는 사람(돌봄 제공자의 필요에 돌봄을 제공하는 사람)과의 관계 — 정확히 호혜성의 관계가 아니라 복잡하게 얽혀있는 호혜성의 관계 — 를 전제로 하는 상호의존 개념을 제안한다. 키테이는 둘리아에 의해 수행되는 서비스의 관념을 확장하여 돌봄을 필요로 하는 사람을 돌봄으로써 돌봄이 필요하게 된 사람들이 돌봄을 받을 수 있도록 서비스를 제공하는 체제에 둘리아라는 용어를 사용한다. 그녀가 말하는 둘리아는 "남에게 한 대로 되받게 된다"는 일상적인 말에서 포착할 수 있는 윤리이다. 만일 내가 도움을 필요로 하는 사람을 도와주게 되면, 다음에 내가 도움을 필요로 할 때 누군가가 도움을 줄 것이라는 말이다. 이러한 의미에서 둘리아의 원칙은 다음과 같이 정리될 수 있다. "우리가 생존과 번영을 위해 도움을 필요로 하는 것처럼, 우리는 돌봄 노동을 하는 사람들을 포함하여 다른 사람들이 생존과 번영을 위해 필요로 하는 돌봄을 받을 수 있는 조건을 제공할 필요가 있다(Kittay, 1999: 107)."

일반적인 호혜성의 원리에 따르면, B가 돌봄을 필요로 하는 A에게 돌봄을 제공하는 경우, B가 필요로 하는 돌봄은 A가 돌봄에 대해 제공한 보답에 의해 충족되거나 스스로 충족시켜야 한다. 둘리아 원칙에 내재된 호혜성은 돌봄 제공자가 돌봄 수혜자에게 즉각적으로 돌봄에 상응하는 보답을 받는 일반적인 호혜성과 다르다. 돌봄을 필요로 하는 A는 B에게 돌봄을 받고, B가 돌봄을 필요로 할 때 C나 D에게 돌봄을 받을 수 있다는 것이다. 대표적인 예는 세대들 간의 관계에서 볼 수 있다. 사회는 세대들을 통해 지속하는 결사체이기 때문에, 세대들 간의 정의를 위해 확장된 호혜성 관념이 적용될 필요가 있다. 현세대가 후세대에게 제공하는 돌봄에 대해 상응하는 보답을 받을 수 있는가? 만일 그렇지 않다면, 호혜성의 원리에 따라 부정의하다 하겠다. 그렇다면 현세대가 전세대에게서 받은 돌봄에 대해 상응하는 보답을 하지 않은 것 역시 부정의하다 하겠다. 그러나 확장된 호혜성의 원리에 따르면, 현세대의 돌봄에 대한 보답은 전세대가 사전적으로 제공한 것이며, 그 보답에 상응하여 현세대는 후세대에 돌봄을 제공한다. 따라서 통시적으로 호혜성의 원리가 실현되는 것으로 볼 수 있다.

　돌봄 관계에서 이루어지는 돌봄 노동은 낭만적인 것이 아니다. 노동자로서 돌봄 제공자는 착취당할 가능성이 있다. 돌봄 노동의 특수성 때문에 그리고 전통적으로 돌봄이 노예나 여성에게 부과되었기 때문에, 돌봄 노동자들은 다른 경우보다 착취당하기 쉽다. 임금을 받는 경우도, 돌봄 노동에 대한 임금은 수준이 낮은 편이다. 가족구성원들의 돌봄 노동은 일반적으로 임금을 받지 못한다. 돌봄 노동자들은 대체로 사회에서 상대적으로 힘이 없는 계급이나 집단의 출신들이며, 그들의 고용주보다 사회적 지위가 낮은 편이다. 결과적으로 고용주가 돌봄의 필요를 충족시키기 위해 돌봄 노동자에게 완전히 의존하지만, 돌봄 노동자는 고용주나 돌봄 수혜자의 행동에 취약할 수밖에 없다(Kittay, 2001: 561).

　따라서 키테이는 '공적 둘리아' 개념을 제안한다. "우리의 패러다임이라 할 수 있는 둘리아는 사적인 상호작용에 참여한다. 롤스의 관심은 공적인 것, 즉 사회의 기본구조에 한정된다. 그 패러다임은 사적인 상호작용에 관한 것이지만 나는 둘리아의 관념을 공적 영역에까지 확장할 것을 요구한다. 돌봄 제공자에게는 의존자를 돌보아야 할 책임이 있다. 사회는 돌봄 제공자가 노동력을 착취당하지 않으면서 의존자에 대한 책임을 완수할 수 있도록 돌봄 제공자의 안녕을 돌볼 수 있는 방법을 찾는다. 이것이 공적인 둘리아 개념이다. 인간의 의존성이 정의의 조건일 수밖에 없기 때문에, 그리고 의존자에 대한 돌봄은 돌봄 노동자로 하여금 의존자의 복지에 우선성을 두도록 도덕적으로 강제하기 때문에, 공적인 둘리아 개념은 돌봄 노동자들을 공평하게 대우하는 것, 의존자들에게 돌봄을 제공하는 것, 그리고 근본적인 인간적 애정이 자라나고 번성하는 의존관계를 존중하는 것과 같은 세 가지 목표를 달성하는 데 필요하다(Kittay, 1999: 107-108)."

　돌봄에 대한 필요를 충족시켜주고, 돌봄을 정의롭게 행하는 사회 없이 돌봄 노동자 혼자 돌봄을 행하는 것으로는 충분하지 않다. 돌봄의 책임을 지고 있는 돌봄 노동자들에게 도움과 지지를 제공하는 사회제도들을 보장하는 원리들이 존재해야 한다. 이는 둘리아 개념에 내재되어 있는 확장된 호혜성의 원리를 필요로 한다. 둘리아 개념에 따르면, 돌봄을 받는 사람과 돌봄을 제공하는 사람의 가치가 모두 공적으로 인정되어야 한다. 의존자들을 돌보는 노동을 하는 데 드는 부담과 비용이 돌봄 노동자에게만 부과되어서는 안 된다. 그리고 돌봄 관계를 지속시키는 일은 사회에 의해 보장되어야 한다.

요약하면, 공적 둘리아의 원리는 다음과 같은 의무를 요구한다. 첫째, 의존관계가 돌봄 노동자와 의존자 모두에게 만족스러울 수 있게 하는 '사회적 책임'이 이행되어야 한다. 둘째, 돌봄 제공자들이 사회적 협력의 혜택을 받는 데 불이익을 받지 않고 돌봄 노동을 할 수 있도록 함으로써 돌봄의 태도를 장려하고 돌봄을 존중하는 '사회제도'가 마련되어야 한다(Kittay, 1999: 109). 협소한 정의와 권리 개념에 의해 규정된 질서정연한 사회에 대한 롤스적인 그리고 자유주의적인 설명은 불완전하거나 아니면 불충분하다. 만일 사회에서 모든 구성원들에게 정의로운 방식으로 제공해야 할 책임이 있는 가치로서 돌봄이 공적으로 인정받지 못한다면, 그 사회는 질서정연한 사회가 될 수 없다.

4. 조안 트론토(J. Tronto): 돌봄 민주주의

트론토는 돌봄을 정치적 관점에서 바라본다. 정치가 가치의 배분과 관련된 것이기 때문에, 돌봄의 사회적 배분 역시 정치적일 수밖에 없다. 어떤 사람들은 돌봄의 부담을 전담하는 데 반해 다른 어떤 사람들은 돌봄의 부담으로부터 자유롭다. 예컨대 남성, 권력이 있는 사람들, 부유한 사람들은 돌봄 노동으로부터 자유로운데 반해, 여성, 권력이 없는 사람들, 가난한 사람들이 돌봄 노동을 전담한다. 인간은 기본적으로 의존적이고 돌봄을 필요로 하는 존재라는 점에서 평등하다. 그런데 필수적인 돌봄이 불평등하게 분배되는 경향이 있는데, 그 이유는 사회구조에서 찾을 수 있다. 구조적 편견이 불평등한 권력관계를 정당화하고 반복적으로 이루어지는 정치적 결정을 통해 강화된다. 따라서 돌봄과 관련된 불평등은 정치적인 문제라 할 수 있다. 트론토의 문제의식은 간명하다. 돌봄의 결핍 문제는 정치적 차원에서 바라볼 때만이 적절하게 해결될 수 있다는 것이다.

트론토는 현대의 중요한 문제라 할 수 있는 민주주의의 결핍과 돌봄의 결핍을 본질적으로 밀접하게 연관된 문제로 파악한다. 민주주의의 결핍은 민주주의가 국민의 요구를 적절하게 반영하지 못하는 상황을 말한다. 돌봄의 결핍은 돌봄이 필요한 사람들에게 적절하게 제공되지 못하는 상황을 말한다. 그녀에 따르면, 두 결핍은 개별적으로 해결될 수 있는 문제가 아니다. 민주주의의 결핍을 해결하지 않고는 돌봄의 결핍을 해결할 수 없고, 돌봄의 결핍을 해결하지 않고는 민주주의의 결핍을 해결할 수 없다는 것이다. 돌봄이 적절히 제공된다면, 의존적인 상태에 있는 사람들이 자신들의 의견이나 요구를 표현할 수 있는 기회를 가질 수 있기 때문에 정치과정에 그들의 요구가 반영될 가능성이 높다. 따라서 더 많은 민주주의를 기대할 수 있다. 또한 민주적인 절차에 보다 많은 사람들이 자신들의 요구를 표현할 수 있는 기회가 보장된다면, 돌봄의 요구를 정치과정에 반영할 가능성이 커질 것이다. 따라서 더 많은 돌봄을 기대할 수 있다.

그러한 의미에서 트론토는 '돌봄 민주주의'를 제안한다. "민주주의에서 한 시민으로 존재한다는 것은 시민들을 돌보는 것이며 민주주의 자체를 돌보는 것을 의미한다. 나는 이러한 실천을 '함께 돌봄(caring with)'이라 부른다. 돌봄과 마찬가지로 시민권은 (정부가 돌봄을 필요로 하는 사람들을 지원할 때처럼) 지원과 (정치제도와 공동체를 유지하고 존속시키기 위해 일조해야 하는) 부담을 표현하는 것이다. 실제로 시민들은 그러한 민주적 돌봄에 함께 하기 위해 자신과 다른 사람들에 대한 책임에 대해 면밀히 생각해야 한다. 그리고 정치를 단순히 선거 경쟁이 아니라 나라를 적절한 방향으로 인도하는 집합적 행위로 생각할 필요가 있다(Tronto, 2013: x)."

돌봄 민주주의가 전제하는 돌봄의 개념은 무엇인가? 트론토는 매우 포괄적인 돌봄 개념을 제시한다. "가장 일반적인 수준에서, 돌봄은 우리가 가능한 한 세계에서 잘 살 수 있도록 우리의 세계를 유지하고 지속시키고 개선하기 위해 하는 모든 것을 포함하는 종(種)의 활동이다. 그 세계는 우리의 몸과 자아 그리고 환경을 포함하는데, 우리는 복잡하고 삶을 지속시키는 그물망 안에서 그 모든 것들의 조화를 추구한다(Tronto, 2013: 19)." 사실상 세계의 유지, 조화, 발전을 추구하는 인간의 모든 활동을 돌봄으로 규정하고 있다. 이 개념 안에는 나쁜 돌봄과 좋은 돌봄, 또는 덜 좋은 돌봄과 더 좋은 돌봄과 같이 돌봄의 질적 수준을 판단할 수 있는 규범적 기준이 내포되어 있다. 더 나은 돌봄을 확보하기 위한 정치적 과제는 민주주의를 실현하는 것이다. "민주적인 방식으로 사는 것이 돌봄이나 인간적 삶의 유일한 목표는 아니지만, 민주사회에서 그것은 민주적 돌봄 실천의 목표이다. 따라서 민주적 정치는 돌봄에 대한 책임을 분담하는 데, 그리고 민주적 시민들이 이러한 책임의 분담에 최대한 참여할 수 있게 하는 데 중점을 두어야 한다. 민주적 정치의 과제는 책임을 확실하게 하는 것이다. 우리가 살 만한 인간적 삶을 만들기 위해 돌봄을 중심에 두어야 한다는 것을 인정한다면, 민주적 정치는 돌봄 책임 —책임의 성격, 책임의 분담, 책임의 완수— 에 더 많은 관심을 기울여야 한다(Tronto, 2013: 30)."

트론토가 전제하고 있는 돌봄 윤리의 인간관, 정치관 그리고 윤리관에 대해 보다 구체적으로 살펴보자.

첫째, 돌봄 윤리가 전제하고 있는 인간상은 세 가지 측면에서 살펴볼 수 있다(Tronto, 2013: 30-32). 하나는 인간은 관계적 존재라는 것이다. 여기에서 주목할 필요가 있는 것은 인간의 본성을 이타적이 아니라 관계적이라 규정한 점이다. 이타성은 이기성과 상반되는 성향을 표현하는 것이지만, 자율적이고 독립적인 인간관을 전제로 한다는 점에서는 이기성과 다르지 않다. 관계적 인간관은 자율적이고 독립적인 인간관과 대별되는 것이다. 다른 하나는 모든 인간은 취약하고 허약한 존재라는 것이다. 어떠한 사람도 다른 사람들의 직접적이거나 간접적인 도움 없이는 생존할 수도 번성할 수도 없다. 또 다른 하나는 모든 인간은 평생을 살면서 돌봄 수혜자가 되기도 하고 돌봄 제공자가 되기도 한다는 것이다. 이 말은 그 누구도 돌봄으로부터 자유로울 수 없다는 것이다. 관계성, 취약성, 돌봄의 불가피성으로부터 "인간은 상호의존적인 존재이다"라는 명제를 도출할 수 있다. 상호의존성은 관계에 있는 사람들의 개성이 사라짐을 의미하는 것이 아니다. 상호의존성은 의존관계에 있는 사람들의 다름이 없이는 불가능한 것이다. 이러한 의미에서 돌봄 윤리의 과제는 인간의 의존성과 다름의 본질적 관계를 확인하고 드러내는 일이라 하겠다.

둘째, 정치적 측면에서 돌봄 윤리는 어떻게 사회정치적 제도가 일부 사람에게는 돌봄의 짐을 짊어지게 하고, 다른 일부에게는 그것을 회피할 수 있게 하는지를 밝히는 데 초점을 맞춘다(Tronto, 2013: 32-34). 돌봄 윤리가 정치에 주목하는 이유는 돌봄의 배분이나 돌봄 관계에 권력이 작동하기 때문이다. 돌봄의 배분과 관련하여, 공적 영역과 사적 영역의 분리는 공적 영역에서 일부 정치적 문제들을 배제해버렸다. 공과 사의 분리가 자연적인 것으로 오도되어 정치 이전의 현상으로 인식되면, 사적인 것이 비정치적인 것으로 배제되는 것이 자연스러워 보인다. 공과 사의 분리는 전(前)정치적 현상이 아니라 정치적 현상이다. 돌봄이 사적인 것이고, 가부장적인 가정 안에서 여성에게 분담되는 것을 당연하게 보는 전통적인 관점은 '자연스러운 것'이 아니다. 돌봄 정치의 과제는 이렇게 당연하고 자연스러운 것으로 보이는 것에 문제를 제기하는 것이다. 다음으로 모든 돌봄 관계에는 미세하지만 권력의 격차가 존재한다. 따라서 돌봄 관계는 정치적이다. 민주적인 돌봄 정치의 핵심은 권력의 상대적 평등을 어느 정도 유지하는 것이다. 이러한 관점에서 보면, 돌봄 관계에 내재하는 권력관계를 용인하는 것은 반민주적이라 할 수 있다. 민주적 돌봄 정치는 돌봄 관계에 내재하는 권력의 격차를 줄이는 데 초점을 맞춘다.

정치적인 차원에서 돌봄 윤리는 돌봄 민주주의를 지향하는데, 그 내용은 모든 사람들에게 발언권을 실질적으로 평등하게 부여하고 권력의 격차를 줄이는 것이다. "돌봄 민주주의는 사회에서 책임의 본질에 대한 의미 있는 민주적 토론을 위한 조건을 조성하기 위해 발언권의 진정한 평등과 권력의 격차를 최대한 줄이는 진정한 평등에 대한 동참을 요구한다. 기존의 민주주의 이론들은 단순히 평등한 발언권과 같은 목적들을 내세우고 있지만, 사회가 좀 더 나은 평등의 세상에 도달할 수 있는 방법에 대해서는 설명을 제시하지 못하고 있다. 정치이론가들은 그러한 문제들을 해결하기 위해 내용적인 측면보다는 절차적인 측면에 초점을 맞춘다. 기존의 민주주의 이론의 프레임이 구성되는 주요 방법들 가운데 하나는 숙의민주주의와 경합민주주의 경우와 같이 주로 민주적 토론의 성격에 대한 관점의 차이와 관련이 있다. 각 진영 안에서는 절차들에 대한 토론의 진전이 이루어지고 있으나, 각 진영들 사이에 또는 각 진영 안에서 민주적 토론의 내용에 대해서는 논의가 거의 없다(Tronto, 2013: 33-34)." 트론토는 돌봄이 민주적 토론의 핵심적인 내용이 되어야 한다고 생각한다.

셋째, 돌봄 윤리는 윤리적 혹은 규범적 가치를 내포하고 있다. 트론토는 단계별로 강조되어야 할 규범들을 다음과 같이 제시한다(Tronto, 2013: 22-23, 34-35).

1. 돌봄 염려(caring about) — 관심(attentiveness): 돌봄의 첫 번째 단계에서는 어떤 사람이나 집단이 충족되지 않은 돌봄 필요에 주목한다. 염려는 주의 깊게 관심을 기울이는 도덕적 자질, 자신의 이해관계를 앞세우지 않는 도

덕적 자질 그리고 순수하게 돌봄을 필요로 하는 사람의 입장에서 바라보는 능력을 요구한다.

2. 돌봄 분담(caring for) — 책임(responsibility): 일단 돌봄 필요가 확인되면, 어떤 사람이나 집단이 그러한 필요를 충족시켜야 할 부담을 져야 한다. 이것이 책임이며, 두 번째 단계의 핵심적인 도덕적 자질이다.

3. 돌봄 제공(care giving) — 수행성(competence): 책임을 분담하는 것은 아직 실제로 돌봄을 제공하는 것이 아니다. 돌봄을 제공하는 것이 돌봄의 세 번째 단계이며, 수행이라는 도덕적 자질이 요구된다. 돌봄 책임에 따라 돌봄을 수행하는 것은 단순히 기술적인 문제가 아니라 도덕적인 문제이다.

4. 돌봄 수혜(care receiving) — 반응성(responsiveness): 일단 돌봄이 수행되면, 돌봄을 받은 개인, 집단, 동물, 식물, 환경 등으로부터 반응이 있게 마련이다. 그러한 반응을 관찰하고, 그것에 대해 판단하는 데는 반응성이라는 도덕적 자질을 필요로 한다. 돌봄을 받은 사람이 반응을 다 보여야 할 필요는 없지만, 어떤 반응은 필요하다. 그리고 그 반응은 과거의 필요들이 충족되면 새로운 필요들이 등장하기 때문에 그 과정이 계속된다는 것을 보여준다.

5. 함께 돌봄(caring with) — 연대성(solidarity): 돌봄의 마지막 단계에서는 돌봄 필요들과 그것들이 충족되는 방식들이 모두를 위한 정의, 평등, 자유에 대한 민주적 노력과 일치되어야 한다. 이를 위해 '다양성, 소통, 신뢰 그리고 존중'에 초점을 맞춰야 한다.

돌봄의 각 단계에는 권력이 작용하고 갈등이 존재한다. 요컨대 집합적인 토론과 협상을 내용으로 하는 돌봄 정치가 작동한다. 돌봄에 대한 관심의 단계에서는 공적으로 돌볼 가치가 있는 돌봄 필요들을 확정하는 과정이나 돌봄 필요들의 우선순위를 평가하는 과정에, 돌봄에 대한 책임의 단계에서는 돌봄 제공자를 결정하는 과정이나 돌봄에 필요한 자원을 동원하는 방법을 결정하는 과정에 정치가 작동한다. 두 과정에서 돌봄 수행이나 돌봄 반응 그리고 함께 돌봄과 관련된 문제들이 정치적으로 논의된다. 돌봄 수행과 관련해서는 돌봄 제공자의 지위를 평가하는 문제나 노동 시간이나 임금과 같은 돌봄 노동의 조건에 관한 문제, 돌봄 반응과 관련해서는 돌봄 수혜자의 지위를 평가하는 문제나 시간이나 비용과 같은 돌봄 수혜의 조건에 관한 문제들이 주요 논의 대상이 된다. 돌봄 연대와 관련해서는 타자화되고 주변화된 사람들의 정치적 토의와 결정과정에의 실질적인 참여와 관련된 문제가 주요 논의 대상이 된다.

결론적으로 함께 돌봄 또는 민주적 돌봄은 좋은 돌봄, 정확히는 더 좋은 돌봄의 가능성을 열어준다(Tronto, 2013: 156－157). 첫째, 돌봄은 민주적으로 제공될 때 더 좋아진다. "백지장도 맞들면 낫다"라는 말이 있다. 인간생활의 다른 측면들과 마찬가지로 돌봄은 보다 많은 사람들이 참여할 때 유익해진다. 돌봄의 범위가 확장되는 데는 한계가 있겠지만, 참여는 양질의 돌봄을 제공할 수 있는 범위를 넓히는 데 기여할 것이다. 둘째, 사회적 가치로서 연대는 사람들 사이의 돌봄을 위한 조건과 민주적 가치에 대한 더 큰 반응을 불러일으키는 조건을 창출한다. 다른 사람들과 공동의 목적의식을 공유하는 시민은 다른 시민들을 더 잘 돌볼 가능성이 있으며, 자신의 돌봄 행위를 통해 다른 시민에게 책임감을 느낄 가능성이 더 크다. 게다가 그러한 연대는 선순환을 창출한다. 사람들이 다른 사람들의 돌봄 필요에 좀 더 공감하기 때문에, 그들을 돌보는 일을 더 잘할 가능성이 있다. 셋째, 민주적 돌봄이 위계질서를 평평하게 만드는 한 돌봄의 질 개선에 도움이 된다. 덜 위계적인 권위 유형들은 더 쉽게 공유된 관점을 만들어낸다. 그리고 그렇게 공유된 관점들은 사회적 자본과 현명한 행동을 가져올 가능성이 더 크다. 비록 합리적이라 추정되는 관료제적 위계질서 앞에서 사라져버릴지 모르지만, 이 원칙은 더 폭넓게 받아들여지게 될 것이다.

5. 돌봄과 공공성

돌봄의 문제는 주로 페미니스트들을 중심으로 논의되었다.[14] 일반적으로 돌봄은 사적 영역에서 여성들에 의해 돌봄을 필요로 하는 사람들에게 제공되는 활동으로 인식된다. 현실적으로 돌봄을 받는 사람들과 돌봄을 제공하는 사람들은

---

14) 조혜정(2006), 김완순(2008), 김희강·강문선(2010), 마경희(2010), 남찬섭(2012), 박병춘 (2013), 조성민(2013), 이선미(2016), 김희강(2017) 등 참조.

취약하다. 따라서 이들에 대한 공적 돌봄이 없이는 가장 불우한 처지에 있는 사람들의 삶의 질을 보장할 수 없다. 이처럼 사적 영역의 일로 인식되는 돌봄을 공적 영역의 책임으로 전환시키는 것이 돌봄 윤리의 핵심이다. 그러한 과정에서 부딪히는 문제는 돌봄이 기존의 정의담론이나 복지담론과 어떠한 관계에 있는가 하는 것이다. 먼저 정의와 돌봄의 관계를 살펴보자. 정의담론은 개인의 권리와 자율성에 기초하여 보편적인 정의원리를 구성하는 데 초점을 맞춘다. 요컨대 정의담론은 사람들이 자신과 특별한 관계에 있는 사람에 대한 돌봄보다는 더 많은 사람을 고려하는 보편성의 원리에 따르는 것이 더 공정하고 도덕적으로 성숙한 것으로 본다. 이와 달리 돌봄담론은 사람들 간의 관계와 공감을 바탕으로 서로의 필요욕구를 충족시키는 논리를 개발하는 데 초점을 맞춘다. 따라서 돌봄 윤리는 다른 사람들의 돌봄 필요에 민감하게 반응함으로써 그들과 좋은 관계를 유지하는 것을 도덕적으로 바람직한 것으로 본다. 보편성을 지향하는 정의담론과 특수성을 지향하는 돌봄담론은 도덕적 문제 상황에서 갈등을 일으킬 수 있다. 그러나 기본적으로 돌봄과 정의가 배타적이지 않으며, 정의윤리의 빈 곳을 돌봄 윤리가 채워줄 수 있다는 생각이 지배적이다. 이것은 공공성의 영역이 확장될 수 있음을 의미한다.

다음으로 돌봄과 복지의 관계를 살펴보자. 일반적으로 복지는 사회적 연대를 토대로 한다. 그것은 비인격적인 연대이며 강제적인 연대이다. 비인격적 연대는 연대의 혜택을 받는 사람들을 자율적 존재로 대우하는 것을 가능하게 하며, 강제적 연대는 연대의 지속성을 보장한다. 돌봄 윤리는 위험과 불평등이 개인화될 때, 요컨대 개인적 책임으로 치부될 때, 비인격적·강제적 연대만으로는 그것에 대응하기 어렵다는 데 주목한다. 복지의 경우와는 달리 돌봄은 기본적으로 인격적 연대에 기초한다. 이들의 입장은 '비인격적 연대를 지향하는 제도적 노력과 함께, 다양한 종류의 돌봄의 실천 속에서 타인의 구체적 필요와 그 맥락성에 대한 인간적 감각을 회복하고 돌봄의 능력을 계발할 필요(이선미, 2016: 250)'가 있음을 강조한다. 돌봄담론에 의하면, 궁극적으로 정의의 이념과 복지를 돌봄의 이념과 조화시키는 실천적 노력으로서 민주적 돌봄 정치가 더 많은 공공성의 실현 가능성을 높여준다는 것이다.

제4절 공익과 공공가치

공익이나 공공가치는 공공성과 밀접한 관계가 있으며, 때로는 유사한 용어로 사용되는 경우도 있다. 이 개념들을 엄밀하게 구분하기는 쉽지 않다. 왜냐하면 공공성, 공익, 공공가치가 여전히 논쟁적인 개념이기 때문이다. 개념의 정체가 분명하다면 개념들 간의 구분이 명확할 수 있으나, 그것이 불분명하다면 개념들 간의 구분은 이루어질 수 없다. 다만 공익과 공공가치는 정부의 정책적 활동에 초점을 맞추고 있다는 점에서 정부 이외의 다양한 사회적 행위주체들의 활동 전반에 초점을 맞추고 있는 공공성과 다르다 하겠다. 이 절에서는 공익과 공공가치에 대해 살펴본다.

1. 공익

공익은 매우 논쟁적이고 모호한 개념이다. 그래서 국익, 공동이익, 공동선, 공공선 등과 같은 다양한 용어들로 정의되기도 한다(박정택, 1990: 79-85). 그러다 보니 공익을 어느 하나의 개념으로 정의하는 것은 불가능하다. 따라서 여기에서는 공익을 정의하기보다는 공익의 유형을 논의하는 데 초점을 맞춘다.

1) 슈버트(G. Schubert)의 경우

슈버트는 공익 이론가들의 입장을 귀납적으로 합리주의자, 이상주의자, 현실주의자 등 세 가지 유형으로 범주화한다(1960). 첫째, 합리주의자는 모든 시민들이 공유하고 있는 가치, 다수가 공유하는 가치, 혹은 공공의지를 반영하여 정치적으로 프로그램화되거나 법령화된 가치와 같이 사회의 개인들이 이미 지니고 있는 실제적인 가치를 공익으로 이해하는 규범주의적 입장을 취한다. 그러한 의미에서 정책결정자는 사회구성원들이 공유하고 있는 가치의 해석자라 하겠다. 그러나 문제는 시민들이 공유하고 있는 가치들을 식별하기가 매우 어렵다는 데 있다.

둘째, 이상주의자는 공공정책을 결정하는 데 있어서 공중을 불신한다. 그리고 바람직한 결정에 이르기 위해서는 공무원과 정치가의 지혜에 맡기는 것이 유리하다는 엘리트주의적인 입장을 취한다. 이러한 의미에서 정책결정자는 공익의 결정자라 하겠다. 그러나 문제는 개인적인 욕망과 이해관계 그리고 제한된 지식을 가진 정치가와 공무원이 양심적으로 지혜를 총동원하여 결정을 내릴 것이라고 확신할 수 있는 근거가 없다는 데 있다.

셋째, 현실주의자는 사회를 다양한 이익을 추구하는 집단들의 집합체로 이해한다. 다양한 이익집단의 경쟁을 전제하는 다원주의적 입장을 따른다. 따라서 공동이익이나 국가이익은 집단의 이익을 초월해서 존재할 수 없다. 그런 의미에서 정책결정자에게는 결정자의 역할보다는 오히려 경쟁하는 집단들이 타협에 도달할 수 있도록 도움을 주는 중재자나 조정자의 역할이 요구된다. 중재나 조정을 통해 도달한 합의점이 곧 공익이 된다. 그러나 문제는 정책결정자에게 결정에 대한 책임을 회피할 수 있는 빌미를 제공할 수 있다는 데 있다.

2) 코치란(C.E. Cochran)의 경우

코치란 역시 귀납적으로 공익론가들의 입장을 폐지론, 규범론, 과정론, 합의론 등 네 가지 유형으로 분류한다(Cochran, 1974).

첫째, 폐지론은 다양한 이유를 들어 공익 개념의 의미나 타당성을 부정한다. 공익 개념을 부정하는 사람들은 정치적 삶의 근거로서 공동체를 부정하며, 정치사회의 목적으로서 공동선을 부정한다. 과학적으로 정치현상을 설명하고자 하는 이론가들은 공동체, 공동선, 공익과 같은 개념들을 측정할 수 없는 일종의 유령과 같은 개념으로 취급한다. 공익은 이익갈등을 핵심으로 하는 정치과정에서 개인이나 집단들이 자신들의 이익을 정당화하기 위해 호출하는 수사일 뿐이라는 것이다. 이처럼 폐지론자들에 따르면, 공익은 확인 불가능하고 측정이 불가능한 추상적인 개념이며, 단지 사익을 합리화하기 위해 동원되는 수사에 불과하기 때문에 연구할 가치가 없다는 것이다. 문제는 어떤 현상이 과학적으로 확인 불가능하다고 해서 그러한 현상이 존재하지 않는다고 생각하는 것이 정당화될 수 있는가 하는 데 있다.

둘째, 규범론은 공익을 공동체의 선이나 공동선으로 본다. 공익은 정치질서가 추구해야 하는 목표와 공공정책들을 평가하기 위한 윤리적 기준이 된다. 요컨대 공익(또는 공동선)은 규범적인 개념이며, 중요한 규범은 전체 공동체의 일반적인 선이라는 것이다. 따라서 규범적 공익론은 인간을 단순히 사적인 이익을 위해서가 아니라 더 나은 공동의 삶을 위해 (정치적 결사체를 포함하여) 결사체들을 형성하는 사회적 존재로 본다. 사람들은 협력체나 이익집단뿐만 아니라 공동체를 형성한다. 그러한 공동체의 선은 공동선, 즉 공동의 삶을 고양시키고 모든 사람들에 의해 공유되는 선이 될 것이다. 따라서 이러한 공익 개념 하에서는 제안된 공공정책을 판단하는 규범적 기준은 그 정책이 대안적인 정책들보다 공동선에 더 기여할 수 있는지 여부가 될 것이다. 문제는 사람들이 공동선을 확인하는 것이 과연 얼마나 가능한가 하는 데 있다.

셋째, 과정론은 정책이 만들어지는 정치과정에 근거해서 공익을 이해한다. 과정론에는 세 가지 하위범주들이 있다. 하나는 공익을 개인들의 이익의 총합으로 보는 것이다. 이러한 사고의 기원은 최대다수의 최대행복을 사회의 목표로 생각하는 벤담과 공리주의자들에서 찾을 수 있다. 다른 하나는 공익을 이익들 간의 충돌의 결과로 보는 것이다. 이러한 입장에 따르면, 공익은 집단들 간의 이익조정을 통해 도달한 타협을 상징하는 구호로서의 의미를 가질 뿐이다. 요컨대 공익은 의도적으로 추구되는 것이 아니라 갈등과정에서 도달하게 된 결과에 사후적으로 붙여지는 이름에 불과하다는 것이다. 또 다른 하나는 공익을 민주적인 이익조정의 과정 혹은 적법절차로 보는 절차주의이다. 절차주의자들은 사익을 추구하는 집단들이 경쟁할 때, 정치적인 보이지 않는 손이 결과들을 인도한다고 본다. 이러한 결과들 자체를 공익이라 할 수 없지만, 결과들을 만들어내는 적법절차 자체를 공익으로 볼 수 있다는 것이다. 문제는 아무런 지향점 없이 절차를 따른다는 것이 무슨 의미가 있는가 하는 것이다.

넷째, 합의론은 공익을 공적 토론을 통해 도달한 공공가치에 대한 합의로 본다. 합의론자들은 공익을 개인이나 이익집단의 이익보다는 더 넓은 의미로 이해한다. 공익은 민주사회의 작동에 필요한 최소한의 합의와 관련된 개념이다. 이러한 합의는 정치적 행위의 기본적인 규칙들과 사회의 기본적인 원리들에 초점을 맞춘다. 공익에 대한 합의는 공동체의 가치와 결과 예측 그리고 보편화 가능성에 대한 공적 토의를 전제로 이루어진다. 특정한 상황에서 공익의 정의는 제안된 행위의 결과에 대한 예측에 의존한다. 요컨대 그것은 제안된 행위가 동등한 상황에 처해 있는 모든 사람들에게 동등하게 중요한 것인지, 그리고 그것이 공동체의 가치들을 실현하는 데 기여할 것인지 그 여부에 대한 예측에 의존한다. 문제는 합의가 완전할 수 없기 때문에 공익의 내용이 항상 불안정하다는 데 있다.

규범론을 제외한 나머지 세 개의 범주는 정치를 근간으로 하며, 공익을 이해관계들 간의 충돌과 합의로 본다. 여기에서 강조될 필요가 있는 것은 다른 세 가지 범주의 이론들은 공동체의 이념이 있다는 생각과 정치과정 밖에 공공정책을 판단하기 위한 규범적 기준이 존재할 수 있다는 생각을 거부한다는 점이다.

3) 맨스브리지(J. Mansbridge)의 경우

맨스브리지(1998)는 세 가지 유형의 공익 개념을 제시한다. 첫째, 학자들이 가장 일반적으로 주장하는 공익개념은 산술적으로 사회구성원 모두에게 혹은 보다 다수의 사람에게 이익이 되는 경우이다. 따라서 공익의 결정에 기본이 되는 것은 다수결의 원칙이다. 그러나 이 개념은 소수의 권익이 위협받을 위험성을 내포하고 있다.

둘째, 개인이 아니라 개인이 속한 집단, 공동체, 정체 자체에 이익이 되는 경우를 공익으로 보는 입장이다. 따라서 공익의 결정에 기본이 되는 것은 개인에 대한 집단우선의 원칙이다. 그러나 이러한 공익 개념은 개인의 권리가 집단의 이익이라는 명분에 의해 침해될 가능성을 내포하고 있다.

셋째, 공익을 선험적으로 주어지는 것으로 보는 것이 아니라 사회구성원들이 정당한 절차와 토론을 통해 구성하는 것으로 보는 입장이다. 따라서 공익의 결정에 기본이 되는 것은 소통합리성의 원칙이다. 그러나 다양한 개인들로 구성된 사회는 대학의 세미나실과 달리 합의 도출이 매우 어렵다.

2. 공공가치[15]

공익은 이념으로서 추상적이고 논쟁적인 반면, 공공가치는 상대적으로 구체

---

15) 임의영(2018b)을 수정하여 서술함.

적이다. 공공가치에 대한 논의는 크게 두 개의 흐름으로 유형화될 수 있다. 하나는 공공관리자에 의한 공공가치 창출에 초점을 맞춘 무어(M. Moore)류이고, 다른 하나는 공공가치들의 확인, 분류, 유형화에 초점을 맞춘 보즈만(B. Bozeman)류의 공공가치론이다.

1) 무어의 공공가치창출론

무어는 하버드대학교의 케네디스쿨(Kennedy School of Government)에서 공공관리자 과정을 운영하면서 경험한 것을 바탕으로 ≪공공가치창출론: 정부에서의 전략적 관리 Creating Public Value: Strategic Management in Government (1995)≫를 출판한다. 이 책은 기본적으로 공공관리자들을 위한 지침서라 할 수 있다. 이 책의 목적은 "공공사업의 관리자들을 안내하는 실천적 사고의 틀의 윤곽을 그리는 것이다. 그것은 공공관리자들이 공공가치를 창출하는 과정에서 자신들이 처해 있는 특수한 상황에 대해 어떻게 생각하고 그 상황을 어떻게 활용해야 하는지에 대한 일반적인 대답을 제시하는 것이다(Moore, 1995: 1)." 이러한 대답을 제시하기 위해 무어가 이정표로 삼은 것은 기업의 관리이다. "민간부문에서 관리활동의 목표가 사적 가치를 창출하는 것과 마찬가지로, 공공부문에서 관리활동의 목표는 공공가치를 창출하는 것이다(Moore, 1995: 28)."

무어의 의도는 공공관리자들이 사적 가치를 창출하는 기업의 관리자들처럼 공공가치를 창출하는 방법을 제시하는 것이다. 무어는 공공부문의 관리자는 '탐험가', '혁신가', '전략가'가 되어야 한다고 말한다. 미답의 땅을 탐험하는 사람처럼 공공관리자는 상상력을 발휘하여 새로운 가치를 부가적으로 창출하고, 환경의 변화에 맞추어 새로운 변화를 선도하는 사람이 되어야 한다는 것이다. "공공부문의 관리자의 역할에 대해 생각할 수 있는 색다르고 좀 더 유용한 방법이 있다. 그것은 반드시 똑같은 것은 아니지만, 사회에서 민간부문의 관리자들에 대해 갖는 이미지에 가깝다. 이러한 관점에서 보면, 공공관리자들은 다른 사람들과 함께 공공가치를 발견하고 정의하며 생산하는 탐험가들이다. 그들은 단순히 주어진 목표를 달성하기 위한 수단을 고안하는 대신, 실행할 만한 가치가 있는 것을 발견하고 정의하는 데 도움을 주는 중요한 행위자들이다. 그들은 오직 지속성을 지키는 데 책임을 지는 대신, 공공조직들이 수행하는 것과 그것을 수행하는 방법

을 변화시키는 중요한 혁신가들이다. 한 마디로, 이러한 관점에서 보면, 공공관
리자들은 기술자들이라기보다는 오히려 전략가들이 된다(Moore, 1995: 20)." 무어
의 공공가치론은 공공가치의 창출을 위한 전략적 관리에 초점을 맞춘다. 그렇다
면 공공가치에 대한 관리적 관점은 어떠한 특성을 가지고 있는가?(Moore, 1995:
52-56)

첫째, 가치는 개인들의 욕구와 인식에 근거한다. 가치가 반드시 사물의 물리
적 변형이나 사회라는 추상적인 존재에 근거할 필요는 없다. 따라서 공공부문의
관리자들은 그러한 욕구들을 충족시켜야 하고, 그러한 인식에 따라 행동해야 한
다. 관리적 관점은 개인의 욕구와 인식을 출발점으로 삼고 있다는 점에서 개인주
의적 전통을 배경으로 하고 있다 하겠다.

둘째, 욕구의 유형들은 상이하게 존재한다. 어떤 욕구들은 시장을 통해서 생
산되고 분배될 수 있는 재화와 서비스를 통해 충족된다. 따라서 이러한 욕구는
사적 관리의 대상이다. 또 어떤 욕구들은 공공조직에 의해 생산되는 것들을 통
해서 충족된다. 공공조직의 생산물은 시민들이 대의제도를 통해 표현하는 욕구
를 반영한 것이다. 대의제도를 통해 표현된 시민들의 욕구는 공공관리자들의 주
요 관심사이다. 관리적 관점은 공적으로 충족시켜야 할 욕구와 그렇지 않은 욕
구의 구별을 전제로 한다. 그것을 구분하는 것이 관리적 관점의 중요한 문제라
하겠다.

셋째, 공공관리자는 두 가지 상이한 활동을 통해서 공공가치를 창출한다. 기
업의 관리자들은 두 개의 상이한 집단의 요구를 충족시켜야 한다. 그들은 소비자
들이 구입할 용의가 있는 재화와 서비스를 제공해야 한다. 또한 그들은 주주들과
채권자들에게 가치 있는 생산물을 지속적으로 생산할 수 있는 능력이 있음을 보
여주어야 한다. 공공관리자들 역시 비슷한 상황에 처해 있다. 그들은 고객이나
수혜자들에게 양질의 재화와 서비스를 제공해야 한다. 또한 그들은 시민들과 대
표들에게 가치 있는 것을 생산하고 있다는 것을 확신시켜주어야 한다. 공공정책
의 수혜자는 제한적일 수밖에 없기 때문에, 그 정책으로부터 수혜를 받지 않는
시민들의 동의가 필수적이다. 한 마디로, 기업의 관리자건 공공관리자건 고객과
소유자들 모두에게 만족을 주는 관리자가 되어야 한다.

넷째, 정부의 활동은 항상 정치적 권위와 맞물려 있기 때문에, 관리의 상이

한 두 측면의 상대적 중요성이 변한다. 정부활동의 권위는 대표들과 시민들의 지지를 통해 확보된다. 따라서 소유자들에게 그들의 자원이 잘 이용되고 있다는 것을 확신시켜주는 것이 프로그램의 고객이나 수혜자들을 만족시키는 것보다 상대적으로 중요하다. 더욱이 사업의 생산적인 측면에 프로그램 수혜자들의 최대만족과는 다른 특성들을 부여하는 것이 중요하다. 조직 생산물의 생산과 분배가 효율적일 뿐만 아니라 공정해야 한다는 것이다. 이러한 활동들은 돈의 사용뿐만 아니라 권위의 사용에서도 경제적이어야 한다.

다섯째, 공공관리자들은 시민과 대표들의 지지를 얻기 위해 공공사업에 대한 설명 —정책에 내포된 이야기— 을 제공한다. 이러한 측면에서 정책과 공공부문 관리자의 관계는 사업설명서와 민간 기업가의 관계와 같다 하겠다. 이러한 거래에서 관리자는 공공의 목적을 성취하는 데 필요한 자원을 사용할 수 있는 권한을 부여받는다. 그리고 시민은 가치의 창출을 약속하는 사업을 구매한다. 이는 정치적 동의를 의미한다. 정치는 공적 자원을 이용하여 집단적 목적을 위해 무엇을 생산해야 하는가라는 물음에 자유민주주의 사회가 제시하는 응답이다.

여섯째, 공공관리자가 활동하는 세계는 변화한다. 시민들의 욕구도 변화한다. 오래된 과업을 성취하기 위한 방법들도 변화한다. 조직의 과업환경도 마찬가지이다. 조직이 유용한 해결책을 내놓아야 할 새로운 문제들이 갑자기 발생한다. 관리자들이 단지 조직의 지속성을 유지하거나 조직이 주어진 과업을 효율적으로 수행하는 것만으로는 충분하지 않다. 더불어 중요한 것은 사업이 새로운 목적에 맞게 조정되어야 하며, 혁신적이고 실험적이어야 한다는 것이다. 이것이 공공부문의 관리활동의 목적이다. 민간부문의 관리자들처럼, 공공부문의 관리자들은 가치를 생산하는 일뿐만이 아니라 공적으로 가치 있는 사업을 정의하는 일에도 관심을 기울여야 한다. 더욱이 그들은 단지 조직의 지속성을 확보하는 것에 더해서 정치적 환경과 과업환경 속에서 조직을 조정하고 재정비할 준비가 되어있어야 한다.

무어는 이러한 공공가치에 대한 관리적 관점을 토대로 하여, [그림 2]와 같은 '전략적 삼각형(strategic triangle)' 모형을 제시한다(1995: 70－72, 2000: 197－198).

【그림 2】 전략적 삼각형

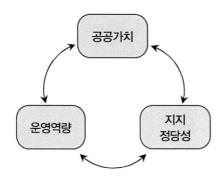

첫 번째 요소는 '가치'이다. 공공관리자는 조직을 인도하는 가치에 관심을 가져야 한다. 사업의 관리자들은 가치 생산에 성공하기 위해 조직이 추구하는 가치나 목적이 무엇인지를 설명해야 한다. 그들은 조직의 존재이유, 즉 사업을 통해 세상이 더 나아질 것이라는 비전을 보여줄 수 있어야 한다.

두 번째 요소는 '정당성과 지지'이다. 공공관리자는 가치 추구에 대한 지지가 어디에서 오는 것인가에 대해 관심을 가져야 한다. 기업가적 관리자가 어떤 목적들이 가치가 있다고 판단하는 것만으로는 충분하지 않다. 재정적 자원과 권한을 부여하는 다른 사람들이 그러한 판단에 동의해야 한다. 다른 사람들은 시민, 선출된 대표들, 이익집단들 그리고 미디어를 아우르는데, 그들은 조직에 '정당성을 부여하는 환경(authorizing environment)'이라 할 수 있다. 이 모형의 주요한 특징은 관리자들이 목적을 성취하는 데 필요한 정치적 지지와 정당성을 확보하기 위한 '정치적 관리'를 강조한다는 데 있다.

세 번째 요소는 '운영역량'이다. 공공관리자는 바라는 결과를 이루어내기에 충분한 노하우와 능력이 있는지 그렇지 않은지에 대해 관심을 가져야 한다. 이러한 능력은 관리자가 이끄는 조직 안에 완전하게 구비되기도 한다. 그러나 때로는 그러한 능력이 조직의 경계 밖에 존재한다. 따라서 공공관리자는 바라는 결과를 획득하기 위해 다양한 유형의 파트너십을 창출하여 조직의 능력을 넘어서는 능력들을 끌어들일 방법을 찾아야 한다.

공공관리자는 조직이 창출하고자 하는 가치를 선언하고, 그 가치의 중요성과 그것을 실현할 수 있는 능력을 보임으로써 정치적 지지와 정당성을 확보해야 한다. 공공관리자가 목적을 선언하고 그것을 실현할 역량을 보여줄 수 있다 하더라도 지지와 정당성을 얻지 못하면 성공할 수 없다. 공공관리자가 추구하는 가치에 대한 정치적 지지와 정당성을 확보한다 하더라도 그것을 실현할 역량이 없다면 성공할 수 없다. 공공관리자가 정치적 지지와 정당성을 확보하고 탁월한 조직역량을 갖추고 있더라도, 실현해야 할 가치에 대한 비전이 없다면 성공할 수 없다. 따라서 세 가지 조건이 동시에 충족되어야 공공관리자는 전략적으로 성공할 가능성이 있다.

무어(2014)는 공공가치관리의 추상성을 넘어 보다 구체적인 적용방법을 개발하는 과정에서 공공가치회계(public value accounting) 개념을 제시한다. 마치 기업에서 의사결정에 유용한 정보를 도출하기 위해 회계를 이용하는 것처럼, 공공부문의 조직도 회계를 이용할 필요가 있다는 것이다. 물론 공공무문의 회계에서는 민간부문의 경우와는 다른 요소들이 비용과 편익의 계정으로 도입되어야 한다. 이를 정당화하기 위해 무어는 공공가치론의 세 가지 철학적 전제를 제시한다(Moore, 2014: 466). 첫째, 공공가치는 단순히 개인적 선호의 총합이 아니라 불완전하지만 민주적 거버넌스 과정을 통해서 요구를 표명하는 '공중'에 의해 결정된다. 둘째, 공공가치를 창출하기 위해 정부가 사용하는 자산에는 '공적 자금'뿐만 아니라 '국가의 권위'도 포함된다. 셋째, 정부가 생산하는 것의 가치를 평가하기 위한 규범적 틀은 내용적 측면에서는 '목적론적(공리주의적) 가치'와 '의무론적 가치'를 모두 포함하며, 절차적 측면에서는 '민주적 가치'를 포함한다.

공공가치회계에서 투입 항목은 공적 자금과 공적 권위이다. 그 평가의 내용을 보면, 목적론적 측면에서 공적 자금과 공적 권위는 능률적이고 효과적으로 이용되어야 한다. 그리고 의무론적 측면에서 공적 자금과 공적 권위는 공정하고 정의롭게 이용되어야 한다(Moore, 2014: 473). 그리고 공공가치회계에서 산출은 내용적 측면에서 목적론적 항목, 의무론적 항목 그리고 과정적 측면에서는 민주적 항목으로 구성된다. 첫째, 목적론적 항목의 평가는 정부의 활동이 개인 및 사회의 복지에 가져온 물질적 결과에 주목한다. 개인적 차원에서는 만족도와 정부활동에 비용을 지불하려는 의사의 정도를, 집단적 차원에서는 정부활동의 사회적 결과에 대해 공중이 부여하는 가치를 포함한다. 둘째, 의무론적 항목의 평가는 정부활동의 공정성, 정부활동의 목표인 정의의 추구와 관련된 것으로서 개인과 집단이 사회 안에서 당연히 누려야 할 것들에 대해 주목한다. 개인적 차원에서는 정부가 개인에게 제공하는 권리, 편익, 특혜의 공정성 여부를, 집단적 차원에서는 정의로울 뿐만 아니라 좋은 사회의 공유된 비전을 발전시키는 데 도움이 되는 정도를 포함한다. 셋째, 민주적 항목의 평가는 정부활동이 개인의 경험이나 사회적 조건에 미치는 영향보다는 공중이 형성되고 정부활동의 목표와 수단에 대해 의사를 표명하는 과정에 주목한다. 이 항목은 정책에 대한 숙의과정이 얼마나 포용적이고 창의적인지 그리고 공공가치가 숙의과정을 어느 정도 반영한 것인지에 대한 평가를 포함한다(Moore, 2014: 474−475).

이상에서 무어의 공공가치론을 살펴보았다. 이제 몇 가지 문제를 검토하는 것으로 논의를 마무리하고자 한다.

첫째, 무어는 공공가치 개념을 명확히 제시하지 않고 있다. 그에 따르면, 공공가치는 공공관리자의 운영역량과 창의성 그리고 공중의 숙의과정이 적절히 작용하여 조화로운 선택이 이루어질 때 구성되는 것이라 말할 수 있다. 다시 말해서 공공가치는 주어지는 것이 아니라 구성되는 것이다. 따라서 공공가치의 내용을 사전적으로 규정하는 것은 가능하지 않다.

둘째, 무어는 정치적 관리와 정치적 통제의 관계를 명확하게 논의하지 않는다. 공공관리자가 취해야 할 관리방식에 대한 규범적 요청이 성공적인 결과를 가져온다는 보장은 없다. 따라서 그는 교육과 평가에 주목한다. 일반적으로는 공공관리자의 긍정적 행동을 강화하는 방법으로 정치적 통제를 고려한다. 그러나 그의 논의에서 시민, 의회, 미디어 등이 정치적 관리의 대상으로 치부되어 공공관리자에 대한 정치적 통제가 상대적으로 의미 있게 다루어지지 않고 있다. 정치적 관리와 정치적 통제의 관계가 보다 명확히 논의될 필요가 있다.

셋째, 무어는 공중을 공공가치의 결정자로 규정한다. 공중은 매우 유동적인 존재이다. 사회적 의제의 성격에 따라 관련된 사람들을 중심으로 공중이 형성되기 때문이다. 그러한 의미에서 공중은 동질적인 사람들의 집합이 아닐 가능성이 높다. 오히려 동질적인 경우는 극히 예외적인 경우라 할 수 있다. 따라서 공중을 이질적인 사람들의 집합체로 보는 것이 논의를 일반화하는 데 유익할 것이다. 예컨대 가치관, 이해관계, 관점이 다를 수 있으며, 토론능력 또는 토론자원의 불평등이 존재할 수 있다. 이러한 맥락에서 보면, 정책결정과정에서 매우 중요한 의미를 갖는 숙의과정 혹은 토론과정을 통해서 기대하는 안정된 합의가 도출될 수 있는가 하는 문제가 제기될 수 있다.

넷째, 무어는 공공가치들의 관계에 대해서는 주목하지 않는다. 정부가 추구하는 가치들은 하나가 아니라 다양하다. 게다가 가치들을 비교하고 평가할 수 있는 공통분모가 존재하지도 않는다. 따라서 가치들 간의 우열이나 순서를 어떻게 결정할 것인가 하는 문제가 제기될 수 있다. 예컨대 경제적 가치와 사회적 가치는 그 내용이 서로 상이하다. 어떤 가치가 중요한지를 누가 어떻게 결정할 수 있는가에 대한 논의를 발전시킬 필요가 있다.

다섯째, 무어의 공공가치론은 신공공관리론과 그 영감의 기원을 공유하고 있으나 강조점이 다르다. 두 접근은 공히 기업 관리를 모델로 하고 있다. 그러나 신공공관리론이 경쟁과 성과라는 기업 관리의 기본원리를 그대로 차용하고 있는데 반해서, 공공가치관리론은 정부의 특성을 고려하여 규범적, 정치적 측면을 강조한다. 따라서 정부활동의 평가지표에서 정치와 규범의 관리능력을 매우 중요한 항목으로 다룬다. 그러나 그러한 활동을 평가하기 위한 지표를 구성하는 데는 한계가 있다.

2) 보즈만의 공공가치론

보즈만류의 공공가치론은 무어의 경우와는 달리 공공가치들을 규범적으로 개념화하고 분류하는 데 초점을 맞추고 있다. 따라서 공공가치론의 기본적인 질문은 다음과 같다(Jørgensen and Bozeman, 2007: 355-356; Jørgensen and Rutgers, 2015). 공공부문에서 추구하는 공공가치들은 무엇인가? 공공가치들은 어떻게 유형화될 수 있는가? 공공가치들의 역사적, 철학적 뿌리는 무엇인가? 가치들의 문화적 토대는 무엇인가? 문화적 정치적 요인들이 어떻게 상호작용하면서 가치들을 형성하는가? 공공가치들은 어떻게 상호작용하는가? 공공가치들은 질서 있게 배치될 수 있는가? 그렇지 않다면 가치들 간의 충돌은 어떻게 해결하는가? 공공가치들과 사적 가치들은 어떻게 관련되는가? 어느 정도로 그것들은 일치하거나 보완적이거나 대립적이거나 상호 배타적인가? 누가 공공가치를 수호하는가? 그것은 공공조직의 책임인가? 아니면 사조직과 개인들도 공공가치를 수호해야 하는가?

공공가치란 무엇을 의미하는가? 공익과는 어떻게 다른가? 보즈만은 공익과 공공가치의 차이를 구체성에서 찾는다. 공익은 이념으로서 보다 포괄적이고 정의하기가 어려운 개념인 반면 공공가치들은 구체적으로 규정할 수 있는 내용을 갖는다는 것이다. 공익은 '특정한 맥락에서 공중으로서 구성된 사회집단의 장기적인 생존과 안녕에 가장 잘 기여하는 결과들'을 의미한다(Bozeman, 2007: 12)." 그에 비해 공공가치들은 '시민들에게 부여되는 권리들, 편익들, 특권들, 시민들이 사회, 국가 그리고 서로에 대해 지는 의무들, 그리고 정부와 정책이 따라야 하는 원칙들과 관련하여 규범적으로 합의된 것들'을 의미한다(Bozeman, 2007: 13). 공공가치들에 대한 이러한 개념에 따르면, 그것들의 근원이 '규범적 합의'에 있는 것으로 보인다. 공공가치들의 근원은 단순히 정부에 있는 것이 아니라 사회와 문화에 그리고 개인과 집단에 있는 것이다(Jørgensen and Bozeman, 2007: 374).

공공가치론자들은 왜 공공가치들의 분류와 유형화에 관심을 갖는가? 정부는 매우 다양한 가치들을 추구할 수밖에 없는데, 그 가치들이 때로는 갈등을 일으키거나 충돌하는 경우가 발생한다. 따라서 가치갈등과 충돌을 해결하기 위해 가치들이 서로 어떠한 관계에 있으며, 어떤 가치들이 우선적으로 중요한지를 판단할 필요가 있다. 공공가치들의 분류와 유형화는 공공가치들의 관계를 구조화하고 질서화하는 과정이다. 그렇다면 공공가치들은 어떻게 분류될 수 있는가? 공공가치들의 분류는 연구자들의 관점이나 연구의 목적에 따라 다양하게 이루어질 수 있다. 분류에 정답이 있는 것은 아니다. 럿거스(Rutgers, 2008)는 학자들이 공공가치들을 세 가지 방식으로 분류한다고 본다. 첫째는 일반적인 방식으로서 가장 많이 언급되는 핵심 가치들(core values)에 초점을 맞추어 가치들 간의 관계를 체계화하는 것이다. 둘째는 연대기적으로 가치들을 체계화하는 것이다. 예컨대 예전의 가치들과 새로운 가치들 또는 전통적인 가치들과 신생의 가치들과 같은 분류가 이에 해당된다. 셋째는 이분법적으로 혹은 차원에 따라 가치들을 체계화하는 것이다. 예컨대 경성적 가치들(경제성, 효과성, 능률성)과 연성적 가치들(자유, 평등, 정의)의 구분, 개인적 가치들(정직, 소명의식, 지혜)과 조직적 가치들(대표성, 안전, 관리의 자율성)의 구분, 윤리적 차원의 가치들(진정성, 공정성), 민주적 차원의 가치들(불편부당성, 법의 지배), 직업적 차원의 가치들(효과성, 봉사)의 구분 등이 여기에 해당된다.

조르겐센과 보즈만(Jørgensen and Bozeman, 2007)은 세 번째 방식으로 공공가치들을 분류한 바 있다. 그들은 문헌조사를 통해서 72가지의 공공가치들을 확인하고, 이들 공공가치들을 사회에 대한 공공부문의 기여(공익, 공동선, 지속가능성), 의사결정의 방법(다수결, 민주주의, 로컬 거버넌스), 행정인과 정치가의 관계(정치적 충성, 책임성, 반응성), 행정인과 환경의 관계(개방성, 비밀, 중립성), 행정의 조직 내적인 측면들(견고성, 신뢰성, 혁신), 공공부문 피고용인들의 행태(책임성, 전문성, 진정성), 행정과 시민의 관계(합법성, 형평성, 반응성) 등 7가지 유형으로 분류한 바 있다. 이상의 분류에 따르면, 가치들이 특정한 범주에 배타적으로 포함되는 것은 아니다. 예컨대 책임성이나 반응성은 두 개의 범주에 동시에 포함된다. 물론 용어는 같지만 그 내용은 다르다. 즉 누구에 대한 책임과 반응인가가 범주에 따라 다르다.

조르겐센과 보즈만은 공공가치들 간의 관계를 체계화하는 방법으로 근접성, 계층성, 인과성을 든다. 근접성은 가치들 간의 관계가 얼마나 가까운가를 기준으로, 계층성은 가치들의 상대적 우위성을 기준으로, 인과성은 가치들 간의 목적과 수단 관계를 기준으로 공공가치들 간의 관계를 체계화하는 것이다. 그러나 이러한 기준에 따른 가치들 간의 관계에 대한 판단은 객관적이기보다는 주관적이다. 따라서 공공가치들의 분류는 잠정적인 것이다. 조르겐센과 보즈만에 따르면, "본래부터 기본적인 가치들은 존재하지 않는다. 또한 논쟁의 여지없이 자명한 진리는 존재하지 않는다(2007: 373)." 그럼에도 불구하고 "가치관계들이 많고 다루기 어렵지만 반드시 분류되어야 한다(377)"는 것이다.

보즈만의 공공가치론은 단지 가치들을 분류하고 유형화하는 데 한정되지 않는다. 그는 정부간섭의 정당성을 시장실패에서 찾는 전통적인 접근방식과는 달리 정부활동의 본질을 공공가치실패(Public Value Failure)의 방지에서 찾는 새로운 접근방법을 제안한다. 공공가치실패모델의 기본적인 문제의식은 시장이 효율적으로 작동함에도 불구하고 본질적인 공공가치들을 제공하는 데 실패가 발생할 수 있다는 것이다. 공공가치실패는 시장도 공공부문도 핵심적인 공공가치를 실현하는 데 필요한 재화와 서비스를 제공하지 못할 때 발생한다(Bozeman, 2002: 150, 2007: 144). 보즈만은 시장실패론자들이 시장실패의 기준들을 제시하는 것과 마찬가지로 공공가치실패의 기준을 제시한다(Bozeman, 2002, 2007). 첫째는 '가치들의 명확화와 취합의 기제'이다. 정치과정과 사회적 응집이 공공가치의 명확화와 효율적인 소통을 장려하기에 충분하지 못한 경우에 실패가 발생한다. 둘째는 '정당한 독점'이다. 재화와 서비스가 정부독점 방식에 적합할 때, 재화와 서비스의 사적인 공급이 정당한 독점을 훼손하는 경우에 실패가 발생한다. 셋째는 '불완전한 공공정보'이다. 투명성이 시민들이 정보에 기반을 둔 판단을 내리기에 충분하지 않은 경우에 실패가 발생한다. 넷째는 '편익의 분배'이다. 공공재화와 서비스는 동등하게 분배되어야 한다. 전체 인구 가운데 한정된 개인들이나 집단들에 의해 점유되는 편익매점(benefit hoarding)이 발생하는 경우에 실패가 발생한다. 다섯째는 '공급자의 유용성'이다. 재화와 서비스에 대한 공공가치의 인정과 공적 공급에 대한 동의가 있음에도 불구하고, 공급자의 입장에서 재화와 서비스의 공급이 유익하지 않은 경우 혹은 공급자가 그러한 재화와 서비스 공급에 관심이 없는 경우에 실패가 발생한다. 여섯째는 '시간지평'이다. 공공가치는 장기적 가치이며 적절한 시간지평을 요구한다. 부적절한 단기적 시간지평에 근거하여 행위가 취해지는 경우에 실패가 발생한다. 일곱째는 '자원의 대체 가능성 대 보존'이다. 독특하고 고도로 가치가 있는 공동의 자원과 관련된 행위는 자원들의 고유한 특성에 대한 인식에 바탕을 두어야 한다. 그럼에도 불구하고 그러한 자원을 대체가능한 것으로 취급하거나 부적절한 배상을 근거로 자원을 위험에 빠뜨리는 경우에 실패가 발생한다. 여덟째는 '생존과 인간존엄의 보장'이다. 인간, 특히 사회적 약자들의 존엄성이 보장을 받지 못하고, 그들의 생존이 위협을 받는 경우에 실패가 발생한다.

　　보즈만은 시장실패와 공공가치실패를 축으로 하는 격자판을 구성하여 소위 '공공가치 지도그리기(Public Value Mapping)' 모형을 제안한다(2007: 156-158). 완전한 실패와 완전한 성공을 극단으로 하는 영역 안에 무한하게 다양한 결과들이 나타날 가능성이 존재한다. 보즈만이 예로 든 미국의 담배정책을 보면, 1950년대에는 담배판매로 인한 수익이 상당히 높았으나, 담배와 관련된 건강을 위한 규제는 미약하였다. 공공가치, 즉 공중보건이 심각하게 위협을 받은 것이다. 따라서 1950년대의 담배정책은 높은 시장성공과 높은 공공실패를 의미하는 ⓐ 지점에 해당된다. 그러나 1999년에 이르기까지 담배시장이 어느 정도 위축되고, 공중보건을 위한 정부규제가 강화되었다. 따라서 2000년대까지 담배정책은 시장성공과 공공실패가 완화된 지점 ⓑ로 이동한다.

【그림 3】 공공가치지도

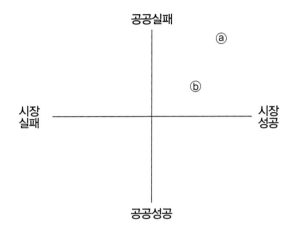

보즈만과 존슨(Bozeman and Johnson, 2015)은 공공가치들에 대한 논의를 규범적인 차원에서 정치경제학적인 차원으로까지 확대한다. 그들은 공공가치들의 초석이 되는 두 개의 공공가치를 제안한다. 하나는 '공론영역'이고 다른 하나는 '진보의 기회'이다. 공공가치로서 공론영역은 공공가치들에 관한, 그리고 그것들과 관련된 집단적인 행위에 관한 개방적인 공적 소통과 숙의가 이루어지는 공간을 말한다. 공공가치의 창출은 공론영역에서의 개방적인 소통을 전제로 한다는 것이다. 이러한 의미에서 공론영역은 민주주의의 맥락 안에서 공공가치들을 확인하고 성취하기 위한 선도적 가치라 할 것이다. 공공가치로서 진보의 기회는 사회의 구성원들이 동등하게 자신들의 능력을 발휘하고 각자가 세운 목표를 성취하는 것을 보장하는 데 필요한 사회적 조건들을 의미한다. 사회적 불평등은 사회의 기회구조를 왜곡시키고, 궁극적으로 사회적 정의의 실현을 불가능하게 만든다. 보즈만과 존슨이 제시한 '공공가치들의 정치경제학'은 과정적 측면에서 민주적 절차와 내용적 측면에서 정의의 가치를 두 축으로 설정하여 공공성 실현의 조건을 모색하고 있다는 점에서 중요한 의미가 있다 하겠다. 보즈만류의 공공가치론에서 제시되고 있는 공공가치 기준들을 정리하면 [표 7]과 같다.

[표 7] 공공가치 기준들(Bozeman and Johnson, 2015: 67-68)

기준	정의	공공가치 실패와 성공에 대한 해설
공론영역의 창조, 유지, 강화	• 공공가치로서 공론영역: 공공가치들에 대한 그리고 그와 관련된 집단적 행동에 대한 공개적인 공적 소통과 숙의 • 제도화된 공공가치로서 공론영역: 공론영역의 가치가 실현되는 실제적 혹은 가상적 공간	[실패] 권위주의체제가 인터넷이나 기타 사회적 매체를 장악함으로써 저항자를 통제하고 공개적인 공적인 소통을 좌절시킴 [성공] 지방의 환경 분쟁을 조정하기 위해 다양한 이해관계자들이 참여하는 공론화위원회가 구성되고, 거기에서 이해관계자들이 자유롭게 공개적으로 공공가치관련 소통에 참여함
진보의 기회	구조적 불평등과 기회구조의 차이를 해결하는 집단행동과 공공정책이 '평등한 경기장'보다 바람직함	[실패] 성취에 대한 차별적 기회구조의 영향을 식별하지 못하는 '실적 기반' 정책 [성공] 차별적 기회구조를 보완하는 교육 프로그램
가치들의 명확화와 취합의 기제	정치과정과 사회적 응집성은 공공가치들에 대한 효과적인 소통과 처리를 보장하는 데 충분해야 함	[실패] 시민권, 국가 안보, 기타 이슈에 대해 극단적 가치를 가진 소수의 위원회 의장들이 강요한 입법상의 병목을 유도하는 1950년대의 비경쟁적인 선거구와 미국 의회 연공서열체계의 결합 [성공] 경험과 전문성을 고려한 미국 의회의 연공서열체계 개혁
정당한 독점	어떤 재화와 서비스가 정부독점에 적합한 것이라고 여겨지는 경우, 재화와 서비스의 사적 공급은 정당한 독점을 위반한 것임	[실패] 사기업이 외국의 수반들과 협정을 위해 은밀하게 교섭하는 경우 [성공] 지적 재산권을 할당하는 데 특허 정책 사용
불완전한 공공정보	시장실패와 유사한 것으로서, 시민이 정보에 입각하여 판단을 하는데 투명성이 불충분한 경우에 공공가치 실패가 발생함	[실패] 공직자가 에너지 회사의 고위층과 비밀리에 국가 에너지 정책을 개발하는 것 [성공] 시의회가 제안된 제도의 변경안에 대해 널리 알리고 공청회를 하는 것
편익분배	모든 사정이 같다면, 공공재와 서비스는 무료로 그리고 형평성 있게 분배되어야 함. 소수의 개인이나 집단의 편익매점으로 공공가치의 실패가 발생함	[실패] 지정된 공용토지에 대한 공중의 접근을 제한하는 것 [성공] 국립공원의 거버넌스를 위한 역사적 정책
공급자의 유용성	희소한 재화와 서비스를 제공할 필요성이 인정된 경우, 이를 제공할 수 있는 공급자가 있어야 함. 공급자의 입장에서 재화와 서비스의 공급이 유익하지 않은 경우 혹은 공급자가 그러한 재화와 서비스 공급	[실패] 복지서비스가 공적 인력의 부족으로 제공되지 않는 경우 [성공] 신속하고 안전한 소득세 환급금의 전달을 위한 다양한 방법 제공

	에 관심이 없는 경우 필요한 재화와 서비스가 공급되지 않는 공공실패가 발생함	
시간지평	공공가치들은 장기적인 가치들이고 적합한 시간지평을 요구함. 부적합한 단기 시간지평을 기초로 행위가 고려되는 경우 공공가치 실패가 있을 수 있음	[실패] 레크레이션과 경제발전에 관련된 중요한 쟁점들을 고려하면서도 야생동물의 서식지를 변화시키는 것이 가져올 장기적인 영향에 대해서는 고려하지 못한 수로정책 [성공] 연금의 장기적 공급을 보장하기 위해 다양한 조치들을 취하는 경우
지속가능성 대 자원보전	고유하고 고도로 가치 있는 공유자원과 연관된 행위는 자원을 지속 가능한 것으로 취급하거나 부적합한 보상금에 기초하여 자원훼손의 위험을 감수하기보다는 자원의 고유한 가치를 인정해야 함	[실패] 공공서비스의 민영화과정에서 계약자는 보상을 보장해야 하지만, 공공안전에 대해서는 충분한 보장을 하지 않는 경우 [성공] 장기적이고 지속 가능한 식용 어류의 보존을 위해 어획량을 정하고 어획을 일시적으로 금지함
최저생활보장 과 인간존엄성	광범위하게 인정받고 있는 벨몬트 강령에 따라 인간(특히 취약한)은 존엄한 존재로 대우받아야 하고 그들의 생존이 위협받아서는 안 됨	[실패] 인간이 만든 기근, 노예노동, 정치적 구금 [성공] 아동, 수감자, 정신질환자들과 같은 '취약한 사람들'에 대한 기관감사위원회의 보호

보즈만류의 공공가치론에 내재된 몇 가지 문제를 검토하는 것으로 논의를 마무리하고자 한다.

첫째, 보즈만은 공공가치들을 확인하고 분류하여 유형화하는 데 관심을 갖는다. 그는 공공가치들을 주어진 것으로 전제하기 때문에 공공가치들의 창출, 즉 구성적 측면에 대해서는 논의를 전개하지 않는다. 그는 사회적으로 중요하게 여겨지고 있는 공공가치들을 확인하는 데 초점을 맞춘다. 수많은 공공가치들의 목록을 작성하여 당대의 시민들, 정치가들, 공무원들, 기업들, 학자들과 전문가들이 주목하는 가치들을 확인하는 것이 공공가치론의 일차적인 과제가 된다. 이러한 확인과정은 다양한 가치관, 이해관계, 관점, 지식을 가진 사람들이 수렴된 생각을 공유할 수 있다는 것을 전제하지 않는다면 실행되기 어렵다. 문제는 그러한 확인과정에서 편견을 회피하기 위한 정교한 통계기법이 사용되기는 하겠지만, 기대하는 만큼 편견을 제거할 수 있을지는 확신할 수 없다. 사람들이 의식하지 못하는 사이에 사람들의 의식에 영향을 미치고 있는 '구조적 편견'을 회피하는 것은 그렇게 만만한 일이 아니기 때문이다.

둘째, 보즈만은 공공가치를 단수가 아니라 복수로 사용한다. 개인이건 정부건 기업이건 하나의 가치만을 추구하지 않고 의도적이건 비의도적이건 다양한 가치들을 동시에 추구한다. 예컨대 개인은 의식주와 진선미를 동시에 추구한다. 문제는 추구하는 가치들이 충돌을 일으키는 경우에 발생한다. 공공가치론은 이러한 문제를 해결하기 위해 가치들의 체계적 질서를 구축하고자 한다. 문제는 소위 가치들 간의 '통약 불가능성' 때문에 가치들의 체계를 구성하는 것이 근본적으로 불가능하다는 데 있다. 가치다원주의는 이러한 사고에 기초한다. 이러한 늪에서 벗어나기 위해 상대주의나 실용주의를 떠올릴 수 있을 것이다. 그러나 상대주의는 문제해결을 유보하는 것으로 무책임하다. 유용성을 진리의 기준으로 삼는 실용주의는 '누구'의 유용성을 말하는 것인지가 불분명하다.

셋째, 보즈만은 공공가치실패나 공공가치지도를 통해 공공가치들에 대해 평가하고 토의할 수 있는 도구를 제공한다. 그 도구들은 기존의 비용－편익분석에 기초한 정책의 평가에 규범적인 기준들을 보강한다는 점에서, 그리고 공론영역에서 정책에 대해 토론하고 숙의하는 데 필요한 자료를 제공할 수 있다는 점에서도 중요한 의미를 갖는다. 문제는 규범적인 공공가치들을 평가를 위한 지표로 만드는 것이 쉽지 않다는 데 있다. 또한 공공가치론이 제공하는 도구들이 객관적이기보다는 주관적인 성격이 강하기 때문에 공적 토론에서 의견을 수렴하는 데 기여하기보다는 오히려 토론을 위한 토론을 자극하는 자료로 이용될 가능성도 배제할 수 없다.

3. 공익 및 공공가치와 공공성

공익과 공공가치는 정부의 정책적 지향점을 찾는 데 중요한 지표가 된다. 공익은 매우 논쟁적인 개념이다. 공동체 구성원들이 공유하고 있는 공동선에 대한 관념을 공익으로 보는 경우에는 공동선의 관념을 확인하기 어렵다. 공동체 자체의 이익 또는 공동체의 유지와 발전을 공익으로 보는 경우에는 개인의 권리를 제한하는 경계가 불분명하다. 공동체 구성원 다수가 선호하는 것을 공익으로 보는 경우 소수의 권익을 보장하기 어렵다. 공동체 구성원들이 합의한 것을 공익으

로 보는 경우 합의과정에 배제된 사람들의 권익을 보장하기 어렵다. 정부의 정책
이나 정부가 제공하는 공공재와 공공서비스를 공익으로 보는 경우 그것들로부터
혜택을 보지 못하는 집단의 문제가 발생한다. 따라서 공익이 공공성의 실현에 기
여하는 방법은 선택된 공익 개념에 내제된 문제들에 대한 해결을 전제조건으로
삼는 것이다. 요컨대 공동선에 대한 해석의 다양성 인정, 개인의 권리 제한의 불
가피성의 한계 설정과 훼손된 권익의 보상, 소수의 권익 보호와 보장, 합의과정
에 보다 많은 사람들의 참여 보장, 정책적 배제에 대한 예방적 조치 등은 공익을
통한 공공성 실현에서 주목해야 할 조건들이라 하겠다.

공공가치는 공익의 보다 구체적인 공공성 실현 논리라 하겠다. 공공가치는
이미 사회적으로 사람들이 공유하고 있는 가치들을 전제로 선택되고 우선순위가
결정될 수 있다(보즈만류). 또는 공동체 구성원들의 참여와 협력을 기반으로 하여
일종의 부가가치로서 새로이 창출될 수도 있다(무어류). 공공가치론의 핵심은 공
공가치의 생산이나 확인은 공동체 구성원들의 협력이 없이는 불가능하다는 것이
다. 공공가치의 생산과 공공가치들의 선택은 공동체 구성원들의 참여와 지지를
통해 그 정당성을 확보할 수 있기 때문이다. 그러한 의미에서 공공가치를 통한
공공성의 실현은 적극적으로 공동체 구성원들의 참여와 지지를 확보하는 방식을
취하지 않으면 안 된다.

인-전략의 핵심은 사회적 사랑을 실천하는 것으로서 사회적 문제들에 대해
책임을 공유하는 데 초점을 맞춘다. 사회적 삶의 상호의존성과 복잡성이라는 현
실을 전제로 한다면 개인에 초점을 맞춘 전통적 책임관은 한계를 가질 수밖에
없다. 정도와 방법의 차이는 있겠으나 사람들은 예외 없이 사회적으로 그리고 생
태적으로 불의한 구조를 재생산하는 데 관여하지 않을 수 없다. 따라서 책임의
공유와 책임 대상의 확장 문제가 책임론의 중요한 관심사가 되어야 할 것이다.
책임의 문제는 가치의 배분문제와 직결된다. 사회적 가치들을 어떠한 방식으로
분배하느냐에 따라 사회적으로 그리고 생태적으로 불의한 구조가 지속될 수도
있고 개선될 수도 있기 때문이다. 정의로운 분배의 논리는 궁극적으로 사람들의
자율성을 보장하는 평등을 지향할 필요가 있다. 그 이유는 불평등이 개인의 자율
성에 위협적이기 때문이다. 책임의 공유와 책임 대상의 확장과정에서 과거에 사

적 영역의 일로 치부되었던 돌봄을 공적 영역으로 호출하는 문제가 중요한 이슈로 떠오르고 있다. 돌봄은 당연히 사회적 가치로서 의미를 가지고 있으며, 그 의미에 맞게 공적인 책임의 대상이 되어야 한다. 이러한 인-전략은 정책적으로 공익이나 공공가치 또는 사회적 가치로 구체화될 수 있다. 인-전략은 궁극적으로 책임의 공유와 책임 대상의 확장을 통해 조화로운 사회적 관계를 형성함으로써 정의에 기초한 평화 공동체를 구성하는 데 초점을 맞춘다.

나가며

　책을 쓰는 일은 어떤 연구를 완결하는 것이 아니라 새로운 과제를 찾는 과정이라 할 수 있을 것이다. 이 책은 공공성 담론의 이론적 자원을 발굴하고 체계화하는 데 초점을 맞추었다. 나는 공공성 개념을 보다 구체화하고, 그것을 실현하기 위한 전략을 구상하는 데 필요한 이론들을 배치하는 방식으로 책을 구성하였다. 이 책이 공공성의 전모를 밝히는 데까지 나아갔다고 보기는 어렵다. 아마도 더 많은 연구들이 이루어져야 할 것으로 보인다. 그러한 의미에서 이 책은 중간보고서의 성격을 갖는다 하겠다.

　공공성의 이론적 기초를 구성하는 과정에서 나는 한국의 공공성 문제를 염두에 두지 않을 수 없었다. 한국 사회에서는 어떠한 문제들이 공공성의 실현을 어렵게 하고 있는가? 공공성 실현을 위해서는 어떠한 선택들이 이루어져야 하는가? 정부는 유능하고 공정한가? 시민사회는 다양성을 기반으로 활발하게 작동하고 있는가? 시장은 공정하게 작동하고 있는가? 참여와 토론을 지향하는 민주주의가 정치영역만이 아니라 사회의 모든 영역에서 작동하고 있는가? 어떤 정의의 원칙들이 작동하고 있는가? 사회적 약자들의 권익은 적절하게 보장되고 있는가? 정부는 공공가치의 선택과 창출에 시민들의 참여와 협력을 장려하고 있는가? 이러한 질문에 응답하는 것이 나에게는 또 다른 과제로 다가오고 있다.

참고문헌

1. 국내문헌

강갑회. 2002. 야스퍼스의 실존적 사귐에 관한 연구. 대동철학, 16: 1 – 19.

강대석. 1994. 야스퍼스의 철학적 신앙. 철학연구, 52: 49 – 54.

강성영. 1998. 현대 윤리학의 중심개념으로서 책임의 문제: 한스 요나스(Hans Jonas 1903 – 1993)의 책임의 윤리를 중심으로. 신학연구, 39: 5 – 24.

강신구. 2012. 어떤 민주주의인가? 한국정당학회보, 11(3): 39 – 67.

강영안. 2005. 타인의 얼굴: 레비나스의 철학. 서울: 문학과지성사.

고길섶. 2000. 사회운동의 새로운 가로지르기: 공공영역과 공공성의 정치. 문화과학, 23: 32 – 60.

고세훈. 2014. 공공성의 개념, 역사, 쟁점. 황해문화, 84: 8 – 27.

고창택. 2004. 지속가능성의 윤리와 생태체계의 가치. 철학연구, 89: 1 – 22.

권영설. 2004. 대의민주주의와 직접민주주의: 그 긴장과 조화의 과제. 공법연구, 33(1): 125 – 156.

김균. 2001. 칼 폴라니와 자유주의 비판. 이근식·황경식 편, 자유주의란 무엇인가, 341 – 359. 삼성경제연구원.

김기현. 2002. 유교사상에 타나난 공과 사의 의미. 동아시아문화와 사상, 9: 50 – 75.

김동노. 2014. 개인주의, 공동체주의 그리고 한국사회의 공공성. 사회이론, 45: 77 – 110.

김비환. 2004. 참여민주주의의 정의(定義)와 이론. 의정연구, 17: 5 – 32.

김상현. 2008. 샹탈 무페(Chantal Mouffe)의 탈근대성과 민주주의: '정치적인 것'과 '다원성'을 중심으로. 정치정보연구, 11(2): 31 – 52.

김석근. 2011. <공공성> 공공과 사私 그리고 수기치인修己治人: '정의'와 '도덕' 담론과 관련해서. 오늘의 동양사상, 22: 101 – 119.

김석근. 2013. 소통과 합의를 통한 공공성. 양명학, 36: 371 – 398.

김선욱. 2001. 한나 아렌트의 정치 개념: "정치적"인 것과 "사회적"인 것의 관계를 중심으로. 철학, 67: 221 – 239.

김양현·노영란·변순용·임채광. 2005. 책임개념에 대한 실천윤리적 해명. 범한철학, 39: 291 – 326.

김연명 편. 2002. 한국 복지국가 성격 논쟁 I. 서울: 인간과복지.

김영래. 2008. 대의민주정치의 위기와 시민정치의 성찰. OUGHTOPIA, 23(2): 113 – 143.

김영진. 2004a. 칼 폴라니의 경제인류학 방법에 관한 고찰: 시장경제에 대한 대안을 찾아서. 국제정치논총, 44(4): 47 – 68.

김영진. 2004b. 칼 폴라니의 시장사회 비판 연구: 이중운동 개념을 중심으로. 국제지역연구, 8(3): 61 – 88.

김영진. 2009. 시장자유주의를 넘어서: 칼 폴라니의 사회경제론. 서울: 한울.

김완순. 2008. 배려윤리의 이론적 배경. 윤리문화연구, 4: 47 – 89.

김용직. 1998. 한국정치와 공론성(1): 유교적 공론정치와 공론영역. 국제정치논총, 38(3): 63 – 80.

김우진. 2015. 유교의 공과 사 개념에 대한 재검토. 동아인문학, 31: 353 – 381.

김정길. 1997. 야스퍼스의 Kommunikation에 관한 연구: 현존재적 사귐과 실존적 사귐의 비교를 중심으로. 동아교육논총, 23: 149 – 165.

김종국. 2005. 생태 윤리와 공적 책임. 철학연구, 29: 325 – 346.

김주성. 2008. 심의민주주의인가, 참여민주주의인가?. 한국정치학회보, 42(4): 5 – 32.

김주호. 2017. 민주주의의 자유편향적 발전과 그 결과. 사회이론, 52: 185 – 224.

김진웅. 2012. 야스퍼스의 현존재(Dasein) 커뮤니케이션에 관한 연구. 커뮤니케이션연구, 20(3): 5 – 25.

김판석·사득환. 1999. 지속가능한 발전에 대한 이해와 개념정립. 한국정치학회보, 32(4): 71 – 88.

김항. 2015. 20세기의 보편주의와 '정치적인 것'의 개념. 사회와 철학, 30: 169 – 198.

김희강. 2010. 공공성, 사회집단, 그리고 심의민주주의. 한국정치학회보, 44(2): 5 – 27.

김희강. 2017. 돌봄국가: 복지국가의 새로운 지평. 한국행정학회학술발표논문집, 1580 – 1598.

김희강·강문선. 2010. 돌봄의 공공윤리: 에바 키테이(Eva F. Kittay) 이론과 '장애아가족 양육지원사업'. 한국정치학회보, 44(4): 45 – 72.

나종석. 2009. 신자유주의적 시장 유토피아에 대한 비판: 시장주의를 넘어 민주적 공공성의 재구축에로. 사회와 철학, 18: 187 – 215.

나종석. 2013. 주희의 공 개념과 유교적 공공성 이론에 대한 연구. 동방학지, 164: 3 – 28.

남찬섭. 2012. 공공성과 인정의 정치, 그리고 돌봄의 윤리. 한국사회, 13(1): 87 – 122.

류성희. 2011. 이념형적 접근에 기초한 막스 베버 "국가관"의 이해. 인문논총, 27: 5 – 51.

마경희. 2010. 돌봄의 정치적 윤리: 돌봄과 정의의 이원론을 넘어. **한국사회정책**, 17(3): 319－348.

목광수. 2013. 민주주의적 덕성과 공론장. **사회와 철학**, 25: 365－398.

문돈·정진영. 2014. '발전국가모델'에서 '신자유주의모델'로. **아태연구**, 21(2): 129－164.

문순홍·정규호. 2000. 거버넌스와 젠더: 젠더친화적 거버넌스의 조건에 관한 탐구. Post-IMF Governance 하계학술회의: IMF관리체제 이후의 한국 정치·사회 변화 (한국정치학회하계학술대회논문집).

문태현. 2010. 심의민주주의적 정책결정의 논리와 한계. **한국행정논집**, 22(3): 629－650.

문태현. 2011. 심의민주주의적 정책결정을 위한 제도화 방향. **한국행정논집**, 23(1): 45－66.

미조구치 유조(溝口雄三). 2004. **中國의 公과 私**. 정태섭·김용천 역. 서울: 신서원.

박경철. 2004. 통치형태원리로서 직접민주주의와 대의민주주의. **법학연구**, 14(2): 17－54.

박병춘. 2013. 정의윤리와 배려윤리의 상호 관련성 연구. **윤리연구**, 93: 161－86.

박상영. 2015. 발전주의와 신자유주의의 혼재성에 대한 고찰. **아태연구**, 22(4): 5－40.

박서현. 2011. 하이데거에 있어서 '죽음'의 의미. **철학**, 109: 177－201.

박성수. 2000. 공공영역의 이념: 역사적 소묘. **문화과학**, 23: 17－31.

박영도. 2011. 아렌트, 하버마스, 성찰적 공공성: 사회인문학적 고찰. **東方學志**, 155: 291－321.

박영도. 2016. 신자유주의적 자유의 역설과 민주적인 사회적 공공성. **사회와 철학**, 31: 131－158.

박영신. 1998. 두 갈래의 윤리 지향성, 그 울을 넘어. **사회이론**, 16: 184－215.

박은미. 2009. 의사소통과 실존적 상호소통: 하버마스와 야스퍼스의 소통 개념에 관하여. **시대와 철학**, 20(3): 265－307.

박은희. 1987. 인간커뮤니케이션에 대한 야스퍼스의 철학적 고찰. **언론문화연구**, 5: 101－114.

박주원. 2010. 아렌트(H. Arendt)의 연방 평의회 체제와 한국 민주주의. **시민사회와 NGO**, 8(2): 143－168.

박현모. 2004. 조선왕조의 장기지속성 요인 연구1: 공론정치를 중심으로. **한국학보**, 30(1): 31－61.

박홍원. 2012. 공론장의 이론적 진화: 다원적 민주주의에 대한 함의. **언론과 사회**, 20(4): 179－229.

방상근·김남국. 2015. 민주주의 위기와 공공성의 정치. 평화연구, 23(1): 97−154.

배병삼, 2013. 유교의 공과 사. 동서사상, 14: 95−120.

백승숙. 2010. 세계화론의 이데올로기적 허구성: 칼 폴라니와 맨프레드 스티거의 논의를 중심으로. 인문연구, 60: 1−36.

백완기. 2007. 한국행정과 공공성. 한국사회와 행정연구, 18(2): 1−22.

서상원. 2013. 지속가능한 개발원칙. 국제법평론, 38: 63−86.

설한. 2005. 민주주의, 토의, 정당성. 한국정치학회보, 39(1): 45−68.

설헌영. 1999. 하버마스의 의사소통행위이론 연구. 범한철학, 20: 99−129.

소병선. 2017. 공공성에 관한 동·서철학적 고찰. 동서철학연구, 83: 265−280.

소병철. 2013. 한스 요나스의 『책임의 원칙』에 나타난 생태정치의 정당성 문제. 서강인문논총, 36: 5−29.

소영진. 2008. 공공성의 개념적 접근. 윤수재·이민호·채종헌 편(2008), 새로운 시대의 공공성 연구, 32−63. 서울: 법문사.

송안정. 2007. 한스 요나스의 목적론적 사고. 철학과 현상학 연구, 33: 149−180.

신정완. 2007. 사회공공성 강화를 위한 담론전략. 시민과 세계, 11: 40−53.

신진욱. 2007. 공공성과 한국사회. 시민과 세계, 11: 18−39.

신희영. 1992. 獨寡占規制政策의 形成 메카니즘에 관한 研究: 權力作用을 中心으로. (서울대학교 행정대학원 박사학위논문)

신희영. 2003. 신공공관리론에 대한 비판적 고찰: 비판적 실재론적 접근. 정부학연구, 9(1): 81−121.

심경섭. 2007. 인간 역사상에서의 시장의 위치에 관한 연구: Karl Polanyi의 시장체제를 중심으로. 전문경영인연구, 10(2): 1−23.

안청시. 2000. 폴라니의 정치경제학: 『거대한 변환』과 시장, 국가, 사회로의 새로운 이해. 안청시·정진영 편, 현대정치경제학의 주요이론가들, 83−154. 서울: 아카넷.

안효성. 2013. 정치의 고유성과 공공성. 범한철학, 69: 239−279.

양창아. 2014. 한나 아렌트의 장소론: 공적 영역과 평의회 체제에 대한 사유의 재해석. 코기토, 76: 198−237.

오건호. 2004. 신자유주의시대 사회공공성 투쟁의 성격과 의의. 산업노동연구, 10(1): 95−116.

원용찬. 2012. 칼 폴라니, 햄릿을 읽다: 칼 폴라니의 경제사상 이해. 서울: 당대.

윤동해·황병주 편. 2010. 식민지적 공공성: 실체와 은유의 거리. 서울: 책과함께.

윤상철. 2007. 어떤 민주주의를 어떻게 이룰 것인가? 경제와사회, 76: 290−300.

윤성이. 2009. 민주주의 패러다임의 재성찰. 현대정치연구, 2(2): 149 – 172.

윤수재 · 이민호 · 채종헌 편. 2008. 새로운 시대의 공공성 연구. 서울: 법문사.

윤종빈. 2016. 정당정치와 대의민주주의에 대한 소고(小考). 미래정치연구, 6(1): 141 – 156.

윤평중. 2001. '정치적인 것'의 이념과 공론장. 철학연구, 53: 305 – 325.

이관후, 2016. 한국 대의제 연구 비판. 의정논총, 11(1): 119 – 146.

이명석. 2002. 거버넌스의 개념화: 사회적 조정으로서 거버넌스. 한국행정학보, 36(4): 321 – 338.

이병욱 · 김성해. 2013. 담론복합체, 정치적 자본, 그리고 위기의 민주주의. 미디어, 젠더 & 문화, 28: 71 – 111.

이선미. 2016. 돌봄의 특성과 돌봄 공공성의 요건. 사회와이론, 29: 223 – 260.

이승환. 2002. 한국 및 동양의 公私觀과 근대적 변용. 정치사상연구, 6: 45 – 65.

이승환. 2004. 한국가족주의의 의미와 기원, 그리고 변화가능성. 유교사상연구, 20: 45 – 66.

이승훈. 2008. 근대와 공공성 딜레마: 개념과 사상을 중심으로. 민주사회와 정책연구, 13: 13 – 45.

이영철. 2003. 신공공관리론의 이론적 비판: 원자화된 개인, 강력한 시장, 축소지향형 정부. 정부학연구, 9(1): 51 – 82.

이유택. 2005. 요나스의 미래윤리와 책임. 동서철학연구, 36: 113 – 136.

이윤복. 2009. 과학, 기술 그리고 윤리: 과학기술의 책임에 대한 윤리적 고찰. 철학연구, 11: 197 – 222.

이윤정 · 엄경영. 2017. 21세기 참여민주주의 모색에 관한 연구: 2016년 촛불집회를 중심으로. 인문사회 21, 8(4): 1269 – 1284.

이정구. 2009. 칼 폴라니 사상에 대한 비판적 평가. 마르크스 21, 3: 311 – 325.

이종범. 1986. 행정에 있어서 상벌체계와 형식주의. 국민과 정부관료제, 서울: 고려대학교 출판부.

이주하. 2010. 민주주의의 다양성과 공공성: 레짐이론을 중심으로. 행정논총, 48(2): 145 – 167.

이진우. 1991. 한스 요나스의 생태학적 윤리학. 철학과 현실, 12: 273 – 297.

이진현. 2012. 샹탈 무페(Chantal Mouffe)의 탈근대성과 급진민주주의. 동서사상, 12: 115 – 138.

이호근. 2002. 사회와 경제체제의 정치경제적 시원. 진보평론, 11: 371 – 389.

이황직. 2005. 의사소통적 참여를 통한 민주주의의 습속화. 사회이론, 28: 70–96.

이희주 외. 2016. 고려시대 공공성 1,2. 성남시: 한국학중앙연구원출판부.

임운택. 2010. 한국에서 신자유주의와 공화주의의 빈곤. 한국학논집, 41: 279–307.

임의영. 2003. 공공성의 개념, 위기, 활성화의 조건. 정부학연구, 9(1): 23–50.

임의영. 2005. 지구화시대 국가의 거버넌스 전략에 대한 비판적 고찰. 정부학연구, 11(1): 103–036.

임의영. 2007. 바이오테크시대의 윤리원칙과 정책적 함의. 정부학연구, 13(2): 133–162.

임의영. 2010. 공공성의 유형화. 한국행정학보, 44(2): 1–21.

임의영. 2013. 행정학적 상상력의 인문적 기초. 정부학연구, 19(3): 93–127.

임의영. 2014. 이명박 정부의 선진화담론에 대한 비판적 고찰. 정부학연구, 20(2): 355–396.

임의영. 2015a. 공공성의 인간적 토대와 행정. 사회과학연구, 54(2): 217–248.

임의영. 2015b. 경합공간으로서 공론영역과 행정: C. Mouffe의 급진민주주의를 중심으로. 행정논총, 53(2): 1–25.

임의영. 2016. 행정과 정의. 한국행정학보, 50(4): 63–89.

임의영. 2017. 공공성의 철학적 기초. 정부학연구, 23(2): 1–29.

임의영. 2018a. 공공성의 철학적 기초: Karl Jaspers의 실존적 소통과 책임. 행정논총, 56(2): 1–31.

임의영. 2018b. 한국적 맥락에서 공공가치론의 적용가능성에 대한 성찰: 공공성 실현을 위하여. 2018한국행정학회하계학술대회논문집.

임의영·고혁근·박진효. 2014. 한나 아렌트의 공공영역과 행정. 정부학연구, 20(3): 71–100.

임의영·전영평. 2007. 바이오테크시대의 윤리원칙과 정책적 함의. 정부학연구, 13(2): 133–163.

임헌규. 2011. 유교의 인간이상과 보편적 가족주의. 동양고전연구, 45: 337–361.

임혁백. 2007. 공공성의 붕괴인가, 공공성의 미발달인가: 한국에서의 허약한 공화주의. 사회비평, 38: 34–51.

장동진·백성욱. 2005. 차이의 인정과 도덕적 보편주의: 하버마스의 '담론적 민주주의 이론'에 대한 비판적 고찰. 정치사상연구, 11(1), 177–195.

장명학. 2002. 한나 아렌트의 공동권력과 정치. 한국정치연구, 11(2): 43–68.

장영호. 2007. 시민적 자질로서의 공공성 개념에 대한 연구(서울대학교대학원 사회교육과 박사학위논문).

장옥. 1998. 지속가능성에의 두 가지 접근방법. 「생태적 효율성과 생태적 효과성」. 환경정책, 6(2): 7-20.

전광석. 2011. 지속가능성과 세대간 정의. 헌법학연구, 17(2): 273-322.

정규호. 2005. 심의민주주의적 의사결정논리의 특성과 함의. 시민사회와 NGO, 3(1): 29-57.

정기철. 2007. 하이데거가 말한 죽음에 대한 비판적 고찰. 범한철학, 47: 205-225.

정무권. 2011. 행정민주주의와 공공성: 심의민주주의와의 접목. 사회과학연구, 50(2): 33-80.

정미라. 2015. '공적 영역'의 상실과 현대사회의 위기: 한나 아렌트의 정치철학을 중심으로. 철학논총, 81: 241-258.

정연근·장민수. 2007. 지속가능발전의 논의와 발전방향. 질서경제저널, 10(1): 61-76.

정영도. 2001. 야스퍼스의 철학적 신앙의 이해와 수용: 주로 한국에 있어서 그 이해와 수용을 중심으로. 독일학연구, 17: 89-101.

정정화. 2011. 공공갈등과 합의형성. 한국행정논집, 23(2): 577-606.

정지혜. 2010. 샹탈 무페의 '정치적인 것'에 대한 재고찰(고려대학교석사학위논문).

정호근. 1994. 하버마스의 담론이론. 철학과 현실, 23: 144-160.

조대엽. 2009. 공공성의 재구성과 시민사회의 공공성: 공공성의 범주화와 공공성 프로젝트의 전망. 한국사회학연구 제1호.

조대엽. 2012. 현대성의 전환과 사회 구성적 공공성의 재구성: 사회 구성적 공공성의 논리와 미시공공성의 구조. 한국사회, 13(1): 3-62.

조대엽·홍성태. 2013. 공공성의 사회적 구성과 공공성 프레임의 역사적 유형. 아세아연구, 152: 7-41.

조성민. 2013. 정의윤리와 배려윤리의 상보적 관계. 교원교육, 29(3): 45-65.

조승래. 2011. 근대 공사 구분의 지적 계보. 서양사론, 110: 11-29.

조승래. 2014. 공공성담론의 지적 계보: 자유주의를 넘어서. 서울: 서강대학교출판부.

조한상. 2009. 공공성이란 무엇인가. 서울: 책세상.

조혜정. 2006. 후기 근대적 위기와 '돌봄 국가'적 패러다임 전환을 위한 시론: '차가운 근대 cold modern'에서 '따뜻한 근대 warm modern'로. 사회과학논집, 37(1): 71-97.

차동욱. 2011. 公(publicness)과 私(privateness)의 대립 속에 묻혀버린 共(commonness): 프랑스 혁명의 주권론과 헌법담론을 중심으로. 평화학연구, 12(3): 5-25.

채장수. 2012. 공공성과 계급적 관점의 상호배타성. 평화연구, 20(2): 131-161.

채장수. 2013. 정치 이념적 스펙트럼과 공공성: 사분 모델의 모색. 동서연구, 25(2): 133-154.

채창수. 2014. '적극적 공공성'의 두 가지 경향: 한국의 경우. 사회과학연구, 25(1): 167-185.

최병호. 2014. 우리나라 복지정책의 변천과 과제. 예산정책연구, 3(1): 89-129.

최상옥. 2016. 뉴노멀 시대 신공공성 탐색. 정부학연구, 22(2): 5-25.

최진석. 2009. 타자 윤리학의 두 가지 길: 바흐친과 레비나스. 노어노문학, 21(3), 173-195.

최태욱. 2009. '승자독식 & 패자전몰' 다수제 민주주의의 함정. 프레시안, 2009.1.7. (http://www.pressian.com/news/article.html?no=95831#09T0)

최태욱. 2010. 진보적 자유주의 구현을 위한 정치제도 조건: 합의제 민주주의. 한국정치연구, 19(3): 217-238.

하수정. 2012. 지속가능성의 오남용: 지속가능한 발전을 위한 의미 명확화 필요성. 한겨레경제연구소 연구보고서(제6호).

한유미. 2011. 무페와 라클라우의 급진민주주의론(숭실대학교석사학위논문).

한정택. 2010. 다수제와 합의제에 대한 이론적 논의. 현상과인식, 34(4): 121-147.

홍성태. 2012. 공론장, 의사소통, 토의정치: 공공성의 사회적 구성과 정치과정의 동학. 한국사회, 13(1): 159-195.

홍원표. 2013. 한나 아렌트 정치철학: 행위, 전통, 인물. 고양: 인간사랑

홍윤기. 2008. 공공성의 철학적 접근. 윤수재·이민호·채종헌 편(2008), 새로운 시대의 공공성 연구, 92-107. 서울: 법문사.

홍재우. 2006. 합의제 민주주의 연구의 경향, 방법, 제안. 비교민주주의연구, 2(2): 135-153.

황금중. 2014. 공(公)과 사(私)에 대한 주희(朱熹)의 인식과 공공성 교육. 나종석·박영도·조경란 편. 유교적 공공성과 타자, 45-82. 서울: 혜안. 2014.

2. 외국문헌

Adaman, F., Devine, P. and Ozkaynak, B. 2007. Reinstituting the Economic Process: (re)embedding the Economy in Society and Nature. in Harvey, M., Ramlogan, R. and Randles, S.(eds.), *Karl Polanyi: New Perspective on the Place of the Economy in Society*, 93-112. Manchester/ New York: Manchester University Press.

Adams, John. 1994. Economy as Instituted Process: Change, Transformation, and Progress. *Journal of Economic Issues*, 28(2): 331−355.

Althusser, L. & Balibar, E. 1979. *Reading Capital*. trans. by Ben Brewster. London: Verso.

Andrén, M. 2014. Nihilism and Responsibility in the Writings of Karl Jaspers. *European Review*, 22(2): 209−216.

Arendt, H. 1958. *The Human Condition*. Chicago & London: The University of Chicago Press. [이진우·태정호 역. 인간의 조건. 서울: 한길사. 1996.]

Arendt, H. 1969. *On Violence*. San Diego/ New York/ London: Harcourt Brace Jovanovich.

Arendt, H. 1983. Truth and Politics, in *Between Past and Future*, New York: Penguin Books.

Arendt, H. 2002. 칸트 정치철학 강의. 김선욱 역. 서울: 푸른숲.

Arendt, H. 2004. 혁명론. 홍원표 역. 파주: 한길사.

Arendt, H. 2005. 과거와 미래사이: 정치사상에 관한 여덟 가지 철학연습. 서유경 역. 서울: 푸른숲.

Arendt, H. 2007. 정치의 약속. 김선욱 역. 서울: 푸른숲.

Arendt, H. 2011. 공화국의 위기. 김선욱 역. 파주: 한길사.

Aristotele. 1998. *Politics*. Translated, with Introduction and Notes, by C.D.C. Reeve. Indianapolis, Cambridge: Hackett Publishing Company.

Avineri, S. 1983. 칼 마르크스의 사회사상과 정치사상. 이홍구 역. 서울: 까치. [*The Social and Political Thought of Karl Marx*, Cambridge University Press. 1968.]

Bakhtin, M. 1993. *Toward a Philosophy of the Act*. translation and notes by V. Liapunov, edited by V. Liapunov & M. Hloquist. Austin: University of Texas Press.

Barber, B. 1995. All Economies Are "Embedded": The Career of a Concept, and Beyond. *Social Research*, 62(2): 387−413.

Barber, B. 2003. *Strong Democracy: Participatory Politics for a New Age*. 20th anniversary edition. Berkeley/Los Angeles/ London: University of California Press.

Becchi, P. and Tibaldeo, R.F. 2016. The Vulnerability of Life in the Philosophy of Hans Jonas. in A. Masferrer and E. García−Sánchez (eds.). *Human Dignity of the Vulnerable in the Age of Rights*, Ius Gentium: Comparative Perspectives on Law and Justice 55, 81−120. Springer International Publishing.

Beck, U. 1992. *Risk Society: Towards a New Modernity*. translated by Mark Ritter. London·Newbury Park·New Delhi: SAGE Publications. [위험사회: 새로운 근대(성)을 향하여. 홍성태 역. 서울: 새물결. 1997]

Beck, U. 1996. World Risk Society as Cosmopolitan Society? Ecological Questions in a Framework of Manufactured Uncertainties. *Theory, Culture & Society*, 13(4): 1−32.

Becker, G. S. 1964/1993. *Human Capital: A Theoretical and Empirical Analysis with Special Reference to Education*(3rd edition). Chicago and London: The University of Chicago Press.

Beckert, J. 2007. The Great Transformation of Embeddedness: Karl Polanyi and the New Economic Sociology. Max−Plank−Institut Für Gesellschaftsforshung Discussion Paper(2007/1)

Ben, S.I. & Gaus, G.F. 1983. The Liberal Conception of the Public and the Private, in Ben & Gaus(eds.), *Public and Private in Social Life*, 31−65, London & Canberra: Croom Helm; New York: St. Martin's Press, 1983.

Ben, S.I. 1983. The Public and the Private: Concepts and Action. S.I. Benn & G.F. Gaus(eds.), *Public and Private in Social Life*, New York: St. Martin's. 1983.

Benbabib, S. 1992. Models of Public Space: Hannah Arendt, the Liberal Tradition, and Jügen Habermas. C. Calhoun(ed.), *Habermas and the Public Sphere*, 73−98. Cambridge, Massachusetts / London, England: The MIT Press.

Benn, S.I. & Gaus, G.F. eds. 1983. *Public and Private in Social Life*. New York: St. Martin's.

Bentham, J. 2000. *An Introduction to the Principles of Morals and Legislation*. Kitchener: Batoche Books.

Berlin, I. 2002. *Liberty*. ed. by H. Hardy. Oxford: Oxford University Press.

Berman, S. 2010. 정치가 우선한다: 사회민주주의와 20세기 유럽의 형성. 김유진 역. 서울: 후마니타스.

Block, F. 1990. *Postindustrial Possibilities: A Critique of Economic Discourse*. Berkeley: University of California Press.

Block, F. 2003. Karl Polanyi and the Writing of "The Great Transformation".

Theory and Society, 32(3): 275−306.

Bothwell, R., 1997, "15 Indicators of a Healthy Civil Society," John Burbidge (ed), *Beyond Prince and Merchant: Citizen Participation and the Rise of Civil Society*, 249−262, Pact Publications / National Committee for Responsive Philanthropy, Washington D.C.

Boudrillard, J. 1983. *In the Shadow of the Silent Majorities, ⋯ Or The End of the Social and Other Essays*. trans. by P. Foss, P. Patton, and J. Johnston. New York: Semiotext(e), Inc.

Box, R. C. 1999. "Running Government Like a Business: Implications for Public Administration Theory and Practice." *The American Review of Public Administration*, 29(1): 19−43.

Bozeman, B. 2002. Public−Value Failure: When efficient markets may not do. *Public Administration Review*, 62(2): 145−160.

Bozeman, B. 2007. *Public Values and Public Interest: Counterbalancing Economic Individualism*. Washington D.C.: Georgetown University Press.

Bozeman, B. and Johnson, J. 2015. The Political Economy of Public Values: A Case for the Public Sphere and Progressive Opportunity. *The American Review of Public Administration*, 45(1): 61−85.

Brown, W. 2003. Neo−liberalism and the End of Liberal Democracy. *Theory & Event*, 7(1): 1−25.

Burawoy, M. 1985. *The Politics of Production*. London: Verso.

Cangiani, M. 2011. Karl Polanyi's Institutional Theory: Market Society and Its "Disembedded" Economy. *Journal of Economic Issues*, 45(1): 177−197.

Carroll, J. D. 1996. "Reinventing Public Administration." *Public Administration Review,* 56(3): 245−246.

Carson, Rachel. 1962. *Silent Spring*. Boston: Houghton Mifflin.[침묵의 봄. 김은령 역. 서울: 에코리브르. 2002.]

Cesana, A. 2012. Jaspers' Concept of Philosophical Faith: A New Synthesis? in H. Wautischer et al.(eds), *Philosophical Faith and the Future of Humanity*, 99−113. Springer Science+Business Media B.V. 2012.

Cicero, M.T. 1999. *On the Commonwealth and on the Law*. edited by J.E.G. Zetzel. Cambridge: Cambridge University Press.

Cochran, C. E. 1974. Political science and "the public interest." The Journal of Politics, 36(2): 327－355.

Cohen, G.A. 1989. On the Currency of Egalitarian Justice. Ethics, 99: 906－944.

Cohen, J. 1997. Deliberation and Democratic Legitimacy. In J. Bohman & W. Rehg(eds.). Deliberative Democracy: Essays on Reason and Politics, 67－91 Cambridge, MA: MIT Press.

Cohen, J. and J. Rogers. 1992. Secondary Associations and Democratic Governance. Politics and Society, 20(4): 393－472.

Cohen, M. 2006. Benjamin's Phantasmagoria: the Arcade Project. D. Ferris(ed.). Cambridge Companion to Walter Benjamin, 199－220. New York: Cambridge University Press.

Cole, G.D.H. 1989. The Social Theory. in P.Q. Hirst(ed.), The Pluralist Theory of the State: Selected Writings of G.D.H.Cole, J.N.Figgis, and H.J.Laski, 51－111. London and New York: Routledge.

Coston, J.M. 1998. A Model and Typology of Government－NGO Relationships. Nonprofit and Voluntary Sector Quarterly, 27(3): 358－382.

Crouch, C. 2008. 포스트민주주의: 민주주의 시대의 종말. 이한 역, 서울: 미지스북.

Crouch, C. 2012. 왜 신자유주의는 죽지 않는가. 유강은 역. 서울: 책읽는수요일.

Dahl, R. 1998. On Democracy. New Heaven / London: Yale University Press.[민주주의. 김왕식·장동진·정상화·이기호 역. 서울: 동명사. 1999.]

Dahlberg, L. 2004. The Habermasian Public Sphere: A Specification of the Idealized Conditions of Democratic Communication. Studies in Social and Political Thought, 10: 2－18.

Dale, G. 2010. Karl Polanyi: The Limits of the Market. Cambridge; Malden, MA.: Polity Press.

Dale, G. 2011. Lineages of Embeddedness: On the Antecedents and Successors of a Polanyian Concept. American Journal of Economics and Sociology, 70(2): 306－339.

Dale, G. 2012. Double Movements and Pendular Forces: Polanyian Perspectives on the Neoliberal Age. Current Sociology, 60(3): 3－27.

Debord, G. 2005. Society of the Spectacle. trans. by Ken Knabb. London: Rebel Press.

DeCesare, T. 2012. The Lippmann – Dewey "Debate" Revisited: The Problem of Knowledge and the Role of Experts in Modern Democratic Theory. *Philosophical Studies In Education,* 43: 106 – 116.

deLeon, L. & Denhardt, R. P. 2000. "The Political Theory of Reinvention." *Public Administration Review,* 60(2): 89 – 97.

Derrida, J. 2000. *Of Hospitality.* translated by Rachel Bowlby. Stanford, California: Stanford University Press.

de – Shalit, A. 1995. *Why Posterity Matters: Environmental Policies and Future Generations.* London and New York: Routledge.

Dewey, J. 2010. 현대민주주의와 정치주체의 문제. 홍남기 역. 서울: 씨아이알.

Dinneen, N. 2014. Hans Jonas's Noble 'Heuristic of Fear': Neither the Good Lie nor the Terrible Truth. *Cosmos and History: The Journal of Natural and Social Philosophy,* 10(2): 1 – 21.

Dryzek, J.S. 2000. *Deliberative Democracy and Beyond: Liberals, Critics, Contestations.* Oxord: Oxford University Press.

Ellul, J. 1964. *Technological Society.* translated by J. Wilkinson and with an Introduction by R. K. Merton. New York: Vintage Books.

Ellul, J. 1980. *Technological System.* translated by Joachim Neugroschel. New York: The Continuum Publishing Co.

Elson, D. 2000. Socializing Markets, not Market Socialism. *Socialist Register,* 36: 67 – 85.

Engels, F. 1976. *Anti – Düing: Herr Eugen Düing's Revolution in Science.* Peking: Foreign Languages Press.

Engels, F. 1990. The Origin of the Family, Private Property and the State. In the Light of the Researches by Lewis H. Morgan. *Karl Marx Frederick Engels Collected Works(Vol. 26).* Moscow : Progress Publishers.

Esping – Andersen, G. 1990. *The Three Worlds of Welfare Capitalism.* Princeton, New Jersey: Princeton University Press.

Foucault, M. 2012. 생명관리정치의 탄생: 콜레주드프랑스 강의 1978-79. 오트르망(심세광·전혜리·조성은) 역. 서울: 난장.

Fromm, E. 1981. 자기를 찾는 인간. 박갑성·최현철 역. 서울: 종로서적.

Furniss, N. & Tilton, T. 1977. *The Case for the Welfare State: From Social*

Security to Social Equality. Bloomington: Indiana University Press.

Gemici, K. 2008. Karl Polanyi and the Antinomies of Embeddedness. *Socio—Economic Review*, 6(1): 5—33.

Geuss, R. 2010. 공적 선(善) 사적 선(善). 조승래 역. 서울: 기파랑.

Giddens, A. 1998. 제3의 길. 한상진·박찬욱 옮김. 서울: 생각의 나무.

Gidron, B., Kramer, R.M., and Salamón, L.M. 1992. *Government and the Third Sector: Emerging Relationships in Welfare States*. New York: John Wiley & Sons Inc.

Gilligan, C. 1993[1982]. *In a Different Voice: Psychological Theory and Women's Development*. Cambridge, Massachusetts, and London, England: Harvard University Press.

Gordon, R.D. 2000. Karl Jaspers: Existential Philosopher of Dialogical Communication. *The Southern Communication Journal*, 65(2/3): 105—118.

Gorz, André. 2015. 에콜로지카. 임희근·정혜용 역. 서울: 생각의 나무.

Gutmann, A. and D. Thompson. 2004. *Why Deliberative Democracy?* Princeton, N.J.: Princeton University Press.

Habermas, J. 1974. The Public Sphere: An Encyclopedia Article(1964). *New German Critique*, 3: 49—55.

Habermas, J. 1977. Hannah Arendt's Communications Concept of Power. *Social Research,* 44(1): 3—24.

Habermas, J. 1979. *Communication and the Evolution of Society*. trans. by McCarthy. Boston: Beacon Press.

Habermas, J. 1989. *The Structural Transformation of the Public Sphere: An Inquiry into a Category of Bourgeois Society*. translated by T. Burger with the assistance of F. Lawrence. Massachusetts, Cambridge: The MIT Press.

Habermas, J. 1996. *Between Facts and Norms: Contributions to a Discourse Theory*. translated by William Rehg. Cambridge: The MIT Press.[사실성과 타당성: 담론적 법이론과 민주적 법치국가 이론. 박영도·한상진 역. 서울: 나남. 2007.]

Haque, M.S. 2001. The Diminishing Publicness of Public Service under the Current Mode of Governance. *Public Administration Review*, 61(1): 66—82.

Hardt, M. and Negri, A. 2004. *Multitude: War and Democracy in the Age of Empire*. New York: The Penguin Press.[다중: 제국이 지배하는 시대의 전쟁과 민

주주의. 조정환·정남현·서창현 역. 서울: 세종서적.]

Harvey, D. 2005. *A Brief History of Neoliberalism.* Oxford: Oxford University Press.[신자유주의. 최병두 역. 서울: 한울. 2009.]

Harvey, D. 2007. Neoliberalism as Creative Destruction. *The Annals of the American Academy of Political and Social Science,* 610(1): 21 – 44.

Harvey, M. 2007. Instituting Economic Process in Society. in Harvey, M., Ramlogan, R. and Randles, S.(eds.), *Karl Polanyi: New Perspective on the Place of the Economy in Society,* 163 – 184. Manchester/ New York: Manchester University Press.

Hayek, F. 2006. 노예의 길: 사회주의 계획경제의 진실. 김이석 역. 서울: 나남.

Hegel, G.W.F. 1953. *Hegel's Philosophy of Right.* trans. by T.M. Knox. Oxford: The Clarendon Press.

Held, D. 2006. *Models of Democracy.* 3rd edition. Stanford, California: Stanford University Press.[민주주의의 모델들. 박찬표 역. 서울: 후마니타스. 2010.]

Held, D., McGrew, A., Goldblatt, D., and Perraton, J. 2003. 전지구적 변환. 조효제 역. 서울: 창작과비평사[*Global Transformation: Politics, Economics, and Culture.* Cambridge: Polity Press/ Stanford: Stanford University Press, 1999.]

Held, V. 2006. *The Ethics of Care: Personal, Political, and Global.* New York: Oxford University Press.

Hess, Martin. 2004. 'Spatial' Relationships? Towards a Reconceptualization of Embeddedness. *Progress in Human Geography,* 28(2): 165 – 186.

Hirst, P. 1994. *Associative Democracy: New Forms of Economic and Social Governance.* Cambridge: Polity Press.

Hirst, P. 2002. Renewing Democracy through Associations. *The Political Quarterly,* 73(4): 409 – 421.

Hobbes, T. 1968. *Leviathan or The Matter, Forme, & Power of a Common – Wealth Ecclesiasticall and Civill.* ed. by C.B. Macpherson. Pelican Books.

Hobsbawm, E. 2009. 극단의 시대: 20세기의 역사(상, 하). 이용우 역. 서울: 까치.

Holloway, J. and Picciotto, S. 1978. Introduction: Towards a Materialist Theory of the State. Holloway and Picdotto(eds.). *State and Capital: A Marxist Debate.* London: Edward Arnold.

Holzer & Sørensen, (2003). Rethinking Subpolitics: Beyond the 'Iron Cage' of

Modern Politics? *Theory, Culture & Society,* 20(2): 79 – 102.

Holzer & Sørensen, 2003. Rethinking Subpolitics: Beyond the 'Iron Cage' of Modern Politics? *Theory, Culture & Society,* 20(2): 79 – 102.

Honneth, A. 2006. 물화: 인정이론적 탐구. 강병호 역. 파주: 나남.

Hood, C. 1991. A Public Management for All Seasons? *Public Administration,* 69(1): 3 – 19.

Hood, C. 1995. The "New Public Management" in the Eighties: Variation on a Theme. *Accounting, Organization and Society,* 20(2/3): 93 – 109.

Horkheimer, M. 2006. 도구적 이성 비판. 박구용 역. 서울: 문예출판사.

Illich, Ivan. 1973. *Tools for Conviviabilty.* Fontana: William Collins Sons & Co Ltd Glasgow.[성장을 멈춰라: 자율적 공생을 위한 도구. 이한 역. 서울: 미토. 2004]

Jaspers, K. 1954. *Way to Wisdom: An Introduction to Philosophy.* New Heaven and London: Yale University Press.[지혜에의 길: 철학입문. 이종후 역. 형설출판사. 1975.]

Jaspers, K. 1955. *Reason and Existenz: Five Lectures.* translated with an introduction by W. Earle. New York: Noonday Press.[이성과 실존. 황문수 역. 서문당. 1999.]

Jaspers, K. 1957. Philosophical Autobiography. in P.A. Schilpp(ed.), *The Philosophy of Karl Jaspers,* 5 – 94. La Salle, Illinois: Open Court Publishing Company. 1957.[철학적 자서전. 강대석 역. 이문출판사, 1984.]

Jaspers, K. 1970. *Philosophy* 2. trans. by E.B. Ashton. Chicago/ London: The University of Chicago Press.

Jaspers, K. 1981. 철학적 신앙(세계문학전집, 11권). 김병우 역. 서울: 삼성출판사.

Jaspers, K. 1992. 현대의 이성과 반이성. 황문수 역. 서울: 사상사.

Jensen, K.K. 2002. The Moral Foundation of the Precautionary Principle. *Journal of Agricultural and Environmental Ethics,* 15(1): 39 – 55.

Jessop, B. 1998. The Rise of Governance and the Risks of Failure: The Case of Economic Development. *International Social Science Journal,* 50(155): 29 – 45.

Jessop, B. 2002. The Social Embeddedness of the Economy and Its Implications for Economic Governance. in Adaman, F. and Devine, P.(eds.), *Economy and Society: Money, Capitalism and Transition,* 192 – 222. Montréal: Black

Rose Books.

Jessop, B. 2003. Governance and Metagovernance: On Reflexivity, Requisite Variety, and Requisite Irony. (http://www.comp.lancs.ac.uk/sociology/papers/Jessop－Governance－and－Metagovernance.pdf)

Jonas, H. 1966. *The Phenomenon of Life: Toward a Philosophical Biology*. Chicago & London: The University of Chicago Press.[생명의 원리: 철학적 생물학을 위한 접근. 한정선 역. 서울: 아카넷.]

Jonas, H. 1979. Toward a Philosophy of Technology. *Hastings Center Report* 9 (1): 34－43.

Jonas, H. 1984. *The Imperative of Responsibility: In search of an Ethics for the Technological Age. translated by Hans Jonas with the collaboration of David Herr*. Chicago & London: The University of Chicago Press.

Jonas, H. 1994. 책임의 원칙: 기술시대의 생태학적 윤리. 이진우 역. 파주: 서광사. [*Das Prinzip Verantwortung: Versuch einer Ethik für die technologische Zivilisation*. Frankfurt am Main: Suhrkamp Verlag, 1984.]

Jonas, H. 2005. 기술 의학 윤리: 책임원칙의 실천. 이유택 역. 서울: 솔. [*Technik, Medizin und Ethik: Zur Praxis des Prinzips Verantwortung*. Frankfurt am Main: Suhrkamp Verlag, 1987.]

Jonas, H. 2007. 물질·정신·창조: 우주의 기원과 진화에 관한 철학적 성찰. 김종국, 소병철 역. 서울: 철학과 현실사.[*Materie, Geist, und Schöpfung*. Frankfurt am Main: Suhrkamp Verlag, 1988.]

Jones, P. 1989. The Ideal of the Neutral State. in Goodin, R.E. & Reeve, A.(eds.). *Liberal Neutrality*, 9－38. London and New York: Routledge.

Jørgensen, T.B. and Bozeman, B. 2007. Public Values: An Inventory. *Administration & Society*, 39(3): 354－381.

Kant, I. 1991. *Metaphysics of Morals*. Introduction, translation, and notes by Mary Gregor. Cambridge: Cambridge University Press.

Kant, I. 2002. *An Answer to the Question: "What is Enlightenment?"* http://www.blackmask.com.

Kaufmann, F. 1957. Karl Jaspers and A Philosophy of Communication. in P.A. Schilpp(ed.), *The Philosophy of Karl Jaspers*, 210－295. La Salle, Illinois: Open Court Publishing Company.

Kettl, D.F. 2000. The Transformation of Governance: Globalization, Devolution, and the Rise of Government. *Public Administration Review*, 60(6): 488−497.

Kittay, E.F. 1999. *Love's Labour: Essays on Women, Equality, and Dependency*. New York, London: Routledge.

Kittay, E.F. 2001. When Caring is Just and Justice is Caring: Justice and Mental Retardation. *Public Culture*, 13(3): 557−579.

Knaus, G. 1957. The Concept of Encompassing in Jaspers' Philosophy. in P.A. Schilpp(ed.), *The Philosophy of Karl Jaspers*, 141−175. La Salle, Illinois: Open Court Publishing Company.

Kohlberg, L. 1981. *The Philosophy of Moral Development: Moral Stages and the Idea of Justice* [Essays on Moral Development, I]. San Francisco: Harper & Row.

Kohn, M. 2008. Homo Spectator: Public Space in the Age of the Spectacle. *Philosophy & Social Criticism*, 34(5): 467−486.

Krasner, S. D. 1984. Approaches to the State: Alternative Conceptions and Historical Dynamics. *Comparative Politics*, 16(2): 223−246.

Krippner, Greta et. al. 2004. Polanyi Symposium: A Conversation on Embeddedness. *Socio−Economic Review*, 2(1): 109−135.

Krippner, Greta R. 2001. The Elusive Market: Embeddedness and the Paradigm of Economic Sociology. *Theory and Society*, 30(6): 775−810.

Lacher, Hannes. 1999. Embedded Liberalism, Disembedded Markets: Reconceptualising the Pax Americana. *New Political Economy*, 4(3): 343−360.

Laclau, E. and Mouffe, C. 2012. 헤게모니와 사회주의 전략: 급진 민주주의 정치를 향하여. 이승원 역. 서울: 후마니타스.[*Hegemony and Socialist Strategy: Towards a Radical Democratic Politics*. London and New York: Verso. 1985.]

Le Bon, G. 2002. *The Crowd: A Study of the Popular Mind*. Mineola, New York: Dover Publications, Inc.

Lefort, C. 1988. *Democracy and Political Theory*. translated by D. Macey. Cambridge: Polity Press.

Levinas, E. 1979. *Totality and Infinity: An Essay on Exteriority*. trans. by A. Lingis. Hague; Boston; London: Martinus Nijhoff Publishers.

Levy, D. J. 2003. 한스 요나스의 사고의 통합. 심용만 역. 서울: 철학과현실사. [*Hans*

Jonas: The Integrity of Thinking. University of Missouri Press, 2002.]

Lijphart, A. 2016. 민주주의의 유형: 다수결 민주주의와 합의 민주주의 간의 정부형태와 성과비교. 김석동 역. 서울: 성균관대학교출판부.

Lippmann, W. 1992. *Public Opinion.* With a New Introduction by Michael Curtis. New Brunswick (U.S.A.) and London (U.K.): Transaction Publishers.

Lippmann, W. 1993. *The Phantom Public.* With a New Introduction by Wilfred M. McClay. New Brunswick (U.S.A.) and London (U.K.): Transaction Publishers.

Locke, J. 1967. *Two Treatises of Government.* ed. by P. Laslett. Cambridge: Cambridge University Press.

Lukács, G. 1971. *History and Class Consciousness: Studies in Marxist Dialectics.* translated by R. Livingstone. Cambridge, Massachusetts: The MIT Press.

MacGilvary, E. 2010. Dewey's Public. *Contemporary Pragmatism,* 7(1): 31−47.

MacIntyre, A. 1984. *After Virtue: A Study in Moral Theory.* 2nd. Notr Dame, Indiana: University of Notre Dame Press.

Macpherson, C.B. 1977. *The Life and Times of Liberal Democracy.* Oxford·New York·Toronto·Melbourne: Oxford University Press.

Mansbridge, J. 1998. On the Contested Nature of the Public Good, in W.W. Powell & E.S. Clemens(eds.). *Private Action and Public Good.* New Heaven: Yale University Press.

Marcuse, H. 1991. *One−Dimensional Man: Studies in the Ideology of Advanced Industrial Society.* with an Introduction by Douglas Kellner. London and New York: Beacon Press.

Martin, von Hans−Peter and Schumann, Harald. 1997. 세계화의 덫. 강수돌 역. 서울: 영림카디널.

Marx, K. 1844/1970. *Critique of Hegel's 'Philosophy of Right'* trans. by A. Jolin & J. O'Malley. Cambridge: Cambridge University Press.

Marx, K. 1848/1983. Manifesto of the Communist Party. Kamenka, E.(ed. & trans.), *The Portable Karl Marx,* 203−241. Penguin Books. 1983.

Marx, K. 1875/1983. Marginal Notes to the Programme of the German Workers' Party [Critique of the Gotha Programme]. Kamenka, E.(ed. & trans.), *The Portable Karl Marx,* 533−555. Penguin Books. 1983.

Marx, K. 1967a. Economic and Philosophic Manuscripts(1844). in *Writings of the*

Young Marx on Philosophy and Society, edited and translated by Loyd D. Easton and Kurt H. Guddat, 283–337. Garden City, New York: Anchor Books, Doubleday & Company, Inc.

Marx, K. 1967b. *Capital: A Critique of Political Economy I* . edited by F. Engels and translated by Samuel Moore and Edward Aveling. New York: International Publishers.

Marx, K. 1970. *Critique of Hegel's 'Philosophy of Right'*, trans. Joseph O'Malley. Cambridge.

Marx, K. 1976a. *Capital: A Critique of Political Economy* (Vol. I). Introduced by Ernest Mandel, translated by Ben Fowkes. New York: Penguin Books.

Marx, K. 1976b. *The German Ideology*. Moscow: Progress Publishers.

Marx, K. 1979. The Eighteenth Brumaire of Louis Bonaparte. *Karl Marx Frederick Engels Collected Works(Vol. 11)*. Moscow : Progress Publishers.

Marx, K. 1985. Marx to Ludwig Kugelmann in Hanover, 28 December 1862. *Karl Marx Frederick Engels Collected Works(Vol.41)*. Moscow: Progress Publishers.

Marx, K. 1989. Critique of the Gotha Programme. *Karl Marx Frederick Engels Collected Works(Vol. 24)*. Moscow : Progress Publishers.

Marx, K. 1996. *Collected Works [of] Karl Marx [and] Frederick Engels(Vol. 35): Marx, Capital Vol. I*. London: Lawrence & Wishart.

Marx, K. and Engels, F. 1976. Manifesto of the Communist Party. in *Collected Works [of] Karl Marx [and] Frederick Engels(Vol. 6): Marx and Engels, 1845–48*. translated by Jack Cohen, et al. London: Lawrence & Wishart.

May, L. 1992. *Sharing Responsibility*. Chicago and London: The University of Chicago Press.

Mcluhan, M. & Fiore, Q. 2001. *The Medium is the Massage: An Inventory of Effects*. Gingko Press.

Mcluhan, M. 1964/1994. *Understanding Media: The Extensions of Man*. with Introduction by L. Lapham. Massachusetts, Cambridge/ England, London: The MIT Press.

Mendell, M. 2007. Karl Polanyi and Instituted Process of Economic Democratization. in Harvey, M., Ramlogan, R. and Randles, S.(eds.), *Karl Polanyi: New*

Perspective on the Place of the Economy in Society, 78−92. Manchester/ New York: Manchester University Press.

Merrien, F. 1998. Governance and Modern Welfare State. *International Social Science Journal*, 50(155): 57−67.

Meynhardt, T. 2009. Public Value Inside: What is Public Value Creation? *International Journal of Public Administration*, 32: 192−219.

Migone, A. 2011. Embedded Markets: A Dialogue between F.A. Hayek and Karl Polanyi. *Review of Austrian Economics*, 24: 355−381.

Miliband, R. 1969. *The State in Capitalist Society*. New York: Basic Books, Inc., Publishers.

Mishra, R. 1990. *The Welfare State in Capitalist State: Policies Retrenchment and Maintenance in Europe, North America, and Australia*. London and New York: Routledge.

Moore, M. 1995. *Creating Public Value: Strategic Management in Government*. Cambridge and London: Harvard University Press.

Moore, M. 2000. Managing for Value: Organizational Strategy in For−Profit, Nonprofit, and Governmental Organizations. *Nonprofit and Voluntary Sector Quarterly*, 29(1): 183−204.

Moore, M. 2014. Public Value Accounting: Establishing the Philosophical Basis. *Public Administration Review*, 74(4): 465−477.

Moriss, T. 2013. *Hans Jonas's Ethic of Responsibility: From Ontology to Ecology*. Albany: State University of New York Press.

Mouffe, C. & 곽준혁. 2009. 민주주의와 한국사회: 샹탈 무페 교수와의 대담. 아세아연구, 52(3): 129−186.

Mouffe, C. 1993. *The Return of the Political*. London and New York: Verso.[정치적인 것의 귀환. 이보경 역. 서울: 후마니타스. 2007.]

Mouffe, C. 2000. *The Democratic Paradox*. London and New York: Verso.

Mouffe, C. 2005. *On the Political*. New York: Routledge.

Mouffe, C. ed. 1979. *Gramsci and Marxist Theory*. London/ Boston: Routledge / Kegan Paul.

Mouffe, C. ed. 1992. *Dimensions of Radical Democracy: Pluralism, Citizenship, Community*. London and New York: Verso.

Mouffe, C. ed. 1996. *Deconstruction and Pragmatism*. New York: Routledge, 1996.

Negri, A. and Hardt, M. 2014. 공통체: 자본과 국가 너머의 세상. 정남영·윤영광 역. 고양: 사월의책.

Newman, Janet. 2007. Rethinking 'The Public' in Troubled Times. *Public Policy and Administration,* 22(1): 27－47.

Noddings, N. 2002. *Starting at Home: Caring and Social Policy*. Berkeley: University of California Press.

Noddings, N. 2013[1984]. *Caring: A Relational Approach to Ethics and Moral Education*. 2nd. Berkeley, Los Angeles, London: University of California Press.

Nordlinger. 1981. *On the Autonomy of the Democratic State*. Cambridge, MA: Harvard University Press.

North. 1986. A Neoclassical Theory of the State. J. Elster. ed. *Rational Choice*. 248－261. New York: New York University Press.

Nozick, R. 1974. *Anarchy, State, and Utopia*. New York: Basic Books, Inc., Publishers.

Offe, C. 1975. Theses on the Theory of the State. *New German Critique,* 6: 137－147.

Offe, C. 1984. *Contradictions of the Welfare State*. edited by J. Keane. London·Sydney·Melbourne·Auckland·Johannesburg: Hutchinson.

Ortega y Gasset, J. 2005. 대중의 반역. 황보영조 역. 서울: 역사비평사.

Osborne, D. & Gaebler, T. 1992. *Reinventing Government: How the Entrepreneurial Sprit is Transforming the Public Sector*. MA: Addison－Wesley.

Parijs, P. 2016. 모두에게 실질적 자유를: 기본소득에 대한 철학적 옹호. 서울: 후마니타스.

Perczynski, P. 2001. Associo－Deliberative Democracy and Qualitative Participation. P. Hirst and V. Bader(eds.), *Associative Democracy: The Real Third Way*, 71－84. London·Portland, Or: Frank Cass. 2001.

Perelman, C. 1963. *The Idea of Justice and the Problem of Argument*, London: Routledge & Kegan Paul/ New York: The Humanities Press.

Pesch, U. 2008. The Publicness of Public Administration. *Administration & Society*, 40(2): 170－193.

Pettit, P. 1997. *Republicanism: A Theory of Freedom and Government.* Oxford: Clarendon Press.

Polanyi, Karl and Pearson, H.W. eds. 1977. *The Livelihood of Man.* New York: Academic Press[인간의 경제 I , II. 박현수 역. 서울: 풀빛. 1983.]

Polanyi, Karl, Arensberg, C.M. and Pearson eds. 1957. H.W. *Trade and Market in the Early Empires.* Glencoe, Illinois: The Free Press[초기제국에 있어서의 교역과 시장. 이종욱 역. 서울: 민음사. 1994.]

Polanyi, Karl. 1968. Our Obsolete Market Mentality. in G. Dalton(ed.), *Primitive, Archaic, and Modern Economics.* Garden City, New York: Doubleday & Company.

Polanyi, Karl. 2001. *The Great Transformation: The Political and Economic Origins of Our Time.* Foreword by Joseph E. Stiglitz with a New Introduction by Fred Block. Boston: Beacon Press [거대한 전환. 홍기빈 역. 서울: 길. 2009.]

Poulantzas, N. 1975. *Political Power and Social Classes.* Translation editor Timothy O'Hagan. London: New Left Book.[정치권력과 사회계급. 홍순권·조형제 역. 서울: 풀빛. 1986.]

Putnam, R.D., R. Leonardi, and R. Nanetti. 1993. *Making Democracy Work: Civic Traditions in Modern Italy.* Princeton: Princeton University Press.

Rawls, J. 1971. *A Theory of Justice.* Cambridge, Massachusetts: The Belknap Press of Harvard University Press.

Rawls, J. 1985. Justice as Fairness: Political not Metaphysical. *Philosophy and Public Affairs,* 14(3): 223-251.

Rawls, J. 1999. *A Theory of Justice.* revised edition. Cambridge, Massachusetts: The Belknap Press of Harvard University Press.

Rawls, J. 2001. *Justice as Fairness: A Reassessment.* in Erin Kelly(ed.). Cambridge, Massachusetts: The Belknap Press of Harvard University.

Rawls, J. 2005. *Political Liberalism.* expanded edition. New York: Columbia University Press.

Rawls, J. 2009. 만민법. 장동진·김만권·김기호 역. 서울: 아카넷.

Rhodes, R.A.W. 2000. Governance and Public Administration. in J. Pierre(ed.), *Debating Governance,* 54-90. New York: Oxford University Press.

Riedel, M. 1983. 헤겔의 사회철학. 황태연 역. 서울: 한울.

Riesman, D., Glazer, N. and Denney, R. 1989. *The Lonely Crowd: A Study of the Changing American Character*. Abridged edition with a 1969 preface. New Haven & London: Yale University Press.

Robeyns, I. 2005. The Capability Approach: a Theoretical Survey. *Journal of Human Development*, 6(1): 93−114.

Roemer, J.E. 1996. *Theories of Distributive Justice*. Cambridge: Harvard University Press.

Rorty, R. 1995. The Priority of Democracy to Philosophy. in Rorty. *Objectivity, Relativism and Truth*. 175−196. Cambridge: Cambridge University Press.

Rousseau, J.J. 1979. *Emil or On Education*. Introduction, Translation, and Notes by Allan Bloom. Basic Books.

Rousseau, J.J. 2002. *Social Contract and The First and Second Discourses*. Edited and with an Introduction by Susan Dunn with essays by Gita May, Robert N. Bellah, David Bromwich, Conor Cruise O'Brien. New Haven and London: Yale University Press.

Rutgers, M.R. 2008. Sorting Out Public Values? On the Contingency of Value Classifications in Public Administration. *Administrative Theory & Praxis*, 30(1): 92−113.

Ryan, P. 1999. Discourse, Democracy (and Socialism?): A Reading of Habermas's *Between Facts and Norms. Studies in Political Economy*, 60: 121−138.

Salamon, L. and Anheier, H. 1996. *The Emerging Nonprofit Sector: An Overview*. London: Manchester University Press.

Salamon, L. and Anheier, H. 1998. Social Origins of Civil Society: Explaining the Nonprofit Sector Cross−Nationally. *Voluntas: International Journal of Voluntary and Nonprofit Organizations*, 9(3): 213−248.

Sandel, M. 1982. *Liberalism and the Limits of Justice*. Cambridge; New York: Cambridge University Press.

Sandel, M. 1984. *Liberalism and Its Critics*. New York: New York University Press.

Saxonhouse, A. W. 1983. Classical Greek Conceptions of Public and Private. S.I. Benn & G.F. Gaus(eds.), *Public and Private in Social Life*, 363−384. London & Canberra: Croom Helm; New York: St. Martin's Press.

Schiller, H. 1995. 문화(株): 공공의사표현의 사유화. 양기석 역. 서울: 나남.

Schmitt, C. 1996. *The Concept of the Political*(expanded edition). Translation, Introduction, and Notes by G. Schwab. Chicago and London: The University of Chicago Press.[정치적인 것의 개념. 김효전 · 정태호 역. 살림. 2012.]

Schmitter, P. 1995. The Irony of Modern Democracy and the Viability of Efforts to Reform its Practices. J. Cohen and J. Rogers. (eds.) *Associations and Democracy*, 167 – 183. London: Verso.

Schubert, G. 1960. The Public Interest: A Critique of the Theory of a Political Concept. Glencoe, Ill.: Free Press.

Sen, A. 1992. *Inequality Reexamined*, Oxford: Oxford University Press.[불평등의 재검토. 이상호 · 이덕재 역. 서울: 한울아카데미. 1999.]

Sen, A. 1999. *Development as Freedom*, Oxford: Oxford University Press.[자유로서의 발전. 박우희 역. 서울: 세종연구원. 2001.]

Sen, A. 2002. *Rationality and Freedom*. Cambridge, Mass.: Belknap Press.

Sen, A. 2009. *The Idea of Justice*. Cambridge, Mass.: Belknap Press of Harvard University Press.

Senardlens, P. 1998. Governance and the Crisis in the International Mechanisms of Regulation. *International Social Science Journal*, 50(155): 92 – 104.

Sennet, R. 2013. 투게더: 다른 사람들과 함께 살아가기. 김병화 역. 서울: 현암사.

Simondon, G. 2011. 기술적 대상들의 존재양식에 대하여. 김재희 역. 서울: 그린비.

Sitton, J.F. 1994. Hannah Arendt's Argument for Council Democracy. L.P. Hinchman and S.K. Hinchman(eds.), *Hannah Arendt: Critical Essays*, 307 – 329. Albany: State University of New York Press, 1994.

Skinner, Q. 2007. 자유주의 이전의 자유. 조승래 역. 서울: 푸른역사.

Skocpol, T., Evans, P.B., Rueschemeyer, D. 1985. *Bringing the State Back In*. New York and Cambridge: Cambridge University Press.

Sloterdijk, P. 1987. *Critique of Cynical Reason*. Translation by Michael Eldred Foreword by Andreas Huyssen. Mineapolis/London: University of Minnesota Press.

Smith, A. 2010. 국부론(상). 김수행 역, 서울: 비봉출판사.

Smith, M.J. 1990. Pluralism, reformed pluralism and neopluralism: The role of pressure groups in policy – making. *Political Studies*, 38(2): 302 – 322.

Stanfield, J.R. 1997. 칼 폴라니의 경제사상, 원용찬 역. 서울: 한울.

Sternberg, E. 1993. Justifying Public Intervention without Market Externalities: Karl Polanyi's Theory of Planning in Capitalism. *Public Administration Review*, 53(2): 100−109.

Susen, S. 2011. Critical Notes on Habermas's Theory of the Public Sphere. *Sociological Analysis,* 5(1): 37−62.

Tarde, G. 2012. 여론과 군중. 이상률 역. 서울: 지도리.

Taylor, C. 1989. Cross−Purposes: The Liberal−Communitarian Debate. in *Liberalism and Moral Life*. edited by N.L. Rosenblum. 64−87. Cambridge, MA: Harvard University Press.

Taylor, C. 1989. *Sources of the Self: the Making of the Modern Identity*. Cambridge, Mass. : Harvard University Press.

Teisman, G.R. & Klijn, 2002, E. 2002. Partnership Arrangements: Governmental Rhetoric or Governance Scheme. *Public Administration Review*, 62(2): 197−205.

Thucydides. 1919. *History of the Peloponnesian War*(Book Ⅰ,Ⅱ). trans. by C. F. Smith. London: William Heinemann Ltd.; Cambridge, Massachusetts: Harvard University Press.

Tibaldeo, R.F. 2015. The Heuristic of Fear: Can the Ambivalence of Fear Teach Us Anything in the Technological Age? *Ethics in Progress*, 6(1): 225−238.

Tilly, C. 1985. War Making and State Making as Organized Crime. P.B. Evans, D. Rueschemeyer, and T. Skocpol(eds.). *Bringing the State Back In*. 169−191. Cambridge · New York : Cambridge University Press. 1985.

Tilly, C. 1990. *Coercion, Capital, and European States, AD 990−199*. Cambridge, Massachusetts: Basil Blackwell.

Tocqueville, A. 2010. *Democracy in America: Historical−Critical Edition of De la démocratie en Amérique*. Edited by Eduardo Nolla and Translated from the French by James T. Schleifer. Indianapolis: Liberty Fund, Inc.

Tönnies, F. 2002. *Community and Society*. translated and edited by C. P. Loomis. New York: Dover Publications. Inc.

Torfing, J. 1999. *New Theories of Discourse: Laclau, Mouffe, Žižek*. Oxford: Blackwell.

Tronto, J.C. 1993. *Moral Boundaries: A Political Argument for an Ethic of Care*.

New York and London: Routledge.

Tronto, J.C. 2008. Book Review: The Ethic of Care. *Hypatia*, 23(1): 211-217.

Tronto, J.C. 2013. *Caring Democracy: Market, Equality, Justice*. New York and London: New York University Press.

Walzer, M. 1981. Philosophy and Democracy. *Political Theory* 9(3): 379-399.

Walzer, M. 1983. *Spheres of Justice: A Defence of Pluralism and Equality*. New York: Basic Books, Inc., Publishers[정의와 다원적 평등: 정의의 영역들. 정원섭 외 역. 서울: 철학과현실사. 1999.]

Walzer, M. 1984. Liberalism and the Art of Separation. *Political Theory*, 12(3): 315-330.

Walzer, M. 1987. *Interpretation and Social Criticism*. Cambridge: Harvard University Press.

Walzer, M. 1990. The Communitarian Critique of Liberalism. *Political Theory*, 18(1): 6-23.

Walzer, M. 1994. *Thick and Thin: Moral Argument at Home and Abroad*. Notre Dame: University of Notre Dame Press.

Weber, M. 1946. *From Max Weber: Essays in Sociology*. translated, edited, and with introduction by H.H. Gerth and C. Wright Mills. New York: Oxford University Press.

Weber, M. 1947. *The Theory of Economy and Society*. New York: Becminster Press.

Weber, M. 1968. *Economy and Society*. ed. by G. Roth and C. Wittich. New York: Bedminster Press.

Weber, M. 1988. "Die Protestantische Ethik und der Geist des Kapitalismus", *Gesamellte Aufsäze zur Religionssoziologie* I. J. C. B Mohr(Paul Siebeck) Tüingen.

Weber, M. 1994. The Nation State and Economic Policy (Inaugural lecture, 1989). in P. Lassman and R. Speirs(ed.), *Weber: Political Writings*, 1-28. Cambridge University Press.

Weintraub, J. 1997. The Theory and Politics of the Public/Private Distinction. Weintraub & K. Kumer(eds.), *Public and Private in Thought and Practice: Perspectives on a Grand Dichotomy*, 1-42. Chicago/London: The University of Chicago Press.

Wenman, M. 2003. 'Agonistic Pluralism' and Three Archetypal Forms of Politics. *Contemporary Political Theory*, 2: 165-86.

Werlin, H.H. 2003 Poor Nations, Rich Nations: A Theory of Governance. *Public Administration Review*, 62(3): 329－342.

Wildermuth, A.E. 2007. Karl Jaspers and the Concept of Philosophical Faith. *Existenz: An International Journal in Philosophy, Religion, Politics and the Arts*, 2(1－2): 8－18.

Wiley, J. 2006. Sheldon Wolin on Theory and the Political. *Polity*, 38(2): 211－234.

Winner, L. 2000. 자율적 테크놀로지와 정치철학. 강정인 역. 서울: 아카넷. [*Autonomous Technplogy*. The MIT Press, 1977.]

Winner, L. 2010. 길을 묻는 테크놀로지: 첨단 기술 시대의 한계를 찾아서. 손화철 역. 서울: 씨·아이·알. [*The Whale and the Reactor: a Search for Limits in an Age of High Technology*. Chicago: The University of Chicago Press. 1986.]

Wolin, S. 1994. Hannah Arendt: Democracy and the Political, in L.P. Hinchman and S.K. Hinchman(eds.), *Hannah Arendt: Critical Essays*, 289－306. Albany: State University of New York Press, 1994.

Wolin, S. 2004. *Politics and Vision: Continuity and Innovation in Western Political Thought* (Expanded Edition). Princeton and Oxford: Princeton University Press.

Wood, E. M. 1995. *Democracy against Capitalism*. Cambridge/New York: Cambridge University Press.

Woodruff, P. 2005. *First Democracy: The Challenge of an Ancient Idea*. New York: Oxford University Press.[최초의 민주주의: 오래된 이상과 도전. 이윤철 역. 파주: 돌베개. 2012.]

World Bank. 1997. *Handbook on Good Practices for Laws Relating to Non－Governmental Organizations*. Washington, D.C.

World Commission on Environment and Development. 1987. *Report of the World Commission on Environment and Development: Our Common Future*.

Yare, B. 2005. Karl Jaspers' Communication in Existenz: Analysis and Commentary. *Existential Analysis*, 16(1): 36－49.

Young, I. M. 2000. *Inclusion Democracy*. Oxford; New York: Oxford University Press.

Young, I.M. 1990. *Justice and the politics of Difference*. Princeton: Princeton University Press.

Young, I.M. 2011. *Responsibility for Justice*. New York: Oxford University Press. [정치적 책임에 관하여. 허라금·김양희·천수정 역. 서울: 이후. 2013]

Young-Bruehl, E. 2007. 한나 아렌트 전기. 홍원표 역. 고양: 인간사랑.

Žižek, S. 1989. *The Sublime Object of Ideology*. London/New York: VERSO.

찾아보기

임의영은 고려대학교에서 행정학박사 학위(1992)를 취득하고, 현재는 강원대학교 행정학과 교수로 재직하고 있으며, 한국행정학회 편집위원장을 역임하였다.

주요 관심분야는 행정철학과 행정윤리이다. 최근에는 공공성 연구에 집중하고 있으며, 행정학의 학문적 영역을 넓히는 데 관심을 가지고 있다.

대표적인 저술로는 <민주주의와 행정윤리(2002)>, <행정철학(2006/2016)>, <형평과 정의(2011)>, <생각을 여는 행정학(2015)> 등이 있다.

공공성의 이론적 기초

초판 발행	2019년 6월 25일
중판 발행	2024년 3월 25일
지은이	임의영
펴낸이	안종만 · 안상준
편 집	우석진
기획/마케팅	송병민
표지디자인	박현정
제 작	우인도 · 고철민
펴낸곳	(주)**박영사**
	서울특별시 종로구 새문안로3길 36, 1601
	등록 1959. 3. 11. 제300-1959-1호(倫)
전 화	02)733-6771
f a x	02)736-4818
e-mail	pys@pybook.co.kr
homepage	www.pybook.co.kr
ISBN	979-11-303-0763-3 93350

copyright©임의영, 2019, Printed in Korea

정 가   20,000원